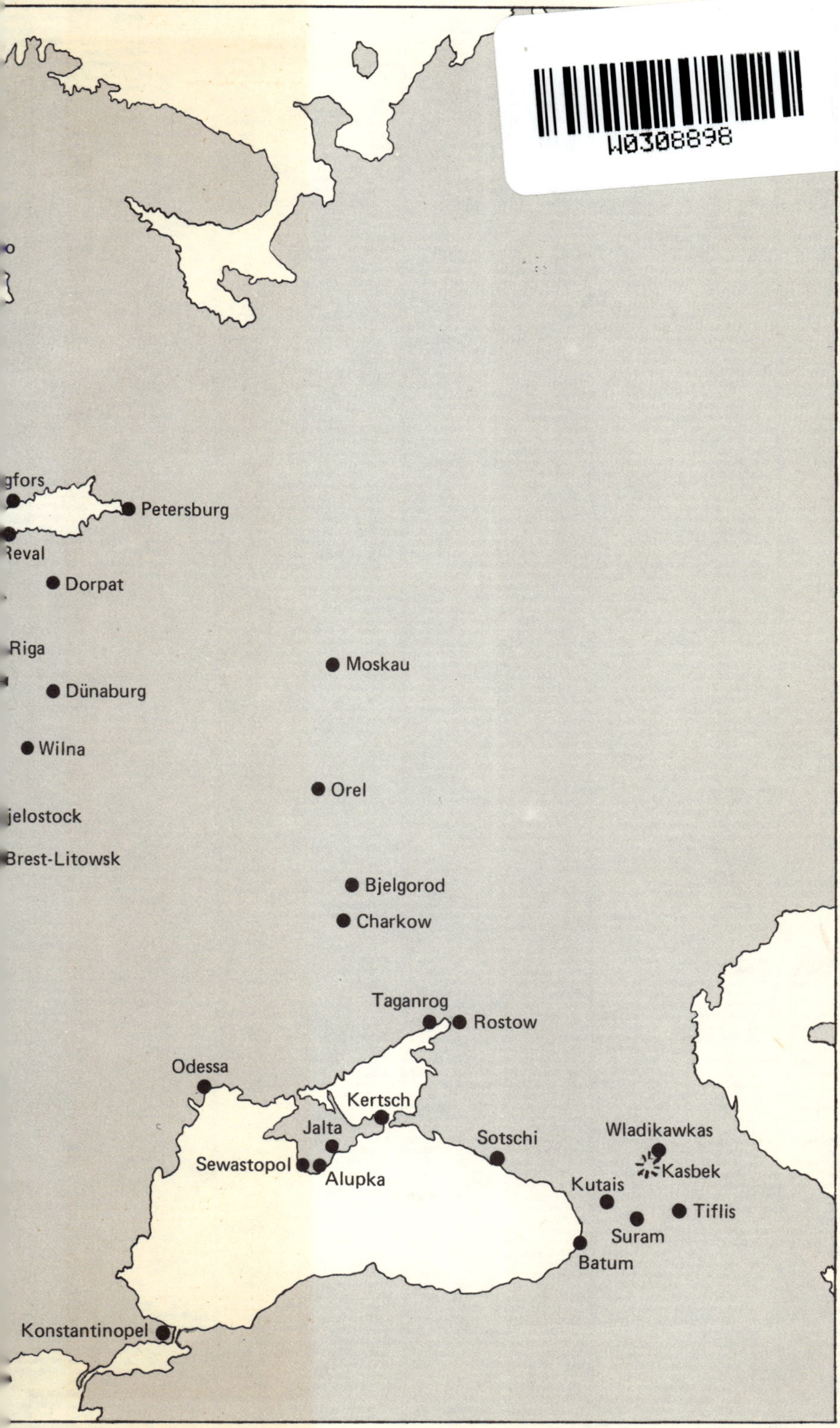

gfors
Petersburg
Reval
Dorpat
Riga
Moskau
Dünaburg
Wilna
Orel
jelostock
Brest-Litowsk
Bjelgorod
Charkow
Taganrog
Rostow
Odessa
Kertsch
Jalta
Sotschi
Wladikawkas
Kasbek
Sewastopol
Alupka
Kutais
Tiflis
Suram
Batum
Konstantinopel

Margarete von Pusirewsky
Kirschen im Kaukasus

Margarete von Pusirewsky

Kirschen im Kaukasus

Ein Schicksal
zwischen Ost und West

Urachhaus

CIP-Kurztitelaufnahme der Deutschen Bibliothek

Pusirewsky, Margarete von:

Kirschen im Kaukasus : e. Schicksal zwischen Ost u. West /
Margarete von Pusirewsky. –
Stuttgart : Verlag Urachhaus, 1984.
ISBN 3-87838-402-5

ISBN 3 87838 402 5

Umschlaggestaltung: Rudolf P. Gorbach, Gauting-Buchendorf
Satz und Druck der Offizin Chr. Scheufele, Stuttgart.

Inhalt

Ich hatte gerade gewünscht, daß ich niemals jemandem Glauben schenken wollte, der mir gegenüber behaupten würde, dies Leben mit seiner Liebe, mit dem Streben nach Wahrheit und nach Glück, mit seinem Wetterleuchten und dem fernen Wasserrauschen in der Nacht sei ohne Sinn und Verstand. Jeder von uns muß für dieses Leben kämpfen und es bejahen – überall und immer, bis an das Ende seiner Tage.

KONSTANTIN PAUSTOWSKIJ
Ferne Jahre

Vorwort

Meine Mutter, die Verfasserin dieser Lebenserinnerungen, ist in Riga geboren, ihre Eltern waren Baltendeutsche, mein Vater war dagegen Russe. Er stammte aus der Ukraine, und nur einer Kette von Ereignissen war es zu verdanken, daß meine Eltern sich im Kaukasus schicksalhaft begegneten. Durch die Ehe mit meinem gütigen, humorvollen, unerschrockenen Vater geriet meine deutsche Mutter in den Strom russischer Mentalität. So lernte sie den kulturellen Reichtum beider Völker kennen und auch die charakteristischen Eigenheiten der russischen wie der deutschen Menschen verstehen und mit den gegensätzlichen Verhaltensweisen verständnisvoll zu leben. Dieser russisch-deutsche Lebensstrom erfaßte auch die Kinder, zumal wir im Sommer während der großen russischen Schulferien in unser Sommerhaus reisten, das in Tabarz, mitten im Thüringer Wald lag.

Die Erinnerungen meiner Mutter spiegeln in allem privaten Erleben und in allen Schicksalsverzweigungen das Weltbild von 1888 bis 1945. Sie starb 1948.

Als der Erste Weltkrieg ausbrach, mußte in der ganzen Welt vieles durchlebt und erlitten werden, ganz besonders aber vom russischen und deutschen Volk, für die der Krieg ein Verhängnis war. Dieser Krieg, das naturwissenschaftliche Weltbild und die technischen Errungenschaften veränderten von Grund aus die innere Haltung der Menschen. Die früheren Lebensanschauungen und Lebensformen zerbröckelten. Neue politische und soziale Forderungen traten auf, denen man nicht gerecht werden konnte. Durch das Nichterfüllen berechtigter politischer und sozialer Erwartungen und Forderungen vollzog sich in Rußland ein radikaler revolutionärer Umsturz, zuerst ohne Blutvergießen, artete dann aber zu einem grausamen Bruderkrieg aus.

Das Versailler Friedensdiktat mit seinen unerfüllbaren Bedingungen hatte in Deutschland zu einem allgemeinen Notstand geführt. Die Gegner und Feinde des deutschen Volksgeistes traten auf den Plan und rissen die Macht an sich. Der Hitlerismus erhob Anspruch auf die Weltmacht und entfesselte den Zweiten Weltkrieg. Fast alle Nationen wurden mit hineingerissen, und es wurden besonders dem russischen Volk aufs neue durch den aufgezwungenen Krieg größte Opfer auferlegt und schwerstes Leid zugefügt. Durch den Rassenwahn wurden Millionen dem Judentum zugehörige Menschen verfolgt und vernichtet und ebenso alle, die sich gegen den Nationalsozialismus auflehnten. Nach dem Zusammenbruch und der zwangsläufigen Teilung des Deutschen Reiches entwickelten sich zwar zwischen den Völkern dem technischen und sozialen Fortschritt entsprechende Beziehungen, aber ein innerer fester Friedenszustand konnte sich nicht verwirklichen. Die Gegensätze zwischen Ost und West blieben bestehen, und die Staaten begannen erneut eine in ihrer Vernichtungsbereitschaft erschreckende Aufrüstung, die zu einer Katastrophe auf der Erde führen kann.

Nicht die Furcht und Schrecken erregenden Vernichtungswaffen schützen vor neuem Unheil und vor der drohenden Vernichtung, sondern allein der im menschlichen Verbundensein wurzelnde, mit einer höheren Zielsetzung sich verwirklichende Friedenswille. In diesem Sinne möchte der Lebensbericht der Verfasserin einen Beitrag leisten.

Öschelbronn 1984 *Elisabeth Ohlmann*

Junge Jahre im alten Rußland

Aus Riga an das Schwarze Meer
Zu Pferd durch den Kaukasus

Mein Vater, der im Winter leidend gewesen war, hatte während seines Krankenlagers immer wieder den Wunsch ausgesprochen, vor seinem Tode noch den Kaukasus, mit dessen Klima und Bodenschätzen er sich theoretisch viel beschäftigt hatte, kennenzulernen. Als sich zu Beginn der wärmeren Jahreszeit seine Gesundheit besserte, gab der Arzt die Einwilligung zu der langwierigen und für einen Rekonvaleszenten nicht unbeschwerlichen Reise. Meine zarte Mutter sollte als entscheidende Instanz die geschäftlichen Interessen der von ihm in Riga gegründeten Fabrik Heinrich Goegginger, die sowohl das europäische als auch das asiatische Rußland belieferte, wahrnehmen, und ich wurde zu meinem nicht geringen Kummer zwei Monate vor dem Schlußexamen aus der obersten Klasse einer Rigaer Mädchenschule genommen und dem noch Schonungsbedürftigen zur Begleitung und Pflege mit auf die Reise gegeben.

Mein Vater, der über ein versäumtes Examen ebenso großzügig hinwegsehen konnte wie über ein beim Spielen und Klettern zerrissenes Kleid oder einen beim Rodeln geholten Arm- oder Beinbruch, der jedoch in bezug auf Mut, Wahrhaftigkeit und exakt funktionierenden Gehorsam von unerbittlicher Strenge war, imponierte mir zwar gewaltig, flößte meinem sechzehnjährigen Herzen aber doch mehr Respekt als Liebe ein.

An einem Abend Ende April 1888 reisten mein Vater und ich aus Riga ab. Als wir im Morgengrauen in Dünaburg den Warschauer Zug bestiegen, wäre ich am liebsten umgekehrt. Ich fand das Eisenbahnfahren sehr unangenehm und konnte nicht verstehen, daß es Leute gab, die zu ihrem Vergnügen reisten.

Es schneite, nicht wie aus flüchtiger Aprillaune, sondern fest und dauerhaft. Die Städte Wilna und Bjelostock, in denen wir uns kurz aufhielten, machten damals einen überaus verwahrlosten Eindruck. »Wie entsetzlich, in so abstoßend häßlichen Städten sein ganzes Leben verbringen zu müssen«, sagte ich schaudernd. »Jedem Narren gefällt *seine* Kappe«, gab mein Vater zu bedenken. »Bjelostock wird gewiß keinem einzigen Bjelostocker gefallen«, erwiderte ich. »Summarische Urteile treffen selten den Nagel auf den Kopf«, sagte mein Vater lächelnd. »Betrachte alles recht genau. Vergleiche sind etwas Lehrreiches für denkende Köpfe.«

In Brest-Litowsk, wo wir Verwandte besuchten, wurde wiederum Rast gemacht. Hier sah es schon nach Frühling aus. Da und dort blühten die goldgelben Ranunkeln, in milder Luft fuhren wir im Wagen um die vom Bug umflossene und von Sümpfen umgebene Festung Brest-Litowsk, die als uneinnehmbar galt und doch später im Ersten Weltkrieg in die Hände des Gegners übergehen sollte.

Ich muß gestehen, daß ich zuerst alles Neue und Fremde in Bausch und Bogen ablehnte. Was ich sah, mißfiel mir oder weckte in mir kein Interesse. Ich fand alles schlechter als zu Hause. Doch als wir tagelang durch die im Frühlingsflor leuchtende südrussische Steppe fuhren, ergriff mich ihre fast endlose freie Weite, und als mein Vater sagte: »Sieh mal, hier beginnt das fruchtbare Gebiet der berühmten Schwarzerde«, horchte ich auf. Nun, da meine Aufmerksamkeit einmal geweckt war, gewöhnte ich mich auch schnell an die Technik des Reisens.

Gegen Ende der ersten Reisewoche langten wir in Odessa an,

und ich betrachtete diese große, helle und junge Stadt – sie war damals erst hundert Jahre alt – mit lebhaftem Interesse. Wie sah dieses Odessa doch viel freier aus als meine im Mittelalter entstandene Vaterstadt. Dort alles hoch, spitz und eng, hier breite Straßen, auf denen sich ein internationales Publikum bewegte; große weiße Häuser mit flachen Dächern, deren Mauern aus dem porösen Odessaer Tuffstein erbaut waren, den man wie Holz zersägen kann. Eine mächtige, phäakenhaft festliche Treppe führte mit hundert breiten Stufen zum türkisblauen Meer hinab. Und über allem die Sonne des Südens und betäubender Akazienduft. Vor diesem starken, süßen Duft konnte man sich nirgends retten, da alle Straßen mit den weißblühenden Akazien bepflanzt waren. Der Duft zog nicht nur durch die geöffneten Fenster und Türen, sondern auch durch die Zimmerwände, – ja unsere Kleider und Hände strömten beständig diesen an der Einzelblüte angenehmen, doch im Übermaß betäubenden Geruch aus, so daß man sich stets in einer stark parfümierten Atmosphäre bewegte. Mein Vater fühlte sich so wohl und angeregt, daß er einige Ausgänge auch ohne meine Begleitung unternahm, und ich durchstreifte unterdessen allein die Stadt.

Von Odessa nach Sewastopol fuhren wir mit dem Schiff. Sewastopol machte einen bei weitem nicht so freien und lebensfrohen Eindruck wie Odessa. Wohl gab es ebenfalls breite Straßen und elegante Läden, doch dazwischen sah man zerschossene Häuser, rauchgeschwärzte Mauern mit Fensterhöhlen, Schutt, Trümmer und Unkraut auf Plätzen und Höfen. Hier war alles historischer Boden; jeder Stein redete noch nach mehr als dreißig Jahren vom Krim-Krieg. Der törichte Geschichtsunterricht hatte mir zwar allerlei pedantischen Kleinkram, jedoch nicht die geringste Vorstellung von den großen Zusammenhängen im Weltgeschehen für das Leben mitgegeben.

Während der Osterfeiertage machten wir eine Bootsfahrt in die

Inkermansche Schlucht. Die Größe des Meeres bedrückte mich damals, und deshalb war ich froh, daß unser Boot in das Flüßchen Tschernaja einbog, das von blühenden Schneeglöckchen leuchtend weiß gesäumt war. Je weiter wir flußaufwärts ruderten, um so enger und steiler wurden die Ufer, und als wir in Inkerman ausstiegen, um das Kloster des Heiligen Clemens zu besichtigen, fanden wir den uralten Bau im Inneren eines Berges gelegen. In die teils in unzugänglicher Höhe befindlichen Krypten dieses Berges hatte Kaiser Trajan im Jahre 102 n. Chr. Clemens I., der zu den apostolischen Vätern gezählt wird, verbannt. Als der Verbannte aber auch hier fortfuhr, das Christentum zu lehren, wurde er in der Bucht ertränkt. Die Verkündigung des christlichen Glaubens konnte jedoch auch dadurch nicht unterdrückt werden; statt des heiligen Mannes wirkte nach seinem Tode ein ganzes Kloster, das den Namen des Ertränkten trug, für das Christentum weiter.

Die Mönche hatten in ihren Höhlen Tische und primitive Lagerstätten. Im Gegensatz zu dieser einfachen Ausstattung waren die Felsenwände, welche die Kirche des Klosters umschlossen, innen versilbert. Als wir im Begriffe waren, das Allerheiligste zu betreten, flüsterte mein Vater mir zu, ich möge draußen bleiben. Da ich nicht wußte, daß Frauen und Hunden (übrigens Katzen nicht!) das Betreten dieses Raumes verboten war, glaubte ich mich verhört zu haben und ging ruhig hinter meinem Vater und dem stirnrunzelnden Mönch her. Später führte uns der Mönch gastfreundlich in eine Krypta und setzte uns rote Ostereier und geweihtes Kirchenbrot vor. Dieses Brot, das man zum Abendmahl zu reichen pflegte, war ungesalzen und roch nach Weihrauch; die kalten Eier waren weichgekocht. Dankbar genossen wir das uns dargebotene Mahl.

Noch ganz erfüllt von den Eindrücken dieses uralten christlichen Klosters, bemerkten wir beim Abstieg eine Tatarenfamilie, die tief in *ihre* religiösen Bräuche versunken war. Einige verhüllte

Frauengestalten verrichteten, mit dem Gesicht nach Mekka gewandt, auf einem über die Erde gebreiteten weißen Tuch ihre Gebete, während ein alter Tatar, ein den betenden Frauen abgenommenes Baby auf den Armen wiegte und inmitten einer Schar größerer Kinder wartend daneben stand. Wir kamen später mit der Gruppe ins Gespräch und erfuhren, daß die Tatarenfamilie aus Bachtschissarái zu einem in der Nähe lebenden frommen Einsiedler pilgerte. Wie kam es wohl, daß sich gerade an dieser Kryptenwand die religiösen Gefühle so verdichtet hatten, daß Christen *und* Muselmanen zu der gleichen Stelle wallfahrteten?

Es war Abend, als wir in Bachtschissarái anlangten, das damals eine Art Reservation der Krimtataren bildete. In einem tatarischen Kaffeehaus fanden wir zwei primitiv, aber immerhin europäisch möblierte Zimmer. Dies war die einzige Konzession an das Abendland; die Bedienung, die unter anderem auch die Betten der Reisenden herrichtete, war ausschließlich männlich, und als Morgenfrühstück servierte man uns süßen türkischen Kaffee mit fetter Büffelmilch. Der landesübliche Scháschlyk schmeckte ausgezeichnet, doch das tatarische Bier Busa roch nach Trebern.

Die größte Sehenswürdigkeit von Bachtschissarái war der Palast der Chane, eine Ansammlung verschiedener Bauten mit unendlich vielen kleinen Zimmern, Treppen, Türmen und Türmchen. Abgesehen von der dem Palast angegliederten Moschee, in die wir vom Frauengemach hinabblicken und so dem mohammedanischen Gottesdienst beiwohnen konnten, gab es keinen einzigen weiten und stolzen Raum, dagegen viele kleine stimmungsvolle Winkel, von allen Seiten eingeschlossen, winzige Höfe mit plätschernden Springbrunnen und blühenden Sträuchern, geschnitzte Holztürme, von denen die Frauen der Jagd des Chans zuschauen durften, und als Pendant ein Frauenbad, das sonst nach allen Seiten hohe Mauern besaß, doch in luftiger Höhe einen Balkon für den zuschauenden Gebieter aufwies.

Von Bachtschissarái aus besuchten wir zu Pferde die alte karaimische Felsenstadt Tschufut-Kalè. Die Karaimen bilden eine jüdische Sekte, die nur das Alte Testament, nicht aber den Talmud anerkennt.

Tschufut-Kalè ist die originellste und trostloseste Trümmerstadt, die man sich denken kann. Die Straßen, die Häuser, die Höfe, alles war in die Felsen gehauen, ohne eine Krume Erde. In dieser einstmals bevölkerten Stadt trafen wir in den Häusern nur noch vier Familien an. Es war fast unheimlich, den wehmütigen Berichten des letzten Rabbis zu lauschen. Ein ganzes Volk, ja eine ganze Kultur, von Versteinerung ergriffen, befand sich im Aussterben.

Wir kehrten in das historisch belastete Sewastopol zurück, um uns für die Weiterreise zu rüsten. Am ersten Tag gelangten wir nur bis Balakláva, gelegen an der Lästrygonen-Bucht des Odysseus – oder zu Strabos Zeiten am Hafen Symbolon. Dies war eine lange, schmale Bucht, an der sich das Städtchen Balakláva hinzog. Dort, wo sie an das Meer grenzte, waren ihr hohe Felsen vorgelagert, die sich zu einem schmalen Durchgang öffneten. Er war zwar tief genug auch für größere Schiffe, aber bei stürmischem Wetter nicht zu passieren. Als während des Krim-Krieges die englische Flotte dies dennoch forcieren wollte, scheiterten bei diesem Versuch zwanzig Schiffe.

Auf einem der hohen, die Einfahrt flankierenden Felsen steht die Ruine eines genuesischen Seeräubernestes. Wir ruderten auf das bewegte Meer hinaus und ließen das Boot in eine Grotte gleiten, in der auch bei stärkstem Sturm die Wasserfläche spiegelglatt blieb. So geschützt von Winden wie diese Grotte liegt eigentlich das ganze Balakláva in seiner Bucht hinter den Felsen.

Am Abend des zweiten Reisetages langten wir in Baidar an. Die Landschaft machte keinen überwältigenden Eindruck; der Weg stieg langsam und stetig, doch meinte man eher über eine Hochebene zu fahren als über ein Gebirge. Das Meer war schon seit Stunden nicht mehr zu sehen. Allmählich hatten wir aber doch die Paßhöhe erreicht und fanden in dem einzigen Gasthaus des Ortes eine miserable Unterkunft.

Die reizlose Umgebung verlockte nicht zu Spaziergängen; so setzte ich mich in der Dämmerung zu einigen halbverschleierten Tatarenmädchen meines Alters auf eine niedrige steinerne Mauer. Wir konnten uns zwar nicht verständigen, doch tauschten wir wenigstens unsere Vornamen aus, wobei ich über ihre klangvollen Namen Selimé, Fatimé, Marimé ebenso entzückt war, wie sie erstaunt über meinen nicht annähernd so melodischen deutschen Vornamen.

Am nächsten Morgen setzten wir unsere Wagenfahrt fort. Das Terrain war unübersichtlich: Wald, niedrige Bodenerhebungen, Felsen. Die Felsblöcke traten nun dichter an den Weg, ein von Menschenhand erbautes steinernes Tor tauchte vor uns auf – die berühmte Baidar-Pforte. Sie war niedrig und unansehnlich. Der Kutscher fuhr im Schritt unter ihr hindurch. Hinter uns versank das Taurien Iphigeniens, die rauhere Nordkrim, mit ihren Kriegserinnerungen und Seeräubernestern, ihren versteinerten Städten und fremdartigen Kulturen, und vor uns lagen, in der Morgensonne ausgebreitet wie ein kostbares, in zartestem Farbenschmelz opalisierendes Geschmeide, der Süden der Krim und das Meer. In der Tiefe, tausend Fuß unter uns, Palmen am Gestade und über uns die schroffen Wände des Jailagebirges, in dessen Klüften noch hier und da Schnee lag und knorrige Kiefern ihre verkrüppelten Arme ausstreckten. Dazwischen aber, in schäumenden Kaskaden zum Meere stürzend, eine Flut von blühenden Baumwipfeln und Rosen – Rosen – Rosen. Hin und wieder Zypressen, die zuweilen von den großen blauen Blüten der wilden Clematis umsponnen waren. Stundenlang fuhren wir so auf asphaltierten Wegen talwärts zwischen Gärten, Weinbergen, Villen, kaiserlichen Schlössern und russischen Kapellen unserem Ziele – Jalta – zu.

Die Stadt Jalta liegt, ganz in Grün gebettet, zwischen dem Meer und den Bergen. In einem kleinen, hochgelegenen Hotel, von dessen Balkon wir die ganze Stadt und das Meer zu unseren Füßen sahen, fanden wir so behagliche Unterkunft, daß mein Vater an diesem paradiesischen Erdenfleck vierzehn Tage zu rasten beschloß.

Seit unserer Abreise aus Riga war nun bereits ein Monat vergangen. Der Gesundheitszustand meines Vaters war, wenn auch nicht zufriedenstellend, so doch immerhin derart, daß wir uns unterwegs noch nicht an einen Arzt hatten wenden müssen. Mein Pflegeamt bestand hauptsächlich im Vorlesen. Jeden Abend mußte ich meinen Vater in den Schlaf lesen, und dies verlangte insofern eine gewisse geistige Frische, als ich ihm nie etwas Trauriges vorlesen durfte, sondern, falls ich auf eine solche zu trüben Gedanken Anlaß gebende Stelle stieß, sofort einen anderen Schluß so natürlich improvisieren mußte, daß mein Zuhörer nichts von der Änderung merkte. Auf diese Weise ließ ich mit ruhiger Selbstverständlichkeit hoffnungslos Verlorene in letzter Minute gerettet und Tote wieder lebendig werden. Eine zweite Schwierigkeit erhob sich gegen Ende dieses oft Stunden währenden Vorlesens. Mein Vater schlief schon längst, doch kaum hörte ich auf zu lesen, wachte er, wie der Müller beim Stillstand des Mühlrades, sofort auf und murmelte: »Ja, ja, – lies nur weiter.« Wenn sich dies an einem Abend gar zu oft wiederholte und der feste Schlaf immer noch nicht kommen wollte, begann ich, da es ja doch nur auf meine ruhige Stimme ankam, Schillersche Gedichte zu deklamieren, schlich mich immer noch laut vortragend, ins Nebenzimmer, schlüpfte in mein Bett und deklamierte von dort weiter, bis mir selbst die Augen zufielen. Dann erscholl auch bald das bekannte »Lies nur weiter!« Und so manches Mal mußte ich wieder heraus aus den Federn und mein Vorlesen von neuem beginnen; oft aber wurde mein Vater, wenn ich stumm blieb, doch von Mitgefühl ergriffen und ließ mich schlafen.

Als der Gesundheitszustand meines Vaters leidlich zufriedenstellend geworden war, nahmen wir unsere Wagenfahrten durch die schöne Umgebung auf. Wir besuchten das heiter helle, in der Anlage noch junge und deshalb nüchtern wirkende kaiserliche Livadia, das ernstere, dem Großfürsten Konstantin Nikolajewitsch gehörende Oreanda. Das Schloß war kurz vorher abgebrannt, und die großfürstliche Familie bewohnte ein überaus einfaches Holzhaus zu ebener Erde, mit so niedrigen Fenstern, daß man beim Vorübergehen in die wenig prunkvollen Räume schauen konnte. Am meisten beeindruckte mich das teils in maurischem, teils in gotischem Stil erbaute Schloß Alupka, dessen Mauern so dick mit Efeu umsponnen waren, daß ich die Steine mit ausgestrecktem Arm nicht erreichen konnte.

Zuweilen ließen wir uns auf das Meer hinausrudern, ergötzten uns an dem Spiel der Delphine und bewunderten die von Badenden gefürchteten, in zarten Farben schillernden Medusen. Der Bootsmann hob eine dieser durchsichtigen Quallen in den Kahn, wo sie an der Sonne wie ein Häuflein Schnee zerschmolz. Daß dies möglich war, daß ein lebendes Wesen vor den Augen einfach verdunstete und verschwand, machte mir einen starken Eindruck.

Nach vierzehntägigem Aufenthalt in Jalta beschloß mein Vater weiterzureisen. Abends ruderten wir im Boot zu unserem Dampfer, der auf offener Reede lag. Der Vollmond hing über den blauen Bergen. Die Gärten der Stadt dufteten so stark, daß man es bis weit in das Meer hinaus spürte. Wie schön dieses Jalta war! Es hatte weder den Charakter einer russischen noch den einer tatarischen Stadt; es war eben der Süden mit seinem Überfluß, seinem betäubenden Blütenduft und Farbenschmelz.

Als wir am nächsten Tag in den Hafen von Kertsch einliefen und durch die in Staubwolken gehüllten, schmutzigen, baumlosen Straßen zum Hotel fuhren, wollte man kaum glauben, daß diese häßliche, in dürrer Steppe liegende Stadt sich auch auf der Krim befinde.

Im Hotel, wie überhaupt in der Stadt, herrschte ein fataler Wassermangel. Die Nähe des Asówschen Meeres hatte alle Brunnen versalzen, so daß man nach dem Waschen den Salzgeschmack auf den Lippen spürte und salzigen Tee vorgesetzt erhielt. Der Wassermangel war erst in neuerer Zeit infolge schonungslosen Abholzens der Wälder entstanden. Sechshundert Jahre v. Chr. hatte auf diesem Boden eine blühende und volkreiche griechische Stadt, das alte Pontekapäon, gestanden. Überall begegnete man den Spuren Mithridátes VI. Was uns Osteuropäern diesen Herrscher so interessant erscheinen läßt, ist die Verbindung von großzügigem barbarischen Asiatentum und griechischer Kultur. Der Barbar in ihm war wohl stärker als der Hellene. Die Akropolis, die den jetzigen Mithridates-Berg einst krönte, war bis auf einige unansehnliche Reste verschwunden, doch die viergeschossige imposante Treppe, die zu ihr hinaufführte, stand noch, und neben ihr erhoben sich Halden und Haufen von Geschirrscherben, Muschelschalen und Knochenresten aus der Küche des Mithridates; sie erweckten unwillkürlich den Eindruck einer gewissen unköniglichen Gefräßigkeit.

In der Umgebung von Kertsch fanden zu jener Zeit viele Ausgrabungen statt, und der Direktor des Städtischen Museums lud uns ein, der Öffnung eines in der Steppe gelegenen »Kurgans«, eines Grabes aus jener griechischen Blütezeit, beizuwohnen. Es war ein Frauengrab. Die zu Tage geförderten Gegenstände – Schminke, ein Handspiegel, dessen blanke Seite aus polierter Bronze sich in dem trockenen Boden so gut erhalten hatte, daß ich mich noch darin erkennen konnte, Tränenkrüge und Totenlämpchen, alles von edler Form.

Wir besichtigten auch einen ebenfalls in der Steppe gelegenen Schlammvulkan. Ein ziemlich flacher Hügel, auf dessen Oberfläche man wie auf einer elastischen Gummikuppel umhergehen konnte. Warf man Steine in das breiig flüssige Innere des Kraters, so spie er Blasen. Dieser Schlammvulkan soll eine unterirdische Verbindung mit dem fünf Kilometer entfernten Asowschen Meer besitzen. Die Bevölkerung behauptete sogar, daß ein Bauernfuhrwerk, welches nachts in den Krater des Schlammvulkans gestürzt war, später von den Fluten des Asowschen Meeres an das Ufer gespült worden sei. Die Griechen sahen an dieser Stelle den Eingang zum Hades, und auch die jetzige kleinrussische Bevölkerung nannte den Ort »neklo«, das heißt Hölle.

Die unerträgliche Hitze und Trockenheit beschleunigten unsere Abreise von Kertsch. Mit dem Postschiff verließen wir die staubige, ausgedörrte Stadt, um uns dem immergrünen Kaukasus zuzuwenden.

Dem Hauptgebirge des Kaukasus gliedert sich in spitzem Winkel der Gagristock an. Das durch diese Gebirgszüge und das Meer gebildete Dreieck, das damals in seiner Tiefe fast ganz unerforscht und nur an der Küste schwach besiedelt war, übte auf meinen Vater schon seit Jahren eine große Anziehungskraft aus.

Nach dem Frieden von Adrianopel (1829) hatte Rußland die Oberhoheit über den Kaukasus erhalten, doch bis zur Gefangennahme Schamyls[1] im Jahre 1864 war sie problematischer Natur. Von einem Eindringen in das Innere des Landes konnte keine Rede sein. Nur entlang der Küste vermochte Rußland eine Reihe von Forts zu erbauen, wofür oft die Steine aus der Krim herbeigeschafft werden mußten. Zwar gab es deren im Überfluß in dem nahen Gebirge, doch die Tscherkessen schossen jeden, der sich dem Gebiet näherte, aus dem Hinterhalt nieder. Nach Errichtung eines Forts wurden die undurchdringlichen Wälder an der Küste auf Büchsenschußweite gerodet. Wie unsicher indessen das Leben

1 Tscherkessenführer (1799–1871) im Kampf gegen die Russen.

der Europäer in diesen Forts sich gestaltete, ist aus den lebendigen Schilderungen Leo Tolstois aus jener kriegerischen Zeit, »Hadschi Murat« und »Der Gefangene im Kaukasus«, allgemein bekannt. Im Laufe der Jahre hatten sich die Verhältnisse jedoch wesentlich gebessert, und wenn sich auch selten jemand ohne militärischen Schutz in die Berge wagte, so galt diese Vorsichtsmaßnahme eher den außerordentlich komplizierten Terrainschwierigkeiten und Gefahren dieser wilden Natur als etwaigen Überfällen von seiten der Tscherkessen.

In diesem Dreieck, hart an der Küste, lag Sotschi (Verstümmelung von Sadosch, wie die Tscherkessen das ganze Flußgebiet nannten), unser Reiseziel. Dort wollten wir uns eine Zeitlang bei dem Freunde meines Vaters, Garbe, aufhalten. Es war Abend, als wir in Sotschi anlangten. Unser Gastgeber holte uns von dem auf offener Reede ankernden Schiff ab. Während wir die herabgelassene Falltreppe hinunterkletterten, hielt das kleine Boot nicht still, sondern wurde von den Wellen hin und her geworfen. Als der Bootsrand für einen kurzen Moment der Treppe ganz nahe kam, rief man mir zu: »Springen!«

Ich sprang und wurde von braunen türkischen Fäusten ergriffen und auf eine Bank geschoben. Auch mein kranker Vater mußte kurz entschlossen den Sprung wagen.

In der Villa »Ida« erwartete uns ein erquickendes Mahl, das uns herrlich mundete. Nur im Kompott rührte ich mißtrauisch herum, da auf dessen Oberfläche eine rätselhafte schwarze Schicht schwamm, die beim Eintauchen des Löffels nachgab und aus kleinsten einzelnen Teilchen zu bestehen schien. Der Hausherr beruhigte mich: »Essen Sie getrost, es sind nur Ameisen. Es ist unmöglich, süße Speisen hier so aufzubewahren, daß keine Ameisen hineingelangen.« Tatsächlich wimmelte es auch in der Zuckerdose dermaßen von Ameisen, daß der Inhalt wie ein Gemengsel von Pfeffer und Salz aussah. Ich schob also die Ameisen auf meinem Teller vorsichtig auseinander und löffelte das Kompott durch die auf solche Weise entstandene Öffnung. Drei Wochen lang führte ich mit diesen zudringlichen Leckermäulern, die einem alle Süßigkeiten streitig machten, einen hartnäckigen Kampf, indem ich sie durch Blechdosen, Wasserzonen und ähnliches fernzuhalten suchte, doch vergeblich. Einen teilweisen Erfolg brachte lediglich das Aufbewahren der Süßigkeiten im Kachelofen, doch in diesem warmen Lande waren die Öfen rar.

Sotschi, das fünfzehn Jahre später eine märchenhafte Metamorphose erlebte, in der es sich fast über Nacht in einen mondänen Kurort mit Palasthotels, Sanatorien und allem Raffinement eines kaukasischen Nizza verwandelte, bestand damals nur aus einer Handvoll Häusern, die sich um eine einzige kurze, im Knick verlaufende, selbstverständlich ungepflasterte Straße gruppierten. Die Post kam nur einmal wöchentlich mit dem Schiff aus Odessa. Blickte man vom Meer aus auf Sotschi, so sah man seine Häuser weich gebettet im grünen Tal liegen, während die die Stadt im spitzen Winkel umgebenden Berge von beiden Seiten bis an das Ufer traten, wo sie nur einen über und über mit glattgeschliffenen, farbigen Kieselsteinen besäten Küstenstreifen als Spielraum für die Brandung freiließen. Diese Stadt liegt an einem Fluß gleichen Namens, der nur 25 km weiter in einer Höhe von 3000 m einem Gletscher des Hauptgebirges entspringt. Infolge des starken Gefälles entwickelt er eine reißende Gewalt.

Unser erster Ausflug galt Areda, den Musterobstplantagen unseres Gastgebers. Wagen gab es in Sotschi nicht, da keine Fahrwege, sondern bestenfalls schmale Reitpfade in die Berge führten. Die Herren bestiegen Kosakenpferde, ich wurde ein für allemal dem klugen, absolut zuverlässigen »Wassjka«, dem Leibroß unseres Hausherrn, anvertraut, das nur den einzigen Fehler besaß, diesem wie ein treues Hündchen überallhin zu folgen, auch wenn ich auf seinem Rücken saß. Tränen ohnmächtigen Zorns habe ich zuweilen hinunterschlucken müssen, wenn es mir trotz aller Anstrengung meiner Fäuste nicht gelingen wollte, das Pferd nach meinem Willen zu lenken.

Areda, so hieß auch der Tscherkessen-Aul, der sich vor fünfundzwanzig Jahren an dieser Stelle befunden hatte – lag an dem sanftgeneigten Abhang eines Berges; man konnte an die Kirschbäume heranreiten und die Früchte vom Sattel aus bequem pflükken. Die Sortenreinheit des Obstes wurde dadurch gewahrt, daß man zwischen den einzelnen Arten von Bäumen immer schmale Streifen des Urwaldes hatte stehen lassen. Auf diese Weise beugte man dem wahllosen Befruchten durch Wind und Insekten vor. Mein Vater schwelgte in botanischen Überraschungen. Die Üppigkeit der kultivierten wie auch der wilden Pflanzenwelt war so ausladend, daß sie zuweilen die botanischen Normen zu durchbrechen schien. So erinnere ich mich des folgenden Gesprächs zwischen den beiden Freunden: Auf die Frage unseres Gastgebers »Wie alt ist dieser Baum nach deiner Schätzung?« antwortete mein Vater lächelnd: »Du wirst mich nicht überlisten. Ich bringe die unerhörte Fruchtbarkeit dieses Bodens in Anschlag. Also sagen wir: fünfzehn Jahre.« »Falsch!« triumphierte Garbe, »es ist ein vierjähriger Baum!«

Auf dem Rückwege besuchten wir einen alten, verlassenen, aber durch sein leuchtendes Grünen und Blühen lebensfroh wirkenden Tscherkessenfriedhof, der wie alle auf dem Gipfel eines Berges lag, und genossen von dort einen wundervollen Rundblick auf die Schneegipfel des Kaukasus. Der Abstieg war dann allerdings für einen Kranken etwas anstrengend und aufregend und nur durch die unerschütterliche Zuverlässigkeit unserer Pferde erträglich. Mein Vater schilderte diese Tour in seinen »Pontischen Briefen«, die er für die Rigasche Rundschau schrieb, ungefähr so: »Man denke sich eine steile Wendeltreppe in der Altstadt, deren Stufen mit flüssigem Lehmbrei begossen sind, und versuche darauf hinunterzureiten.« Die Stufen einer Treppe stehen wenigstens fest, hier oben aber waren tatsächlich schlüpfrige Felsblöcke so steil aufeinander getürmt, daß Herr Garbe einen Abstieg für uns ungeübte Städter als unmöglich erklärte. Die Pferde aber waren geschickter als wir, tasteten erst vorsichtig mit dem Huf, ob der Stein auch festliege, und kletterten dann langsam, jeden Vorteil ausnutzend, mit uns diesen ganz unglaublichen »Reitweg« hinab. Unten angelangt setzten wir unseren Weg auf dem ebenen Uferstreifen zwischen dem Meer und den Felswänden fort. Doch hier stießen wir auf ein Hindernis, mit dem selbst unser Führer nicht gerechnet hatte. Eine mächtige Eiche war quer über den Weg gestürzt, ihn vollkommen versperrend. Ihre Krone lag im Meer, und der Stamm war von einem derartigen Gewirr von belaubten Zweigen umgeben, daß vor dieser grünen Mauer sogar unsere klugen Pferde versagten. Also die schlüpfrige »Turmtreppe« wieder hinaufklettern? Unmöglich! Da entschied Garbe kurz: »Wir umreiten den Baum!« »Durch das Meer?« »Ja, die paar Schritte durch das Meer.« Der begleitende Kosak wurde vorausgeschickt und kehrte auf demselben Weg zu uns zurück. »Es geht«, sagte er, »das Wasser reicht dem Pferd bis an die Brust!«

Das Meer war durch eine sogenannte »tote Brise« mit breiten niedrigen Wellen, ohne Schaumkronen, leicht bewegt. Die beiden Herren kamen glücklich durch das Wasser, doch ich beeilte mich nicht beim Hineinreiten. »Schneller!« rief der Kosak, und auch Garbe rief mir von jenseits der gestürzten Eiche etwas zu. Im selben Moment schlug eine Welle über mir zusammen. Ich hielt mich am Sattel fest, aber auch das Pferd schwankte und verlor für einen Augenblick den Boden unter den Füßen. Ich sah infolge des Wasserschleiers vor meinen Augen das Ufer in weite Fernen entschwinden, und der Gedanke an ein Seebeben ging mir flüchtig durch den Kopf. Es war jedoch nur die an dieser Küste stets etwas heimtückische »neunte Welle«, die mich infolge meines Säumens ereilt hatte und vor der die Männer in der Meinung, ich folge ihnen unmittelbar, mich nicht gewarnt hatten. Bald war ich wieder bei meiner kleinen Gesellschaft und mußte den noch stundenweiten Ritt in triefendnassen Kleidern fortsetzen, eine nicht zu verachtende Erfrischung in der sengenden Mittagsglut.

»Heute reiten wir zum Mamai«, erklärte Garbe eines morgens beim Frühstück. »Mamai?« fragte ich erstaunt, »ist das ein Berg?« »Mamai war einer der ersten Tataren-Chane, und es ist die nach ihm benannte alte Tatarenstadt Mamai-Kaleh, zu der wir heute reiten wollen!« »Gibt es denn hier eine Stadt? Ich dachte, Noworossijsk und Suchúm-Kaleh wären die nächsten, nur mit dem Dampfer zu erreichenden Städte?« »Mamai-Kaleh kann man jetzt nicht mehr als Stadt bezeichnen. Die Tataren haben sie längst verlassen, und der Urwald hat von ihr Besitz ergriffen. Die üppige Vegetation hat alles überwuchert und verdeckt. Im vorigen Jahr wollte eine archäologische Kommission aus Petersburg dort Ausgrabungen vornehmen, doch es war unmöglich, in den Mamai einzudringen, und sie zog unverrichteter Dinge wieder ab.«

Um zehn Uhr vormittags brachen wir auf. In heiterer Stimmung durchquerten wir das Delta der Sotschi. Jedesmal mußte der uns begleitende Kosak erst eine Furt suchen, denn dieses launische Gebirgsflüßchen verändert beständig sein Bett, reißt hier ein Stück Erde fort, um es dort anzutreiben, und bildet, ganz wie es Chauteaubriand vom Mississippi beschreibt, mehr oder weniger bodenständige, blühende Inseln. Wenn der Kosak eine Furt ausfindig gemacht hatte, folgten wir ihm in langgezogener Reihe. »Nicht in das wirbelnde Wasser schauen, dicht hinter mir bleiben, Füße auf den Sattel ziehen!« kommandierte Garbe von Zeit zu Zeit, während unsere Pferde vorsichtig die Flußböschung hinabrutschten und mit unerschütterlicher Ruhe durch das schäumende Wasser schritten. Und doch lag in der freudigen Art, in der sie mit energischen, steilen Galoppsprüngen das jenseitige hohe Ufer gewannen, immer etwas von Genugtuung, dem feuchten Element entronnen zu sein.

Wir beabsichtigten zuerst den Reitpfad, welchen England zur Kontrolle des hier durchgehenden indo-europäischen Telegrafs entlang den Drähten erhielt, zu benutzen. Dann sollte es weg- und steglos bis zum Mamai gehen, und von dort wollte Garbe uns auf einem nur ihm bekannten Pfad, der selbst in der Dunkelheit nicht zu verfehlen war, zum Meeresstrand hinabführen. Daß der die Telegraphenlinie begleitende Reitweg sehr bequem gewesen wäre, kann ich nicht behaupten. An einer Stelle war er so schmal, daß mein Pferd mit den beiden linken Hufen nur zur Hälfte auf festem Boden stand. Zur Seite auszuweichen war unmöglich. Ich schwieg, um meinen Vater nicht aufzuregen. Doch er hatte die Stellung meines Pferdes wohl bemerkt, tat jedoch so, als sehe er es nicht, um mich nicht durch Erschrecken zu einer unvorsichtigen Bewegung zu veranlassen. Wir kamen glücklich an der schmalen Stelle vorbei, aber das Pferd des Kosaken trat fehl und stürzte in den Abgrund. Der Reiter konnte sein Leben nur dadurch retten, daß er im letzten Augenblick aus dem Sattel sprang. Wir gaben das Pferd verloren, doch es hatte sich einige Meter tiefer mit dem Sattel zwischen zwei Steinblöcken verfangen. Der Kosak kletterte ihm vorsichtig nach, schnallte den Sattelgurt auf und holte das so glücklich auf den Rücken gefallene Tier wieder herauf.

Bald nahm ein Wald uns auf, wie ich ihn in meinem Leben nie wieder gesehen habe und wie er in Europa wohl kaum seinesgleichen finden kann. Es war kein »deutscher Wald«. Echte Kastanien in voller Blüte und von einer Majestät, wie sie kein Baum im Norden besitzt; Rotbuchen von so mächtigem Wuchs, daß wir fünf Menschen den Stamm kaum umspannen konnten; prachtvolle Ahornbäume mit phantastisch gezackten Blättern und der nur dem Kaukasus eigene »Halbbaum«, Aser colchicum. All diese Bäume waren umrankt und manchmal zum weißbleichenden Skelett erdrosselt von Efeu, Clematis, wilder Weinrebe. Als Unterholz, dort wo bei uns im Norden Wacholder, Brombeeren und allerlei Gestrüpp wachsen – wuchsen blühender Schneeball, gelbe Azaleen, Jasminbüsche, wilde Rosen, Kirschlorbeer. Das Farnkraut aber – mein Vater nannte es Adlerfarn – war so hoch, daß ich beim Reiten knapp über die Pflanzen hinwegsehen konnte.

Keine Menschenseele begegnete uns in dieser noch ganz unberührten, herrenlosen Wildnis. Jede Einzelheit war von jener taufrischen Schönheit, die wir Menschen so selten zu Gesicht bekommen und von welcher die Erzengel im Faust sagen: »Und alle deine hohen Werke sind herrlich wie am ersten Tag«. Nur einem von uns schien die Gegend, je weiter wir eindrangen, desto weniger zu gefallen. Der Kosak war mürrisch, behauptete, wir würden uns noch verirren und im Wald übernachten müssen – »und davor bewahre uns Gott!«, setzte er, sich bekreuzigend, hinzu. »Warum?« fragte ich, »hier gibt es doch keine wilden Tiere? Die Bären und Wölfe tun einem im Sommer doch nichts?« Er schüttelte den Kopf, und ich hatte den Eindruck, daß er den Mamai für einen Ort halte, an dem es nicht recht geheuer sei. Wir mußten sieben Schluchten passieren, bevor wir seitwärts zum Mamai abbiegen durften, hatte Garbe uns gesagt. Wir atmeten jedesmal auf, wenn wir eine davon hinter uns hatten, denn diese Schluchten bildeten stets eine ausgesucht unangenehme Passage. Oben auf dem Bergrücken war der Boden trocken, doch der abschüssige Pfad, der in die enge, feuchte Schlucht hinabführte, war überall so glatt und schlüpfrig, daß man seine ganze Aufmerksamkeit auf den schwierigen Weg konzentrieren mußte und für die Schönheit der Landschaft kaum noch einen Blick hatte. Eine der Schluchten war ganz besonders unbequem zu passieren. Es häuften sich hier Schwierigkeiten auf eine so raffinierte Weise, daß man tatsächlich eher an irgendwelche Dämonen des Mamai, als an ein Spiel des Zufalls glauben mochte. Der schmale Weg senkte sich nicht bis auf den

Grund der Schlucht, sondern man hatte auch an seiner tiefsten Stelle immer noch links einen Abgrund und rechts die Bergwand neben sich. Der Weg führte steil zu dieser Stelle hinab und mit einem scharfen Knick jenseits derselben ebenso wieder bergan. Gerade über dieser Biegung aber wuchs ein Baum in horizontaler Lage aus der Felswand. Sein Stamm befand sich so hoch, daß es unmöglich erschien, unter ihm hindurchzureiten, ohne vom Sattel gerissen zu werden. Selbst der Kosak wollte hier im Bereich des Mamai die Probe nicht wagen. Da streckte Garbe sich der Länge nach auf den Rücken des Tieres und ritt hindurch. »Man muß sich so flach wie nur möglich hinlegen«, rief er, – »nun, wer ist der nächste?« Ich gab meinem Herzen einen Stoß, legte mich flach neben die Gabelung meines Damensattels und gelangte glücklich hindurch; ebenso die übrigen. Am schwierigsten war es für meinen korpulenten Vater, dem der Baumstamm den Hut vom Kopf riß, so daß der weiche Panama in den Abgrund fiel.

Es war später Nachmittag, als wir am Mamai anlangten. Wir fanden nur Trümmer der alten Tatarenstadt, die derartig von der üppigen Vegetation überwuchert, umflochten und durchwachsen waren, daß wir voll Staunen der in einem Urwald schlummernden zerstörenden Gewalten inne wurden. Ich sah hier die gleiche elementare Kraft, die ich bisher nur aufbauend, als Wachstum gekannt hatte, bei einem grandiosen Vernichtungswerk. Sie hatte ihre Arbeit so gründlich besorgt, daß wir im Mamai nicht viel zu betrachten fanden und uns bald auf den Heimweg machten.

Der Abstieg zum Meer versprach kurz, aber steil zu werden. Wir hörten die Brandung in der Tiefe grollen, doch der Wald verdeckte jeden Ausblick. Merkwürdig arm an Blumen und Farben war der Wald auf dieser Seite des Berges. Graue Buchenstämme mit in der Dämmerung verschwimmenden Blätterkronen; am Boden weder Moos noch grünes Gras, sondern, den Pferden bis an die Kniegelenke reichend, dürre, fahlbraune Blätter aus längst verflossenen Sommern; in der Luft von Baum zu Baum ein Flechtwerk dorniger Lianen, durch die der schweigsam gewordene Kosak uns mit dem Dolch den Weg bahnen mußte; über uns zunehmende Dämmerung. Wohl eine Stunde ritten wir in diesem Gespensterwald umher, und ein fatales Gefühl des In-die-Irre-Reitens beschlich mich allmählich, als ich bemerkte, wie unser Führer immer wieder die Richtung wechselte, ohne daß wir aus diesem herbstlichen Dämmerwald in die Frühlingspracht der übrigen Landschaft gelangten.

Plötzlich hielt Garbe an und flüsterte: »Wozu raten Sie? Ich möchte Ihren Vater nicht aufregen, aber ich kann den Weg, den ich vor zwei Jahren geritten bin, nicht finden.« Ich erschrak. »Bitte, lassen Sie uns sofort umkehren und entlang der Telegrafenlinie zurückreiten!« schlug ich vor, »können Sie sie wiederfinden?« »Ja, das kann ich, doch der Weg ist lang und Ihr Vater ermüdet. Und doch, Sie haben recht, es ist die einzig richtige Möglichkeit, umzukehren, so lange es noch nicht ganz dunkel ist.« Mein Vater war tief verstimmt, als er die Lage erfuhr. Wir waren seit dem Vormittag fast ununterbrochen im Sattel gewesen. Nur das lebhafte historische und botanische Interesse an der Umgebung hatte ihn über die Beschwerden dieser Tour hinweggetäuscht. Doch nun, da es unter dem Einfluß der Dunkelheit erlosch, empfand er doppelt die Strapazen des Rittes. »Die sieben Schluchten!« sagte ich, »und der entsetzliche waagerechte Baum.« Garbe beruhigte: »Im Dunkeln sind diese Stellen leichter zu passieren als am Tage. Wir haben nicht viel zu sehen, die Pferde werden uns schon sicher hindurchtragen!«

So überließen wir uns denn unseren Pferden auf Gedeih und Verderb. Solange wir auf einem Bergrücken ritten, wo die Sterne ein wenig Licht verbreiteten, waren wir guten Mutes, neckten einander und scherzten, doch sobald wir in die finsteren Schluchten kamen, in denen man das eigene Pferd nicht sehen konnte, verstummten wir. Der Jasmin duftete betäubend. Tausende von Leuchtkäfern saßen auf den Bäumen oder schwirrten durch die Luft, so daß der Wald wie von glitzernden Brillanten überstreut schien.

Garbe ermahnte uns immer wieder, unsere klugen Pferde nicht durch straffe Zügelführung in ihrem sicheren Instinkt zu beirren. Es war recht unbequem, die Zügel nur lose in der Hand zu halten, da die Tiere meist mit tief zur Erde geneigtem Kopf ausschritten. Nachdem uns die Pferde eine Weile durch die Finsternis getragen hatten, mußten wir aber doch nach den Zügeln greifen, denn Garbe rief plötzlich: »Halt! Keinen Schritt weiter! Mein Gaul wittert eine Gefahr!« Ein Streichholz flammte auf, noch eines, – dann kommandierte unser Führer lakonisch: »Vorsichtig wenden!« Wir gehorchten schweigend. »Was war es?« fragte ich Garbe, als er an mir vorbeiritt, um sich wieder an die Spitze unserer kleinen Kolonne zu setzen, »was hatte Ihr Pferd erschreckt?« »Es sträubte sich, weiterzugehen, weil es dicht vor einem Abgrund stand.« Hätte der Kosak auf seinem aus der russischen Ebene stammenden Pferd die Führung gehabt, so wären wir wohl nicht alle heil nach Hause gekommen.

Als wir den Reitweg wieder erreicht hatten, ging es programmgemäß vorwärts oder vielmehr heimwärts. Wir ritten unversehrt unter dem waagerechten Baum hindurch und nahmen die schwierigen Stellen, die wir meist erst erkannten, wenn wir sie schon halb bewältigt hatten, im Dunkeln wirklich fast besser als bei Tage, da wir uns ganz dem Instinkt unserer Pferde überließen. Ein Uhu schrie, Schakale heulten jämmerlich, und irgendwo in den Bergen brüllte ein Luchs, – doch welche Freude! – Hundegebell antwortete ihm. Bald war der Fluß erreicht und durchquert, und noch vor Mitternacht langten wir in der Villa Ida an.

Ähnliche, wenn auch meist weniger beschwerliche und aufregende Ausflüge unternahmen wir häufig, und mein Vater vertrug sie erstaunlich gut. Der Thrombus an seinem Hals verkleinerte sich, ohne daß sich nennenswerte Anfälle einstellten. Nur sein Schlaf ließ nach wie vor viel zu wünschen übrig.

Wie eintönig gelegentlich die Erholungstage ohne Altersgenossen, ohne Arbeit und Bücher auch sein mochten – die Abende waren immer schön. Wenn die Sonne versank und der Landwind zu wehen begann, wenn die Europäer sich vor dem Fieber in ihre Häuser zurückzogen, genossen wir von der Veranda unseres Hauses stets das gleiche friedliche Bild: vor dem leise plätschernden, in Dunkelheit versinkenden Meer die malerischen Gestalten der Türken bei ihrem zu den Tönen eines Dudelsackes in sanften Rhythmen sich bewegenden Tanz. Die Tänzer, nur Männer, hielten sich wie Kinder an der Hand, während sie in der freien Hand ein weißes Tuch schwenkten. Zuweilen brieten die Männer über einem offenen Feuer Delphinenfett, das einen penetranten Geruch verbreitete, dessen Gewinnung aber für ebenso vorteilhaft galt wie im Norden die des Walfischtrans. Manchmal verschwand auch einer der Türken auf ein paar Tage und kehrte mit verbundenem Kopf oder Arm wieder. Und wir erfuhren, daß er bei dem mißglückten Versuch, seine Braut aus einem Tscherkessen-Aul zu rauben, von deren Verwandten verprügelt und verwundet worden sei.

Die Türken besaßen außerordentlich seetüchtige, aus dem harten Holz der Edelkastanie gebaute und stets peinlich sauber gehaltene Segel- und Ruderboote, sogenannte Feluken. In einer solchen segelten wir entlang der Küste nach Wardané, das damals dem Großfürsten Michail Nikolajewitsch gehörte und von Garbe als dessen Bevollmächtigtem verwaltet wurde. Zur Zeit der tscherkessischen Unabhängigkeit hatte der Ort einen berüchtigten Sklavenmarkt besessen.

Kurz vor unserer Abreise aus Sotschi begleiteten wir noch die aus Novorossijsk eingetroffene junge Frau eines Ingenieurs zu ihrem in der Wildnis arbeitenden Gatten. Wie immer überquerten wir mehrmals den Fluß, wie immer hieb uns der Kosak ganze Zweige mit reifen Früchten von den wilden Kirschbäumen und legte sie uns als erfrischende Wegzehrung über den Sattel. Da die Kirschen zu ihrem größten Teil aus dem Kern bestanden und nur wenig saftiges Fleisch aufwiesen, fand ich das viele Ausspucken zu umständlich und schluckte die Steine gleich mit hinunter, so daß ich sicherlich oft ein bis zwei Pfund Kirschkerne im Magen hatte. Unterwegs wand sich mir eine der überall von den Bäumen herabhängenden Lianen um den Fuß. Ich wollte mich nicht bücken, um die Schlingpflanze vom Fuß zu lösen, und meinte, sie werde beim Weiterreiten von selbst abreißen. Garbes Warnung, die Lianen seien stärker als ich und das Pferd zusammen, schien mir übertrieben. Schließlich mußte der Kosak mich aber doch von der meinen Fuß zusammenpressenden Fessel befreien. Das Gelenk war so angeschwollen, daß ich es im nächsten Bach kühlen mußte.

Wir trafen den Ingenieur Konberg, einen rotbärtigen Hünen, nach längerem Suchen tief im Urwald. Seit drei Wochen lebte er mit seinen Arbeitern, wie ein Robinson hausend, in menschenferner Wildnis. Die Dornen hatten ihm die Kleider in Fetzen gerissen, und es war ihm sichtlich peinlich, in diesem verwilderten Zustand vor uns zu erscheinen.

Vor der primitiven Hütte des Ingenieurs wurde ein fröhliches Mahl gehalten, für welches der Kosak uns auf seinem Dolch überm Kohlenfeuer den landesüblichen Schaschlyk briet. Dieser Dolch des jungen Soldaten war ein erstaunlich vielseitiges und unentbehrliches Instrument; nur für die ihm angemessenen kriegerischen Ziele wurde er glücklicherweise nie benutzt.

Noch ehe es zu dämmern begann, verabschiedeten wir uns und langten so angeregt und erfrischt in Sotschi an, daß wir nach dieser Tour kaum der üblichen Erholungstage bedurften. Da die für unseren Aufenthalt in Sotschi festgesetzten vier Wochen nun schon fast vorbei waren, benutzten wir die letzten Tage zum Packen unserer Koffer. Mit dem nächsten nach Süden gehenden Postschiff setzten wir dann unsere Reise fort.

In der ersten größeren Hafenstadt – Suchum-Kaleh – hielten wir uns nur wenige Tage auf. Auf dem Wege von Suchum nach Batum wollten wir in Poti aussteigen, um das Tal des goldhaltigen Flusses Rion, wohin Jason das Goldene Vließ gebracht haben soll, kennenzulernen. Doch es erhob sich eine scharfe Brise, und unser Schiff dampfte an Poti vorbei, ohne die Einfahrt in den dort seit Jahren im Bau begriffenen schwierigen Hafen zu wagen.

Am nächsten Vormittag langten wir in Batum an und bezogen ein kleines, aus drei Zimmern bestehendes Appartement im Hotel Imperial. Es war sehr heiß in dieser schon hart an der türkisch-kleinasiatischen Grenze liegenden halborientalischen Stadt. Mein Vater widmete sich ihren Sehenswürdigkeiten weniger als sonst, da er den kurzen Aufenthalt benutzen wollte, um einige Großkaufleute, mit denen er in geschäftlicher Verbindung stand, nun persönlich kennenzulernen. Vor allem waren es zwei Brüder Goldlust aus Wien, mit denen wir uns häufig trafen und in deren prunkvolles Stadthaus wir auch zum Diner eingeladen waren. Nach dem langen Aufenthalt in der Wildnis fühlte ich mich anfangs etwas verloren zwischen all den Silbergeräten und venezianischen Spiegeln, doch es gab so viel zu sehen und zu hören, daß ich den Urwald bald vergaß. Der ältere Bruder, Rudolf Goldlust, sollte im Herbst nach Indien reisen, um in Bombay eine Filiale seines Hauses zu übernehmen. Er wußte viel von den Verhältnissen dieses Landes zu erzählen. Auch unsere Reisepläne wurden erörtert und verschiedene Routen für die Heimfahrt vorgeschlagen.

»Möchtest du lieber über Tiflis, die grusinische Heerstraße, die kaukasischen Mineralbäder, Moskau, Petersburg fahren oder über Konstantinopel, Wien, Warschau?« fragte mich mein Vater.

»Natürlich über Konstantinopel!« antwortete ich, ohne einen

Augenblick zu zögern. Ich habe mir später manchmal Vorwürfe gemacht, daß ich bei dieser Antwort den Gesundheitszustand meines Vaters zu sehr außer Acht gelassen hatte. Freilich war es kaum seine Art, endgültige Beschlüsse von meinen Wünschen abhängig zu machen.

Zwei Tage später, am 21. Juni vormittags, trat mein Vater eilig in das Zimmer. »Goldlust telefoniert eben, daß in einer Stunde ein guter Dampfer nach Konstantinopel abgeht. Packe schnell unsere Sachen und begleiche die Hotelrechnung; ich besorge unterdessen die Pässe. Wir treffen uns am Hafen.«

Die Zeit war so kurz bemessen, daß an ordentliches Packen nicht zu denken war. Ich stopfte alles in den Koffer, so gut es eben in der Eile ging, war aber pünktlich am Hafen, wo die Brüder Goldlust mich bereits erwarteten. Die Schiffsglocke schrillte. Ob mein Vater wohl noch rechtzeitig mit den Pässen fertig werden würde? Auf alle Fälle belegte ich eine Kabine nach Konstantinopel. Doch während ich an der Kasse des überaus primitiven Kontors der Schiffsgesellschaft die Anzahlung leistete, trat Goldlust hastig zu mir: »Ihr Vater ruft Sie; er ist nicht wohl!« Ich eilte zu meinem Vater, den ich in dem schon leer gewordenen Gepäckraum der Agentur fand. Er stand gebeugt, mit der Hand auf einen Tisch gestützt, und atmete schwer. Sofort sah ich, daß dieser Anfall schlimmer war als alle bisherigen.

»Einen guten Arzt!« flüsterte ich Goldlust zu.

»Nein«, murmelte abwehrend der Kranke, doch Goldlust war bereits fortgeeilt.

Mein Vater legte den freien Arm wie zu einem kameradschaftlichen Spaziergang um meine Schultern, doch er ruhte mit seinem ganzen Gewicht auf ihnen, und ich streckte und stemmte meinen Körper mit aller Kraft, um ihn halten zu können. Denn ich begriff instinktiv, daß in dieser fremden Stadt und inmitten fremder Menschen, die uns in plumper Neugierde umstanden, ich allein für meinen Vater so etwas wie Heimat war, auf die er sich fest und schwer stützte.

Ich weiß nicht, wie lange wir so standen. Ein Teppich wurde über den Boden gebreitet und der Kranke darauf gebettet. Sein Kopf ruhte auf meinem Arm. Ich konnte nicht erkennen, ob er bei Bewußtsein war, flüsterte ihm jedoch immer wieder tröstend zu: »Sei ruhig, ich bin bei dir!«

So schnell hatte sich unser Verhältnis zueinander verschoben, daß ich, fast noch ein Kind, mich meinem strengen, selbstbewußten Vater gegenüber mütterlich beschützend verhielt.

Zu meiner Beruhigung traf bald ein vertrauenerweckender russischer Militärarzt ein, dem gleich darauf ein griechischer Arzt folgte. Der kleine, lebhafte Grieche, der außer seiner Muttersprache nur noch Französisch verstand, versicherte mir auf meine Frage, ob der Zustand des Kranken ernst sei, immer wieder mit strahlendem Gesicht: »O non, Mademoiselle, n'ayez pas peur!« Als ich mich jedoch an den russischen Arzt wandte, sagte dieser unumwunden mit einr zarten und aufrichtenden Sachlichkeit, daß der Zustand meines Vaters keine Hoffnungen mehr zulasse.

Der Transport des Kranken war unmöglich, doch voll Dankbarkeit bemerkte ich, daß der russische Arzt die neugierige Menge, die sich inzwischen um uns geschart hatte, energisch auseinandertrieb. Den ganzen Tag waren die Ärzte und ein Sanitäter um den Besinnungslosen bemüht, während ich am Boden kniete und seinen Kopf im Arm hielt. Gegen Abend, als es kühler wurde, schlug mein Vater plötzlich die Augen auf und bat mich in ruhigem, selbstverständlichem Ton um eine Zigarette. Ich blickte fragend auf die Ärzte. Sie nickten, und mein Vater rauchte mit sichtlichem Genuß. Nach einiger Zeit richtete er sich auf, und unter dem Beistand der beiden Ärzte und der Brüder Goldlust, welche die ganze Zeit über bei uns ausgeharrt hatten, brachten wir ihn wieder ins Hotel zurück. Entkleidet und zu Bett gebracht, erholte er sich. In angeregter Stimmung unterhielt er sich mit den Brüdern Goldlust und den beiden Ärzten, die sich sehr entschieden gegen die Weiterfahrt nach Konstantinopel aussprachen und meinem Vater dringend rieten, sich der Batumer Hitze durch eine sofortige Übersiedlung nach Abastuman zu entziehen. Wir beschlossen also, in diesen, durch den Aufenthalt des lungenkranken Sohnes Alexanders III., Georg, berühmt gewordenen, hochgelegenen Luftkurort zu reisen.

Der Abend verlief heiter, mein Vater hielt cercle an seinem Bett. Die Brüder Goldlust hatten mir Konfekt und Blumen gebracht, und ich fühlte mich durch die gemeinsam verbrachten schweren Stunden mit diesem kleinen Kreis freundlicher Menschen dankbar verbunden.

Als wir allein waren, diktierte mein Vater mir noch ein Telegramm an meine Mutter, in welchem er ihr von seinem schweren Anfall und der Änderung unserer Reiseroute Mitteilung machte.

Müde, doch frohen Herzens, weil der Tag nun besser endete, als ich zu hoffen gewagt hatte, schlief ich gegen Mitternacht ein. Als ich im Morgengrauen erwachte, bemerkte ich im Nebenzimmer Licht. Ich eilte zu meinem Vater und sah voller Schrecken, daß ein neuer Anfall drohte. Sofort schickte ich nach dem russischen Arzt, der eine verhängnisvolle Verschlimmerung in dem Zustand des Kranken konstatierte. Der hühnereigroße Thrombus an seinem Hals, der sich in Sotschi bis zum Umfang einer Erbse verkleinert hatte, war während des schweren Anfalls in der Schiffsagentur gänzlich verschwunden, doch kreiste er nun offenbar unaufgelöst als Fremdkörper in seinen Adern und bedrohte das Herz. Bald erschien auch der griechische Arzt, um nach dem Patienten zu sehen. Die Ärzte sagten mir, daß fortan immer einer von ihnen bei dem Kranken bleiben würde. Für mich war dies natürlich eine Beruhigung; im übrigen hoffte ich mit jugendlichem Optimismus, die kräftige Natur meines Vaters würde diesen Anfall ebenso überwinden wie den des vorherigen Tages.

Ich unterhielt mich leise mit den einander ablösenden Ärzten, während der Kranke ruhig schlummerte. Kurz vor zwei Uhr verließ mich der Grieche, um einen Brief in den Kasten zu stecken. Mein Vater erwachte unterdessen und machte eine Bewegung, als läge er unbequem. Ich hob vorsichtig seinen Kopf hoch und richtete ihm die Kissen so, wie er es liebte. Mit einem Lächeln der Befriedigung legte er sich wieder zurück. Nach einigen Minuten kehrte der Doktor wieder, und ich erzählte ihm, daß mein Vater erwacht war. Mit gespanntem Gesicht trat der Arzt an das Bett, griff hastig nach dem Puls des Kranken, und aus seinem Schweigen begriff ich, daß mein Vater gestorben war.

Ich war wie betäubt. Ich fühlte keinen Schmerz, nur grenzenlose Müdigkeit und Leere und ein dumpfes Staunen, daß es überhaupt so etwas wie den Tod gab und daß dieser so einfach und mild sein konnte.

Am nächsten Morgen erschien der griechische Arzt, Dr. Triantaphyllides. Ihm war meine Gefaßtheit unnatürlich erschienen; er brachte seine Schwester und, da diese nur griechisch sprach, noch eine andere Griechin als Dolmetscherin zu mir. Ich ließ mir die gutgemeinte Zimmergenossenschaft gefallen, wußte jedoch mit den beiden wildfremden Griechinnen nichts anzufangen. Apathisch ließ ich auch später alles, was meine Umgebung in guter Absicht für erforderlich hielt, mit mir geschehen. So erschien ohne mein Zutun eine Schneiderin und maß mir ein schwarzes Kleid an. Ein Trauerhut, den ich nicht bestellt hatte, wurde mir zugeschickt. Ich zahlte, ohne im geringsten darauf zu achten, ob die Sachen mir paßten.

Am zweiten Abend fand im Hotel ein großer Ball statt, und die aufwühlende Tanzmusik sang und wiegte die ganze Nacht, durchdrang alle Wände und war schwer zu ertragen. Ich hatte Garbe telegrafisch gebeten, zu mir zu kommen, doch es war ihm nicht möglich, meine Bitte zu erfüllen. Das Meer war so stürmisch bewegt, daß die Wellen in Batum bis in die Straßen spritzten und das Postschiff an dem kleinen Küstenort Sotschi vorbeidampfen mußte, ohne anlegen zu können. Darauf machte sich Garbe zu Pferde auf den Weg, fand jedoch bei Gagri den Fluß so angeschwollen, daß an ein Durchqueren nicht zu denken war. Ich wußte aus Erfahrung, daß Wege, die der Freund meines Vaters für unpassierbar erklärte, in der Tat unüberwindliche Hindernisse boten, aber sein Ausbleiben lud die ganze Last notwendiger Entscheidungen auf meine Schultern. Ich hatte beschlossen, den Leichnam meines Vaters in die Heimat zu bringen, und dieser wurde daher von den Ärzten einbalsamiert. Mein Wunsch, die Heimreise mit dem Toten zusammen anzutreten, stieß auf Widerspruch von allen Seiten. Man wandte ein, daß der Begleiter eines Sarges mit diesem in einem Güterwagen fahren müsse. »So werde ich das tun«, sagte ich, denn obwohl mein Verhältnis zum Vater kein besonders inniges gewesen war, hatte ich doch das Gefühl, daß ich auch auf diesem Teil unserer gemeinsamen Reise ihm zur Seite bleiben müßte.

In diesem Wirrwarr von Ansichten und Gefühlen hoffte ich mich mit Garbes Hilfe besser zurechtzufinden, aber die Entscheidung kam von einer anderen Seite: Die Schiffahrtsgesellschaft erklärte, den Transport des Sarges nur auf direktem Wege, das heißt auf dem Wasserwege um ganz Europa herum, übernehmen zu können. Auf dieser ein bis zwei Monate währenden Seereise den Leichnam meines Vaters zu begleiten, hatte ich doch nicht den Mut.

Ich habe in der kurzen Zeit meines Aufenthaltes in Batum viel Freundliches genossen. Ganz fremde Menschen suchten mich auf und boten mir ihre Hilfe an. Unter anderen ein rothaariger Engländer, Mr. Peacock, der mich durch seine angelsächsische Steifheit mehr einschüchterte als tröstete. Auch ein sporenklirrender Offizier suchte mich auf, um mir im Namen des Gouverneurs von Batum, des Fürsten Eristow, seine Teilnahme auszusprechen und seine Dienste anzubieten. Ich dankte und sagte, ich hätte alles, was ich brauchte. Später fragte ich Goldlust, woher diese Leute von meiner Existenz wüßten. »Die ganze Stadt spricht seit jenem Anfall im Kontor der Schiffahrtsgesellschaft von Ihrem Vater und von Ihnen!«

So hatte ich der Helfer und Ratgeber fast zu viele. Ein deutscher Kaufmann aus Tiflis namens Krause war in Batum eingetroffen, um meinen Vater kennenzulernen, und fühlte sich nun als einziger verheirateter Mann – Goldlusts und die beiden Ärzte waren unverheiratet – dazu berufen, mich in etwas plumper Weise zu beschützen. Er folgte mir wie eine ziemlich alberne Duenja auf Schritt und Tritt.

In der ungewöhnlichen Lage, in der ich mich befand, ließ ich mich nur von einem instinktiven Gefühl für das Echte leiten. Dieses Empfinden sagte mir, daß ich dem russischen Arzt, Doktor Pusirewsky, dessen Namen ich im Gegensatz zu dem schwierigeren des Griechen Triantaphyllides merkwürdigerweise durchaus nicht im Gedächtnis behalten konnte, rückhaltlos vertrauen könne, daß Rudolf Goldlust ein guter und feinfühliger Mann sei, – es warnte mich jedoch vor dem mich mit Aufmerksamkeiten überschüttenden Heinrich Goldlust und vor dem biederen Familienvater Karl Krause.

Eines Tages war ich zu Dr. Pusirewsky und dessen freundlicher alter Mutter zum Mittagessen eingeladen. Krause behauptete, es schicke sich nicht, daß ich allein hinginge; er würde mich daher begleiten. Ich protestierte. Trotz meiner Ablehnung folgte er mir in das Haus des Doktors und setzte sich uneingeladen an dessen Tisch. Nach dem Essen forderte der Hausherr mich zu einer Spazierfahrt in die Berge auf, und wieder stieg der ungebetene Gast mit in den Wagen und fuhr mit uns zu der Ruine des Schlosses Tamara.

Der Doktor suchte meine Apathie dadurch zu zerstreuen, daß er meine Aufmerksamkeit auf die großen, grauen Reservoire des Petroleumviertels lenkte und mir erzählte, wie beim Brand eines dieser Reservoire das brennende Petroleum in den Hafen geflossen und sich dort auf der Oberfläche des Wassers so ausgebreitet hatte, daß die vor Anker liegenden Schiffe sich in das offene Meer zurückziehen mußten. Auch von der grusinischen Königin Tamara berichtete er und von der eisigkalten Quelle So-uk-su, an der wir anhielten, um uns und die Pferde durch einen Trunk zu erfrischen. Ich hatte aber nur ein stumpfes Interesse für die eigenartige Stadt und ihre Umgebung, und als der Doktor fragte, ob ich wohl dauernd in Batum leben möchte, verneinte ich mit Entschiedenheit. Ich hatte nur den einen Wunsch: nach Hause! Zu meiner Mutter! Wie mochte sie, die Zarte, unseren schweren Verlust tragen? Wie würde sie wohl in Sorge sein um ihre sechzehnjährige Älteste, die sie unter traurigen und schwierigen Verhältnissen allein in der fernen kaukasischen Stadt wußte. Diese Gedanken wurden so übermächtig in mir, daß ich das nächste Postschiff nach Odessa zur Heimreise benutzen wollte.

Im letzten Augenblick trat ein Hindernis auf: Das Schiff, welches den Sarg meines Vaters aufnehmen sollte, verspätete sich, doch der sympathische ältere Goldlust versprach mir, den Transport mit größter Sorgfalt und Pietät auszuführen. Er hat sein Wort auch wirklich gehalten. Von Geburt Jude, der Konfession nach Katholik, hat er, da es in Batum damals keine evangelische Kirche gab, den Sarg in feierlicher Weise in der russischen Kapelle aufstellen lassen und hat später nicht nur die Überführung auf das Schiff persönlich geleitet, sondern auch durch Rücksprache mit dem Kapitän dafür gesorgt, daß der Sarg an einer Stelle untergebracht wurde, wo er vor allen Unbilden des Wetters geschützt war. Am 26. Juni reiste ich ab. Meine neugewonnenen Freunde waren vollzählig auf dem Dampfer. Der ältere Goldlust äußerte seine Sympathie auf eine feine, respektvolle Art, der jüngere dagegen auf eine so zudringliche Weise, daß ich, um ihn loszuwerden, ihm fortgesetzt kleine Aufträge erteilte, die ihn von meiner Seite fortführen mußten. Mein Unbehagen wuchs, als der unvermeidliche Krause erklärte, er würde mich bis Noworossijsk, wo er geschäftlich zu tun habe, begleiten. So unglücklich fühlte ich mich zwischen diesen beiden gutmütig-zudringlichen Männern, daß ich kurz entschlossen aufstand, mich dem etwas abseits stehenden Doktor Pusirewsky, zu dem ich Vertrauen empfand, näherte und ihn bat, bis Noworossijsk mitzufahren. Leider war ihm dies als Militärarzt nicht möglich. So dampfte ich denn mit Herrn Krause auf die mäßig bewegte See hinaus, deren Wellengang mir zum Vorwand dienen mußte, mich möglichst viel in meiner Kabine aufzuhalten; eine energische Stewardeß sorgte dafür, daß ich allein blieb.

In Sotschi kamen Garbe und Ingenieur Konberg auf das Schiff, doch konnten wir nur wenige Worte wechseln, da es nach dem Austausch der Postsäcke sofort weiterfuhr.

Kaum hatten wir am nächsten Morgen den Hafen von Noworossijsk verlassen, gerieten wir in einen heftigen Sturm. Als die qualvolle Schaukelei kein Ende nehmen wollte, entschloß ich mich dazu, die Reise nach Odessa in Kertsch für drei Tage zu unterbrechen. Ich habe den vor mir liegenden weiten Weg, zu welchem man, wenn man Tag und Nacht reiste, sieben Tage und Nächte brauchte, ohne Fahrplan und ohne genauere Orientierung über die zu passierenden Einzelstrecken, nur mit dem einzigen Ziel: nach Hause! zurückgelegt. So fuhr ich von Odessa ab, ohne auch nur einen Bissen Essen bei mir zu haben. Die Fahrt durch die monotone Steppe dünkte mich endlos lang. Als ich im Frühling mit meinem Vater durch diese Ebene gefahren war, hatte alles geblüht, doch ich hatte die Augen nicht aufmachen wollen vor lauter Heimweh. Nun, da ich ohne meinen Vater dieselbe Strecke zurückfuhr, erfüllte mich ein ähnlicher Schmerz. Nur war es wohl mehr die beklemmende Erschütterung des Verlierens als die sanfte Traurigkeit des Vermissens, die mich bewegte und mich am liebsten mit geschlossenen Augen in meiner Ecke lehnen ließ.

Der Zug hielt an verschiedenen kleinen Stationen, doch da ich keinen Fahrplan bei mir hatte, wagte ich lange nicht, meinen Waggon zu verlassen. Oder ich ließ mich auch mit dem ganzen Strom der vorwärts stürmenden Passagiere zum Buffet des Bahnhofs treiben, war aber viel zu apathisch und schüchtern, um mich vorzudrängen. So fand ich denn, wenn ich endlich am Buffet stand, alles wie von einem Heuschreckenschwarm abgegrast. Ich war recht hungrig, denn während der zwei Tage auf dem stürmischen Meer hatte ich auch nur wenig genossen. Darum kaufte ich mir einmal, da ich wieder nur leere Schüsseln vorfand, eine große Tüte harter, verstaubter Mandelkuchen, die so trocken waren, daß ich sie trotz meines quälenden Hungers nicht bewältigen konnte. Mir gegenüber saß ein kleines Mädchen, das mit seiner Mutter reiste und unlustig an einem Butterbrot kaute, während es verlangend nach meinem Kuchen schielte. Ich schielte ebenfalls wie hypnotisiert auf das Schinkenbrot der Kleinen, bemühte mich aber standhaft wie einst in der Kindheit, wenn wir stoischen Indianern nacheiferten, ein gleichgültiges Gesicht zu machen.

Eines Morgens hielt der Zug in Brest-Litowsk. Wie groß war meine Freude, als ich mich beim Aussteigen von bekannten Gesichtern umringt sah! Mein Großonkel Ludwig Suck, an dem ich sehr hing, und die heitere, resolute Schwester meiner Mutter, die mein Vater und ich auf der Durchreise im April ebenfalls besucht hatten, waren mir entgegengereist. Nach einer Stunde setzte ich die Reise in Gesellschaft meines Großonkels fort. Dieser letzte Reisetag verlief angenehm; meine Mutter hätte keinen besseren Abgesandten wählen können. Er stand seelisch gerade in dem richtigen Verhältnis und Abstand zu mir, um mein in den Fesseln der Selbstbeherrschung erstarrtes Inneneben allmählich ein wenig auftauen zu lassen. Sein liebevolles, harmonisch abgeklärtes Wesen traf wohl unbewußt das Richtige. Er erzählte mir von dem Schmerz meiner Mutter, von der Arbeit, die sie als Stellvertreterin meines Vaters täglich leistete, von den blühenden Linden und der Blumenpracht des »großen Weges« in unserem Garten. Er erklärte mir den Zweck so mancher im Kampf gegen Schneeverwehungen und Erdrutsche unternommenen Bepflanzungen, an denen wir vorüberfuhren, und gliederte mich langsam meiner Umwelt, der ich mich durch den Tod meines Vaters entrückt fühlte, wieder ein.

In Dünaburg erwartete mich meine Mutter. Sie stieg in unser Coupé, und wenn es auch ein schmerzliches Fragen und Berichten wurde, so warf die Wiedersehensfreude doch immer wieder Lichter auf den dunklen Grund unserer Empfindungen. Dieses Schwanken von Licht und Schatten gleitet durch alle meine Erinnerungen an diesen Sommer. Schwarz gekleidete Gestalten bewegen sich stiller als sonst auf den Wegen des Gartens, doch dieser Garten selbst lacht und leuchtet in farbenbunter Hochsommerherrlichkeit.

Anfang August traf der Sarg ein und wurde auf unserer großen Veranda in einer Flut von Blumen aufgebahrt. Nach der Beerdigung, derer ich mich merkwürdigerweise gar nicht mehr erinnern kann, gingen wir oft auf den Kirchhof, und das Grab meines Vaters nahm immer teil an der Blütenfülle unseres Gartens.

Trotz der Trauer war meine Stimmung ausgeglichener als im Winter. Die Reise hatte mich von meiner jugendlichen Melancholie abgelenkt. Sewastopol, Jalta, Kertsch, Sotschi – jedesmal eine neue Welt, die meinem geistigen Raumbedürfnis Nahrung geboten hatte. Die anstrengenden Ritte in Sotschi hatten die mir vom Vater – zuweilen etwas gewaltsam – anerzogene Beherztheit meiner Kindheit gewandelt und gereift.

Die Pflichten, die ich übernommen und, wie mein Vater in seinem letzten Telegramm gesagt hatte, zu seiner Zufriedenheit erfüllt hatte, stärkten mein Selbstbewußtsein und gaben mir das Gefühl innerer Geschlossenheit.

Kurze Zeit korrespondierte ich noch mit den neugewonnenen Batumer Freunden, aber nur der Briefwechsel mit dem russischen Arzt schlief nicht ein, sondern vertiefte die im persönlichen Umgang gewonnenen Eindrücke und führte nach einem Jahr zu meiner Verlobung mit Dr. Pusirewsky.

Leben einer Arztfrau in Batum

Am 30. Oktober 1890 traf Wladimir Pusirewsky ein, und am 2. November fand unsere Hochzeit statt. In der kleinen Kirche am Schloß wurden wir nach griechisch-katholischem Ritus getraut. Zu Hause erfolgte dann noch die evangelische Einsegnung unserer Trauung durch den alten Pastor Iken, der mich getauft und konfirmiert hatte.

Am Abend reisten wir nach Petersburg ab. Dort wohnten wir im Hotel d'Europe, in welchem die Großfürsten, der Schah von Persien und andere gekrönte Häupter abzusteigen pflegten. Wir lebten, wenn auch nicht gerade wie der Schah von Persien, so doch auf ziemlich großem Fuß, aßen zum Beispiel morgens und abends stets frischen Kaviar. Mein Mann führte mich in das Marien-Theater, in welchem das berühmte Ehepaar Figner in der »Afrikanerin« sang. Er zeigte mir die Kunstwerke der Eremitage. Auch in die Peter-Paul-Festung fuhren wir und sahen die Fürstin Dolgorukij, die morganatische Gemahlin Alexanders II., am Sarge ihres Gatten knien. In der berühmten Wolfschen Buchhandlung kaufte ich mir Tolstois Roman »Anna Karenina«, den ich nun endlich lesen durfte. Dieses Buch, dessen Lektüre später während der Schulzeit meiner Töchter in den Mittelklassen des russischen

Gymnasiums obligatorisch werden sollte, hatte ich, um meine Mutter nicht zu betrüben, vor meiner Verheiratung nicht lesen dürfen.

Eine Woche lang dauerte unser fürstlicher Aufenthalt im Hotel d'Europe, dann reisten wir über Moskau mit kurzem Aufenthalt in Charkow und Rostow weiter nach Wladikawkás. Hier hörte die Eisenbahnstrecke auf, und es begann die Grusinische Heerstraße. Da die reguläre Postverbindung nur für sehr anspruchslose Reisende in Betracht kam, mieteten wir uns einen bequemen Wagen, der uns am ersten Reisetag bis zu der nahe des Kasbek gelegenen Poststation gleichen Namens brachte. Das Haus, in dem wir Unterkunft fanden, war unwirtlich und häßlich, doch der Blick aus den Fenstern auf den 5000 Meter hohen Kasbek, den man vielleicht wegen seines Eispanzers – er hat nicht weniger als acht große Gletscher – als die »Jungfrau« des Kaukasus bezeichnen könnte, ließ uns die Düsternis des Hauses vergessen.

Ich habe den Kasbek später noch so manches Mal gesehen, einmal vom Mondlicht überflutet, einmal von der Morgenröte übergossen, dann wieder im nüchternen Tageslicht, doch stets atmete er eine unnahbare Hoheit aus. So stark ist der Eindruck des Unberührten, den dieser schon damals mehrfach bestiegene Berg bei den Menschen hervorruft, daß die Grusinier allen Tatsachen zum Trotz behaupten, er dulde keine Besteigung.

Die Gletscherstürze des Kasbek waren um die Mitte des vorigen Jahrhunderts von so katastrophaler Art, daß sie ein besonderes Studium seiner Gletscherverhältnisse erforderlich machten. Einmal sperrte ein ins Tal abgestürzter Gletscher des Kasbek zwei Jahre lang die Kommunikation über das Gebirge. Dadurch entstand eine Talenge, die den von Lermontowscher Poesie umwobenen reißenden Fluß Terek in einen tobsüchtigen Giganten verwandelte, der alles, was ihm in den Weg kam, vernichtete und verwüstete.

Am nächsten Tage passierten wir die enge, von Nebelschwaden und Dämon-Romantik erfüllte Darialsche Schlucht, auf deren zerklüftetem Grunde der Terek schäumend dahinschoß.

Die Grusinische Heerstraße folgte in ihrer ganzen Länge dem Lauf zweier Flüsse, anfangs dem Terek, dann der Aragwa; zwischen beiden befindet sich die Wasserscheide. Diese alte Heerstraße ist ein Wunder der Wegebaukunst. Genau an derselben Stelle zog sich früher ein Paßweg über das Gebirge hin, nur brauchte man damals zur Überwindung dieser schwierigen und gefährlichen Straße 35 Tage, während man jetzt (1890) die 200 Kilometer weite Strecke in zwei Tagen zurücklegte, wobei in beiden Fällen der Transport durch Pferde bewerkstelligt wurde.

Ich sah zum ersten Mal das Hochgebirge in seiner strengen Wucht und Felsennacktheit. Hiergegen war Sotschi ein liebliches Idyll gewesen. Da es immer früh dunkelte, mußten wir noch mehrmals in den unkomfortablen Stationshäusern übernachten. Sobald wir langsam bergan fuhren, spähte unser Kutscher immer wieder mißtrauisch rückwärts, ob nicht dunkle Gestalten sich an unser Gepäck heranmachten; doch nichts dergleichen ereignete sich. Bei Lars sahen wir noch die Türme der Behausung des uralten grusinischen Fürstengeschlechts der Dudaroff, an denen vor Zeiten kein Reisender vorbeidurfte, bevor er nicht ein Stück grobes Leinen, ausreichend für ein Hemd, als Wegezoll entrichtete – wahrlich ein mildes Raubrittertum!

Bei Kobi gelangten wir in eine gefährliche Lawinenzone; dort saßen die Lawinen so locker, daß niemand es wagte, einen Schneeball zu werfen oder einen Schuß abzufeuern, um die schlummernde Vernichtungskraft nicht zu wecken.

Nachdem die Poststationen mit den hartklingenden Namen Gudaur, Pasanaur, Anamur überwunden waren, wurden Klima, Landschaft und Namen wieder weicher. Bei Mleti zeigte uns eine kleine, aus dem 4. Jahrhundert stammende Kirche, wie früh das

Christentum schon nach Grusinien gedrungen war, um vier Jahrhunderte früher als nach Rußland. In der Nähe des Ortes Duschet gab es noch eine zweite alte Kirche, die ein Muttergottesbild barg, von dem die Grusinier behaupteten, daß es der Evangelist Lukas auf ein der Krippe des Christkindes entnommenes Brett gemalt habe.

In Mzchet stießen wir auf die von Tiflis nach Batum führende Eisenbahnlinie, und zwölf Stunden später waren wir an unserem Ziel Batum.

Es war Anfang Dezember, doch in unserem kleinen Garten blühten noch die Rosen. Das Haus, welches einem Türken namens Ali Effendi Ibrahim Sadé gehörte, hatte ursprünglich aus einem einzigen großen Raum bestanden. Dieser war von dem findigen Türken durch das Einsetzen zweier sich kreuzender Wände in vier kleine Zimmer geteilt worden, denen er durch französische Tapeten einen warmen Goldton verliehen hatte. An die eine Schmalseite des Hauses hatte er die landesübliche »Galerie« – eine Art Glasveranda – angebaut und rings um das kleine, stimmungsvolle Domizil Weinstöcke gepflanzt, so daß im Herbst die weißen Mauern und das flache rote Dach mit blauen Trauben dick behangen waren. Vor dem Hause ein Blumengarten, in dem alles wuchs und blühte, wie es wollte, und hinter dem Hause ein ungepflasterter Hof mit einem Feigenbaum und einer Platane, an deren Stamm zuweilen ein dankbarer Patient meines Mannes über Nacht einen Hahn oder ein Ferkel band. In einem Gebäude auf dem Hof befand sich die Küche. Ein Badezimmer, an das ich von frühester Kindheit an gewöhnt war, gab es nicht, ebenso kein fließendes Wasser. Das Trinkwasser aus der Quelle So-uk-su kaufte man literweise, so wie bei uns daheim die Milch. Schnellfüßige Türken trugen die mit grünen Blättern umwundenen schmalen Holztönnchen auf ihrem Rücken durch die Stadt. Überall hörte man ihren Ruf: »So-uk-su« – kaltes Wasser!

Meine Mutter hatte mir Geld für eine neue Zimmereinrichtung mitgegeben, doch als wir die Börse leerten, zeigte es sich, daß es gerade noch zur Anschaffung zweier kornblumenblauer Lehnstühle und eines Schrankes reichte. Wir hatten auf der Reise zu üppig gelebt, die täglichen Kaviarfrühstücke und das großfürstliche Hotel hatten unser Mobiliar verschluckt. Uns kümmerte das wenig. Wir richteten uns mit dem Vorhandenen ein, so gut es gehen wollte, und allmählich traf, von der sorgenden Hand meiner Mutter gesandt, noch so manches ein, was die Behaglichkeit in unseren goldfarbenen vier Wänden erhöhte: der Schreibtisch aus meinem Mädchenzimmer, ein Flügel und andere Dinge. Eines Tages erschien sogar eine junge lettische Magd, die die Küche übernehmen sollte, denn unser stotternder Offiziersbursche war zwar der ehrlichste und sauberste Diener, den es geben konnte, doch seine Kochkünste reichten nicht viel weiter als die meinen.

Den ganzen Winter lebten wir so vollkommen zurückgezogen in unserem kleinen Türkenhaus und brüskierten, ohne es im geringsten zu beabsichtigen, durch das monatelange Hinausschieben unserer Visiten die Batumer Gesellschaft. Mein Mann arbeitete vormittags und abends in seinem Lazarett und hatte außerdem seine Patienten zu besuchen. Womit ich unterdessen die vielen freien Stunden füllte, wüßte ich kaum zu sagen. Doch ob ich nähte oder Kochrezepte auswendig lernte, Briefe schrieb oder mit dem Hund »Drushók« durch Haus und Garten lief, – in mir vollzog sich unablässig ein unbewußter, mit Rückfällen einhergehender Akklimatisierungsprozeß. Dazu gehörte ein nicht geringer Aufwand an körperlicher und seelischer Elastizität, denn die Änderungen in meiner Lebensführung waren radikaler, als sie sonst bei einer Eheschließung zu sein pflegen. Der Unterschied im Alter, in der Sprache und der Konfession zwischen meinem Mann und mir war leicht zu überbrücken, doch der Gegensatz zwischen nordischem und subtropischem Klima sowie die große Verschiedenheit des ganzen Lebenszuschnitts vor und nach meiner Verheiratung machten mir zu schaffen. Besonders mein Bedürfnis nach Raum, das durch den großen Garten meiner Kindheit und die daran stoßenden weiten Wiesen achtzehn Jahre genährt worden war, litt unter den engen Ausmaßen des doch so gemütlichen Häuschens mit dem winzigen Gärtchen davor. Und es war weder gut noch schlecht, sondern lag an der Art meiner Erziehung, daß ich darüber keine Worte verlor und wohl auch kaum darüber grübelte, sondern mich einfach den Verhältnissen anzupassen suchte. Die Ablenkung durch freundschaftliche Beziehungen und durch Bücher fehlte. Es gab in den ersten Jahren meines Aufenthaltes in Batum weder eine Buchhandlung noch eine Bibliothek. Meine einzige Lektüre war das Redelinsche Kochbuch, das ich denn auch bald fast auswendig kannte.

Wenn ich beim Auf- und Abgehen in unserem Garten an dem Anbau, den der Hausbesitzer bewohnte, vorbeikam, ließ Ali Effendi Ibrahim Sadés Frau, eine junge, rotwangige Türkin, ihr Fenster herunter, um mich zu begrüßen. Sie verstand keine einzige europäische Sprache, doch wir lächelten einander an, und sie zeigte mir ihr Baby, das mehr einem Kind von Murillo als einem kleinen Mohammedaner glich. Ich wußte, daß ihr Mann im benachbarten Trapezunt ebenfalls eine junge Frau und ein gleichaltriges Baby besaß, und die Türkin wußte das auch. Wie temperamentlos – oder wie weise? – diese Frauen doch sein mußten! Die Bescheidenheit der Türkin mißfiel mir und stimmte mich doch auch nachdenklich. Wir waren beide im gleichen Alter. Ich empfand die Kleinheit unserer vier behaglichen Zimmer und des baumlosen Gärtchens nahezu körperlich, wie ein zu enges Kleid, das einen am tiefen Atemholen hindert, und diese junge, blühende Frau saß Tag und Nacht in dem einzigen Zimmer, aus dem ihre Wohnung bestand und das sie nie verließ!

Ihr Mann Ali war zwar ein Effendi mit schmalen aristokratischen Händen, aber sonst ein ziemlich schäbiger und ungebildeter Mensch. Öfters war ich, am offenen Fenster sitzend, Zeugin folgender kleiner Szene zwischen unserem Hauswirt und meinem Mann. Ali, die Hand grüßend zum roten Fez erhoben: »Guten Tag, Doktor! Kannst du mir 100 Rubel geben?« – »Hundert Rubel? Wo denkst du hin, Ali! Genügen dir vielleicht zwanzig Kopeken? Die könnte ich dir geben.« »Gut, Doktor, ich danke dir!« – und zufrieden zog Ali Effendi Ibrahim Sadé mit einem Fünfhundertstel der erbetenen Summe von dannen.

Eines Tages, während der sehr strengen türkischen Fastenzeit, dem Ramadan, erschien Ali Effendi mit einer verbundenen Hand bei meinem Mann. Ein Fingerglied war ihm abgerissen. Nach der Ursache dieser Verletzung befragt, erzählte er folgendes: Die Türken dürfen bekanntlich im Ramadan tagsüber keine Nahrung zu sich nehmen; erst wenn der Mond sich am Himmel zeigt, ist ihnen das Essen gestattet. Am Abend vorher aber hatten sie Stunde um Stunde vergeblich auf das Erscheinen des Mondes gewartet. Da war den hungrigen Leuten die Geduld ausgegangen. Sie hatten dem Mond zugerufen, er möge sich beeilen. Umsonst, der Himmel blieb dunkel. So drohten sie dem Mond, sie würden ihn beschießen, falls er nicht sofort seine ihm vom Koran vorgeschriebene Pflicht erfüllte. Als das eigensinnige Gestirn nicht nachgab, brachten die durch den Hunger in reizbare Stimmung versetzten Gläubigen wirklich eine alte, ausrangierte Kanone zum Schuß. Dabei war das alte Schießmöbel explodiert und hatte Ali Effendi ein Fingerglied abgerissen. »Aber«, schloß der Erzähler, »als sich der Rauch verzog, stand der Mond am Himmel!«

Eine schwere Prüfung bedeutete es für mich, wenn mein Mann seine kleineren und größeren Inspektionsreisen unternahm, die ihn nördlich bis nach Noworossijsk und südlich bis nach Artwin und dem hoch in den Bergen gelegenen Sultan-Selim-Posten führten. Ja, selbst wenn er nachts zu einem Kranken gerufen wurde und ich allein in dem kleinen Haus zurückblieb, unter dessen Fenstern das klagende Geheul der Schakale ertönte, wagte ich mich vor Furcht oft nicht zu bewegen; ich saß dann stundenlang aufrecht im Bett, ohne den Mut aufzubringen, auch nur den Kopf auf das Kissen zu legen oder das Licht zu löschen. Dabei war diese wohl durch die zahlreichen ungeschützten Parterrefenster unseres Hauses hervorgerufene Furcht ganz unbegründet. Nie habe ich in Batum, wie überhaupt im Kaukasus, etwas von gemeinen Dieben gehört. Räuber, kühne, ritterliche Räuber vom Schlage eines Rinaldo Rinaldini, Dubrowsky oder Michael Kohlhaas beunruhigten allerdings die Gegend, doch gaben sie sich mit solchen Kleinigkeiten, wie unser Häuschen es war, nicht ab.

Der berühmteste, ja fast möchte man sagen der gefeierteste Räuber in der Batumer Gegend war zu meiner Zeit Mikailischwili. Er und seine Leute waren beritten, und ihre verwegenen Überfälle wurden stets mit einer solchen Eleganz, Präzision und geistigen Überlegenheit ausgeführt, daß selbst die davon Betroffenen fast mit Entzücken von diesen Bravourleistungen erzählten. Allein aus unserem Bekanntenkreis – wir hatten zu Ostern endlich unsere Visiten gemacht – hörte ich von vieren solcher origineller Zusammenstöße mit kaukasischen Räubern. Nur einer von diesen Fällen endete mit einem Mord, und zwar war es Dr. Triantaphyllides, der meinen Vater behandelt hatte, der nicht von Mikailischwili, sondern von einer fremden Räuberbande in die Berge entführt und dort, da seine Frau das enorm hohe Lösegeld nicht aufbringen konnte, getötet wurde.

Echt Mikailischwilische Eskapaden waren dagegen folgende. Eine Gesellschaft Batumer Damen und Herren, unter ihnen die schöne, von den Herren sehr umworbene Gattin eines deutschen Großkaufmanns, hatte in zwei großen Wagen einen Ausflug in die nahen Berge unternommen. Auf der breiten, offenen Landstraße wurden die Wagen plötzlich von einer Reiterschar umzingelt. Die

Herren der Gesellschaft wurden gezwungen auszusteigen und sich ihrer Kleider, in denen sich ihr Geld und ihre Taschenuhren befanden, zu entledigen. Dann mußten sie sich in ihrem etwas peinlichen und lächerlichen Deshabillé vor den Augen ihrer Begleiterinnen wieder in den Wagen setzen. Die Damen wurden ihres Schmuckes beraubt, dagegen wurden ihnen ritterlich die Kleider belassen. Empfindlich gerupft und gebrandschatzt, doch voller Anerkennung für die rücksichtsvolle Behandlung kehrte die Gesellschaft in die Stadt zurück.

Ein zweiter Überfall Mikailischwilis galt einer Hochzeitsgesellschaft in Kobulety, einem kleinen Badeort an der Eisenbahnlinie Batum-Tiflis. Während das Brautpaar und die zahlreichen Gäste, unter denen sich auch Offiziere befanden, an der Hochzeitstafel saßen, trat federnden Ganges Mikailischwili in den Raum, wies lächelnd auf die zu den offenen Fenstern hereinstarrenden Flintenläufe und auf einige, die Türen besetzt haltenden Leute und nahm, gleichsam als Ehrengast, neben der Braut Platz. Er aß und trank, machte gewandt Konversation mit der Braut, die ihm zu gefallen schien, während er den Bräutigam geflissentlich übersah. Er brachte einen feurigen Toast auf das Brautpaar aus und sammelte zum Schluß, gutgelaunt, als handle es sich um ein Pfänderspiel, die Wertsachen der Hochzeitsgäste ein, wobei er die kleinen goldenen Heiligenbilder und Kreuze, die die Russen um den Hals trugen, pietätvoll zurückwies. Dann entfernte er sich mit seiner Schar, ohne daß auch nur ein brutales Wort oder gar ein Schuß gefallen wäre.

Ein dritter Raubzug wurde ebenfalls am frühen Abend ausgeführt und betraf ein großes Haus, in dem viele Mietparteien wohnten. Während Mikailischwili dort die Herausgabe einer Summe Geldes erzwang, hielten seine Leute zu Pferde wartend vor dem Hause.

Ich habe diesen kühnen Räuber nie gesehen, obwohl ich einmal ahnungslos in sein Hauptquartier geraten war. Auf einer Wagenfahrt außerhalb der Stadt, die ich mit einer Bekannten unternommen hatte, begegnete uns ein Jäger, der Schnepfen feilbot. Ich kaufte ihm einige ab und begab mich, da er meinen Geldschein nicht wechseln konnte, auf seinen Rat in einen etwas abseits gelegenen »Duchan« (kaukasische Weinschenke, in der es jedoch nie Betrunkene gibt). Das Geld wurde nicht nur prompt gewechselt, sondern ich erhielt noch einen Korb der herrlichsten Trauben. Doch mein Mann war entsetzt, als er hörte, daß ich diesen Duchan, in dem Mikailischwili sich oft aufhalten sollte, betreten hatte.

Schließlich fiel der Räuber, von seiner eifersüchtigen Geliebten verraten, in die Hände der Polizei. Mit Mikailischwili verschwand aus Batum und Umgegend das ritterliche Räubertum, und was dann folgte, war schon nicht mehr echt kaukasisch, sondern eine Anlehnung an das gewöhnliche Räubertum auf dem Balkan.

Der erste Sommer in Batum war sehr heiß, und unser von der Sonne überflutetes Türkenhäuschen »lehnte sich gegen Gott nicht auf«, wie die Russen sagen, das heißt, es zeigte in seinem Innern die Temperatur, die jeweils in Gottes freier Natur herrschte. Trotz der Hitze hatten meine Mutter und meine Schwester beschlossen, uns im Hochsommer zu besuchen, denn ich erwartete im August ein Kind. Mein Mann, der stets aus der Güte seines Wesens zum Schonen und Verwöhnen neigte, wickelte mich jetzt körperlich und seelisch in Watte. Der Gedanke, daß ich ein Kind haben sollte, war mir höchst verwunderlich, war ich doch selbst noch jung und kindisch.

Da ich meine Mutter und Schwester erwartete, litt ich weniger an Heimweh. Nur wenn allabendlich die Kosaken in der Nähe unseres Hauses vor dem Schlafengehen das »Vaterunser« sangen, überfiel mich das Heimweh mit jäher Gewalt.

Ende August brachte ich einen toten Knaben zur Welt. Wie schmerzlich mich dieses auch traf, es überraschte mich eigentlich nicht. Das Wunder der Menschwerdung, das Entstehen eines winzigen Menschleins erschien mir so unfaßbar groß, daß mir das eigene Erleben eines solchen Wunders fast als Anmaßung erschien. Das Große war an uns vorbeigegangen, doch im Vorbeigehen hatte uns sein Schatten gestreift. – Wir hatten ihm den Namen Boris geben wollen.

In jener Zeit hörte ich einmal meine Mutter sagen, meine geistige Entwicklung hätte im letzten Jahr nicht das gehalten, was sie versprochen hatte. Sicher hatte meine Mutter recht. Seit ich in dem mir wesensfremden Süden, in einer subtropischen Natur lebte, hatte mein neues Verhältnis zum Kosmischen die geistigen Interessen vollkommen in den Hintergrund gedrängt. Die feuchte, erschlaffende Hitze, das Übermaß an Sonne und grellen Farben, das Fehlen des Winters – wie glücklich war ich, als es einmal eine halbe Stunde lang schneite –, alle diese Dinge erforderten zu ihrer Überwindung und Anpassung einen großen, wenn auch unbewußten Kräfteaufwand von meiner Seite.

Der Herbst war sommerlich heiß und schwül. Von den Bergen, die die Stadt umgaben, trabten Esel mit großen Körben voll Weintrauben, und jeden Morgen hörten wir beim Erwachen ein leises Rascheln auf dem Dach. Das war der Bursche Ketz, der uns dort die würzig duftenden blauen Isabelltrauben abschnitt, die wir auf Wunsch meines Mannes noch im Bett liegend verzehren mußten. Aus Suchum brachte mein Mann riesengroße weiße Pfirsiche mit, die wegen ihrer schmelzenden Zartheit nicht versandt werden konnten und nur an Ort und Stelle verzehrt wurden. Äpfel und Birnen waren verhältnismäßig rar, und von Erdbeeren gab es nur die stark duftende weiße Sorte »Ananas«. Doch sonst bot die Umgebung von Batum einen Überfluß an Früchten, darunter alle möglichen Weintraubenarten, von den aromatischen Isabell- und Muskatellerbeeren bis zu den zuckersüßen, sehr langen Elisabethpoler »Jungfrauenfingerchen«. Ich versuchte, die duftenden

Isabelltrauben einzukochen, ebenso die nur im Kaukasus gedeihenden Früchte Alytscha und Kisil, und bereitete nach türkischem Rezept Rosenblättersaft. Manches mißlang, denn ich war eine ungeübte Hausfrau.

Unser zweites Domizil war das Passeksche Haus, ein stattliches, etwas düsteres Gebäude mit dicken Mauern und katakombenartigen Nebengelassen. Unsere Zimmer aber waren geräumiger und schöner als die im Türkenhäuschen. In stürmischen Nächten hörte man im Schlafzimmer das Brüllen der Meeresbrandung. Es schlief sich gut bei diesen Rhythmen, weit besser als bei dem Heulen der Schakale vor den Fenstern unserer früheren Wohnung.

Wir machten einige Neuanschaffungen und richteten uns gemütlich ein. Die düsteren Mauern, um die sich allerlei dunkle Gerüchte woben, umschlossen nun ein behaglich helles und heiteres Heim. Etwas von der zufriedenen Selbstgenügsamkeit Iwan Iwánowitschs und Iwan Nikíforowitschs[2] wohnte darin. Wir musizierten, nahmen teil an den Freuden und Leiden unserer Nachbarn, wir veranstalteten und besuchten gesellige Zusammenkünfte, bei welchen man, wie die Russen es treffend bezeichnen, »aus dem Leeren ins Leere schüttet«. In diese kleinstädtische Idylle schlug eines Frühlingsabends wie ein Blitz aus heiterem Himmel die Zeitungsnachricht, daß im nahen Persien eine Choleraepidemie ausgebrochen sei. Ich hatte noch keine Cholera miterlebt, doch ich wußte vom Hörensagen, wie furchtbar diese Krankheit einst in meiner Heimatstadt gewütet hatte. Panikstimmung ergriff mich. Ich flehte meinen Mann an, mit mir und dem Kinde, das ich in einigen Monaten erwartete, zu fliehen. Mein Mann lachte mich aus, sprach von der Ethik des ärztlichen Berufes und fragte, ob ich

2 Die Geschichte wie sich Iwan Iwanowitsch mit Iwan Nikiforowitsch zerstritt.

ihn ernstlich zur Fahnenflucht überreden wolle. Aber alle Neigungen zum Heroischen schienen von mir abgefallen. Mich bewegte nur der eine Wunsch, meinen Mann und mich und das zukünftige Kind in Sicherheit zu bringen. Mein sonst so nachgiebiger Mann war unerbittlich, und ich begriff, daß das Gute, das Richtige nicht als ein leichtbeschwingtes Himmelskind zu uns herabsteigt, sondern unter schweren Opfern des Erdenmenschen geboren wird. Ich fügte mich, doch der Gedanke an die immer näher und näher rückende Cholera legte sich mir beklemmend aufs Herz. Als die Krankheit dann Batum erreichte, hörte meine Unruhe auf. Ich straffte mich wieder und nahm unter der Leitung meines Mannes sachliche Stellung zur Epidemie. Man gewöhnte sich daran, nur gekochtes Wasser zum Waschen und Trinken zu benutzen, das vom Bäcker geholte Brot nochmals in den Ofen zu schieben, und entwickelte in sich das Bedürfnis nach einer so raffinierten Sauberkeit, wie man sie sonst nur in Operationssälen findet. In der Tat blieben die besser situierten Europäer mit wenigen Ausnahmen von der Seuche verschont, während von der ärmeren Bevölkerung täglich einige Dutzende erkrankten.

Es war ein drückend heißer Sommer. In der feuchten Treibhausluft der Küste schossen die Krankheiten, besonders Malaria, wie die Pilze empor. Ich hatte oft starkes Kopfweh. Als ich eines Tages beim Heimkehren unsere Zimmer nicht wiedererkannte, stellte sich heraus, daß ich phantasierte. Am nächsten Morgen war das Fieber sehr hoch. Es war nie die Art meines Mannes – und ich danke ihm dies noch heute –, mich durch fiktive Beruhigungen zu täuschen; sein Kollege Dr. Schischkow aber versprach mir, daß ich am nächsten Tage wieder aufstehen könne. Vertrauensvoll legte ich mich nieder, um mich nicht so bald wieder zu erheben. Wochen vergingen, die behandelnden Ärzte wechselten, meine Umgebung änderte sich, – doch die feste Überzeugung, daß ich mir um des Kindes willen unbedingt Bewegung machen müsse, wich nicht von mir, und durch keinen Wunsch habe ich die immer wieder den Kopf schüttelnden Ärzte so gequält wie durch die in jedem lichten Moment wiederholte Frage: »Wann kann ich aufstehen?«

Auf dem klassischen Fieberboden Batums wurde jedes körperliche Unbehagen, mochte es sich um Zahn- oder Magenschmerzen, um Mattigkeit oder Gereiztheit handeln, ganz allgemein – und meist mit Recht – für Malaria gehalten und mit Chinin behandelt. So betrachtete auch Dr. Schischkow den schon heftig in mir brodelnden Typhus als schweren Malariaanfall und suchte meinen Körper auf jede erdenkliche Weise mit Chinin zu überfluten. Doch das Fieber stieg und stieg, und zu meiner größten Betrübnis war es mir selbst um des Kindes willen nicht mehr möglich, Nahrung zu mir zu nehmen. Sogar den belebenden Champagner wies ich zurück. Da beschloß ein Konsilium von Ärzten, bei welchem das Oberhaupt der Batumer Ärzte, Dr. Severin, sich mit einem großen Fächer Kühlung zuwedelte, mich unverzüglich in die reine Höhenluft der Berge zu schaffen, wo die Macht der Malaria erlösche. Die Ansicht meines Mannes, daß es sich überhaupt nicht um Malaria handle, sondern um Typhus, wurde als begreiflicher Mangel an Objektivität des Gatten überstimmt. Meine lettische Magd, die schnell und leicht vor kurzem vom Typhus genesen war, kleidete mich an. Dr. Schischkow und mein Mann trugen mich in eine gewöhnliche Droschke, wo sie das zusammengesunkene Häufchen Elend mit Mühe auf dem Wagensitz festhalten konnten, und von dort in den Eisenbahnwagen. In Michailowo, wo wir umsteigen mußten, wurde ich auf einen großen, tiefen Lehnsessel gesetzt und mit ihm auf die Schultern zweier Gepäckträger gehoben. Es war etwas peinlich, in dieser ungewöhnlichen Lage über den Köpfen der sich auf dem Bahnhof drängenden Reisenden zu schweben, doch mein Mann schritt so ruhig neben mir her, als bilde so ein auf Türkenschultern ruhender buntgeblümter Lehnstuhl das übliche

Beförderungsmittel aller Reisenden. »Cholera!« hörte ich bei unserem Nahen mehrmals erschreckt flüstern. Scheu wichen ängstliche Menschen zurück, so daß wir trotz der lebhaften Reisezeit überall reichlich Platz fanden. In Suram angelangt, wurde ich auf eine Tragbahre gebettet und, bis sich ortskundige Träger fanden, in einem Schuppen abgestellt. Dann ging es unter rieselndem Regen, den mein fieberheißer Körper als köstliches Labsal empfand, querfeldein zum Hause des deutschen Apothekers.

Suram, fast 1000 Meter hoch, war im Gegensatz zu dem nahe gelegenen Borschom eine sehr bescheidene Sommerfrische. Ich weiß nicht einmal, ob es in dem kleinen Ort ein Hotel gab. Unser Einzug in das Apothekerhaus gestaltete sich so unbehaglich wie nur denkbar. Erschöpft von der langen Reise, hatte ich nur den einen Wunsch, endlich wieder in ein Bett zu kommen. Doch unsere telegrafisch bestellten Zimmer waren noch nicht fertig. Meine Tragbahre wurde also in den Flur der Apotheke gestellt, während mein Mann durch persönliche Mithilfe die Herrichtung unserer Zimmer zu beschleunigen suchte. Ein Apothekerjüngling näherte sich neugierig meiner Bahre. Ich bat ihn um Wasser, und er reichte mir in einem Unzenglas lauwarme Aqua destillata. Dann wurde ich eine schmale Treppe hinaufgetragen und zu Bett gebracht. Doch das Bett wimmelte von Wanzen. Bis ich ein wanzenfreies Lager bekommen konnte, wurde ich – es war ja Juli – auf den Fußboden des spärlich möblierten Zimmers gelegt. Alles war außerordentlich primitiv, ein Badezimmer selbstverständlich nicht vorhanden. Als der Suramer Arzt, Dr. Kruse, das hohe Fieber durch kühle Bäder herabzudrücken suchte, mußte die Badewanne dazu täglich aus dem Cholera-Lazarett herbeigetragen werden.

Der Typhus war nun mit aller Gewalt ausgebrochen und mit Malaria nicht mehr zu verwechseln. Obwohl die Ärzte mich bei dem Glauben ließen, daß ich nur eine besonders hartnäckige Form der Malaria hätte, fühlte ich doch selbst, daß ich mich in einem kritischen Zustand befand. In manchen Nächten, wenn der Eisbeutel und das kalte Wasser, das unsere treue lettische Magd immer wieder aus dem Felsenbrunnen holte, nicht ausreichten, um die unerträgliche Hitze zu lindern, bat ich flehentlich, mich bis zur Zimmerdecke emporzuheben, denn ich war überzeugt, daß diese sich dann öffnen und ich der Nachtkühle und dem Himmel näher sein würde. Der Gedanke an den Tod, der mich noch vor wenigen Monaten mit Entsetzen erfüllt hatte, flößte mir nun nicht mehr die geringste Furcht ein. Das was vor dem Tode zurückscheut, ist wohl immer unsere Lebenskraft. Ich war jetzt viel zu müde und schwach, um mich an das Leben zu klammern, doch erinnere ich mich noch heute an die mich geradezu beglückende Vorstellung, daß ich nach meinem Tode vielleicht die Möglichkeit haben würde, denjenigen Menschen, die ich liebte, unsichtbar Liebes zu erweisen.

Während ich so an der Grenze des Lebens im Fieber lag, schickte mein Mann dem damals in Rußland als wundertätig geltenden Erzbischof Joann Kronstadtski[3] ein Telegramm, in dem er ihn um seine Fürbitte für Gesundung bat. Ein anderes Telegramm hatte meine Mutter, die ihren Besuch zu der im August erwarteten Geburt unseres Kindes angesagt hatte, bewogen, die acht Tage und Nächte währende Reise früher anzutreten. Diese Reise aus dem noch unverseuchten Norden der Cholera entgegen war ein Liebesopfer meiner zarten, nervösen Mutter. Allein, von Furcht und Sorge bedrückt und hypochondrischen Gedanken leicht zugänglich, erkrankte sie in Sewastopol an einer Magenverstimmung. Von rigorosen Quarantänemaßregeln bedroht, fand sie bei ihrer Ankunft in Batum unser Haus leer und das Reiseziel, das sie schon erreicht zu haben glaubte, noch weit in die Berge verschoben. Es

3 A. Selawry (Hrsg.), Johannes von Kronstadt, Starez Rußlands. Mit Selbstzeugnissen und dokumentarischen Belegen. Basel 1981.

war später Abend, als meine Mutter in Suram eintraf. Ich hatte sie mit Sehnsucht erwartet und, um sie nicht zu erschrecken, den geschorenen Kopf mit einem weißen Seidentuch verhüllt; doch als sie an mein Bett trat, begann ich ihr in fieberhafter Hast eine Patience auszulegen, als wäre dies das Wichtigste, das ich ihr nach der langen Trennung mitzuteilen hätte.

Zwei Tage später schenkte ich einem Sohn das Leben. Das Leben? Ein Licht war aufgeflammt, flackerte siebzehn Tage lang sanft bewegt hin und her und erlosch so leise und friedlich, wie eben nur ein Licht verlöschen kann. Unergründliches Rätsel der Menschwerdung! Das in Watte gehüllte winzige Menschenwesen starb, noch bevor ich mir des tiefen Zusammenhangs von Mutter und Kind so recht bewußt war, und doch war dieser Zusammenhang ein so enger gewesen, daß der Typhus, an dem ich erkrankt war, auch das Herz des Kindes geschwächt hatte.

Wir bestatteten den kleinen Sergej auf einem Kirchhof, der wie die alten Friedhöfe der Tscherkessen auf einem Bergesrücken lag. Es schmerzte mich, daß der kleine weiße Sarg nach grusinischer Sitte mit grellbunten Papierblumen verziert war, doch ich war zu apathisch, um sie zu entfernen.

Nach der Geburt des Kindes, seit mich nicht mehr der Gedanke an unterlassene Spaziergänge beunruhigte, machte die Genesung schnelle Fortschritte. Zur Beerdigung des Kindes verließ ich zum ersten und einzigen Mal in Suram das Haus. Mein Mann trug erst den kleinen Sarg und dann mich die steile Holztreppe hinunter zum Wagen. Einige Tage später kehrten wir nach Batum zurück.

Der Sommer war für uns drei sehr schwer gewesen: die Cholera, der Typhus, die mit so viel Unangenehmem verbundene Reise meiner Mutter, der Tod des Kindes, für meinen Mann zudem die Unvereinbarkeit seiner beruflichen Tätigkeit in Batum mit der Fürsorge für die Familie in dem entlegenen Suram, – das alles ließ uns die Heimkehr in die gewohnte Umgebung als eine erleichternde Entspannung empfinden. Wir alle hatten das Gefühl, Tiefeinschneidendes erlebt zu haben, und die dicken Mauern des etwas düsteren Passek-Hauses unterstützten die Neigung, in sich zu versinken.

Da die Cholera unterdessen auch bis in den Norden vorgedrungen war, trieb die Sorge um meine jüngeren Geschwister meine Mutter schon bald in die Heimat zurück. Der gesellschaftliche Verkehr in Batum ließ sich ebenso unfroh wie konventionell an wie im Winter vorher und war wenig geeignet, mich von meinen trüben Gedanken abzulenken. Da machte mein Mann mir im Oktober den verlockenden Vorschlag, ihn auf einem mehrtägigen Ritt in die Berge zu begleiten. Er hatte mir schon oft von dem in schwindelnder Höhe gelegenen letzten russischen Grenzposten Sultan Selim erzählt, von dem man weit in das türkische Kleinasien hinunterblicke. Die Erinnerung an die Ritte in Sotschi erwachte, und ich war stolz, daß mein Mann mich als Kameraden dieser strapaziösen Tour akzeptieren wollte. Das zu meiner Aussteuer gehörende Reitkleid wurde allerdings für unbrauchbar erklärt, im Damensattel könne man nicht nach Sultan Selim gelangen. So wurde eine Hose meines Mannes ungefähr um die Hälfte verkürzt und für mich umgenäht. Die obere Hälfte dieses improvisierten Reitkostüms bildete eine von einem Ledergürtel zusammengehaltene Rubaschka.[4]

Die ersten 13 Kilometer bis zur Mündung des Flusses Dschoroch legten wir im bequemen Wagen zurück. Der Dschoroch ist ein schöner, aber etwas unheimlicher Fluß. Mit der elementaren Wildheit eines Tieres stürzt er aus den Bergen hervor, und mit der Unberechenbarkeit eines solchen ändert er zuweilen plötzlich seinen Lauf. Erlebten wir es doch einmal, daß Landbewohner schreiend in die Stadt flüchteten, weil, wie sie behaupteten, eine zwei

4 Russenhemd.

Meter hohe Wassermauer hinter ihnen herjage. Und tatsächlich hatte der Dschoroch ganz unerwartet sein Bett verlassen, um sich der Stadt zuzuwenden, die auf der Sohle seines in Urzeiten von ihm eingenommenen Bettes erbaut worden war. Doch kurz bevor er Batum erreichte, bog der unberechenbare Fluß wieder ab und ergoß sich ins Meer.

Die Fahrt auf dem Dschoroch nach Artwin dauerte einen vollen Tag, denn das Boot mußte an Seilen stromaufwärts gezogen werden. Die Rückfahrt von dem durch seine Weintrauben berühmten Städtchen Artwin währte hingegen nur knapp zwei Stunden, war dafür aber ein kaltblütiges Spiel mit dem Tode. Denn das Boot konnte weder gesteuert noch gerudert werden, sondern wurde durch die reißende Strömung von einem Felsenufer an das andere geworfen, und ein jedes Mal hatten die Insassen den Tod vor Augen, wenn es dem Fährmann im Augenblick des Anpralls nicht gelang, das in allen Fugen krachende Boot mit einer Stange von den Felsen abzustoßen; gleich darauf wiederholte sich dasselbe an den Felsen des anderen Ufers – und so fort. Die Türken waren an der ganzen Küste als außerordentlich geschickte Bootsleute bekannt.

Als wir vor dem an der Mündung des Dschorochs gelegenen Militär-Pikett den Wagen verließen und dem Kutscher befahlen, uns am Abend des dritten Tages hier wieder zu erwarten, herrschte auf dem Posten tiefe Bedrücktheit. Eine Anzahl eben aus Rußland eingetroffener junger Rekruten hatte den Dschoroch an der Mündung im Boot überqueren wollen und sich dabei so unvorsichtig benommen, daß das Boot umschlug und samt den Insassen in das Meer hinaustrieb. Einige der Rekruten wurden gerettet, doch 13 ertranken. Unter den Verunglückten waren zwei aus demselben Dorf stammende Freunde, Petrow und Iwanow. Der eine von ihnen wurde durch künstliche Beatmung wieder ins Leben zurückgerufen. Seine erste angstvolle Frage galt dem Kameraden, den man nicht mehr hatte retten können.

Man riet uns, nicht direkt über den aufgewühlten Dschoroch zu setzen, sondern seine Mündung auf dem Meer zu umschiffen. Das gelbe Wasser des Flusses hob sich scharf von dem blauen Seewasser ab. In respektvoller Entfernung, dort wo die Kraft der Strömung nachzulassen begann, umruderten wir den tückischen Fluß. Am Ufer erwarteten uns unsere Reitpferde. »Frühstücken wir erst?« schlug ich vor. »Nein!« erwiderte mein Mann, »nicht einen Bissen! Hier ist jeder Zollbreit Boden von Malaria und Cholera verseucht. Sieh dir doch diese armen Kinder an!« Und wirklich – sie sahen zum Erbarmen aus, diese uns neugierig anstarrenden grusinischen Kinder. Große Augen in gelben Gesichtern, unförmige Bäuche auf fadendünnen Beinchen.

Anfangs ritten wir durch weite Maisfelder, dann ging es immer höher in die Berge hinauf. Doch stets blieb das Meer uns zur Seite. So halsbrecherische Passagen wie in Sotschi gab es nicht; nur ein einziges Mal scheute mein Pferd, da ich auf schmalem Weg unter einem stürzenden Wasserfall hindurchreiten mußte.

Es war schön und erquickend, im Herbst durch Berge und Schluchten zu reiten. Auf den steilen Gipfeln lag silbern blinkender Schnee; sein Anblick erfüllte mich mit Entzücken und Heimweh, während wir durch Orangenhaine ritten, deren Bäume voll reifer Früchte hingen. Lorbeergebüsch duftete würzig in der Sonnenglut, und vom Meer wehte eine erfrischende Brise.

Als ich einmal vorausgeritten war, begegnete ich einer Eselskarawane. Ich betrachtete voll Interesse die Silhouetten der verschleierten Frauen und bemerkte zu meiner Verwunderung, daß der nebenhergehende Türke stirnrunzelnd seine berittenen Haremsdamen vom Wege fortführte und so gruppierte, daß sie mir den Rücken zukehrten, während ich an ihnen vorüber ritt. Die Männerkleidung, die ich trug, und mein kurzgeschorener Typhuskopf hatten sein Mißtrauen gegen den vermeintlichen Jüngling geweckt. Ach, wäre ich nur ein Mann gewesen, dann hätte das Rei-

Margarete von Pusirewsky

Wladimir Pusirewsky

ten auf dem glatten englischen Herrensattel mir keine Schwierigkeiten bereitet. Meinen Beinen fehlte die Kraft, um mich rittlings auf dem Sattel festzuhalten. Senkte der Weg sich stark, so rutschte ich auf den Hals des Pferdes; ging es steil bergan, so glitt ich auf seinen Schwanz zurück. Doch mochte ich auch an abschüssigen Wegstellen wie ein trauriger Don Quichotte auf meinem hochbeinigen Rößlein hängen, so genoß ich es doch mit allen Sinnen, aus so großer Höhe auf das tief unter uns liegende Meer hinunterzublicken, dessen sattes Türkisblau die heranziehenden Regenwolken allmählich in ein drohendes Grau verwandelten. Plötzlich verschoben sich die dunklen Wolken und ließen einen einzigen Sonnenstrahl in die Tiefe fallen. Wie ein unerwartetes Lächeln der Natur war dieser Strahl von jenseits der Wolken.

An die hohe Felsenwand geschmiegt, dicht über der Brandung, lag Sarpa. Kein Dorf, nur ein einzelnes, von der Grenzwache errichtetes Haus in denkbar größter Einsamkeit. Ein Eremit hätte sich keine weltabgeschiedenere Stätte suchen können. Hier sollten wir übernachten und am nächsten Morgen den steilen Aufstieg zum Sultan-Selim-Grenzposten unternehmen.

Am anderen Morgen regnete es in Strömen. Es regnete den ganzen Tag und die ganze Nacht und auch den folgenden Tag, und man kann sich vorstellen, daß es wie einst bei der Sintflut noch vierzig Tage und vierzig Nächte so fortregnen könnte. An Sultan Selim war nicht zu denken. Das Wasser rann von allen Bergen, überall rauschten Wasserfälle, tosten schäumende Bäche, sprudelten Quellen hervor. Auf dem Meer glitten plötzlich Wasserhosen umher, ohne daß jemand von uns bemerkt hätte, woher sie gekommen waren. Sie wanderten in südlicher Richtung an uns vorüber. Doch selbst wenn sie an Land gekommen wären, hätten sie meinen Mann kaum daran gehindert, zur festgesetzten Zeit wieder in seinem Lazarett zu sein; auf sein Versprechen konnte man sich immer und unter allen Umständen verlassen.

So machten wir uns denn, ohne Sultan Selim gesehen zu haben, am dritten Tage unter strömendem Regen auf den Rückweg. Ich bekam dieses Mal einen Kosakensattel, in dem man sicherer auf dem Pferd saß, da er hinten und vorn eine Art Lehne hatte. Hohe, bis an die Knie reichende Wasserstiefel, eine Burka[5] aus Büffelfell und ein dicker Baschlyk[6] sollten vor dem sintflutartigen Regen schützen; mein Mann und die uns begleitenden Soldaten steckten in ähnlicher Vermummung.

Es war ein mühsames Reiten auf dem aufgeweichten, unterspülten Boden. Wir kamen nur langsam vorwärts, und es dunkelte bereits, als wir am Dschoroch anlangten. Der Regen hatte aufgehört, doch der Fährmann weigerte sich, uns über den mächtig angeschwollenen Strom zu setzen. Es war zum Verzweifeln: Dort drüben, jenseits des Flusses, war ein Haus, wartete der bestellte Wagen, und wir konnten nicht hinüber. Nach Sarpa zurückzukehren, hieß noch weitere zehn Stunden im Sattel bleiben; das ging über meine Kräfte. »Könnten wir nicht im Dorf übernachten?« schlug ich vor. »Das ist unmöglich«, erwiderte mein Mann. »Das sehr arme und schmutzige Dorf ist verseucht. In diese Maisfelder flüchten sich die Cholerakranken, um nicht in die Baracken gebracht zu werden.« Da meldete sich einer unserer Soldaten und erbot sich, uns über den Dschoroch zu führen; er kenne eine Furt. »Den Dschoroch durchreiten, wenn der Fährmann nicht einmal mit dem Boot hinüberzusetzen wagt? Ist das nicht Wahnsinn?« – »Man muß die Furt nur genau kennen«, beruhigte der Soldat, »dann ist es nicht gefährlich!« – »Er ist einer unserer zuverlässigsten Leute«, erwog mein Mann, »nun denn, in Gottes Namen!«

Mikailischwilis wegen erschien es nicht ratsam, mich allein an

5 Kurze Jacke.
6 Kapuze mit Schal.

dem unwirtlichen linken Ufer des Flusses zu lassen. In Gegenwart meines Mannes war ich vor diesem und anderen Räubern sicher, lebte mein Mann doch seit zwanzig Jahren im Kaukasus und wurde bis tief in die Berge hinein von den Einheimischen gekannt und geachtet. Er konnte nachts die einsamsten Pfade reiten, ohne jemals der geringsten Feindseligkeit zu begegnen. Deshalb mußte unser Führer, da er die Verantwortung für zwei Menschenleben auf einmal nicht übernehmen wollte, mich zuerst über den Dschoroch bringen. »Es ist ganz ungefährlich, Herrin«, lachte er mit blitzenden Zähnen, »nur darfst du nicht auf das Wasser blicken.« Ich schaute nicht auf das Wasser, sondern auf das Gesicht des Sprechenden, aus dem das Lachen bald verschwand und einem gespannt spähenden Raubvogelblick wich, während er sich verstohlen mehrmals bekreuzigte.

Dicht nebeneinander und seitwärts, damit die Strömung nur die Schmalseite ihres Körpers treffe, schritten die klugen Pferde langsam in das gelbe, gurgelnde Wasser. Es war von größter Wichtigkeit, daß ihre Hufe stets festen Boden fanden; gerieten sie ins Schwimmen, so waren wir in der starken Strömung verloren. Kurz bevor wir das gegenüberliegende Ufer erreichten, geschah dies mit meinem Pferd. Es schwankte, schien zu stolpern und die Richtung zu verlieren. Im selben Augenblick hatte der Soldat mich gepackt, um mich auf den Rücken seines Pferdes hinüberzuziehen, doch schon hatte mein starker, hochbeiniger Armejez wieder Boden gefaßt und gewann das Ufer. Triefend saß ich dort auf meinem zitternden Pferd und wagte mich kaum zu bewegen, während der Soldat schnell kehrt machte, um meinen Mann durch die Furt zu geleiten. Ich horchte gespannt in die über dem Dschoroch lagernde Dunkelheit hinaus, doch das Rauschen des Flusses und das Tosen der nahen Brandung übertönten jeden anderen Laut. Endlos lange dünkte mich die Zeit. War ein Unglück geschehen? Endlich in nächster Nähe ein Pferdewiehern, bald darauf die tiefe, ruhige Stimme meines Mannes, und schließlich lösten sich zwei hohe Reitergestalten aus der Finsternis.

Eine ungeheure Enttäuschung erwartete uns. Der Wagen war nicht da! Der landeskundige Kutscher hatte gewußt, daß uns nach dreitägigem Regen niemand über den angeschwollenen Dschoroch hinüberrudern würde. Die nun folgenden dreizehn Kilometer im Sattel bildeten den unangenehmsten Teil des ganzen Weges, obwohl wir uns auf ebener Landstraße fortbewegten. Wir waren todmüde, und auch unsere Pferde schienen im Gehen zu schlafen und wichen den uns nahe der Stadt zahlreich entgegenkommenden Fahrzeugen kaum noch aus. Es war tiefe Nacht, als wir uns vor dem Passek-Haus von unserem treuen Führer trennten. Seine Umsicht und Zuverlässigkeit hatten sich glänzend bewährt. Und doch hat dieser intelligente Soldat, der sich auf einem so schwierigen Terrain, auf dem Grunde eines reißenden Stromes, zu orientieren vermochte, einige Jahre später, bei seiner Rückkehr in die Heimat, auf dem Wege von der Eisenbahnstation zu seinem Dorf sich auf den sonst wohlbekannten Wegen im Schneesturm verirrt und ist in unmittelbarer Nähe seines ihm durch die Schneemassen verborgenen Elternhauses ums Leben gekommen.

Der verregnete Ausflug an die Grenze der asiatischen Türkei hatte mir trotz aller Strapazen wohlgetan. Wenn die Natur so unverfälscht, so elementar ist wie in der kaukasischen Gebirgswelt, dann läßt sie auch ihre schöpferischen Kräfte in unsere mitunter bedrückte Seele strömen und befreit uns von der Verzärtelung und Enge des alltäglichen Ichs. Es liegt ein starkes religiöses Moment in dieser regenerierenden Wirkung der Natur, die uns über uns selbst hinaushebt.

Im nächsten Frühjahr, während mein Mann auf seiner großen Inspektionsreise war, wurde mir eines Nachmittags die Frau des Rittmeisters Schumsky gemeldet. Ich nähte gerade an winzigen Baby-Sachen und ging der Dame mit etwas gemischten Gefühlen entgegen, denn ich liebte die alternde Polin, die eine Meisterin im Abschnellen vergifteter Pfeile war, nicht. Weshalb mag sie nur gekommen sein, fragte ich mich immer wieder, während ich sie, wie es sich gehörte, mit Tee und Konfitüre, den wohlgelungenen Erzeugnissen meiner sonst recht mangelhaften Kochkunst, bewirtete. Wir hatten einander bisher nie so zwanglos, ohne besondere Einladung, besucht. Doch eine halbe Stunde nach der anderen verging, ohne daß der Zweck ihres Besuches enthüllt wurde. Endlich begann sie von der Treulosigkeit der Männer im allgemeinen zu sprechen. Aha, dachte ich, nun kommt es wohl! In diesem Punkt war ich unverwundbar. Doch sie zielte zunächst auf etwas anderes. »Kennen Sie eigentlich Fräulein Kara Mursa?« »›Kara Mursa‹ heißt im Armenischen ›schwarzes Pferd‹«, sagte ich nachdenklich. Die Schumsky sah mich höhnisch an. »Kara Mursa ist eine sehr schöne Armenierin, der Ihr Mann einst stark den Hof gemacht hat.« »Ja, ich weiß«, antwortete ich, »sie hat im vorigen Jahr den Apotheker Petkewitz geheiratet.« »Sie liebt Ihren Mann immer noch.« »Das ist für sie bedauerlich, aber ich kann es begreifen.« »Und sie haßt Sie!« »Auch das kann ich verstehen.« »So sehr haßt sie Sie, daß sie Ihren Leib verflucht hat, Ihrem Mann keine Kinder zu schenken.«

Deswegen also hatten wir nach ihrer Meinung unsere beiden kleinen Jungen wieder hergeben müssen. Dies versetzte mir nun doch einen heißen Stich. Nicht, daß ich an die Kraft dieses angeblichen Fluches geglaubt hätte. Doch die Infamie, mit welcher die Besucherin, wohl wissend, daß ich wieder ein Kind erwartete, diese ihrer Ansicht nach sensationellen Mitteilungen machte, erfüllte mich mit eiskalter Empörung.

Den Kara-Mursa-Klatsch, der sich um ein Körnchen Wahrheit rankte, nahm ich nicht allzu tragisch. Doch daß fremde Menschen es wagten, sich in unsere allerpersönlichsten Angelegenheiten einzumischen, war mir unerträglich. Aus diesem Wirrwarr unbehaglicher Empfindungen stieg immer deutlicher und fester werdend ein Entschluß: Unser Kind sollte nicht in dieser Atmosphäre von Klatsch und Rachsucht auf die Welt kommen, sondern in der ruhigen, liebevollen Luft meines Elternhauses.

Im Mai fand sich auch eine in die Ostseeprovinzen heimkehrende Verwandte Garbes als Begleiterin, da mein Mann mich die lange Reise nicht allein unternehmen lassen wollte. Diese Reise in die alte Heimat, die erste seit meiner Verheiratung, war für mich ein seliges dem Norden Entgegeneilen. Mehr als zweieinhalb Jahre hatte ich ununterbrochen im Süden gelebt, doch jedes Jahr im Frühling hatte mich ein fast krankhaftes Heimweh nach der nordischen Natur befallen. Ich verging inmitten all dieser Schönheit vor Sehnsucht nach den unscheinbaren, grauen Weidenkätzchen und dem herben Grün der ersten Stachelbeerblätter, nach dem Laut des vom Dach tropfenden, schmelzenden Schnees. Nun aber brachte mich der Zug in den Norden. Ich achtete weder auf die Passagiere noch auf die Städte, durch die wir kamen, doch der erste Kiefernwald, der erste Birkenduft, das erste Jubilieren einer Lerche, während der Zug frühmorgens auf einer kleinen, fliederumwogten Station hielt, – das waren die unvergeßlich starken Eindrücke dieser Reise. Und als ich mit meiner Mutter und den Geschwistern durch die lindenbestandenen heimatlichen Straßen fuhr, als ich den vertrauten »langen Weg« hinabging, über dessen Blumenfülle die Zitronenfalter, Perlmutterschwärmer und Bienen noch ebenso sonnentrunken taumelten wie in meiner Kindheit, war ich glücklich.

Im Juli traf auch mein Mann ein, und am 1. August 1893 wurde unser Sohn Dimitry geboren. Nichts ist rührender und trägt so sehr den Morgenhauch des eben von Gott Geschaffenseins an sich wie die Augen und die Stimme eines neugeborenen Kindes, und nun gar des eigenen Kindes! Als es vier Wochen alt war, traten wir die Heimreise an. Der immer noch im Lande herrschenden Cholera wegen konnte der Urlaub meines Mannes nicht verlängert werden. Eine lettische Amme wurde für das Kind mitgenommen, und wir reisten, wie man zu jener Zeit noch in Rußland reisen konnte, das heißt, man richtete sich unterwegs häuslich ein. Der Waggon wurde zur Kinderstube, in der an aufgespannten Schnüren Windeln flatterten, in der Fencheltee gekocht und Wiegenlieder gesungen wurden. Auf dem Schwarzen Meer gerieten wir in einen heftigen Sturm. Die Amme war seekrank und kümmerte sich nicht viel um das Kind, und auch ich konnte nur auf allen vieren zu dem ruhig schlafenden Kleinen, dem das Schwanken des Schiffes wohl das Schaukeln der Wiege ersetzte, kriechen. Zudem drohte uns, da wir einen Cholerakranken an Bord hatten, die von allen mehr als die Seuche selbst gefürchtete Quarantäne, doch bevor die Behörden sich noch recht besonnen hatten, waren wir schon an Land und rollten mit Kind und Kegel dem Passek-Hause zu.

Eine neue Welt tat sich auf, die des Kindes. An das Wunder der Menschwerdung schloß sich das nicht minder große der immer intensiveren Beseelung des Kindes. Lächeln, Erkennen, Schelmerei, die ersten Zärtlichkeiten, die ersten Unarten. Ich nahm diese Äußerungen seelischer Entwicklung beglückt hin, ohne mir viel den Kopf zu zerbrechen. Ich befolgte genau das von meinem Mann aufgestellte System, doch als ich einmal gefragt wurde, ob wir unser Kind nach Spencer erzögen, schwieg ich betreten. Was wußte ich von Spencer!

Im Gegensatz zu meinem Elternhaus, in welchem wir Kinder unmißverständlich eine bescheidene Nebenrolle spielten, bildete unser Kind den Mittelpunkt der Familie, nach dessen Mahlzeiten, Schlaf und Bad die ganze Hausordnung sich richtete. Ich habe mich oft gefragt, welche Erziehungsmethode die bessere gewesen, und habe keine Antwort gefunden. Im Gegenteil, aus eingehender Lektüre aller möglichen Erinnerungen und Autobiographien (Tolstois Kinder, Goethes Sohn, Anatole France u. a.) sowie aus gelegentlichen Mitteilungen meiner jungen Freunde, einige von ihnen waren die Kinder hervorragender Pädagogen, schöpfte ich die Überzeugung, daß alle Eltern bei der Erziehung ihrer Kinder große und oft für beide Teile verhängnisvolle Fehler begehen. So ausnahmslos trifft dieses zu, daß man geneigt ist, dahinter ein geistiges Gesetz zu suchen. Aus welcher gemeinsamen Quelle mögen wohl die so verschiedenen Erziehungsfehler fließen, die wir Eltern begehen? Zum Teil wohl gerade aus der Elternliebe. Das eigene Kind steht uns zu nahe, wir empfinden jede ihm drohende Gefährdung zu intensiv, um ihm so ruhig raten und helfen zu können wie einem uns ferner stehenden Kinde. Häufig ist es wohl auch die Unfähigkeit, die zu gutgemeinten, aber bedauerlichen Mißgriffen führt. »Wir könnten erzogene Kinder gebären, wenn wir selbst erzogen wären.« Vor allem aber lassen wir Eltern uns durch unsere eigenen, mehr oder weniger schmerzlichen Erfahrungen dazu verleiten, unsere Kinder sozusagen für unsere Generation zu erziehen, während sie doch in Wirklichkeit in ihrer, von ganz anderen Gesichtspunkten und Zielen erfüllten Generation leben müssen. Und doch wird es ganz bestimmte, im Geistigen wurzelnde Grundregeln der Erziehung geben, die sowohl für gesunde wie für nervöse, für feinfühlige wie für dickfellige, für kluge wie für unbegabte Kinder gültig sind. Wie bändigt man die abirrenden Kräfte der Elternliebe und die verwirrenden des Zeitgeistes? Die Ethik versagt hier; wir brauchen geisteswissenschaftlich geschulte Erzieher.

Nach zweimaligem Ammen- und einmaligem Wohnungswechsel gedieh unser Söhnchen vortrefflich. Das sonnenarme Passek-Haus war nicht der richtige Aufenthaltsort für ein Kind. Wir fanden in dem Haus des Armeniers Kemurdschian eine geeignete Wohnung. Sonne und Luft strömten durch die zahlreichen Fenster in die großen, hellen Räume. Wenn das Abendrot verglühte und die Dämmerung schnell hereinbrach, erschienen die in einer sanften, die Stadt mütterlich umfassenden Gebärde ruhenden Berge in einem dunklen Veilchenblau. Deutlich vernehmbar drang in der Stille der Nacht die bald schläfrig murmelnde, bald stürmisch grollende Stimme der Meeresbrandung an unser Ohr. In diesem Hause fühlte ich mich wohl, und doch trat während der fünf Jahre, die wir darin verbrachten, eine Wandlung ein, die mich und die Meinen ohne zwingenden äußeren Grund aus ihm forttrieb.

Nun, da mein Junge alles hatte, dessen er zu seinem Gedeihen bedurfte, begann ich mich auch wieder nach geselligem Leben umzusehen. Acht Jahre habe ich mich in den Batumer Offizierskreisen bewegt, aber wohlgefühlt habe ich mich dort nie. Der Kommandeur war ein stets charmanter alter Herr, die Offiziere ritterliche, trinkfeste Männer; ihre Frauen liebenswürdige, aber langweilige und apathische Wesen. Ich hatte mir nach der Lektüre von Turgénjew, Tolstói, Nekrássow eine andere Vorstellung von den russischen Frauen gemacht, der diese Offiziersfrauen jedoch in keiner Weise entsprachen. In ihrer Unterhaltung und in ihrer konventionellen und trägen Art sich zu geben, glichen sie sich wie ein Ei dem anderen. Die Slawen büßen meines Erachtens in heißen Gegenden mehr von ihrer Energie und Eigenart ein als die übrigen europäischen Rassen.

Der Frühling 1894 in unserer hellen, luftigen Wohnung war schön. Vom Meer wehte stets ein leichter, kühler Wind. Die Pyramidenpappeln in unserem Garten dufteten nach Heimat. Eine fast heidnische Freude am Dasein und Jungsein, an der reizvollen Oberfläche und der heiteren Minute erfüllte mich.

Im Herbst lernte ich eine Persönlichkeit kennen, die mir für mein Leben sehr viel gegeben hat. Es war Irma Bernhoff, die Frau des lutherischen Pastors in Batum. Sie war nicht viel älter, aber wesentlich reifer als ich. Seelische Beschwingtheit und verinnerlichte Geistigkeit prägten sie und brachten, wenn auch nicht immer ähnliche, aber doch die wertvollsten Saiten in dem anderen Menschen zum Tönen. Sie lebte und liebte ihr Leben intensiv, und zwar nicht nur die hellen, glücklichen Stunden, sondern auch die leidvollen. Obwohl das Materielle in ihrem Hause eine wenig beachtete Nebenrolle spielte, stand Irma Bernhoff fest und sicher im Alltag. Sie leitete ihren Haushalt, erteilte täglich mehrere Privatstunden, flickte und nähte, erfüllte jahrelang die Obliegenheiten einer Organistin und betreute die mühseligen und beladenen Gemeindeglieder mit Wort und Tat. Alle diese Aufgaben berührten im Grunde mehr die Peripherie ihres Wesens, wurden jedoch vertieft und durchströmt von ihrer Hingabe an den Augenblick und einem starken Verantwortungsgefühl. Ihr eigentliches Wesen ruhte ganz im Geistigen, und den bei näherer Bekanntschaft immer deutlicher hervortretenden Mittelpunkt bildete die Religion.

Auf die naive Lebensfreude des Sommers war für mich eine Zeit des Nachdenkens und der Unzufriedenheit mit mir selbst gefolgt. Ich war wie eine leergehende Mühle, ich kannte keine systematische Arbeit, aber ich fühlte instinktiv, daß ich eine solche nötig hätte, um über mein etwas spielerisches Wesen hinauszukommen und mir selbst mehr zu genügen. Doch nur zu bald merkte ich, daß meine Selbsterkenntnis nicht den geringsten praktischen Wert hatte. Das Kind und seine Njanja waren ohnehin Tag und Nacht in meiner unmittelbaren Nähe, doch um dem Jungen eine zielbewußte Erziehung zuteil werden zu lassen, war ich selbst noch zu wenig zielbewußt. Der Haushalt interessierte mich nur, soweit dies für unser Behagen notwendig war. Ich ordnete an und griff wohl auch selbst einmal zu, wenn es notwendig erschien, aber so recht in Fleisch und Blut übergegangen sind mir meine Hausfrauenpflichten wohl nie. Die Unmöglichkeit, meinem Wesen eine stärkere innere Anteilnahme an den Dingen des Haushalts abzugewinnen, hatte die Frage nach den Grenzen unseres freien Willens in mir aufsteigen lassen, und bald las ich, um mich für das praktische

Leben zu orientieren, wahllos und ohne System alles, was ich an philosophischen Büchern erreichen konnte. Mein Interesse für diese sich mir neu auftuende Welt des scharfen und tiefen, wenn auch mehr den Kopf als das Herz sättigenden Geistes war so brennend, daß ich mich mit nie erlahmender Aufmerksamkeit auch durch die trockensten Wälzer – englische Werke in schlechter russischer Übersetzung – hindurchfraß. Ein wahres Fieber des Wissenwollens und Verstehenwollens hatte von mir Besitz ergriffen und hielt jahrelang an. Die philosophischen Spitzfindigkeiten und erkenntnistheoretischen Probleme, die Schulen und Systeme waren mir gleichgültig, doch alles, was sich irgendwie in fruchtbare Beziehung zum Leben bringen ließ, nahm ich mit Heißhunger in mich auf. Anfangs stürzte mich die überwältigende Fülle neuer Gedanken in Verwirrung und Bedrängnis und drohte mich seelisch ganz aus dem Geleise zu werfen, doch allmählich, als ich das Gelesene zu assimilieren begann und die neuen Ideen nicht mehr wie irritierende Fremdkörper in mir herumkreisten, ergriff mich die Ahnung einer seelischen Bereicherung. Nicht daß ich mir bereits eine Weltanschauung gebildet hätte, aber das Gefühl inneren Wachstums, das ja überhaupt zu den stärksten Glücksgefühlen des Menschen gehört, übte eine erstaunlich heilende Wirkung auf mich aus. Diese Periode verzweifelten Ringens um eine richtige Lebensauffassung bildete eine harte Geduldsprobe für meine Umgebung.

Mit nie ermüdendem Interesse versenkte sich auch Irma Bernhoff in die mich bedrängenden philosophischen Probleme. Nie wieder bin ich einem ähnlichen Verstehen und Mitschwingen begegnet. Das einzige Gebiet, auf welchem es zwar keine Dissonanzen, aber auch keine Harmonie für uns gab, war die Religion. Daß eine so kluge Frau, die den Gedankenflügen Emersons und des damals erst bekannt werdenden Nietzsche folgte, in bewußtem Gegensatz zur eigenen Vernunft den blinden Glauben über alles stellen konnte, war mir unerklärlich. Dann zitierte Irma Bernhoff lächelnd ihr Lieblingswort: »Alles ist euer, ihr aber seid des Herrn!« – und ich dachte, daß ihr bedingungsloser Glaube an Gott etwas ebenso Wunderbares sein müsse wie etwa das freiwillig sich aller Vernunft entäußernde Vertrauen von Mensch zu Mensch. Dieser religiöse Standpunkt flößte mir wärmste Sympathie ein, wenn auch meine kritische Einstellung und mein Bedürfnis nach Orientierung zu stark waren, als daß ich ihn mir hätte zu eigen machen können.

Am zweiten Ostertage 1895 wurde unser Sohn Nikolai geboren. Ich reiste im Juni nach Riga, und die sechs Tage und sechs Nächte währende Fahrt mit den beiden kleinen Kindern und der Njanja in der heißesten Jahreszeit war überaus anstrengend. Im August holte mein Mann uns ab. Für die Rückreise wählten wir diesmal nicht den Weg über das Schwarze Meer, sondern mieteten uns in Wladikawkas einen Wagen und überquerten, wie einst auf unserer Hochzeitsreise, das Hauptgebirge des Kaukasus. Wir hatten viel Genuß von dieser Fahrt erwartet, doch eine Reise mit kleinen Kindern unterbindet die Fähigkeit zu genießendem Betrachten. Eine Gluckhenne kann sich nicht in einen Wanderfalken verwandeln.

Wir hatten in einem der unwirtlichen Posthäuser eine schlechte Unterkunft gefunden; auf harten Bänken und Betten mußten wir zu fünft in einem Zimmer schlafen. Als gegen Mitternacht unser Jüngster zu essen begehrte, machte ich, um die Nachtruhe der anderen nicht zu stören, kein Licht an, sondern setzte mich mit dem Jungen an das vom Mondschein erhellte Fenster. Todmüde von den vergangenen sechs Reisetagen blickte ich gedankenlos hinaus und sah plötzlich einen traumhaft schönen, vom Mondlicht in märchenblaue und silberne Töne gehüllten großen Berg vor mir. Es war der 5000 m hohe Kasbek, dessen Gletscher der Vollmond beleuchtete. Kurz vor Sonnenaufgang weckte mich der Kleine noch einmal. Der Mond war verschwunden. Der Kasbek ragte leblos und grau in einen grünlichen Himmel. Nach einiger Zeit flog ein rosiger Schimmer über die Eiswand des Kasbek, und bald stand der ganze riesige Berg mit seinen Gletschern und Firnen von der Morgenröte überflutet im Schweigen des anbrechenden Tages. Stille lag über den Bergen und dem schlafenden Hause. Kein Menschenlaut war zu hören. Mitten in meine religiösen Zweifel hinein hielt die Natur, die ich tagsüber kaum bemerkt hatte, mir – zum zweiten Mal in dieser Nacht – eine eindringliche Bergpredigt.

Die ruhevolle Schönheit und Beseelung der Natur in dieser unvergeßlichen Nacht hatten den Gottesbegriff, den ich mir nach der Lektüre zahlreicher philosophischer Werke glaubte gebildet zu haben, aus der Sphäre des grübelnden Verstandes unmerklich in den Bereich tiefen Erlebens gerückt.

Nun folgten einige Jahre, von denen jedes in zwei sehr verschiedene Teile – den Winter samt Herbst und Frühling und den kurzen Sommer – zerfielen. Was diese beiden ungleichen Abschnitte miteinander verband, war das ständige Zusammensein mit den Kindern und das unaufhörliche Suchen und Ringen nach einer mich befriedigenden Weltanschauung. Oft gingen mein Mann und ich auf die im Bau begriffene Mole hinaus und sahen zu, wie die Arbeiter aus den von der See abgeschliffenen und ausgespienen länglich flachen Kieselsteinen und Zement die mächtigen Betonblöcke formten und in die Tiefe versenkten. An dieser Mole gab es auf der dem freien Meer zugekehrten Seite einige übereinandergetürmte Betonblöcke, die an ruhigen Tagen, wenn sie nicht von der Brandung überflutet wurden, eine Art primitiver Nische bildeten, in welcher man sich wie in einer weltentrückten Einsiedlerzelle – wie etwa in den Krypten des heiligen Clemens bei Sewastopol – fühlen konnte. Diesen Platz liebte Irma Bernhoff. Mitunter saßen wir dort und stritten um Gott und die Welt, wie sie sein sollte und wie sie in Wirklichkeit war, oder wir blickten, jede den eigenen Gedanken nachhängend, auf die vorüberziehenden Schiffe, die großen, schwerfälligen Dampfer aus Konstantinopel und Odessa und die kleinen, flinken türkischen Feluken aus Trapezunt und Poti. Die Stadt mit ihren Zerstreuungen und Verpflichtungen lag durch die Mole verdeckt in unserem Rücken. Vor uns die Weite des Meeres, um uns Wind und Sonne. Von einem solchen Aufenthalt kehrten wir stets erfrischt zu unseren Familien zurück.

Sobald die Hitze unerträglich zu werden begann, wurden die Koffer gepackt, und die beschwerliche, je nach der gewählten Route sechs bis acht Tage und Nächte währende Reise in den Norden wurde angetreten. Diese ermüdende Fahrt wurde nur in äußerst seltenen Fällen einmal für eine Nacht unterbrochen, doch darf man nicht vergessen, daß man damals in Rußland so bequem reiste wie wohl nirgends sonst. Meist verfügten wir über zwei Wagenabteile, von denen das eine unser Schlafzimmer, das andere unser Speisezimmer bildete. Einen Speisewagen gab es nicht, doch die Bahnhofsbuffets boten vorzügliches Essen. Auf einer kleinen Station in der Nähe von Taganrog konnte man sich mit frischem körnigen Kaviar, in große grüne Blätter eingeschlagen, versorgen. In Bjelgorod gab es gebackene Karauschen, in Orel junge Hühnchen und kühlenden Kljukwa-Kwas[7]. Man verzehrte das, was man erstand, nicht etwa auf den Bahnsteigen, sondern in den Waggons, in denen auch der Tee gekocht und das Geschirr gewaschen wurde.

1897, als ich gerade in Riga war, machte mir meine Schwester, die kurz vorher den Polen Edward Busz geheiratet hatte, den Vorschlag, mit ihnen zusammen für nur 61 Rubel Finnland, Schweden, Dänemark und Norddeutschland kennenzulernen. Nach kurzem Zögern sagte ich zu. Die Kinder mit der Njania blieben in der Obhut meiner Mutter, und wir fuhren los. Stockholm, diese

7 Kljukwa – Moosbeere, Kwas – russisches, aus Moosbeeren oder Brot gewonnenes Erfrischungsgetränk.

erste ausländische Großstadt, enttäuschte mich. Im nervösen eleganten Kopenhagen verbrachten wir genußreiche Stunden im Thorwaldsen Museum. Dann reisten wir nach Berlin. Berlin war weder so elegant wie Kopenhagen noch so phäakenhaft heiter wie Stockholm, noch so geladen mit Dramatik wie Petersburg. Vom frühen Morgen an eilte ein jeder mit der regelmäßigen Hast eines sich drehenden Rädchens vorwärts, um zu bestimmter Stunde an bestimmter Stelle in die Zähne eines anderen sich drehenden Rädchens einzugreifen. Noch nirgends war ich einer so strengen Einteilung von Zeit und Raum begegnet wie in Berlin. Und es waren nicht nur Zeit und Raum, die so genau bemessen wurden. Wenn man aus dem großzügigen Rußland oder, wie wir eben, aus einem skandinavischen Land kam, wo wir, nachdem wir unseren Obolus bezahlt hatten, am Smörgåsbrot zugreifen konnten, bis wir gesättigt waren, betrachtete man verwundert die abgezählten vier Zukkerstückchen, die einem in Berlin zum Kaffee serviert wurden. Doch auch hierin lag wohl die Absicht zur Erreichung eines bestimmten Zieles, eine bewußt eingeschlagene Einteilung. Mich überfiel die Sehnsucht nach den geistigen Schätzen dieser Stadt. Ich besuchte die Museen und ließ mir in einer Buchhandlung die neuesten Bücher vorlegen. Ich kaufte mir von Eucken »Die Lebensanschauungen der großen Denker« und von Türck »Der geniale Mensch«.

Mehr angeregt als befriedigt von diesem ersten kurzen Aufenthalt in Deutschland kehrten wir heim. Ein unbestimmter Drang nach dem Westen blieb in mir, und als mein Mann einige Wochen später telegrafisch anfragte, ob mir seine eventuelle Versetzung nach Krettingen, einem kleinen Ort an der russisch-deutschen Grenze lieb wäre, bejahte ich ohne zu zögern und gab unser schönes helles Haus in Batum, das mir so lieb gewordene Meer und eine seltene, mich beglückende Freundschaft auf für ein noch unbekanntes, aber jedenfalls bescheidenes und unscheinbares X.

Im Herbst reiste ich nach Batum, um unseren Hausstand aufzulösen. Die Kinder und ihre Njanja ließ ich wiederum in der Obhut meiner Mutter. Doch Monat um Monat verging, ohne die inoffiziell längst bekannt gewordene Versetzung zu bringen, und die Sehnsucht nach den Kindern wuchs. Bevor wir den Kaukasus für immer verließen, lernte ich noch einige wenig bekannte Gegenden kennen. Mein Mann und ich fuhren zu Abschiedsbesuchen nach Kutais, das malerisch am goldhaltigen Rion, in welchem der Sage nach das Goldene Vließ der Argonauten ruhen soll, gelegen ist. Von dort machten wir eine Tour zu den grusinischen Klöstern Gelati und Mozameti. Gelati war reich an etwas barbarisch anmutenden, edelsteinstrotzenden Kunstgegenständen und Gewändern aus der Zeit der grusinischen (georgischen) Könige. Mozameti verfügte nicht über solche Reichtümer, war aber von so großer landschaftlicher Schönheit umgeben, daß es für pantheistisch empfindende Gottsucher keinen paradiesischeren Zufluchtsort geben konnte. Auch in dem staubigen, häßlichen Tiflis waren wir, um uns einige orientalische Teppiche auszusuchen. Auf dem Rückweg erlitten wir eine kleine, mit mehr Zeitverlust als Aufregung verknüpfte Zugentgleisung.

»Welch ein merkwürdiges Land«, sagte ich zu meinem Mann, »das Elementare tritt hier viel öfter an einen heran als anderswo. Was haben wir hier nicht schon alles miterlebt: Windhosen, Wasserhosen, Erdbeben, Seebeben, Cholera, einige Fälle von Pest – und nun noch Zugentgleisung. Es fehlt nur noch ein Schiffbruch!«

»Jedenfalls gäbe es bei einem Schiffbruch keine so unglaubliche Trödelei wie hier«, erwiderte mein trotz seiner inneren Ruhe leicht ungeduldig werdender Mann.

Am 8. Dezember 1897 schifften wir uns auf einem soeben aus Ostasien heimkehrenden Dampfer der Freiwilligen Flotte nach Odessa ein. Es war ein mächtiges Schiff; wie ein Wolkenkratzer überragte es alle anderen Fahrzeuge. Halb Batum gab uns das Geleit. Als der alte Brigadekommandeur nicht nur über meinen Mann und mich das Zeichen des Kreuzes machte, sondern auch das Schiff und die Mannschaft, ja die Luft und das Meer mit weit ausholenden Armbewegungen segnete und in Gottes Schutz stellte, tauschten Irma Bernhoff und ich einen Blick: »Auch dieses war nun Religion«, dachten wir beide. Wir sollten den Schutz einer höheren Macht indessen noch recht nötig haben, denn wir gerieten in einen jener gefürchteten Stürme, die dem im Sommer so betörend weichen, seidenblauen Meer den Namen des »Schwarzen« eingetragen haben. Das riesengroße Schiff machte Sätze wie ein sich bäumendes Pferd. Der Aufenthalt in unserer Kabine, über der bald im Wasser, bald in der Luft die Schiffsschraube klapperte, war so unerträglich, daß wir das Anerbieten eines Schiffsoffiziers, uns seine in der Mitte des Dampfers befindliche Kabine abzutreten, dankbar annahmen. Zwei Matrosen ergriffen mich und trugen mich eilig davon. Es war ein langer Weg über Treppen und durch schmale Gänge, und selbst diese seefesten Männer wurden von dem wildbewegten Schiff so hin- und hergeschleudert, daß ich mit einer blutenden Hand in der neuen Kabine anlangte und von dem Schiffsarzt verbunden werden mußte.

Bisweilen drang ein unterdrückter Fluch oder ein erregter Ausruf der Mannschaft in den Frieden unseres neuen Domizils, doch das Gefühl der Geborgenheit war so wohltuend, daß ich ungeachtet des immer noch recht lebhaften Seeganges am nächsten Tage aufzustehen und wiederum 24 Stunden später sogar an Deck zu gehen wagte. Das Aussehen des Dampfers hatte sich seltsam verändert. Eine etwa einen halben Meter dicke Eisschicht umgab ihn von allen Seiten wie ein gläserner Panzer. Das Meer rollte seine mächtigen dunklen Wogen von Horizont zu Horizont. Mit Feldstechern bewaffnete Offiziere blickten stumm in das brüllende

Chaos. »Was ist draußen zu sehen?« fragte ich einen Matrosen. »Ein Wrack«, antwortete er finster. Mit einer Verspätung von eineinhalb Tagen langten wir endlich in Odessa an. Als sich jemand über diesen Zeitverlust beklagte, meinte der Kapitän, wir könnten froh sein, daß die Verspätung bei dem Sturm nicht noch weit beträchtlicher wäre. »War es denn ein richtiger Sturm?« fragte ich den Kapitän, »auch vom Standpunkt eines Seemanns?« »Ja, das war einer!« antwortete er. Wir verstanden seine Antwort erst richtig, als wir, vom Hafen direkt zum Bahnhof fahrend, in dem nach Norden rollenden Zug saßen und die in Odessa gekauften Zeitungen überflogen. Überall fettgedruckte, sensationelle Überschriften: »Katastrophe auf dem Schwarzen Meer«, »Untergang des Dampfers Junona«, »Schiffbruch bei Tarchankut«, »Orkan auf dem Schwarzen Meer«, »Nächte des Entsetzens« – und immer wieder die Namen untergegangener Schiffe.

In einer russischen Garnisonstadt

Das Städtchen Krettingen, in das mein Mann versetzt wurde, war um 1898 ein vorwiegend von Juden bewohnter Marktflecken – Mestétschko – an der damals deutsch-russischen Grenze, etwa 20 Kilometer östlich von Memel. Den Mittelpunkt dieses heute zu Litauen gehörenden Ortes bildete der nur teilweise gepflasterte Marktplatz mit der von hellgrünen Zwiebelhauben gekrönten russischen Kirche. Um die Kirche brandete an jedem Donnerstagmorgen ein Meer von wogenden weißen Kopftüchern über kastenförmigen grauen Bauernwägelchen und kleinen struppigen Pferden. An diesen Markttagen erhob sich schon in aller Herrgottsfrühe ein aufgeregtes Schnattern, Blöken und Brüllen. Weit entfernt, den Schlaf der Einwohner zu verscheuchen, hatte dieser ohrenbetäubende Lärm eine ebenso behaglich einschläfernde Wirkung wie ein prasselndes Ofenfeuer oder ein summender Samowar. In den das Marktgeviert einschließenden Häuserreihen gab es einige verhältnismäßig stattliche Steingebäude: das Haus des Kommandeurs, das Zollamt, der Offiziersklub, die Apotheke. Auch eine im Bau begriffene lutherische Kirche hatte ihr Portal dem Marktplatz zugewandt, auf welchem meist ungepflasterte Straßen ihren Anfang nahmen, die einem Dutzend weißgetünchter Holzhäuschen Raum gaben und sich bald in den Feldern verloren. Die kürzeste mündete an einer hohen Klostermauer. Die grün belaubten oder schneebedeckten Baumwipfel, die sich hinter dieser Mauer erhoben, schienen stets von dem Frieden der Weltabgeschiedenheit zu reden. Wenn man das unmittelbar hinter dem Kloster sich hinschlängelnde Flüßchen Okmjäne überquert hatte, trat man in den Schatten einer alten, breiten Lindenallee, die zum Gutspark des Grafen Tyszkiewicz führte. Über den zusammengewachsenen Wipfeln der Lindenallee schwebte im Hochsommer ein tiefes, fast dröhnendes Bienensummen. Auf der einen Seite erstreckten sich von hohen Kruzifixen beschirmte Roggenfelder, hinter denen sich der nahe Wald erhob, auf der anderen lagen zwei geräumige, niedrige Holzhäuser, die einer reichen litauischen Bäuerin gehörten. Eines von diesen hatte mein Mann für uns gemietet und mit den von mir in Riga ausgesuchten und vorausgesandten Möbeln eingerichtet.

Nach einer ermüdenden Nachtreise mit der Bahn und einer achtzig Kilometer langen Fahrt mit Postpferden langten wir an einem lauen Frühlingsabend in Krettingen an und waren froh, daß unser Wagen in keiner der armseligen Straßen des Städtchens hielt, sondern, den Marktplatz überquerend, an dem malerischen Kloster vorbei in die Lindenallee einbog. »Die erste Hütte hinter der Brücke ist die unsere«, verhieß mit strahlendem Gesicht unser auf dem Bock sitzender ukrainischer Denschtschík[8]. Erwartungsvoll schaute ich mich um. Es war ein behäbiges litauisches Landhaus, auf einem sanft geneigten Abhang gelegen, der sich von der Lindenallee zu dem Flüßchen Okmjäne senkte, das sich im Frühling zwischen dicken Polstern von Dotterblumen und Vergißmeinnicht, im Sommer zwischen hohem, raschelndem Schilf träge dahinschlängelte. Gut erhaltene Ställe und Scheunen, ein Gemüsegarten und ein gedeckter Ziehbrunnen befanden sich hinter dem Hause. Vor der Haustür erhob sich der landesübliche, mit zwei Bänken versehene überdachte Vorplatz. Die sechs Zimmer des Hauses waren urgemütlich. Zu den braunen Kachelöfen und der niedrigen, auf klobigen Balken ruhenden weißgetünchten Decke sahen die aus dem Kaukasus mitgebrachten farbensatten Teppiche überraschend schön aus. Natürlich gab es weder eine Wasserleitung noch elektrisches Licht. Noch niemals hatten wir ein Haus bewohnt, das winters und sommers der Natur so nahe war. Felder und Wiesen grenzten an unseren Gartenzaun, Kiefern- und Birkenduft, Kuckucksruf und Nachtigallenschlag erfüllten die Räume. Ich war dankbar und froh, daß mein Mann gerade diese ein wenig abseits liegende Wohnung für uns gewählt hatte. Im Winter freilich drang der Wind, da wir uns nicht dazu entschließen konnten, die Fenster nach Landessitte hermetisch zu verkitten, ebenso ungehindert in das Innere des Hauses wie der Kuckucksruf im Frühling, und eines Morgens fand ich in unserem Salon ein auf geheimnisvolle Weise über Nacht durch die Ritzen der Wand auf den Teppich gewehtes Häufchen Schnee. »Wie ist das nur möglich?« fragte ich meinen Mann bekümmert. »Ja«, antwortete er lachend mit dem mir bereits bekannten russischen Sprichwort, »unsere Hütte streitet nicht mit Gott! Wenn die Linden blühen, riecht es bei uns im ganzen Haus nach Lindenblüten, schneit es

8 Offiziersbusche.

aber draußen, so schneit es eben auch in unserer Wohnung.« Im Sommer jedoch war es ein Paradies. Eine Kuh wurde angeschafft, eine Schimmelstute sowie die landesübliche Britschka[9]. Bald bevölkerten Dutzende von Hühnern, Enten und Gänsen sowie eine überhebliche, mißvergnügte Truthahnfamilie den Hühnerhof.

Wenn mein Mann und ich uns den Pflichten der Geselligkeit auch nicht ganz entziehen konnten, so kamen wir ihnen doch so knapp und sparsam nach wie nur irgend möglich. Ich verbrachte viele Stunden allein im Wald. Wie einst das Meer bei Batum, so wurde mir hier der Wald vertraut wie ein geistesverwandter Mensch. Dieser Kontakt mit der Natur, den man fast als ein gegenseitiges Verstehen bezeichnen möchte, gehört nicht nur zu den besten, sondern auch zu den am meisten Kraft spendenden Stunden des Lebens. Der Mensch braucht sie zur Regenerierung seines durch tausende kleiner alltäglicher Erbärmlichkeiten korrumpierten Ichs. Auch das Meer ist wie ein Freund, der uns versteht, jedoch auch Unruhe und Kampf in unsere Gefühlswelt trägt. Der für uns zu persönlichem Leben erwachte Wald dagegen ist Maßhalten, Wachstum, Tröstung und Güte.

Ich machte gemeinsam mit meinen Jungen Streifzüge in die uns noch unbekannte weitere Umgebung Krettingens. Tapfer und zäh hielt der erst dreijährige Kolja mit uns Schritt, wenn unsere Entdeckungsreisen uns über Gräben und Zäune, durch Moor und Gestrüpp führten. Welch ein gesundes, einfaches, gesetzmäßig sich entwickelndes Leben führten die Kinder hier in den litauischen Wäldern und Wiesen! Nicht viel mehr als ein Jahr lag der Tag zurück, da waren die mit ihrer Njanja unter den Palmen des Batumer Boulevards spielenden Kinder von einem der dort plötzlich mit Gewalt ausbrechenden Wirbelstürme überrascht worden. Der Himmel hatte sich verfinstert, eine gelbbraune Sandwolke fegte

9 Einspänniger Kutschwagen.

über die Stadt. Blechdächer, Hausschilder und entwurzelte Bäume wirbelten durch die Luft. Die Njanja hüllte sich und unseren Jüngsten in ihr großes Umschlagtuch, nahm Mitja, den Vierjährigen, bei der Hand und eilte unserem glücklicherweise nahegelegenen Hause zu. Ich war den Kindern entgegengelaufen und nahm Mitja an mich. So kam die kleine Karawane schneller vorwärts. Besorgt beugte sich die Njanja zu dem an ihrer Brust ruhenden, fest vermummten und keinen Laut von sich gebenden Kind. »Kolinka, bist du noch lebendig?« »Lebendig«, antwortete eine ruhige Stimme aus der Tiefe des Umschlagtuches.

Nun lag der Kaukasus mit seinen Sandstürmen und Wasserhosen, seinen Skorpionen und seiner überall leise glimmenden und nur zu oft böse aufflackernden Malaria weit hinter uns. Ruhiges Vertrauen zur Natur, ein Gefühl der Geborgenheit innerhalb der festgefügten Ordnung taten einem wohl. Das gemäßigte Klima erweckte einen gesunden Tätigkeitstrieb.

In diesem ersten Krettinger Sommer hatte ich die große Freude, Irma Bernhoff, die wie alljährlich ihre Mutter in Estland besuchte, bei mir zu sehen. Im Herbst fuhr ich, einem meiner Schwester gegebenen Versprechen gemäß, zur Geburt meines Neffen Jerzy Busz für ein paar Wochen nach Riga. Als ich Ende Oktober zurückkehrte, hatte mein Mann in unserem behaglichen Bauernhaus allerlei Verbesserungen und Verschönerungen anbringen lassen. Einzig der Anblick des nun winterlich starrenden, toten Waldes flößte mir einen Schreck ein, als hätte ich unerwartet den Kontakt mit einem mir nahestehenden Menschen verloren.

Die Krettinger Geselligkeit übte weder auf meinen vielbeschäftigten Mann noch auf mich Anziehungskraft aus. Nur in dem Hause des Vorgängers meines Mannes, des in der ganzen Umgegend und bis nach Memel hin geachteten Dr. Attelmeyer, fanden wir einen gewissen, wenn auch mehr äußerlichen Gleichklang der Lebensführung und der Interessensphäre. Als Hausarzt des Grafen Tyszkiewicz, dem alles Land weit und breit und auch das Städtchen Krettingen gehörte, bewohnte er in dessen Park ein villenartiges Holzhaus.

An langen gemütlichen Winterabenden, während der Schneesturm um unser Haus tobte, las ich den Jungen Puschkin und Lermontow vor. Einige dieser Gedichte waren so grausigen Inhalts, daß sie wohl kaum die richtige Geistesnahrung für drei- und fünfjährige Knaben bildeten, doch ich wußte es nicht besser. Die Jungen liebten den Klang der herrlichen Verse und zogen sie jeder moralischen Kindergeschichte vor. Und eines Tages merkte ich, daß Kolja, der Dreijährige, den »Flüchtling« von Lermontow, eine mehrere Seiten lange Ballade, auswendig kannte.

In der Versponnenheit des Winters schrieb ich einige Erzählungen, deren eine in der Cottaschen »Romanwelt« abgedruckt wurde. Da meine Mutter- und Hausfrauenpflichten durch meine persönlichen Neigungen nicht beeinträchtigt werden durften, schrieb ich nur nachts. Starker Kaffee und Tee sowie Zigaretten halfen mir dabei. Anfangs ging es ausgezeichnet, doch obwohl wir, die Bonne eingerechnet, vier Dienstboten hatten, machte sich der wohlausgefüllte Tag einer Hausfrau auf dem Lande allmählich doch geltend und verlangte den Ausgleich durch ausreichenden Schlaf um so mehr, als ich nach dreijähriger Pause wieder ein Kind erwartete. Als ich die mir zugesandten Korrekturfahnen nicht mehr rechtzeitig durchsehen konnte und sich beim Drucken verschiedene sinnentstellende Fehler eingestellt hatten, beschloß ich, mit dem Schreiben aufzuhören und erst dann wieder zur Feder zu greifen, wenn die Kinder erwachsen wären. Der Arzt prophezeite eine schwierige Geburt und riet mir, zur Entbindung nach Riga zu fahren.

Als es Frühling wurde, brachen in Riga Arbeiterunruhen aus, und mein Schwager, der technischer Leiter unserer Fabrik war, schickte seine etwas nervös gewordene Frau mit dem Kind und der

Njanja zu uns. In unserem stillen Winkel gab es weder Fabriken noch Arbeiter. Des Kindes wegen hatte meine Schwester die vierundzwanzig Stunden lange Eisenbahnfahrt über Eydtkuhnen, Insterburg und Memel gewählt. Zu meiner Freude war auch meine Mutter mitgekommen. – Nach sechs Wochen kehrten die Flüchtlinge nach Riga zurück.

Im Juli, wenige Tage bevor auch wir nach Riga abreisten, bereitete die Bonne, eine ältere Russin, mit der wir außerordentlich zufrieden waren, uns eine peinliche Überraschung. Während einer Mahlzeit begann sie ungereimtes Zeug zu reden und benahm sich so auffällig, daß ich beim Aufstehen meinen Mann leise fragte, ob sie den Verstand verloren habe. »Hast du nie einen Betrunkenen gesehen?« antwortete mein Mann lakonisch. Ich war niedergeschmettert und stand vor einem Rätsel. Über ein Jahr war die ruhige, zuverlässige Maria Fjodorowna in unserem Hause und hatte nie auch nur der geringsten Klage Veranlassung gegeben. Am nächsten Morgen erklärte sie, infolge starker, durch eine in ihrem Körper herumirrende Nähnadel verursachter Schmerzen zum Alkohol gegriffen zu haben.

Am 31. Juli 1899 wurde in Riga unsere Tochter Rita geboren. Ich hatte eine unbändige Freude an dem sonnigen Kind, mit dem mich, so merkwürdig es auch klingen mag, sofort ein starkes Solidaritätsgefühl verband. Irma Bernhoff, die Patin war, kam zur Taufe aus Estland herüber.

Während ich noch fiebernd darniederlag, betrank sich Maria Fjodorowna erneut und mußte nun entlassen werden. Es war nicht möglich, einen guten Ersatz zu finden; niemand wollte zum Winter eine Stellung in dem abgelegenen Krettingen antreten. Endlich fand ich doch eine Bonne. Die Heimreise mit dem neugeborenen Kind und den zwei ausgelassenen Knaben, besonders die hundert Kilometer lange Fahrt im geschlossenen Wagen von Libau nach Krettingen, war kein Vergnügen. Meine Mutter, die stets bereit war, mir jedes Steinchen aus dem Weg zu räumen, begleitete uns, um ein wachsames Auge auf die neue Bonne zu haben. Ihr Urteil stand bald fest: »Schicke die Jelena Iwanowna fort«, riet sie, »die Jungen gehorchen ihr nicht.« Das war richtig. Am Morgen beim kalten Abreiben hatte es in dem neben unserem Schlafzimmer gelegenen Kinderzimmer einen Höllenlärm gegeben. Als ich eintrat, hörte ich meinen sechsjährigen Mitja eine Bitte um Verzeihung aussprechen, die von der drohend vor ihm stehenden Jelena Iwanowna mit einem harten, bösen Nein zurückgewiesen wurde. Auf ihren Schultern aber saß der stämmige dreijährige Kolja, schlug mit seinen kräftigen kleinen Fäusten auf die Bonne ein und schrie: »Du *mußt* ihm verzeihen, du *mußt* ihm verzeihen!« Als ich dann mehrere Wochen später mit eigenen Ohren hörte, wie Jelena Iwanowna die Jungen zur Unwahrheit anleitete, entließ ich sie. Zwei weitere Mißgriffe folgten, dann fand sich in Anna Antonowna eine befriedigende Vertreterin dieses wahrlich nicht leichten Berufes.

Das Weihnachtsfest mit den drei Kindern und meinem Mann in dem weltabgeschiedenen litauischen Bauernhaus war von einer fast unwirklichen Intensität und Schönheit. Alles war viel inniger und anheimelnder als in Batum. Da es in Krettingen weder einen Spielzeugladen noch eine Konditorei, noch überhaupt eine Bezugsquelle für Waren gab, die nicht für den ländlichen Geschmack zugeschnitten waren, mußte alles für das Weihnachtsfest Notwendige teils aus Riga verschrieben, aus Memel, das zu Deutschland gehörte, geschmuggelt oder im eigenen Hause verfertigt werden. Und wiederum mußten auch für das eigenhändig Herzustellende das Material und alle Zutaten erst aus Memel, Riga oder Libau herbeigeschafft werden.

Keines unserer Kinder war für Stimmungen so empfänglich wie Mitja. Den Wechsel der Beleuchtung, das Verhältnis der Gegenstände zueinander und zum Menschen, das Fluidum eines Zimmers oder einer Wohnung spürte und liebte Mitja schon als kleiner

Junge. Auf seinen Wunsch blieb, wenn die Kerzen erloschen waren, auf einem der ausladenden Tannenzweige ein einzelnes Licht brennen, dessen Schein die Schnüre der Kugeln und das Engelshaar aufschimmern ließ und die frohen, manchmal auch schon ein wenig müden Gesichter der leise miteinander Redenden oder schweigend die Stimmung und das Beieinandersein Genießenden aus dem Halbdunkel des Baumes hob.

Im Offiziersklub fand allsonntäglich ein geselliger Familienabend, im Spätherbst sowie zu Sylvester ein Ball statt. Dazwischen gab es noch Theatervorstellungen, Abschiedsfeste, Picknicks und sonstige Veranstaltungen. Die Interessen der jüngeren Offiziersdamen, zu denen ich meinen Jahren nach gehörte, drehten sich ausschließlich um Kleider und Klatsch.

Anfangs hatte ich die Krettinger Gesellschaft sozusagen in Bausch und Bogen abgelehnt. Als ich jedoch im Laufe jenes Winters häufiger in das Haus des Brigadekommandeurs B. und des Obersten P. eingeladen wurde, lernte ich in deren Ehefrauen zwei ausgesprochene Persönlichkeiten kennen. Beide waren temperamentvolle, warmherzige Kleinrussinnen aus guter Familie. Jelisaweta Andrejewna, die Frau des Obersten, war eine durch ihre Gastfreundschaft und Tüchtigkeit vorbildliche Hausfrau, die stets mit ganzem Herzen liebte und mit ganzem Herzen haßte. Halbheiten und Kompromisse waren ihr unbekannt. Die Frau des Kommandeurs gehörte zu denjenigen, die sie aus mir nicht mehr erinnerlichen Gründen haßte, ich zu denjenigen, die sie – aus ebenso unbekannten Gründen – liebte. Trotz ihrer grauen Haare und obwohl sie sich selbst zu den älteren Frauen zählte, sah sie noch sehr gut aus.

Maria Iwanowna war, wie die meisten Ukrainerinnen, ebenfalls eine vorzügliche Hausfrau, vor allem aber die warmherzige, kluge und repräsentative Gefährtin ihres Gatten. Im Gegensatz zu Jelisaweta Andrejewna lag Herrschsucht ihrem Wesen durchaus fern.

Im Umgang weiblich, weich und nachgiebig, gehörte sie zu dem in Rußland damals nicht ganz seltenen Typus der verwöhnten Weltdame ohne Nerven und ohne Launen. Ich entsinne mich nicht, in den fünf Jahren unseres fast täglichen Zusammenseins ihr lebensprühendes Gesicht jemals müde und abgespannt oder gar mißgelaunt gesehen zu haben. Mit der ihr eigenen Nachgiebigkeit ließ sie sich gern auch einmal in ein ernsteres Gespräch verwickeln, doch im allgemeinen galt ihr Interesse mehr der Lebensklugheit als der tieferen Wahrheit. Als Tochter eines Adelsmarschalls hatte Maria Iwanowna eine vorzügliche Erziehung genossen, was sie jedoch nicht hinderte, im kleinen Freundeskreis zuweilen in überraschender Weise ihrem kleinrussischen Temperament die Zügel schießen zu lassen. Während der intimen Nachfeier eines Regimentsballes, bei welcher die vom Vorabend übriggebliebenen Reste mit Kritik und Neckerei vertilgt wurden, machte ein junger Offizier eine nicht ganz taktvolle Bemerkung. Weit entfernt, die Gattin des Vorgesetzten herauszukehren, griff Maria Iwanowna blitzschnell in die vor ihr stehende Portion Weingelee und drückte die gallertartige Masse wie einen Schwamm über dem Haupt des Schuldigen aus, so daß die kühle goldfarbene Speise ihm, ohne den Waffenrock zu berühren, in den hohen Kragen rutschte. Maria Iwanowna aber trocknete sich mit der Serviette lachend die allzudrastische Justiz ausübende Hand. Ihr Mann, ein zurückhaltender Pole, an dem auch der boshafteste Klatsch nichts auszusetzen fand, außer dem nur ihn allein angehenden Umstand, daß er als geborener Pole vom katholischen zum russischen Glauben und Volkstum übergetreten war, liebte die temperamentvollen kleinen Entgleisungen Maria Iwanownas nicht und gab seine Einwilligung zu manchem geselligen Unternehmen nur dann, wenn auch ich daran teilnahm. Er wußte, daß der Schwerpunkt meines Lebens in meiner Familie und nicht in der Geselligkeit Krettinger Prägung lag. Außerdem haftete mir als einer Deutschen – wenn auch vielleicht nicht gerade in den Augen des Kommandeurs – das Odium bürgerlicher Solidität an. »Zierlich, manierlich, ganz akkurat...«, mit diesem wer weiß aus welcher Operette stammenden Zitat glaubte man damals »das deutsche Wesen« erschöpfend zu erfassen.

Wenn ich mit Maria Iwanowna und einigen anderen Damen und Herren nach einer fröhlichen Schlittenfahrt im Speisesaal eines Memeler Hotels saß und die jungen Offiziere sich so auffallend und lärmend benahmen, daß alle sonst noch im Saal Anwesenden sich nach uns umdrehten, peinigte mich der laute Ton meiner Tischgesellschaft, und ich versuchte die Ausgelassenheit zu dämpfen. »Was diese Kleinbürger von uns denken, kümmert uns überhaupt nicht«, rief man, »mögen sie doch tuscheln und große Augen machen!«

»Nach dem Eindruck, den sie von uns hier an der Grenze erhalten, werden sie das ganze hinter der Grenze lebende russische Volk beurteilen«, sagte ich. Nun schlug sich auch Maria Iwanowna auf meine Seite und legte der lauten Gesellschaft die notwendigen Zügel an.

Herz und Sinn erquickend war es, von solchen Ausflügen in die Krettinger Geselligkeit in unser behagliches Haus zurückzukehren. Die drei Kinder, die das Glück hatten, sozusagen unter ärztlicher Kontrolle aufzuwachsen, gediehen prachtvoll. Jedes von ihnen war mit einem anderen, zu kleinen Neckereien im Familienkreis Anlaß gebenden Charakteristikum auf die Welt gekommen. Mitja war mit einer großen, anfänglich etwas gebogenen Nase geboren worden. Kolja war ein überaus kräftiges Kind, das bei der Geburt zwölf Pfund wog und dieses Gewicht gleich in den ersten vier Monaten verdoppelte. Rita wiederum war, wie die Brüder lieblos bei ihrer Geburt festgestellt hatten, »ohne Hals« geboren. Die Kleine war ein ruhiges, sonniges Kind, und ihr Hälschen stellte schließlich auch die nörgelnden Brüder zufrieden.

Der Frühling kam. Er entfesselte um unser von der Sonne silbergrau gebeiztes Haus, dessen Ritzen sorgfältig und dennoch unzureichend mit graugrünem Moos verstopft waren, ein Stürmen und Wehen, ein Drängen, Strömen und Erwachen, wie es der naturferne Städter auf seiner durch Steine und Asphalt vergewaltigten Erde nie zu spüren bekommt. Die nackten Äste und Zweige der Bäume erwachten aus ihrer Todesstarre, wurden biegsam und überließen sich licht- und bewegungshungrig dem Spiel im Winde. Kreischend flatterten die frühlingstollen Dohlen um die Baumkronen. Schnee und Eis bedeckten noch den Erdboden, hatten jedoch die Kraft verloren, das fließende Wasser zu dämmen. Die kleinen Quellen und Bäche im Walde begannen in ihren Verstekken zu glucksen, wurden durch das ihnen zuströmende Tauwasser schmutziggelb und breit und rauschten eilfertig davon. Bald war das erste Gras zu sehen, es begannen die Blattknospen zu schwellen und die braune Winterhülle zu sprengen, und schließlich kroch das junge Farnkraut wie eine zusammengerollte Schnecke aus der Erde. Die Luft wurde von Tag zu Tag weicher, die Welt farbiger, das Tempo des einziehenden und von der fruchtbaren litauischen Erde Besitz ergreifenden Frühlings immer schneller und sieghafter. Mit weißen, gelben, blauen und roten Blumen besternte Wiesen, ein zwischen dicken Vergißmeinnichtpolstern dahinfließender Bach, zarte, bräutlich verhangene Birken, Linden mit breiten, schützenden Blätterkronen, Tannen mit jungen, lichtgrünen Trieben, das Lied der zum Himmel steigenden Lerchen, von allen Seiten das laute Rufen des Kuckucks und abends das Schlagen der Nachtigallen.

Es war der letzte Frühling, den wir in dem silbergrauen, an der alten Lindenallee gelegenen Haus erlebten. Die lutherische Kirche war endlich fertiggestellt und das bisherige Bethaus der Gemeinde, dessen Schmalseite bis an den Marktplatz reichte, von der Grenzwache übernommen und für den Brigadearzt umgebaut worden. Das war force majeure. Natürlich gab es in Krettingen weder Möbelwagen noch Dienstmänner, deshalb beförderte eine Schar diensteifriger, flinker Soldaten unser Mobiliar, Pferd, Kuh, Schwein und die Britschka zum neuen Haus, das ein wenig geräumiger und bedeutend wetterfester war als unsere liebe »Hütte«. Ein großer Hof mit Stallungen gehörte dazu, statt eines Gartens jedoch nur zwei oder drei kümmerlich ihr Dasein fristende junge Bäumchen. Die Fassade des Hauses lag an einer Straße, die so schmal und armselig war, wie man selbst an der äußersten Peripherie Rigas keine ähnliche hätte finden können. Dennoch galt sie, da sich hier die Post, das Lazarett meines Mannes und die Wohnhäuser von etwa vier oder fünf Offiziersfamilien befanden, als Hauptstraße.

Doch schon im Frühjahr 1900 zogen wir mit der ganzen Familie für die warme Jahreszeit nach Polangen. Dieser Badeort war nur zwölf Kilometer von Krettingen entfernt, so daß mein Mann täglich in der Britschka in sein Lazarett fahren und zum Mittag wieder zurück sein konnte. Wir bewohnten ein nahe dem Meer gelegenes Haus. Diese im Winter unbewohnte »Datscha« stand mitten im weißen Seesand, der weder Baum noch Strauch Nahrung geben konnte, und war der Sonne und den Winden schutzlos preisgegeben. Nur hartraschelndes, farbloses Dünengras bedeckte hier und da den Sand. Die Kinder hielten sich den ganzen Tag am Strand auf, buddelten im Sand und liefen barfuß ins Wasser, das hier so flach war, daß man zum Baden weit ins Meer hinausgefahren wurde.

Am 16. Januar 1901 wurde unsere jüngste Tochter Lilia geboren. Ich fühlte mich vor dieser Geburt gesundheitlich außerordentlich wohl. Lilia war ein zierliches hellblondes Kind mit den dunkel wirkenden, bei näherer Betrachtung jedoch grünlich-grauen Augen meines Mannes. Das »Charakteristikum« waren die ungewöhnlich langen und dichten dunklen Augenbrauen, die erst allmählich eine zivilisierte Form und Linie annahmen.

Obwohl ich selbst häufig im Haushalt mitarbeitete, hatte ich das Glück, nach russischer Sitte über viele und gute Dienstboten zu verfügen. Die Gehälter waren niedrig, das Essen in dem fruchtbaren Litauen außerordentlich billig. Eine tüchtige Köchin waltete in der Küche, der treue Denschtschik war Stubenmädchen und Stallknecht zugleich, die Bonne Anna Antonowna beaufsichtigte die in Wald und Feld herumtobenden Jungen. Die Njanja Mascha, übrigens eine Deutsche aus Krettingen, betreute in vorbildlicher Weise die beiden Mädchen, die sie innig liebte. Schließlich engagierte ich noch eine Wäscherin.

Hin und wieder begegneten wir in der Gesellschaft auch dem Zolldirektor, man ging und sprach lächelnd und teilnahmslos aneinander vorbei. Doch er sollte noch unsere Beachtung finden. Als der Hausarzt des Grafen Alexander Tyszkiewicz zur Einweihung seines neuerbauten Hauses eines Abends ein Fest gab, zu welchem sozusagen ganz Krettingen eingeladen wurde, reichte man an der Tafel unter anderem auch Apfelsinen. Maria Iwanowna schälte die ihre nicht, sondern aß sie wie eine Grapefruit mit einem Löffel. Ihr Glastellerchen mit den Apfelsinenschalen schob sie im Gespräch achtlos von sich fort. »Machen Sie das mit den Menschen ebenso?« fragte der Zolldirektor, auf die beiseite geschobenen Reste deutend. »Manchmal«, antwortete sie lachend. »Dann versuchen Sie es doch einmal mit mir!« »Gut«, erwiderte sie, »aber ich warne Sie, Pawel Pawlowitsch.«

So begann die kurze Romanze dieser beiden sympathischen Menschen, die nicht nur den Beteiligten manchen Kummer, sondern auch mir Kopfzerbrechen verursachen sollte. Täglich quälte der Zolldirektor Maria Iwanowna, die so gern lachte, aber durchaus nicht gefallsüchtig war, sich von ihrem Mann scheiden zu lassen und ihn zu heiraten. Vergeblich erklärte sie ihm, daß sie ihren Mann liebe und in ihrer glücklichen Ehe nicht im entferntesten an Scheidung denke. Pawel Pawlowitsch hatte jedoch den Boden unter den Füßen verloren, er drohte, Maria Iwanowna zu erschießen, und das Zusammensein mit ihm war weder im kleineren noch im größeren Kreise behaglich zu nennen. Endlich erfuhr man, daß er um Versetzung gebeten und seine Beförderung nach Wirballen erhalten habe. Dort wurde er ein hoher Beamter. – Da Pawel Pawlowitsch in Krettingen sehr beliebt war, veranstaltete man im Offiziersklub ein großes Abschiedsfrühstück. Nachmittags sollte die ganze Gesellschaft ihm zu Pferde und zu Wagen bis Bajohren das Geleit geben.

Auf dem Bahnhof in Bajohren fand eine lange Champagnersitzung statt. Es wurden zahlreiche Reden gehalten. Ich saß zwischen Pawel Pawlowitsch und Maria Iwanownas Mann, uns gegenüber sie selbst. Der Abreisende wandte kaum die Augen von ihr, war indessen ruhig. Nur Abschied zu nehmen konnte er sich nicht entschließen. Sein Zug war längst davongedampft, und auch der nächste wäre ohne ihn abgefahren, wenn der Kommandeur nicht eingegriffen hätte. »Es ist Zeit«, sagte links von mir die ruhige, aber sehr ernste Stimme des Kommandeurs. »Bitte, Margarita Andrejewna, heben Sie die Tafel auf.«

Endlich standen wir auf dem Bahnsteig vor dem fauchenden Zug. Wortlos, doch in guter Haltung küßte Pawel Pawlowitsch die Hand Maria Iwanownas, und sie neigte sich, wie sie es stets tat, wenn sie jemanden ehren wollte, und küßte ihn nach alter russischer Sitte auf die Stirn. Ein Glockenzeichen, ein Pfiff, ein kurzes Winken – und der Zug brauste davon.

Meine Mutter, die ich zwei Jahre lang nicht gesehen hatte, lud mich mit Kind und Kegel ein und mietete für uns in Bilderlingshof eine geräumige Datscha. Es war ein schlichtes, gemütliches Holzhaus mit einer Veranda. Ein großes Fremdenzimmer, von meinem Mann nach kaukasischem Brauch »Kunatzkaja« – Freundeszimmer – genannt, ermöglichte es uns, auch Logierbesuch in Bilder-

Kolja und Mitja

Rita

Lilia

Rudolf Penzig

lingshof aufzunehmen. Mein Vetter Oskar Suck, mit dem wir während seiner Studenten- und meiner Brautzeit oft angeregt und selbstvergessen disputiert hatten, besuchte uns eines Abends, und wieder gerieten wir, am Meer dahinschlendernd, in eine so lebhafte, die Verschiedenheit unserer Denk- und Empfindungsweise enthüllende Unterhaltung, daß er den letzten Zug nach Riga versäumte und in unserer Kunatzkaja übernachtete.

Als wir im Herbst nach Krettingen zurückkehrten, begann für mich eine Periode der Geselligkeit und Weltlichkeit, die meinem im Grunde ganz anderen Zielen zustrebenden Wesen fremd waren und die weder vorher noch nachher in meinem Leben eine Anziehungskraft auf mich ausgeübt haben.

Krettingen erhielt einen neuen Zollinspektor, einen ernsten, zugeknöpften Petersburger, den wir schon vom Kaukasus her kannten. Seine Frau, deren nicht schönem, aber rassigem Äußeren und nicht ganz aufrichtigem Wesen man die alte tatarische Herkunft anmerkte, war als Tochter des Kreischefs Z. in Kutais infolge Patenschaft nach russischer Sitte fast eine Verwandte meines Mannes. Jelisaweta Petrowna hatte eine sorgfältige Erziehung und Bildung genossen, doch diese war unschöpferisch, nur dem Schein und einer kalten Geistreichelei dienenden Natur. In ihrem Hause entstand ein neues Zentrum der Geselligkeit mit einer Note des Wettbewerbs und der Gegensätzlichkeit zum Hause des Brigadekommandeurs. In den Gesellschaftsräumen Maria Iwanownas mit dem anliegenden großen Speisezimmer, dessen lange Tafel zu jeder Tageszeit ein reich besetztes Tischlein-deck-dich war, herrschte die freie, warme Gastfreundschaft einer großzügigen adligen Gutsherrin, bei Jelisaweta Petrowna die amüsante, plänkelnde Unruhe einer anspruchsvollen und einflußreichen Petersburger Beamtengattin. Bei uns ging es schlichter zu. Große Gesellschaften, für welche die Schlaf- und Kinderzimmer aus- und umgeräumt wurden, kamen bei uns höchstens einmal im Jahr vor. Hatte die Post uns jedoch am Morgen ein neues Bücherpaket gebracht, so wurde dies auf dem Spaziergang einem jeden Begegnenden mitgeteilt. Uneingeladen erschienen alsdann die sich für Bücher wirklich oder scheinbar Interessierenden zum Tee. Vom Mittagessen übriggebliebener Braten und einige Kartoffeln wurden aufgewärmt, eine Dose Sprotten geöffnet und zwischendurch die neuen Bücher vorgelesen und besprochen. Ich muß zugeben, daß bei dieser anspruchslosen Geselligkeit Jelisaweta Petrowna eine der eifrigsten war. Zuweilen, wenn längere Zeit hindurch keine neue Büchersendung eintraf, erhielt ich wohl auch durch einen Boten einen Zettel, der in Jelisaweta Petrownas nahezu unleserlicher Handschrift nur den lakonischen alten Kriegsruf der Russen: »Idjom na Was!«[10] enthielt. Wen und wie viele ich dann zu erwarten hatte, war unbestimmt. Dann wurde schnell etwas gekocht oder gebacken, um dem angekündigten Überfall nicht völlig ungerüstet entgegenzutreten.

Während der Maslieniza[11] machte die Krettinger Geselligkeit einen Paroxismus des Übermuts durch. Man fuhr gruppenweise im geräumigen Postschlitten durch die Lande, provozierte Schlittenunfälle und Schneeballschlachten und landete schließlich irgendwo bei Bekannten oder Unbekannten zu einer Blini-Mahlzeit.[12] Die Initiatorin einer solchen »folle journée« kurz vor der Fastenzeit war Jelisaweta Petrowna. Der Kinderlosen stand dieser Balagan[13] auch viel besser zu als einer Familienmutter mit vier Kindern; trotzdem war ich bei solchen Unternehmungen keine Spielverderberin. An den tagsüber unternommenen Picknicks und Spaziergängen nahmen meine Kinder oft teil, und zu den Abenden im

10 etwa: »Wir überfallen euch!«.

11 Butterwoche.

12 Blini: Plinsen.

13 etwa: Rummelbetrieb.

Offiziersklub ließ ich meinen Mann fast stets vorausgehen und folgte ihm erst dann, wenn die Kinder schon im Bett lagen. Dennoch war Mitja, der die Traulichkeit des Familienlebens ganz besonders liebte und auf eine innige Weise zu schätzen verstand, immer enttäuscht, wenn ich das Haus verließ. Es gehörte jahrelang zu meinem Ehrgeiz, gleichzeitig eine gute Mutter, eine gute Ehefrau, Hausfrau und vollendete Weltdame und nebenbei noch ein geistig vorwärts schreitender Mensch zu sein. Ich hielt das für absolut ausführbar und vergaß, daß bereits vor einigen Jahren meine Kraft nicht ausgereicht hatte, um meine literarischen Versuche mit meinen Hausfrauen- und Mutterpflichten in Einklang zu bringen.

Krettingen besaß um die Jahrhundertwende weder eine Straßenbeleuchtung noch ein richtiges Straßenpflaster. Auf das unebene, mit spitzen Steinen durchsetzte Trottoir verirrte sich höchstens einmal eine Kuh. Menschen benutzten die einzige Reihe von großen, flachen Steinen, die sich in der Mitte der Straße durch zuweilen flüssigen, zuweilen breiartigen Schmutz hinzog. Schon tagsüber waren diese Steine eine etwas unsichere, schlüpfrige Passage. So glitt ich einmal am hellichten Vormittag, von einer Visite zurückkehrend, in einem nagelneuen hellgrauen Frühjahrsmantel, mit weißen Glacéhandschuhen an den Händen, vor unserem Hause aus und fuhr in dem instinktiven Bestreben, wenigstens den neuen Mantel vor Beschmutzung zu bewahren, die Arme im Fallen weit von mir streckend mit den weißbehandschuhten Händen in den schokoladenbraunen Schlamm. Sofort war Mitja, der den Sturz vom Fenster aus beobachtet hatte, neben mir. Dieses blitzschnelle Hinzuspringen bei jeder mir drohenden, auch nur vermeintlichen Gefahr hat Mitja immer beibehalten.

Wenn ich an den Sonntagabenden eine oder zwei Stunden später als mein Mann das Haus verließ, begleitete mich der Denschtschik bis zum Klub. Dieses vollzog sich so, daß er, aus Beleuchtungs- und Respektsgründen rückwärts gehend, den jeweils in Frage kommenden flachen Stein mit der Laterne für mich beleuchtete, während ich mit zusammengeraffter Schleppe, mit Fächer und Pompadour hinterdreinbalancierte. Kam uns jemand entgegen, so rief der Denschtschik schon von weitem »Dorogu dawai«[14], und die Entgegenkommenden suchten dann eine der zu den einzelnen Häusern führenden Ausweichstellen zu erreichen, oder sie stapften durch die bodenlosen Pfützen. Anfangs war es mir sehr unangenehm, mit der Zeit gewöhnte ich mich leider daran wie an etwas Selbstverständliches.

Hell und stimmungsvoll war in Krettingen stets das Osterfest. Vor allem, weil es mit dem Erwachen der Natur zusammenfiel, der man hier so sehr viel näher war als in den großen Städten. Lange Wochen hindurch währten die Vorbereitungen für den Ostertisch: das rechtzeitige Salzen und Räuchern von Schinken, das Backen und Braten, das Säen von Kresse, das Heranziehen von Blumen und das Sammeln der langen Ranken des Bärlappmooses für den Schmuck des Ostertisches.

Am Gründonnerstag und zuweilen auch am Karfreitag gönnte sich auch die rastloseste Hausfrau eine Stunde innerer Sammlung, um in die Kirche zu gehen. Während ich am Gründonnerstag des Jahres 1902 in der kleinen, von einem schlanken Glockenturm gekrönten Kirche stand und das schnelle, monotone Verlesen der Zwölf Evangelien an meinem Ohr vorüberrauschen ließ, wurde ich mir mit einem Mal ganz klar und deutlich bewußt, daß ich auf dem Wege war, innerlich mich selbst und vielleicht auch meine Kinder zu verlieren. Brennend wünschte ich mir den Rat eines allweisen Menschen oder einen Fingerzeig Gottes herbei. Der Aufenthalt in Krettingen war nicht das Richtige für mich, sah ich ein. Mein Mann war erst vor vier Jahren hierher versetzt worden

14 »Gib den Weg frei«.

und hatte noch einige Jahre in der Armee zu dienen, bis er pensionsberechtigt war. Plötzlich kam mir ein Gedanke: Wurden die im Kaukasus verbrachten Dienstjahre nicht doppelt angerechnet? Von der Pension eines Oberstabsarztes und dem monatlichen Zuschuß einer kleinen Summe, die ich auch in Krettingen von meiner Mutter erhielt, mußte man doch auch anderswo leben können. Zu meiner tiefen Freude stimmte mein Mann der mir an jenem Gründonnerstag gekommenen Eingebung zu und reichte seinen Abschied ein. Es dauerte indessen noch zwei Jahre, bis ihm, der in Krettingen ein vorbildliches Lazarett ausgebaut und eingerichtet hatte, die Entlassung aus dem Dienst bewilligt wurde.

Im Gegensatz zu den lutherischen Ländern wird in Rußland am Karfreitag, der ja mehr ein Tag des Trauerns als des Feierns ist, emsig gearbeitet. Auch in Krettingen war es so. Doch am Sonnabend vor Ostern, wenn im Haushalt die Hauptarbeit geleistet war und der Rest von den Mägden beendet werden konnte, fuhren Maria Iwanowna und ich zuweilen nachmittags nach Memel, um noch die letzten Einkäufe zum Fest zu machen. Müde von der hin und zurück etwa 50 Kilometer langen Fahrt im Pferdewagen machte man sich dann noch an das Schmücken des eigenen Ostertisches. Das Kirchlein auf dem Marktplatz war bereits seit Stunden hell erleuchtet, wir gingen aber erst kurz vor Mitternacht hinein, denn da man niemals wußte, ob der unduldsam eifernde Bátjuschka die Messe um zwei Uhr nachts oder um vier Uhr morgens beenden würde, mußte man seine Kräfte sparen.

Der Gottesdienst vor Mitternacht gilt dem gekreuzigten Christus und ist daher ein Trauergottesdienst. Nach Mitternacht ist er dagegen ein froher Festgottesdienst, der ausschließlich von der Botschaft der Auferstehung Christi getragen wird. Die Gesänge sind voll Jubel und Frohlocken, und niemand kniet mehr. Den Trennungsstrich zwischen diesen beiden so entgegengesetzten

Stimmungen vollziehen das erste »Christos woskress«[15] und der »Krestny chod«[16], bei welchem die Geistlichkeit im vollen Ornat, gefolgt von dem schlichten Volk, rings um die Kirche zieht, um auch den außerhalb der Kirche befindlichen Christen zu verkünden, daß Christus auferstanden sei.

Es ist seltsam, wie viele weltliche, ja heidnische Elemente dieser helle, freudige Osternachts-Gottesdienst enthielt und doch auch wieder wie viel echte, innerliche Religiosität. Alle, auch die Ärmsten, waren sauber gekleidet, und die Kulitschi[17] und die buntgefärbten Eier, die sie mitgebracht hatten, damit die Geistlichen ihre Weihrauchgefäße über die Osterspeisen schwingen und ihren Ostertisch dadurch segnen, waren in blütenweiße Tücher eingebunden. Wenn der Bátjuschka den Gottesdienst gar zu lange ausdehnte, indem er an die Frühmesse auch gleich die nächste Mittagsmesse reihte, leerte sich allmählich die Kirche. Von der Kirche gingen wir dann zur Rasgowénje – zur Entfastung – in das Haus des Kommandeurs. Auch die Geistlichkeit lenkte ihre Schritte dorthin, denn erst wenn der lange, von einer Schmalseite des riesigen Eßzimmers bis zur anderen Seite reichende Ostertisch vom Batjuschka feierlich eingesegnet war und der von dem stundenlangen Gottesdienst ermüdete Geistliche sich als erster der profanen Beschäftigung des Essens zuwandte, ließen sich auch die übrigen an der mit den schmackhaftesten kalten Speisen bedeckten Tafel nieder. Ein ganzes Regiment hätte sich hier nach den sechs Fastenwochen sattessen können. Da gab es gekochte und gebackene Schinken, Leber- und Wildpasteten, gebratene Gänse und Puten, gefüllte Spanferkel und Ferkelroulade, Hühnermayonnaise und Vinaigrette, Roastbeef mit Remouladensauce, Kaviar und andere

15 Christus ist auferstanden.
16 Kreuzweg.
17 Osterbrot.

Delikatessen. Dazwischen auf einem Teller mit einer kleinen Wiese aus Kressesalat unter einem auf Renaissancesäulen aus Butter ruhenden Dach ein mit zierlichen Locken bedecktes Lämmchen aus Butter. Zwischen rosa, hellbraunen und weißen Paschas[18], die nach Himbeeren, Schokolade und Pistazien schmeckten, lagen glasiert und gefällig garniert die bunten Rechtecke der polnischen Mazurki, einer Mischung zwischen Gebäck und Konfekt. Den größten Stolz der Hausfrau bildeten aber die verschiedenen Babas[19], die Tüllbabas, die Zarenbabas und wie sie alle heißen mochten. Es gehörte eine Unmenge von Eiern – oft dreißig bis vierzig Stück – und viel Butter dazu, um den Teig so locker geraten zu lassen, daß eine dünne Scheibe einer solchen Baba auf den Teller gelegt aussah wie ein Stück echter gelblicher Tüllspitze. Diese Babas waren oft dreiviertel Meter hoch und wurden, da kein Backofen eine so hohe Form aufnehmen konnte, in einer besonders konstruierten liegenden Form gebacken, wobei nur außerordentlich erfahrene Hausfrauen den Raum für das Aufgehen im Ofen richtig zu berechnen verstanden. Man aß, wo man gerade Platz fand, am Ostertisch oder an kleinen Tischen, in einem Sessel oder auf der Tachta[20] sitzend. Die Herren bedienten die Damen, die Denschtschiki reichten heiße Bouillon, Tee und Wein. Der dreimalige russische Osterkuß fiel sehr verschieden aus. Es kam ganz auf die Dame an, welchen Charakter sie der Osterbeglückwünschung verlieh. Jüngere Männer begnügten sich mit dem Handkuß, ältere bestanden auf dem österlichen Bruderkuß.

Es war schon heller Tag, wenn man nach Hause ging, um wenigstens für ein paar Stunden Schlaf zu finden. Denn um elf Uhr begannen die Ostervisiten, und vorher mußte der eigene, natürlich

18 Osterspeise aus Quark, Sahne, Butter, Mandeln.
19 Ostergebäck.
20 Niedriges Sofa in türkischem Stil.

wesentlich bescheidenere, aber von der Familie schon ein wenig »geplünderte« Ostertisch wieder hergerichtet werden. So unablässig wie die Kirchenglocken während der Ostertage in jeder russischen Stadt läuten – denn ein jeder Vorübergehende hat in diesen Tagen das Recht, seiner Freude über die Auferstehung Christi durch eigenhändiges, nicht immer schön klingendes Glockenläuten Ausdruck zu verleihen –, so unaufhörlich kommen und gehen auch die Bekannten während der Feiertage. Menschen, die man sonst kaum sah, wie zum Beispiel der eine oder andere Mönch des Klosters, tauchten auf, wirkten aber immer infolge ihrer strengen, fremden, oft auch Speisen und Getränke einbeziehenden Ordensregeln inmitten festlich froher Menschen wie rätselhafte, fremdartige Wesen.

In Batum hatten die Offiziers- und Beamtenfamilien eine konstante Gruppe gebildet. In Krettingen dagegen herrschte durch häufige dienstliche Versetzungen ein starkes Hin- und Herfluten. Auch der alte Kommandeur und die warmherzige Maria Iwanowna wurden eines Tages nach Odessa versetzt. Der neue Brigadekommandeur, ein alter Finne, besaß nicht so ritterliche Charakterzüge und vor allem nicht eine so sympathische Frau wie sein Vorgänger. – Auch der Zolldirektor mit Jelisaweta Petrowna wurde an ein anderes Zollamt versetzt. Wann würde endlich auch für uns die Abschiedsstunde schlagen?

Während der sechs Jahre, die wir in Krettingen verbrachten, habe ich drei Zolldirektoren erlebt. Der letzte von ihnen war Herr Martinow, ein Nachfahre jenes Martinow, der Lérmontow im Duell erschossen hatte.

Im Frühling 1904 wurde das Abschiedsgesuch meines Mannes endlich angenommen. Er trat in den Ruhestand, und wir siedelten nach Riga über. Der Hausstand wurde aufgelöst, das große Gepäck und ein Teil der Möbel per Achse über Libau nach Riga geschickt. Mein Mann, ich und die Kinder wählten diesmal die weitere, jedoch bequemere Eisenbahnfahrt über Memel, Insterburg, Eydtkuhnen und Kowno. In Wirballen übernachteten wir und wurden von unserem alten Bekannten, Pawel Pawlowitsch, in sein Haus zum Mittagessen eingeladen. Ungeachtet aller liebenswürdigen Gastfreundschaft blieb er jedoch innerlich verschlossen. Die Liebe zu Maria Iwanowna schien er überwunden zu haben. Nichts deutete auf ein Fortleben dieser Erinnerung. Nach dem Essen zeigte er uns seinen Garten, der so nüchtern wie ein dörflicher Gemüsegarten war. Alle lachten und plauderten durcheinander. Plötzlich bückte sich Pawel Pawlowitsch zu einem Beet und reichte mir ein einzelnes Vergißmeinnicht. Einen kurzen Moment ruhte sein Blick fest in dem meinen, und ich wußte, daß unverändert ein lebendiges Gedenken an Maria Iwanowna in ihm lebte, deren Lieblingsblumen Vergißmeinnicht waren.

Im Westen

Landschaften – Städte – Begegnungen

Als wir Krettingen verließen und in Riga eintrafen, erfuhr ich, daß meine Mutter die ihr allein gehörende Konservenfabrik in eine Kommanditgesellschaft verwandelt und mich sowie meine Schwester und deren Mann zu Kommanditisten dieser Firma eingesetzt hatte, indem sie das in die Fabrik investierte, keineswegs besonders große Kapital in drei Teile geteilt und mir das eine Drittel desselben abgetreten hatte. Mein Schwager war Leiter des Betriebs. Wenn die darauffolgenden zehn, von wirtschaftlichen Sorgen freien Jahre reich waren auch an geistigen Werten und für das Leben ausschlaggebenden Erkenntnissen und Beziehungen, so verdanke ich das der großzügigen Fürsorge meiner Mutter.

In der Gertrudstraße 6 bezogen wir nun eine für Krettinger Begriffe ungewöhnlich komfortable Wohnung, die erste in meinem Leben, die anstatt Petroleumlampen elektrisches Licht besaß, mit einem herrlichen Sonnenbalkon vor dem Kinderzimmer. Aus den Vorderfenstern blickte man auf den Gertrudkirchenplatz, vom Balkon aus in einen damals noch existierenden grünen Nachbargarten. In demselben Hause eine Treppe tiefer wohnte auch meine Schwester mit ihrer Familie.

Meine Tante Wislenjew, die Schwester meiner Mutter, die nach dem Tode ihres Mannes mit ihren drei Kindern nach Riga gezogen war und in ihrem harten Kampf ums Dasein von meiner

Mutter nach Kräften unterstützt wurde, hatte mir bereits mitgeteilt, daß sie eine Köchin für mich gefunden habe. Als die von ihr so gepriesene Annchen Schagar erschien und auf ihr Selbstgefühl und die in der Tat erstklassigen Zeugnisse gestützt, sehr kurz angebunden und heftig schielend zwei Rubel mehr als den sonst üblichen Köchinnenlohn verlangte, hatte ich, obwohl ich mich mit meinen zweiunddreißig Jahren schon für eine ziemlich erfahrene Hausfrau hielt, nicht den Mut, sie fortzuschicken. Ich engagierte sie. So ist Annchen Schagar in unser Haus gekommen, und zwölf Jahre vergingen, bevor ich es fertigbrachte, daß sie meine Anordnungen auf die von mir als richtig angesehene und nicht auf die von ihr gewünschte Weise ausführte. Sie kochte vorzüglich, war sparsam und arbeitete unverdrossen von früh bis spät, doch die Küche sah auch in den Abendstunden noch wie ein Schlachtfeld aus.

Unsere beiden Jungen kamen nun in das Stadtgymnasium, wo der Zeichenlehrer Schmaeling gleich Koljas Zeichentalent erkannte und den Neunjährigen aufforderte, sonntags in sein Atelier zu kommen, um dort nach dem lebenden Modell zu zeichnen.

Geselligen Verkehr hatten wir so gut wie keinen. Meine Jugendfreundinnen hatten sich während der vierzehn Jahre meiner Abwesenheit verheiratet oder waren fortgezogen, und mein Mann war des konventionellen Umgangs während seiner Dienstzeit so müde geworden, daß er keine neuen Menschen kennenlernen und sich nicht wieder gesellschaftliche Verpflichtungen auferlegen wollte. Auch der Haushalt war in Riga, wo man vieles fix und fertig in den Läden kaufen konnte, weit einfacher zu dirigieren als in Krettingen. Aber eine seltsame Unruhe lag in der Luft und riß an den Nerven. Unser großes Rußland hatte den Krieg gegen das kleine Japan verloren. Dabei waren zum ersten Male ganz offenkundig unzählige Mißstände aufgedeckt worden. Der Militärarzt Weressajew schrieb seine niederschmetternden »Aufzeichnungen eines Arztes«. Die belächelten »Japoschki«[21], über deren in den Krieg mitgenommene Zahnbürste als über eine Verweichlichung gespottet worden war, hatten eine stählerne Organisation bewiesen, während bei uns alles und jedes auf blitzschnell zertrümmerten tönernen Füßen stand. Die Unzufriedenheit ging durch alle Schichten. Die Gebildeten beschuldigten die Regierung, die Arbeiter streikten. Nietzsche und Stirner rüttelten an den Grundfesten der Moral, Ellen Key in »Liebe und Ehe« und die Eggerton in »Grundtöne« an der Institution der Ehe. Die Deutschbalten, ja die ganze Bevölkerung der Baltenstaaten lebten einer unruhigen Zeit entgegen. Auf den Gütern schwelte Haß gegen das »Herrenvolk«. Verborgene und offene Auflehnung durchzogen die Landgebiete, Revolten, Feuersbrünste, grausame Morde. Die russische Regierung schien gegenüber der Revolution von 1905 machtlos zu sein. Viele baltische Familien flüchteten von ihren Gütern in die Stadt. Da wir im Stadtgebiet wohnten und uns während dieser Zeit häufig im Ausland befanden, traten die Geschehnisse weniger unmittelbar an uns heran. Und doch war diese Zeit nur ein Vorspiel der blutigen Auseinandersetzungen, die im Jahre 1918 folgen sollten.

Ich entsinne mich nicht mehr, warum der Gedanke an einen Sommeraufenthalt im Ausland in uns auftauchte. Ende Mai, als die Schulferien begannen, packte ich unsere Koffer. In München wollten wir den ersten längeren Aufenthalt nehmen. Da meine Mutter sehr kurzsichtig war, mein Mann ein zwar sehr korrekt klingendes, aber mitunter zu Mißverständnissen Anlaß gebendes Schuldeutsch, die Bonne Matrjona Antonowna nur Russisch sprach, mußte ich an den Grenz- und Umsteigestationen Reisemarschall für unsere aus acht Personen bestehende kleine Reisegesellschaft sein und brachte sie auch glücklich, programmgemäß

21 »Japanerchen.

und sozusagen in einem Schwung nach München. Das urgemütliche und dabei hochkultivierte München ist für den Russen, der Deutschland kennenlernen will, ein besserer Übergang als das ewig hastende, nüchterne Berlin. Die beiden Pinakotheken, der Glaspalast, der Englische Garten redeten eine eindringliche Sprache.

In Morschach bei Brunnen am Ufer des Vierwaldstättersees in der Schweiz fanden wir, was wir uns gewünscht hatten: eine Fülle von Sonne, helle gesunde Zimmer und eine an Spaziergängen reiche Umgebung. Schweizer Freunde, mit denen wir in Batum fast Haus an Haus gelebt hatten, besuchten uns und rieten mir, wegen meiner häufigen heftigen Kopfschmerzen den bekannten Schweizer Neurologen Professor Constantin Monakow in Zürich zu konsultieren.

Ich war skeptisch und schrieb dies auch Professor Monakow, als ich ihn bat, Tag und Stunde für eine Konsultation in Zürich zu bestimmen. Meine Fahrt zu Monakow wurde von meinem Mann energisch befürwortet; als ich mich indessen am Morgen des Konsultationstages dazu rüstete, sagte er mir, er und Rita würden auch mitkommen, da die Gesundheit des Kindes ihm Sorge mache und es vielleicht ratsam wäre, in Zürich auch noch einen Kinderarzt zu konsultieren. Das zarte sechsjährige Mädchen sah blaß und angegriffen aus. Ich hatte das als etwas Vorübergehendes angesehen und mir keine ernste Sorge deswegen gemacht. Auch jetzt schien es mir, als wollte mein Mann mehr zu seiner eigenen Beruhigung einen Kinderarzt konsultieren.

Wir hatten beschlossen, ein paar Tage in Zürich zu bleiben und uns von Professor Monakow einen zuverlässigen Kinderarzt empfehlen zu lassen. Es war ein entsetzlich heißer Tag, und ich atmete auf, als ich die nahe dem See gelegene kühle Wohnung des Professors betrat. In dem kleinen Wartezimmer mit den der Hitze wegen geschlossenen Fensterläden saßen nur wenige Patienten.

Irgendwo im Flur ging eine Tür, der Professor, eine große, breitschultrige Gestalt in brauner Samtjoppe trat auf die Schwelle, um den nächsten Patienten in sein Sprechzimmer zu holen.

Die Art und Weise, in welcher der Professor an mein quälendes Kopfweh herantrat, war mir neu. Die Ärzte, deren Rat ich bisher eingeholt hatte, pflegten Kopf, Augen, Nerven oder die Blutzirkulation zu untersuchen. – Monakow streifte das nur wie etwas Nebensächliches und rückte in das Zentrum seiner Aufmerksamkeit meinen Charakter und mein Leben als Gattin, als Mutter und als Mensch. Seine Fragen wirkten meist wohltuend durch das umfassende Wissen um geistige und seelische Probleme und durch sein Interesse für Weltanschauungsfragen. Zum ersten Mal begegnete ich einer ausgeprägten geistigen Überlegenheit: zielsicher, kompromißlos und doch nicht ohne freundschaftliche Wärme. Immer wieder stutzte ich und horchte auf bei den großen Maßstäben, die er an alles menschliche Sein und Tun legte.

Nachmittags erwarteten wir den von Professor Monakow empfohlenen Dr. Muralt. Statt des gerade in den Ferien befindlichen alten Doktors erschien jedoch der ihn zeitweilig vertretende Sohn, der auch Kinderarzt war. Er erklärte, Rita leide an einer tuberkulösen Bauchwassersucht und müsse operiert werden. Er riet, uns an Professor Krönlein zu wenden, eine Weltberühmtheit auf dem Gebiet der Chirurgie. Krönlein, zu dessen kurz angebundener, sicherer Art mein Mann und ich sofort Vertrauen faßten, bestätigte die Diagnose. Noch am selben Abend siedelten wir in das Schwesternhaus des Roten Kreuzes über, und wie froh war ich, als am nächsten Morgen ganz unerwartet auch Krönlein erschien, Rita nochmals untersuchte und mir dann sagte, man solle mit der Operation noch warten. Mein Mann reiste wieder nach Morschach zurück, und ich verbrachte mit Rita drei stille, ruhige und doch von unablässigem Ringen um des Kindes Wiedergesundung erfüllte Wochen. In den kummervollen Tagen der Sorge und des Zweifels, da es schwer und doch unumgänglich notwendig war, Rita stets ein fröhliches Gesicht zu zeigen, lief ich manchmal unter dem Vorwand, etwas einkaufen zu müssen, rastlos und ohne meinen Tränen Einhalt gebieten zu können, in den weniger belebten Nebenstraßen des Bahnhofsviertels und des Limmatquais umher, bis ich mich wieder so weit gefaßt hatte, daß ich Gesicht und Stimme in der Gewalt hatte.

Ich fragte mich: Wäre Rita vielleicht nicht erkrankt, wenn ich selbst statt der Bonne sie betreut hätte? Dr. Monier übernahm die Behandlung, er besuchte uns täglich und konstatierte kleine Fortschritte im Allgemeinbefinden Ritas, doch das Wasser wich nicht aus der Bauchhöhle. Nach drei Wochen vergeblichen Wartens trat das Wunder ein: Die Operation wurde unnötig. Da Rita noch eine möglichst ausgiebige Solbäderkur in Rheinfelden gebrauchen sollte, siedelte nun auch unsere ganze Familie dorthin über. Zu den Gästen des Hotels »Des Salines« gehörten auch einige europäische Fürstlichkeiten mit ihrem Gefolge, aber in dem geräumigen Park gab es noch genügend Winkel, in denen man ungestört lesen oder mit den Kindern spielen konnte.

Wie einst die übermütigen russischen Offiziere, hatte ich meine Kinder auf dieser Reise wiederholt darauf hingewiesen, daß man im Ausland nach ihrem Benehmen die Russen im allgemeinen beurteilen würde. Nun freute ich mich hier in dem eleganten Hotel, feststellen zu können, daß die Kinder, auch die Jungen, trotz mancher Unart und Wildheit eine gute Haltung wahrten.

Mitte August mußten Mitja und Kolja mit meinem Mann nach Riga zurückkehren, weil die russischen Schulen um diese Zeit den Unterricht wieder aufnahmen. In Zürich sagte der alte Dr. Muralt, Ritas Genesung beweise von neuem, daß tuberkulöse Erkrankungen heilbar seien; um jedoch das erzielte Ergebnis zu festigen, rate er mir, nicht gleich mit dem Kind nach Rußland zurückzukehren, sondern noch den Winter in Leysin zu verbringen. So fuhr meine Mutter mit Lilia und der Bonne nach Riga zurück, und ich siedelte mit Rita nach Leysin ins »Grand Hotel« über.

Den ganzen Winter kamen wir mit niemandem außer dem Arzt zusammen. Meine Selbstvorwürfe waren indessen noch so lebhaft, daß ich den Wunsch empfand, mich vollkommen auf Ritas Pflege zu konzentrieren. Ich gab jeden brieflichen Verkehr mit fernen Freunden und Bekannten – außer mit Irma Bernhoff – auf. Ich ließ meine Korrespondenz nicht allmählich im Sande verlaufen, sondern machte, selbst unglücklich darüber, plötzlich und ohne vorausgehende Erklärungen einen dicken Strich unter fast alle mich mit der Vergangenheit verbindenden freundschaftlichen Beziehungen. So mancher, auch Maria Iwanowna, schrieb, fragte, bat, ärgerte sich – ich biß die Zähne zusammen und antwortete nicht. Heute gäbe ich viel darum, wenn ich den Weg zu diesen Menschen wiederfinden und sie davon überzeugen könnte, daß mein damaliges Schweigen eine seelische Notwendigkeit und keine persönliche Untreue war. Es ist schon so, daß man zuweilen nicht anders kann, als lieben Menschen wehe zu tun. Auch zwischen Irma Bernhoff und mir hat es Zeitstrecken gegeben, in denen ihr und mir trotz dringenden Appells das Briefschreiben unmöglich war, weil man sich in Konflikt mit dem Leben befand. Man ringt dann zu verzweifelt und zu verbissen, um anderen – und oft gerade sehr lieben anderen – Trost geben zu können. Aus dieser Erfahrung habe ich Jahrzehnte später Verständnis für meine Kinder geschöpft.

In dem Alleinsein sehnte ich mich nach Büchern. Ein Bücherpaket, das mir die Post brachte, enthielt u. a. »Ernste Antworten auf Kinderfragen« von Rudolf Penzig, und ich las das mich in hohem Maße interessierende Buch sozusagen in einem Zuge durch. In einer unsentimentalen, kraftvollen Ausdrucksweise forderte der Verfasser von den Eltern, die einmal in ihren Kindern aufgetauchten Fragen mit derselben sachlichen Wahrhaftigkeit – wenn auch mit Anpassung an das kindliche Verständnis – zu beantworten, die sie einem erwachsenen Menschen gegenüber anwenden würden. So geistvoll und zugleich warm war dieser Gedanke in allen nur möglichen Fragen der Erziehung – auf religiösem, sozialem, sexuellem Gebiet – durchgeführt, daß ich mir sämtliche bisher erschienenen Bücher dieses Pädagogen kommen ließ und auch die von ihm herausgegebene Halbmonatszeitschrift »Ethische Kultur« abonnierte. Ich hätte mir nichts Besseres für diese Zeit der Selbstprüfung und der berechtigten oder unberechtigten Selbstvorwürfe wählen können.

Abends, bevor Rita schlafen ging, trat ich oft noch mit ihr auf den Balkon hinaus, um die unter dem Sternenhimmel ausgebreiteten Schneeberge oder das vom Mond versilberte Nebelmeer über dem Rhonetal zu betrachten. Dann erwachten in Rita bald besinnliche, Gott betreffende, bald kindlich drollige Fragen. So wollte sie einmal wissen, warum wir in unseren Gebeten um vieles bitten und für so weniges danken. Würden unsere Bitten nicht erfüllt, oder vergäßen wir zu danken?

Machtvoll wie alles im Hochgebirge waren die im Frühling niedergehenden Lawinen. Immer wieder mußte ich dem Donner der abstürzenden Schneemassen lauschen. Etwas von der Tragik des Vernichtenmüssens lag in diesem faszinierenden Ton, so als fühle die kausalitätsgebundene, elementare Naturkraft einen Schmerz über ihr blind vernichtendes Tun. Weder ein Gewitter, das ja auch zerstörend wirken kann, noch Kanonendonner haben in ihrem Klang das gar nicht Furcht Erregende, aber Tiefernste des Lawinendonners. An Ödipus, an Lermontows »Dämon« möchte man denken, wenn diesem Unvergleichbaren gegenüber Vergleiche nicht etwas Absurdes wären.

Als wir am 1. Mai 1906 Leysin verließen, herrschte rauhes, stürmisches Schneetreiben. Die Fahrt mit der Drahtseilbahn, die eine Stunde dauerte, erschien uns wie eine Reise durch verschiedene Zonen und Zeiten. Der Schneesturm blieb hinter uns zurück. Wir waren die einzigen Reisenden in unserem zu Tal schwebenden Wagen und begrüßten voller Entzücken das erste sprießende Gras auf brauner, schneefreier Erde, dann etwas später den ersten grünen Schimmer auf Büschen und Bäumen, bald darauf die in rosa und weißen Blüten stehenden Obstbäume, blühende Kastanienbäume und Flieder. In Bex aber, wo wir wegen unserer Winterkleidung mit Gelächter von meinen uns auf dem Bahnhof erwartenden Geschwistern begrüßt wurden, blühten schon die Rosen, und von den an Balkons und Häuserfassaden emporrankenden Glyzinien hingen lavendelblaue Dolden herab.

Als Erholungsort für die ganze Familie während der russischen großen Sommer-Schulferien wählten wir das uns von Ärzten empfohlene Groß-Tabarz in Thüringen. In dem letzten, am Eingang zum Lauchagrund liegenden Hause, in der Pension »Waldhütte«, fanden wir Unterkunft. Die Gegend berührte mich auf merkwürdige Weise ganz heimatlich. Hier in Tabarz erzählte ich meinem Mann von den »Ernsten Antworten auf Kinderfragen«, die mir manchen neuen Gedanken in bezug auf die Erziehung unserer Kinder gegeben hatten, und wir gelangten gemeinsam zu dem Entschluß, den nächsten Winter zusammen in Berlin zu verbringen, um die Jungen dort von einem guten Hauslehrer in allen Fächern unterweisen zu lassen. Und vielleicht einige Stunden, die den ethisch-moralischen Lebensfragen gewidmet waren, von Penzig für unsere Jungen zu ermöglichen.

Wir fuhren also nach Berlin, und nur mein Mann reiste weiter nach Riga, um unsere Wohnung aufzugeben, die Möbel in der Fabrik abzustellen und sich die Papiere unserer Söhne aus dem Gymnasium geben zu lassen. Außerdem sollte er unsere für europäische Begriffe zwar etwas wunderliche, aber überaus tüchtige und sparsame Köchin Annchen Schagar nach Berlin mitbringen, denn nur mit ihrer praktischen Hilfe traute ich es mir zu, in der fremden Stadt einen eigenen Haushalt zu führen.

Als mein Mann einige Wochen später in Berlin eintraf und freudig von allen begrüßt wurde, erklärte er halb lachend, halb schuldbewußt, er habe Annchen unterwegs verloren; ihr Waggon sei an der Grenze abgehakt und an einen Berlin auf anderem Wege erreichenden Zug angehängt worden. Wie üblich trug mein Mann Annchens Paß bei sich, und da er auch sonst von seinem Abteil aus auf der Reise für das leibliche Wohl unserer Köchin gesorgt und eine solche Möglichkeit des Getrenntwerdens gar nicht in Betracht gezogen hatte, würde sie auch keinen Pfennig deutschen Geldes bei sich haben. Natürlich fuhren mein Mann und ich sogleich auf den Bahnhof und erfuhren, daß die von uns beschriebene Person tatsächlich angelangt, suchend herumgeirrt und dann mit unbekanntem Ziel verschwunden sei. »Weiß sie vielleicht unsere Adresse?« fragte ich, doch mein Mann schüttelte bekümmert den Kopf. Ein wenig niedergeschlagen – denn wie würde sich unsere des Reisens unkundige lettische Köchin in der Weltstadt Berlin zurechtfinden? – kehrten wir in unsere Pension zurück. Unterdessen war es unserer intelligenten und sich nicht so leicht verblüffenlassenden Alten eingefallen, daß auf einem von ihr kürzlich zur Post getragenen Brief »Neue Winterfeldstraße« gestanden hatte. Unverdrossen bestieg sie eine Straßenbahn, auf deren Schild diese Straße angegeben war, wurde jedoch, da sie kein deutsches Geld hatte, samt ihrem Fünfkopekenstück vor dem nächsten Wechselgeschäft abgesetzt. Erregte Szene beim Wechsler, der diese Münze nicht annehmen, während sie wiederum ihren Silberrubel nicht herausrücken wollte, weil er ihr für den einzelnen Rubel vier Pfennige weniger bot, als der Kurs in Riga betragen hatte. Endlich kam der Handel zustande, Annchen kletterte wieder auf die Elektrische und fuhr richtig bis zur Neuen Winterfeldstraße. Von einem Passanten erfuhr sie, wo das nächste Polizeibüro sei, und stellte dort Recherchen nach ihrer verlorenen Herrschaft an. Als man ihr sagte, sie möge in einigen Tagen wiederkommen, dann würde sie die

Adresse erhalten, stimmte Annchen ein Hohngelächter an, hielt aber ein, als sie den Nachsatz hörte, wenn sie die Adresse gleich haben solle, würde das fünfzig Pfennige kosten. »Ach so«, sagte sie, »so ist das bei Ihnen? Nein, für eine bloße Antwort zahle ich kein Geld! Ich werde meine Herrschaft schon selbst finden. Jetzt soll mir aber keiner sagen, so etwas komme nur in Rußland vor, – bei Ihnen in Berlin geht es ebenso zu!« Mit diesen ironischen, dunklen Andeutungen verließ sie das Polizeibüro und begann nun ganz systematisch erst die rechte, dann die linke Häuserreihe der Neuen Winterfeldstraße nach uns abzusuchen. Haus um Haus kletterte sie die vielen Treppen empor, klingelte an jeder Etagentür und fragte, ob jemand unseres Namens dort wohne. Endlich gelangte sie wirklich an die richtige Tür, und ihre sowie unsere Freude und Erleichterung waren riesengroß.

Nachdem die Wohnungs- und Hauslehrerfrage einigermaßen befriedigend gelöst waren, begab ich mich in die Grolmannstraße, um Rudolf Penzig persönlich kennenzulernen. Das Haus, das ich betrat, war eine Mietskaserne, in der – wenigstens nach russischen Begriffen – alles eng, grau und kleinbürgerlich aussah. Ein winziges Gärtchen gehörte dazu, dessen Blumen und Sträucher ein von Ruß und Asphalt bedrängtes, verkümmertes Großstadtdasein fristeten.

Das Ehepaar Penzig empfing mich in einem Zimmer, das ebenso wie Gärtchen, Treppe und Wohnung den bedrückenden Eindruck von Enge auf mich machte. Die Frau, eine geborene Baronesse von Baer aus Kurland, sah ein wenig müde und sorgenvoll aus, zeigte jedoch für mein Anliegen ein gewisses Interesse und gemessenes Wohlwollen. Der Autor der »Ernsten Antworten« aber war für mich zunächst eine rechte Enttäuschung. Nichts außer etwa der stolzen Haltung des Kopfes stimmte zu dem Bilde, das ich mir von dem warmherzigen und geistvollen Verfechter der Erziehung zur Freiheit und Wahrhaftigkeit gemacht hatte. Wenn mein Wunsch, den mich so lebhaft interessierenden Moralunterricht meinen Jungen zugänglich zu machen, nicht so stark gewesen wäre und Frau Penzig ihrem Gatten nicht zugeredet hätte, wäre wohl aus meinem Plan nichts geworden.

Die Jungen besuchten nun also Doktor Penzig den Winter hindurch dreimal wöchentlich in der Grolmannstraße. Wie weit dieser Unterricht zu ihrer Orientierung in den oft recht verworrenen und verwirrenden Fragen und Konflikten des Lebens beigetragen hat, entzieht sich meiner Beurteilung. Der schriftliche Niederschlag in ihren Heften beschränkte sich – vielleicht weil die deutsche Sprache ihnen einige Mühe machte – auf ziemlich kurze Notizen. Doch da Mitja noch in seinem vierzigsten Lebensjahr in einem solchen Konflikt Doktor Penzig um seinen Rat bat und da Kolja jene eben erwähnten Hefte aufgehoben haben wollte, nehme ich an, daß der Unterricht in Verbindung mit der lauteren Persönlichkeit Penzigs doch nicht eindruckslos an den damaligen Quintanern vorbeigegangen ist.

An einem Sonntagvormittag fragte der Hauslehrer mich, ob ich nicht einmal Penzigs freireligiöse Reden in der Humanistischen Gemeinde besuchen wolle. »Nein«, antwortete ich, »Penzig mag ich nur gedruckt.« Die Freundin meiner Mutter jedoch ging eines Sonntags dorthin und kehrte begeistert von dem Vortrag Penzigs heim. Als ich mich das nächste Mal – Penzig sprach alle vierzehn Tage – zögernd und mißtrauisch ihr anschloß, fand ich in der Humanistischen Gemeinde in der Niederwallstraße endlich auch den geistvollen, warmherzigen Verfasser der »Ernsten Antworten« wieder. Wenn man die sich aus dem bescheidenen Mittelstand rekrutierenden Mitglieder der Humanistischen Gemeinde betrachtete, konnte man es kaum verstehen, daß dieses der richtige geistige Boden für Penzigs starke und große Gedanken sein könne. Hier und da erblickte man aufgeschlossene, kluge Gesichter, doch die meisten der Zuhörer sahen nicht danach aus, als ob sie den zuweilen recht komplizierten philosophischen Gedankengängen Penzigs folgen könnten. Vielleicht kam es daher, daß seine Vorträge nicht nur von einem scharfen, feingeschliffenen Geist, sondern auch von einer sehr männlichen, verantwortungsbewußten Ethik erfüllt waren und ebenso den Verstand des Zuhörers aufrüttelten wie sein soziales Gewissen und einen etwa in seiner Seele schlummernden heroischen Instinkt. Seine Vorträge über Nietzsche hielt er in der Volkshochschule. Der Vortragsraum war schlecht erleuchtet. Etwas von der Tragik, die über Nietzsches Leben und seinen Geistesproblemen waltete, hing, während Penzig von dem hoffnungslosen Gedanken der ewigen Wiederkehr redete, fast atembeklemmend schwer in der Luft, bis er die Idee von der in dem ewigen Kreislauf des Geschehens aufwärts führenden Spirale entwickelte und so den Anschluß an den erlösenden, alles Sein mit Sinn erfüllenden Entwicklungsprozeß fand.

In geistiger Hinsicht bot jener Berliner Winter mir entschieden mehr als irgendein Zeitabschnitt meines bisherigen Lebens. Ich möchte ihn allerdings nicht mit den Jahren des Zusammenseins mit Irma Bernhoff vergleichen, denn abgesehen von ihren geistigen Interessen war sie für mich die Erfüllung aller meiner Freundschaftsvorstellungen, während die Fülle geistiger Anregungen, die ich in Berlin in mich aufnahm, aus Ideen, im besten Falle aus geistigen Persönlichkeiten, – eben Trägern dieser Ideen bestand. Seit mehr als zehn Jahren rang ich um eine Verstand und Gefühl befriedigende Weltanschauung, suchte beständig nach mich überzeugenden Spuren vom Dasein und Wesen Gottes und mußte dabei stets die Erfahrung machen, daß sowohl die kirchliche Religion mit ihren den Verstand vergewaltigenden Dogmen als auch die Philosophie und die Kunst dem ernstlich Suchenden nur unzureichende geistige und seelische Nahrung bieten. Kein Wunder, daß ich in der Fülle neuer Gedanken, die in Berlin auf mich eindrangen, so manchen zu entdecken meinte, der auf die Lösung der mich beschäftigenden Welt- und Lebensrätsel hinzudeuten schien. Penzigs Bücher und Vorträge enthielten weniger eine sich mit den höchsten Dingen beschäftigende Weltanschauung, als eine willensstarke und lautre Lebensauffassung. Ganz anders war die Weltanschauung Bruno Willes, von dem ich im Laufe jenes Winters interessante Bücher kennenlernte. Ich hatte seine »Offenbarungen des Wachholderbaums« und ein Bändchen »Das lebendige All« gekauft und las sie, da die Kinder mir zu Hause nur wenig Zeit dazu ließen, während der langen Fahrten mit der Straßenbahn von einem Stadtteil Berlins in den anderen. Ausgehend von Fechners »Seelenleben der Pflanzen« wollte Bruno Wille nicht nur jedem Tier und jeder Pflanze, sondern auch der einzelnen Zelle eines jeden Lebewesens eine Seele zugeschrieben wissen. Die »Zellenseele« – oder die Monadenseele – bildete das Niedrigste, die Allseele die höchste Spitze seiner hierarchisch aufgebauten Welt. Die Einheit zwischen Körperlichkeit und Seele – »Materie nie ohne Geist, Geist nie ohne Materie« – war jedoch so unteilbar eng und konform, daß diese Weltanschauung einen zwar warmen, dichterischen Materialismus, aber eben doch Materialismus darstellte, unserem Naturgefühl reiche und schöpferische Anregung gewährte, jedoch sowohl dem Verstand wie auch dem Gefühl jeweils zu große Konzessionen machte, so daß schließlich keines derselben wirklich befriedigt wurde. Es steckte viel Poesie, auch so manche wertvolle Teilwahrheit in Bruno Willes dichterischer Abwandlung des Haeckelschen Monismus, und ich entsinne mich, in welchen Zustand des Beschwingtseins mich das während einer Straßenbahnfahrt vom Nollendorfplatz zum Spittalmarkt gelesene Schlußkapitel des Buches »Das lebendige All« damals versetzte. Bruno Wille hielt in der Freien Volkshochschule eine Reihe von Vorträgen über den »Streit der Weltanschauungen und ihre Versöhnung«. Ich erfuhr so spät davon, daß ich nur die letzten, der »Versöhnung« geltenden Vorlesungen, in denen er über seine eigene Weltanschauung sprach, hören konnte. Am Ende des Vortragszyklus forderte Wille seine Hörer auf, ihm schriftlich Fragen zu stellen. Ich richtete einige pädagogische Fragen an ihn und unterschrieb »Eine Mutter«. Während der Schlußvorlesung beantwortete Wille nur eine oder zwei von ihnen; ich erhielt jedoch einen Brief, in welchem er vorschlug, die von mir aufgeworfenen Fragen persönlich zu besprechen. Er fragte, ob ich nicht an einem der drei angebotenen Tage mit ihm und seiner Frau sowie seinem Freunde Bölsche im Restaurant »Bärenhöhle« in Rahnsdorf Kaffee trinken und danach mit ihnen eine Meile weit durch märkischen Wald nach Friedrichshagen wandern wolle. Natürlich wollte ich! Zwar bedeuteten mir Bölsches Schriften nicht so viel wie meiner Mutter, die alle seine Bücher besaß und liebte, doch einzelne Kapitel aus seinen ästhetischen Schriften, auch das Büchlein »Was ist die Natur?«, das die unerforschliche Tiefe dieser Frage freilich nicht beantwortete, aber doch ehrfurchtsvoll ahnen ließ, hatte auch ich gern. An einem der drei vorgeschlagenen Tage fuhr ich also mit der Bahn nach Rahnsdorf und betrat um die Kaffeestunde das nicht weit vom Bahnhof gelegene Restaurant »Bärenhöhle«. Da noch niemand dort war, setzte ich mich in eine gemütliche Ecke und ließ mir eine Tasse Kaffee geben. Bald sah ich eine Gesellschaft von drei Herren, einer Dame und mehreren Kindern an mir vorbeigehen und sich um einen größeren Tisch scharen. Ob Bruno Wille darunter war, konnte ich bei meiner Kurzsichtigkeit nicht erkennen. Doch da stand er auch schon neben mir, begrüßte mich und bat den Kellner, meinen Kaffee zu seinem Tisch hinüber zu tragen. Rechts von mir saß nun Bruno Wille, seine Gattin an meiner linken Seite. Sie war eine sympathische kleine Frau, anscheinend das »Lieschen« aus den »Offenbarungen des Wacholderbaumes«, wie ich aus manchen Andeutungen ihrer Erlebnisse entnehmen konnte. Den Kritiker Julius Hart, der auch am Tisch saß, und dessen auf dem gleichen Gebiet tätigen Bruder Heinrich

Hart sowie den Friedrichshagener Dichterkreis, zu welchem Bölsche und Bruno Wille gehörten, schildert Bölsche in seinem Buch »Hinter der Weltstadt«.

Noch nie hatte ich mich in einem Kreise fremder Menschen so schnell heimisch gefühlt wie in diesem. Das kam wohl daher, daß die Unterhaltung sich sogleich den wesentlichen Fragen des Lebens zuwandte. Keine konventionellen Oberflächlichkeiten, kein vorsichtiges oder gar mißtrauisches Tasten nach der Denkweise des anderen, und doch keineswegs hemdsärmelige Bohème, sondern ein hohes Niveau sowohl inhaltlich wie in der von schönem Maßempfinden zeugenden äußeren Form. Ich glaube, die Gewißheit, verstanden zu werden, war von Anfang an das lösende und beschwingende Fluidum, das uns alle verband. Während ich sonst in Gesellschaft ziemlich stumm und schüchtern bin, weil eben dieses Fluidum meistens fehlt, nahm ich hier so sicher und frei an den Gesprächen teil, als bewege ich mich auf heimatlich vertrautem Boden. Es wurde viel vom Tode und vom Sterben gesprochen, das Bölsche als »den vielleicht interessantesten Augenblick unseres Lebens« bezeichnete.

Anfänglich hatte es mich überrascht, daß Bölsche, dessen populär-wissenschaftliche Bücher man zu jener Zeit kannte und las, weit mehr als ich erwartet hatte, exakter Wissenschaftler war, dem die Wahrheit nur dann als Wahrheit galt, wenn er sie auf dem Wege über das Mikroskop, das Fernrohr und das Gehirn erreichen konnte. Daher berührte es mich, als Bölsche nachdenklich hinzufügte: »Wie das Erwachen aus einem Albdruck wird der Tod sein!« Wie weit ist es dann noch bis zu dem christlichen Jenseitsgedanken, der mir damals als eng und bar jeglichen sozialen Gefühls erschien? Es ist aber wohl so, daß jede Religion so flach und tief, so eng oder weit ist, wie der sie weitergebende und auch wie der sie empfangende Mensch sie zu erfassen vermag. Bruno Wille warf die Frage auf, ob wir als Individualität einmal an einem zukünftigen glücklicheren Zustand der Menschheit, an den wir damals alle glaubten, teilnehmen würden. Ich hielt ihm sein eigenes Wort aus einem seiner letzten Vorträge: »Man muß nicht bei allem dabeisein wollen«, entgegen und meinte, die Gewißheit, *daß* es einmal eine glücklichere Menschheit als die unsere geben werde, sei genügend persönliches Glück.

Vergänglichkeit oder Unvergänglichkeit der Individualität, die Wille als »eine Seite des Urgrundes« bezeichnete, – Harmonie, Vollkommenheit, Willensfreiheit, von der er das Wort prägte: »Wenn wir im Einvernehmen mit unserem eigentlichen tieferen Wesen handeln, handeln wir frei« –, tauchten immer wieder als Gesprächsthema während jenes Nachmittagskaffees in der »Bärenhöhle« auf, ein Zeichen, daß diese Probleme auch hier keine befriedigende Lösung, aber doch bei allen Beteiligten eine starke Resonanz fanden.

Nach dem Kaffee verabschiedete sich Bölsche, während ich mit dem Ehepaar Wille in einem etwa zweistündigen Spaziergang am Ufer des Müggelsees von Rahnsdorf nach Friedrichshagen schlenderte.

Um Bruno Wille von einer tieferen Seite seiner Dichtkunst zu verstehen, mußte man ihn so im Walde, am märkischen See, von allen diesen ihm Religion bedeutenden Dingen reden hören. Der Dichter in ihm ist noch größer als der philosophierende, um endgültige Wahrheit ringende Mensch.

Für eine kurze Wegstrecke verließen wir das Ufer des Müggelsees, und Bruno Wille zeigte mir im Walde einige abseits liegende Stellen, Wacholderdickicht und einzelne knorrige Kiefern, die in seinen »Offenbarungen des Wacholderbaumes« erwähnt werden. Ich fragte, ob ich ihm sagen dürfe, was mich an diesem Buch gestört habe. Er lachte amüsiert: »Bitte!« »Mußten die ›Offenbarungen‹ unbedingt illustriert werden?« fragte ich. »Die Bilder, die Sie in dem Leser entstehen lassen, sind doch weit schöner als die Bilder von Fidus!« Er bestritt das, doch als ich die Vignette mit den Wildgänsen erwähnte und dieser Arbeit von Fidus das stimmungsvolle, naturnahe Gedicht von den Wildgänsen gegenüberstellte, gab er mir recht.

»Im Gemüt muß Charakter stecken.« Dieses Wort Bruno Willes war der Ausgangspunkt einer längeren Kontroverse über das Gemüt der verschiedenen Völker. Er schien viel von dem Gemüt der Deutschen zu halten. »Ja, wo finden Sie denn das deutsche Gemüt?« fragte ich. »Aber ich bitte Sie, denken Sie doch an Mörike, an Eichendorff, überhaupt an alle unsere Dichter und Schriftsteller; da kann doch überhaupt kein Zweifel herrschen!« »Gewiß«, gab ich zu, »*gedrucktes* deutsches Gemüt gibt es in Hülle und Fülle, aber wo finden Sie unser deutsches Gemüt sichtbar oder unsichtbar wirksam in unserem sozialen Leben?«

Die ethische Bewegung, der Dr. Penzig angehörte, verurteilte Bruno Wille als kalt. »Wir brauchen eine andere Religion«, behauptete er und meinte damit wohl die von ihm vertretene poetische, gemütvolle, naturnahe monistische Weltanschauung. Und doch hat die ethische Bewegung, wenngleich sie auch nur Teilwahrheiten bot, dadurch, daß sie das Hauptgewicht auf die Erziehung und Vervollkommnung des Individuums legte, wertvolle Bausteine für eine Vervollkommnung der Menschheit beigesteuert. Dagegen blieb der Monismus bald wie eine abgestreifte Schlangenhaut des menschlichen Geistes am Wege liegen. Religion darf nicht Dichtung bleiben. Wenn aber ein Mitglied der »Gesellschaft für ethische Kultur« – ein reicher Fabrikbesitzer, der nach meiner Erinnerung Planck hieß und irgendwo in der Nähe von Frankfurt lebte – damals 1907 aus freien Stücken seine Arbeiter an dem Gewinn seiner Fabrik beteiligte und ihr materielles und geistiges Wohl zu fördern suchte, so war das immerhin eine Realität.

Unter anregenden Gesprächen waren wir in Friedrichshagen

angelangt. Eine breite Straße mit Laubbäumen, deren runde, weiche Kronen nach den vielen bizarr gestalteten Kiefern städtisch und behaglich anmuteten, rötliche Steinhäuser mit weißen Fensterrahmen – der Schauplatz von Bölsches Buch »Hinter der Weltstadt«. Am Bahnhof trennten sich unsere Wege. »Grüßen Sie mir Ihre Kinder!« rief Bruno Wille, noch einmal von weitem seinen Hut schwenkend.

Am Abendbrottisch blieb der gewöhnliche »Galdjosch« in zwei Sprachen aus, weil diesmal ich, die sonst meist zu Hause blieb und der die anderen berichteten, redete.

In der Karwoche las ich den vier Kindern die Leidensgeschichte Christi vor, hob aber beim Lesen die einzelnen Geschehnisse so heraus, daß sie weniger als Leiden denn als mächtige Willenstat vor den andächtig Lauschenden erstanden. Es war zwar nicht die vom Heiligen Synod[22] vorgeschriebene Auffassung, widersprach ihr jedoch auch nicht und enthielt, was ich *damals* von meiner Auffassung der Gestalt Christi den Kindern zu geben vermochte.

Die Russenvilla im Lauchagrund

Im Jahre 1907 reisten wir zum zweiten Mal nach Tabarz und ließen uns in der Villa Aschenbach nieder. Das Haus war klein und unbequem, so daß unsere lebhafte vielköpfige Familie sich darin wie in einem Prokrustesbett fühlte, doch die herrliche Natur ließ jegliche Unbequemlichkeit vergessen. Bevor wir nach Rußland heimkehrten, wurde uns ein Haus im Lauchagrund zum Kauf angeboten, das in völliger Einsamkeit zwischen dem Übelberg und dem Ro-

22 Oberste russische Kirchenbehörde.

tenberg lag. Wir erwarben es, um darin jedes Jahr die Sommerferien zu verbringen.

Für die Kinder wurde Tabarz zu einem Paradies. Anstelle des zu unserem Grundstück gehörenden Gemüsegartens war ein Tennisplatz entstanden. In den drei Forellenteichen waren die Fische mit Hilfe von Netzen in die Laucha und damit in die Freiheit umgesiedelt worden, und die Kinder bauten in den Teichen Inseln und Festungen. Jedes von ihnen besaß mehrere kleine Haustiere, die mit Hingabe gepflegt wurden. Wenn wir abreisten, wurden sie bei einem Bauern im Dorf bis zu unserer Rückkehr in Pension gegeben. Ein brüderlich nahes Verhältnis zur Tierwelt verblieb den Kindern – auch meinen Söhnen – ihr Leben lang, streifte nur im Laufe ihrer inneren Entwicklung manche Egoismen ab.

Niemand aber wurde von der Schönheit der Landschaft so unvorbereitet getroffen wie Annchen. Mit gefalteten Händen saß die alte Frau am ersten Tage auf einer Bank im Lauchagrund und weinte vor Staunen und Freude, »daß Gott eine so schöne Welt geschaffen hat«.

Im nächsten Jahr war unser Haus, das von den Dorfbewohnern die »Russenvilla« genannt wurde, voller Jugend und lieber Gäste; darunter auch eine junge Petersburgerin, die in der Berührung mit der Natur Heilung und Überwindung eines großen Kummers erhoffte. – Oft mußten die Chaiselongues herhalten, um genügend Schlafstätten zu schaffen.

Mein Mann und ich hatten beschlossen, auch den zweiten Winter in Deutschland, und zwar in unserem mit einer Zentralheizung ausgestatteten Landhaus zu verbringen. Der Hauslehrer war zu seinem eigenen Studium nach Berlin zurückgekehrt, und die Jungen befanden sich in einem Landerziehungsheim in Bischofsstein. Mein Mann war vorher in die Rhön gereist, um sich die Verhältnisse dort anzusehen, und war mit den besten Eindrücken heimgekehrt.

Abends, wenn die beiden Mädchen bereits in ihren Betten lagen, mußte ich ihnen noch etwas aus dem schwarzen Wachstuchheft, in dem ich seit Jahren Gedichte und von dramatischem Leben erfüllte Balladen nach ihrem Geschmack gesammelt hatte, vorlesen. Es waren große und gute Gedanken, die die Kinder beschäftigten, bevor sie in den Schlaf sanken.

Von den Herbst- und Winterstürmen im Thüringer Wald kann nur der sich einen Begriff machen, der so wie wir, von Wäldern rings umgeben, außerhalb einer menschlichen Siedlung lebte. Denn dann wird der Wald etwas so Elementares wie das Meer. Nie gehörte Geräusche erwachen. Die froststarren Baumstämme reiben und klirren aneinander. Mit einem aus Tiefen kommenden qualvollen Ächzen und Stöhnen krachen, splittern und stürzen die Riesen des Waldes. Wenn man nachts von diesen mit dem Heulen und Sausen des Sturmes vermischten Urlauten aus dem Schlaf geweckt wird, versteht man, daß eine Sage vom wilden Jäger in Thüringen entstanden ist und ihr Gespinst um den etwa eine halbe Wegstunde von Tabarz entfernten Ort Reinhardsbrunn geschlungen hat.

Ich bin kein sehr geselliger Mensch, meine Familie und die Natur bedeuten mir viel, aber die sechs Monate strenger Wintereinsamkeit im Lauchagrund gingen fast über meine Kraft. Vielleicht waren es auch die geistigen Anregungen des letzten Berliner Winters, die ich in dem von aller Geistigkeit weltenfern abseits liegenden Tabarz empfindlich vermißte. Bruno Wille, der mir die bei Diederichs in Jena erschienenen Werke Platos empfohlen hatte und dem ich in jener Zeit einmal darüber schrieb, mochte aus meinen Zeilen auch den Eindruck einer gewissen inneren Disharmonie gewonnen haben, denn er sandte mir darauf sein neuestes Buch. Auf den Umschlag hatte er die Verse geschrieben:

»Erst wenn in tiefes Dunkel
versinkt die ganze Welt,
erblüht das Sterngefunkel
am Himmelszelt.

Und birgst du in der Erden
ratlos dein Angesicht,
tief innen wird es werden
auf einmal Licht.«

Im Penzigschen Hause in Berlin und im Monakowschen in Zürich fand ich eine Fülle von geistiger Anregung und von Jahr zu Jahr wachsende, verständnisvolle und das bessere Selbst fördernde Freundschaft. Aber eine mich befriedigende Weltanschauung fand ich damals auch bei Monakow nicht. Alles, was ich zu jener Zeit über die Natur, das All, den Tod oder ähnliche, sich an der Grenze der Religion bewegende Fragen von ihm hörte, entsprang einem sehr klaren und nüchternen Materialismus. Seine Lebensauffassung dagegen war von warmem Idealismus erfüllt, in welchen sich das bei Monakow stets eine führende Rolle beanspruchende ethische Element organisch eingliederte. Im Laufe der nächsten zwei Jahrzehnte trat die materialistische Weltanschauung Monakows so weit zurück, wie die wissenschaftlichen Forschungen der damaligen Zeit bei seiner Mentalität es verlangten und zuließen, während das Idealistische und besonders das Ethische mit den Jahren einen immer größeren Raum in seinem Denken und auch in seinen Schriften – beispielsweise in der Schrift über die Syneidesis – einnahmen.

Wenn ich auf die Bekanntschaft mit Monakow zurückblicke, so möchte ich nicht behaupten, daß sie ganz frei von Mißverständnissen war, doch es war eine fruchtbare Auseinandersetzung, die auf den Gebieten der Gesundheit, der eigenen Wesensart und der Religion zu einem reichen und harmonischen Ausklang geführt hat. Wollte man noch tiefer greifen, könnte man hinzufügen: es war eigentlich ein gemeinsamer Kampf um den Gottesbegriff, den zwar jeder insgeheim für sich ausfocht, in welchem aber auch, besonders in späteren Jahren, manch orientierender Gedanke ausgetauscht wurde.

Eine der Heimreisen von Tabarz nach Riga ist mir besonders in Erinnerung. Unterwegs erkrankten Lilia und mein Neffe Jerzy an Halsschmerzen, und Rita lag, wie stets während einer Bahnfahrt, blaß und seekrank auf der Bank. Ich konnte mich aber nicht viel um die Kinder kümmern, denn an der Grenze erwartete mich ein ziemliches Tohuwabohu. Mein Mann hatte die Erlaubnis bekommen, verschiedene Gegenstände aus unserem Landhaus in Tabarz zollfrei nach Riga mitzunehmen. Wir hatten also außer unserem gewöhnlichen Reisegepäck auch noch Teppiche, Portieren, Gardinen und anderes mehr bei uns, kurz, unsere vierzehnköpfige Gesellschaft reiste mit insgesamt vierzig Koffern und Kartons, in welchen ich mich, da sie teils dem neuen Hauslehrer, teils meiner Schwester oder dem Hauspersonal gehörten, fast ebenso wenig auskannte wie die Gepäckträger. Endlich aber war doch alles bewältigt. Unser Monstregepäck wurde einigen flinken Nossiljschtschiki[23] zur Aufbewahrung und Weiterbeförderung übergeben, und Kranke und Gesunde sammelten sich im Wartesaal, um sich an dem Gefühl, daß selbst »der Rauch des Vaterlandes süß und angenehm sei«, und nebenbei an einem russischen Abendbrot zu stärken. Der erste echt russische Tee von jener einfachen und doch wohlschmeckenden Sorte, wie er stets in Wirballen zu erhalten war, die ersten mit Zitrone servierten Kaviarbrote, die ersten »Piróshki«[24] zur heißen, erquickenden Bouillon! Zollbeamte und Of-

23 Träger.
24 Pastetchen.

Bruno Wille

Constantin Monakow

fiziere der Grenzwache, alte Bekannte aus der Krettinger Zeit, setzten sich an unseren Tisch. Man plauderte und scherzte. Der vielbeschäftigte Tilinsky, der frühere Zolldirektor aus Krettingen, machte sich für ein paar Minuten frei, um uns zu begrüßen. Die Vergangenheit lebte wieder auf, das Russische umfing uns heimatlich von allen Seiten. Auch ich plauderte und bemühte mich, liebenswürdig zu sein, beobachtete dabei aber voll Besorgnis die Appetitlosigkeit der teils an Übelkeit, teils an Halsweh leidenden drei jüngeren Kinder. Endlich gab uns einer der Herren einen Wink und führte uns durch einen Dienstraum in den für das übrige Publikum noch gesperrten Schlafwagen. Die Kinder wurden zu Bett gebracht, Gurgelwasser zubereitet, und mit dem herrlichen Gefühl, nun bald zu Hause zu sein, schlief man ein. Am anderen Morgen ließ ich die Schlafstätten der Kinder nicht zurückschlagen. In unserem Abteil herrschte Krankenstubenstimmung. Die wieder lebhaft gewordenen Kindergesichter guckten neugierig und vergnügt von den oberen Betten herab. Sie frühstückten liegend, gurgelten brav und verlangten schließlich Märchen zu hören. Während die fauchende, tagsüber Ruß und nachts Myriaden glühender Funkenschwärme ausspeiende Lokomotive uns auf den breiten russischen Gleisen unaufhaltsam der ersehnten Heimat zutrug, erzählte ich den Kindern alle Grimmschen Märchen, die ich noch im Kopfe hatte. Selbst der elfjährige Jerzy, der mit mir einen ganzen Tag schmollte, weil ich ihm nicht erlaubte, sich für sein eigenes Taschengeld ein lebendiges Krokodil im Säuglingsalter, das man bei Wertheim für 30 Mark erhalten konnte, anzuschaffen und nach Riga mitzunehmen, hörte aufmerksam zu, und immer wieder sah ich drei Kindergesichter mit teils vom Fieber, teils vor brennendem Interesse geröteten Wangen sich von den Kissen heben und über den Rand ihres Lagers beugen, um bei dem lauten, eintönigen Rattern der Räder auch nicht ein Wort von den alten, hundertmal gehörten und doch immer wieder neuen Märchen zu verlieren. Dann öffnete sich die Tür, und die warme Stimme meines Mannes rief herein, daß die Kirchtürme von Riga schon zu sehen seien.

Im Frühling 1910 zogen wir in das neuerbaute Haus meines Schwagers in die Schulenstraße. So richtig vertraut ist mir diese aus acht Zimmern und vielen Nebenräumen bestehende luxuriöse, aber irgendwie nicht recht zu uns passende Wohnung in den zehn Jahren, die wir darin verbrachten, nie geworden. Wieviel Unheilvolles erlebten wir gerade in ihr, als Jahre später der Erste Weltkrieg ausbrach und die russische Revolution auch das Baltikum überschwemmte.

Riga zählte inzwischen gegen eine halbe Million Einwohner und galt als die viertgrößte Stadt Rußlands. Die noch aus dem Mittelalter stammende Altstadt mit ihren spitzen Giebeln und Kirchtürmen, den geheimnisvollen Speichern und den für ein aufmerksames Auge noch entdeckbaren Resten der alten Stadtmauer erinnerte stark an die Zeit der Hanse. Auch die großen Gärten und Parkanlagen einschließenden Vorstädte, besonders die Petersburger Vorstadt, trugen äußerlich westeuropäisches Gepräge. Innerlich aber prallte hier schon der qualitativ und quantitativ überwiegende Okzident mit den kleineren Gruppen von Armeniern, Juden, Grusiniern und Tataren sowie jener merkwürdigen Mischung von Juden und Tataren – den Karaimen – zusammen. Ob die Russen und die Letten zum Okzident oder zum Orient gehören, diese Frage sollte ich hier gar nicht erst anschneiden, denn beide Völker, so glaube ich, sind sich auch heute noch nicht ganz klar darüber. Diese große, blühende Stadt, in der es sich so gut und behaglich leben ließ, war dennoch von der geistigen Enge und Schläfrigkeit einer Kleinstadt, in welche die Briefe und wissenschaftlichen Arbeiten, die meine Schwester und Berliner Freunde mir sandten, wie ein frischer und kräftiger Luftstrom eindrangen, der neue Probleme und Impulse heranführte und zu selbständigem Denken anregte.

In Riga aber war ich in den sechs Jahren nicht einem einzigen Menschen begegnet, der sich für solche Dinge interessiert hätte; ich suchte solche Begegnungen auch nicht. Die fernen Freunde, zu denen nach wie vor in erster Reihe Irma Bernhoff zählte und mit denen ich in einem inhaltsreichen, wenn auch nicht gerade sehr häufigen Briefwechsel stand, genügten mir vollauf. Zudem hatte ich ja das Glück, eine liebe, geistig regsame Mutter in meiner nächsten Nähe zu haben und meinen Mann, der den geistigen Dingen zwar etwas anders als ich, mehr registrierend als genießend, aber doch mit wachem Interesse gegenüberstand. Auch mein Schwager Edek Busz brachte durch seine künstlerischen Interessen und besonders durch seine mit den Jahren sich steigernde Neigung zur Theosophie, die er durch Worte von Anni Besant[25] zu stützen suchte, manche Anregung. Meine Mutter lebte in einer bereits beim Bauen für sie zugeschnittenen fünfzimmerigen Parterrewohnung, in der sie aufs beste von ihrer zuverlässigen und, wie alle unsere Mädchen, etwas verwöhnten Marry betreut wurde. Ich sehe noch meine Mutter als rüstige, wenn auch etwas zarte Sechzigjährige sich zu einem Gang in die Stadt bereitmachen. Etwas unentschlossen und nervös steht sie in ihrem Samtmantel mitten im Entree und setzt sich den ihr von Marry hingehaltenen Hut, ohne in den Spiegel zu blicken, auf ihr silberweißes, von einem schwarzen Spitzenhäubchen bedecktes Haar. »Sitzt der Hut richtig, Marry?« fragt sie mechanisch, während Marrys Hand eilfertig erst in die innere und dann in die äußere Manteltasche fährt, um sich zu überzeugen, daß Taschentuch und Portemonnaie vorhanden sind.

Behaglich war es in den Räumen meiner Mutter. Der kleine »blaue Saal«, in dem die Zimmerlinden trotz der kargen Nachmittagssonne so prächtig gediehen; das grüne Schreibzimmer, das die geistig lebendige und harmonische Persönlichkeit meiner Mutter

25 Führende englische Theosophin (1847–1933).

am prägnantesten ausdrückte; das große sonnendurchflutete, auf den Garten hinausgehende Schlafzimmer, in dem ein noch aus meiner Kindheit stammender, mit einer grünen Plüschdecke belegter eschener Kartentisch mit schön geschwungenen Beinen als Toilettentisch fungierte; schließlich ein etwas unpersönliches Gastzimmer mit weißlackierten Möbeln und das rotbraune, altmodische Speisezimmer, in dem die Großkinder sich so gern zu einem kleinen Festessen mit papierdünnen Butterbrötchen versammelten.

Eine Atmosphäre stiller Geborgenheit umgab meine Mutter, die selbst die Großkinder wie den zeitweiligen Aufenthalt auf einer dem Alltag entrückten Insel empfanden.

An einem der letzten Ferientage, die wir wieder einmal in unserem Sommerhaus in Tabarz verbrachten – Penzig war gerade bei uns zu Besuch –, machte ich mit ihm einen Spaziergang. Einige Tagebuchnotizen, die ich damals niederschrieb, enthalten, wie mir scheint, noch etwas von der Stimmung jenes Morgenspaziergangs. Dr. Penzig erwähnte, daß er einen Aufsatz für die »Frauen-Zukunft« geschrieben habe über die Frage, ob Frauen mehr religiöses Gefühl besäßen als Männer. »Meiner Meinung nach«, sagte ich, »besteht in der Art zu empfinden – und Religion ist doch wohl Gefühlssache – kein Unterschied zwischen den Geschlechtern, sondern nur zwischen Mensch und Mensch; dagegen ein sehr großer in der Art zu denken.«

Penzig: »Sie meinen, die Frau denke nicht abstrakt genug und nicht zu Ende?«

Ich: »Ja, besonders das letztere.«

P.: »Im allgemeinen heißt es, die Frau müsse mehr Religion haben als der Mann. Diese Ansicht tritt besonders bei den romanischen Völkern – Italienern, Franzosen – zutage. Ein Freigeist wie Jaurès läßt doch seine Tochter im Kloster erziehen! Die Religiosität der Frau erklärt sich wohl auch durch ihre Abhängigkeit beziehungsweise ihre Unselbständigkeit von alters her, und durch die mangelhafte Mädchenerziehung. Religion beruht auf Furcht vor einem Unbekannten.«

Ich: »Nicht eher auf Liebe zu diesem Unbekannten?«

P.: »Gewiß, aus Furcht wird Ehrfurcht, aus Ehrfurcht Vertrauen, aus Vertrauen Liebe.«

Ich: »Vielleicht ist auch Liebe nicht das richtige Wort.«

P.: »Was würden Sie sonst dafür setzen?«

Ich: »Es hat eine Zeit gegeben, wo ich die Kausalität für Gott hielt und diese Erkenntnis mich mit Entzücken erfüllte. Darin liegt doch offenbar weder Furcht noch Liebe, sondern nur Freude an der Ordnung, an der Schönheit der Kausalität. An dem Zusammenhang zwischen der kosmischen Kausalität – ich weiß nicht, ob man so sagen darf – und der innerlichen.«

P.: »Sie meinen die Harmonie zwischen Natur- und Sittengesetz?«

Ich: »Ja, gerade das.«

Ich erinnerte ihn an das, was er über die Seelsorge sagt, und fragte ihn, ob er in der Funktion eines Seelsorgers an ein Sterbebett kommen würde, falls man ihn riefe.

»Gewiß«, antwortete er, »das ist schon manchmal geschehen. Natürlich kann ich die Leute nicht auf die Zukunft hinweisen, sondern nur auf die Vergangenheit, auf ihre Arbeit oder ihre Kinder.«

Ich: »Das würde mich, glaube ich, nicht befriedigen. Das Schwere ist doch nicht das Sterben, sondern das Bewußtsein, Menschen zu hinterlassen, denen man nötig ist.«

P.: »Ach, wer ist wem nötig?«

Ich: »Nun, es sind ja nicht eben viele Menschen, denen wir nötig sind, aber doch die noch nicht erwachsenen Kinder.«

P.: »Wir können nur säen, nicht mehr.«

Ich: »Aber wir wollen doch, daß unsere Kinder einmal glückliche und tüchtige Menschen sind und sich nicht unnütz quälen sollen im Leben.«

P.: »Das Sichquälen gehört auch dazu, und wer sagt Ihnen denn im übrigen, daß gerade Ihre Kinder glückliche und tüchtige Menschen werden müssen? Es muß auch Späne geben.«

Als wir später auf einer Bank Platz genommen hatten, sagte ich: »Wissen Sie auch, daß Sie mir vorhin eine liebe Hoffnung zertrümmert haben?« Er sah mich erstaunt an. »Ich habe mir immer gedacht, wenn ich einmal eher sterben müßte, als meine Kinder erwachsen sind, so hätte ich mir gewünscht, vorher mit Ihnen zu sprechen, weil ich immer hoffte, Sie würden mir einen beruhigenden Gesichtspunkt zeigen können. Aber wenn Sie mir dann sagen: ›Wer sagt Ihnen denn, daß gerade Ihre Kinder glückliche und tüchtige Menschen werden müssen, es muß auch Späne geben!‹ – dann lieber nicht!«

Er lachte: »Nein, so roh würde ich das dann nicht sagen, aber vielleicht, daß Sie den Kindern ein Hemmnis sind und deswegen fortgeräumt werden.«

»Deswegen? Also auch Vorsehung?«

»Ja, darin denke ich wie der konservativste Pastor. Was geschieht, geschieht zum guten Zweck!«

In Anknüpfung daran sprach Penzig von seinem einzigen, im Alter von vierzehn Jahren verstorbenen Sohn, der die richtige Mischung von Intelligenz und Gemüt gehabt habe. Ich hörte schweigend zu. Plötzlich sagte er: »Nun können Sie mir ja meine eigenen Worte – ›Wer sagt Ihnen denn, daß gerade Ihre Kinder tüchtige und glückliche Menschen werden müßten?‹ – zurückgeben.«

Niemand von uns ahnte damals, daß Ereignisse sich abzuzeichnen begannen, denen zufolge unser alljährlicher Sommeraufenthalt in Thüringen sein Ende finden sollte.

Der erste Weltkrieg

Zu Kriegsbeginn in der Schweiz

Anfang Juni 1914 machte Mitja sein Abitur, so daß wir erst ungewöhnlich spät nach Tabarz fahren konnten. Da mein Mann gleich nach Karlsbad weiterreisen wollte und die Töchter bereits mit meiner Schwester in Zürich waren, nahmen wir diesmal keinen dienstbaren Geist auf die Reise mit. Die Söhne aber, denen wir als festlichen Abschluß der Gymnasiastenzeit unseres Ältesten eine Fußtour von München nach Venedig versprochen hatten, waren bereits in Tirol. Mich überwältigte die Schönheit des Lauchagrundes jedesmal wie ein Hinabsteigen zu den tiefsten Quellen meines Daseins. In die Zwiesprache mit der Natur fiel die Schreckensnachricht von dem Attentat in Sarajewo. Extrablätter trugen die dadurch ausgelöste Unruhe und Unsicherheit bis in den Lauchagrund. Mein Mann war bereits in Karlsbad. Unsere Söhne, zu denen, von Dorpat kommend, auch noch mein junger Vetter Georgik gestoßen war, befanden sich in Tirol. Meine Mutter und ich glaubten nicht an die Wahrscheinlichkeit eines Krieges. Es trieb mich zu den Kindern. Und welchen Sinn sollte es haben, nun, da meine gesamte Familie abwesend war, allein für meine Mutter und mich das große Haus mit dem eigens dazu engagierten Personal offenzuhalten?

Am nächsten Tag waren wir bereits in Zürich, wo meine Mutter und meine beiden Töchter als Pensionsgäste und ich als Patientin in Monakows Sanatorium »Eos« Aufnahme fanden. Wenn Professor Monakow vom Standpunkt der Behandlung nichts dagegen einzuwenden hatte, durften auch Angehörige seiner Patienten in der Klinik untergebracht werden; sie mußten sich aber natürlich in bezug auf Hausordnung und dergleichen den Anordnungen des Arztes fügen.

Auch hier hatte die Ermordung Franz Ferdinands die Gemüter bis zur Siedehitze erregt. Unsinniges und Vernünftiges brodelte wild durcheinander; doch Monakow, der sonst jegliches Geschehen während der psychotherapeutischen Unterredungen gern unter die Lupe einer scharf und sachlich wägenden Kritik nahm, gewährte fruchtlosen und panikartigen Betrachtungen und Befürchtungen vorerst keinen Einlaß in die Sprechstunde. Erst als der Blitz eingeschlagen hatte und der Donner der zahlreichen Kriegserklärungen drohend über das erschreckte Europa dahinrollte, wurde auch der Krieg von ihm in den Bereich der Diskussionen gezogen. Monakow, dem das seelische Gleichgewicht seiner Patienten sehr am Herzen lag, war tief enttäuscht über das verlorene europäische Gleichgewicht. In den kriegführenden Ländern entgleisten die Gemüter. Ich wunderte mich, daß Monakow in dieser mit Tod und Leben ein unseliges Spiel treibenden Zeit sich wegen eines in der Presse erwähnten veruntreuten Soldatenmantels so heftig verurteilend äußern konnte. In Wirklichkeit war es nicht das kleine Delikt des einzelnen, das er so schroff kritisierte. In dem leichtfertigen Abweichen von den ethischen Normen sah er bereits das während und nach dem Kriege in Erscheinung tretende Abgleiten der Moral – nicht nur der Masse, sondern auch des einzelnen Menschen – in ein zeitweiliges Untermenschentum, das er als ernste Bedrohung für die fortschreitende Entwicklung von Generationen empfand. Er war voll Sorge um unseren höchsten, unter persönlichen Kämpfen und Opfern jedes einzelnen errungenen sittlichen Besitz. Immer wieder beschäftigten ihn die Probleme des Schuldgefühls und des Machtgefühls sowohl im Leben der Völker als auch im Leben des nach innerer Harmonie ringenden Ichs.

Voll begreiflicher Ungeduld erwarteten wir die noch in Österreich und Italien befindlichen Familienglieder. Mein Schwager mit den Seinen traf ungehindert und wohlbehalten aus Tirol bei uns ein, erhielt, da er über das wehrpflichtige Alter längst hinaus war, die Durchreiseerlaubnis durch Deutschland und reiste mit Frau, Kindern und Gouvernante über Berlin und Stockholm nach Riga. Mein Mann hingegen, obwohl über die Sechzig, wurde noch in Karlsbad zurückgehalten. Unerklärlich war es mir, daß die Jungen, die irgendwo an den norditalienischen Seen sich befanden, ihre Fußtour nicht sofort abbrachen und zu uns nach Zürich kamen. Endlich, in der Nacht nach der Kriegserklärung zwischen Deutschland und Rußland, hörte ich das Gartentor der »Eos« und das Trampeln nägelbeschlagener Schuhe unter meinem Fenster. Sie waren es. Ein Kellner auf dem Markusplatz hatte ihnen aus einer italienischen Zeitung die Kriegserklärung ins Deutsche übersetzt, worauf die bisher Ahnungslosen in den ersten Zug stiegen, den sie erreichen konnten.

Wir besaßen nur noch geringe Barmittel. Meine Mutter, die beiden Töchter und ich hatten zwar in der Klinik Kredit, konnten ihr aber gerade deswegen nicht zumuten, in diesen unsicheren Zeiten auch noch die Jungen aufzunehmen und zu verköstigen. Ich entsinne mich noch deutlich meiner vergeblichen Gänge zur Schweizer Kantonalbank und meines gepreßten Atemholens, bevor der Beamte meldete, es sei auch heute kein Geld aus Riga für mich eingetroffen. Freunde und Verwandte in der Schweiz und in Deutschland liehen uns etwas Geld; indessen für unsere siebenköpfige Gesellschaft waren es versprühende Tropfen auf heißem Stein.

Selbstverständlich erwachte in mir in unserer prekären Lage der lebhafte Wunsch, etwas zu verdienen. Da ich durch Korrekturenlesen kleinerer schriftlicher Arbeiten bei Monakow und auch sonst mit redaktionellen Arbeiten einigermaßen vertraut war und mir sagte, daß nach der Einberufung so vieler Männer in den Heeresdienst ein Mangel an derartigen Arbeitskräften herrschen müsse, begab ich mich kühn in die Redaktion der »Neuen Zürcher Zeitung« und ließ mich beim Redakteur melden. »Zu welchem Redakteur wollen Sie denn?« Ich antwortete auf gut Glück: »Zum Feuilleton-Redakteur«, und wurde zu einem Herrn geführt, der mich durch seine Brillengläser scharf musterte. Natürlich hatte ich nur an eine bescheidene Sekretärinnenstelle gedacht, von der ich allerdings einen verschwommenen Begriff besaß, wußte aber, daß ich zuverlässig im Korrekturenlesen war. »Können Sie stenografieren?« fragte mich der Redakteur kurz. »Nein«, antwortete ich und setzte mich ungebeten auf einen Stuhl. »Können Sie Maschinenschreiben?« forschte er weiter. »Nein«, erwiderte ich so erstaunt, als hätte er sich danach erkundigt, ob ich zu fliegen verstehe. »Ja, was sollen Sie denn bei uns machen?« fragte er ironisch. »Korrekturen lesen«, gab ich kurz zurück. Er lehnte sich fest und solide und mit dem unverkennbaren Ausdruck des »j'y suis, j'y reste!« in seinen Sessel zurück, sah mich eine Weile stumm an und sprach dann hoheitsvoll: »Das tue ich selbst!« Verblüfft stand ich auf, grüßte und entschwand.

Traurig und beschämend war es für uns, zu sehen, mit welcher Fürsorge für jeden einzelnen und wie gut organisiert sich der Abtransport der in der Schweiz steckengebliebenen Ausländer vollzog. Das war ein nicht nur nehmendes, sondern ein gebendes Vaterland, das seine schützende und helfende Hand über jeden seiner Untertanen hielt! Kostenlos, mit allem Nötigen versehen und rechtzeitig informiert rollten die Deutschen, die Engländer, die Skandinavier und die Angehörigen verschiedener anderer Nationen in gut betreuten Sonderzügen ihren Heimatländern entgegen. Die zahlreichen russischen Reisenden dagegen, die sich gerade zur Kur oder zu ihrem Vergnügen in der gastfreien Schweiz aufhielten und ohne einen so sicheren Hafen, wie wir ihn in der »Eos« besaßen, ihr Geld und ihre Wertsachen verausgabt hatten, liefen verstört und unberaten umher und vermochten den Übergang vom Luxus zur Not und erst recht den aus der Fremde in die Heimat aus eigenen Kräften nicht zu finden. Erschien dann schließlich mit unerhörter Verspätung in den Tageszeitungen eine Anzeige, daß am soundsovielten ein aus Genua, Brindisi oder Marseille abgehendes Schiff russische Staatsbürger kostenlos nach Rußland bringe, so fehlte es meist an Geldmitteln und an Zeit, um jene Häfen rechtzeitig zu erreichen.

Endlich traf eines Tages die Geldsendung aus Riga ein und dann auch mein unter unbegreiflichen Vorwänden in Karlsbad zurückgehaltener Mann. Nun erst konnte man an ein Pläneschmieden für die nächste Zukunft denken. Es erhob sich die Frage, ob wir das, wie allgemein angenommen wurde, kurze Kriegsgewitter in der neutralen Schweiz abwarten oder nach Riga zurückkehren wollten und auf welchen Wegen. Mein Mann, dem die Karlsbader Kur trotz aller Kriegsaufregungen gut bekommen war, beschloß, mit den Jungen über Marseille, Konstantinopel, Odessa nach Riga zu reisen, da mit einer Durchreiseerlaubnis durch Deutschland für die jungen Leute natürlich nicht zu rechnen war. Sie verließen Zürich, um das Schiff in Marseille zu erreichen, das sie durch das Mittelländische und das Schwarze Meer nach Rußland bringen sollte.

Meine Mutter durfte eine so lange Reise ihres Herzens wegen nicht riskieren. Man riet mir im Reisebüro dringend, für meine Mutter, die Töchter und mich um eine Genehmigung zur Durchreise durch Deutschland nachzusuchen. Unverzüglich reichte ich ein solches Gesuch ein. Als mein erstes Gesuch abschlägig beschieden wurde, schrieb ich sofort ein zweites. Auch jetzt wurde die Durchreisegenehmigung verweigert. Acht Gesuche, uns Frauen die Durchreise durch Deutschland zu gestatten, haben wir während der neun Monate, die wir in Zürich festgehalten wurden, eingereicht; davon wurden sieben negativ beschieden. Es galt also zunächst, sich mit seinen Sorgen um die Jungen und den spärlicher fließenden Geldmitteln vernünftig in Zürich einzurichten. Rita und Lilia sollten im Lernen natürlich nicht hinter ihren Klassen zurückbleiben; Geld für teure Privatstunden war nicht vorhanden. So übernahm ich selbst fast alle Unterrichtsfächer und plagte mich redlich mit dieser Aufgabe. Besonders um die längst vergessene Geometrie warb ich zäh wie Jakob um Rahel, stand frühmorgens um fünf Uhr auf, um die für den Tag notwendigen Aufgaben vor allen Dingen erst einmal selbst zu lösen und so zu beherrschen, daß ich sie den Kindern begreiflich machen konnte.

Von den nach Riga heimgekehrten Mitgliedern unserer Familie hatte ich gute Nachrichten. Mein Mann war nicht krank, die Söhne waren nicht einberufen. Mitja studierte bereits in Dorpat Medizin; Kolja bestand mit erfreulichem Erfolg ein Examen nach dem anderen und wollte nach beendetem Abitur an das Polytechnikum in Petersburg. Daß er Ingenieur und nicht Maler werden wollte, wunderte mich eigentlich. Er schrieb mir, mein Schwager halte seine zeichnerische Begabung für stark genug, um sich ganz der Kunst zu widmen, er selber aber fürchte seine Faulheit, die zu überwinden ihn die mehr auf das Praktische gerichtete Laufbahn eines Ingenieurs zwingen würde; daher habe er sich zu letzterer entschlossen.

Im März 1915 genehmigte Deutschland endlich mein achtes Gesuch um die Durchreise für meine Mutter, mich und meine beiden Töchter. Da die Reise uns hoch in den Norden Schwedens und Finnlands führen sollte, wurden noch schnell Wintermäntel für die Kinder und sonstige warme Sachen gekauft und dann rasch die Koffer gepackt.

Als Monakow sich von mir zu verabschieden kam, war ich gerade mit dem Bügeln unserer letzten Wäsche beschäftigt. Wir standen uns auf der von Kriegsstürmen umtobten Oase Schweiz gegenüber, und keiner wußte, ob diesem Abschied je ein Wiedersehen folgen würde. Auch Monakow mochte Ähnliches denken, denn als er mein Zimmer bereits verlassen hatte, öffnete er nochmals die Tür und blickte durch den handbreiten Spalt einen Augenblick schweigend zurück. Am 26. März verließen wir Zürich und die Schweiz. Die Töchter hatten mir versprochen, auf der Reise durch Deutschland nicht russisch zu sprechen. Eines Nachts erwachte ich jedoch von dem Klang russischer Laute; es war Lilia, die im Schlaf redete.

Auf dieser Reise durch Deutschland wurden wir weder belästigt noch überhaupt als Ausländer behandelt. Nur in Saßnitz empfing man uns mit einem gewissen Mißtrauen. Wir hatten damit gerechnet, in Trelleborg zu übernachten. Kurz vor Saßnitz wurde uns jedoch mitgeteilt, daß wir in dieser ersten schwedischen Stadt nicht bleiben, sondern erst in Malmö unsere Fahrt unterbrechen dürften. Es mußte also für die weitere Reise Geld aus einem flachen Stoffbeutel herausgeholt werden, der etwas umständlich mit vielen Sicherheitsnadeln zusammengesteckt war, was eine kleine Verzögerung hervorrief. Wir verließen den Zug als letzte, wanderten, von unserem Gepäckträger geleitet, durch einen langen korridorartigen Bretterverschlag und betraten am Ende dieses Korridors einen hellerleuchteten Raum, in dem sich mehrere Militärpersonen aufhielten. Alle sahen uns etwas verwundert und unzufrieden entgegen und schienen auf uns gewartet zu haben. Wo wir denn so lange gewesen seien, fragte man uns. Meine Erklärungen wurden zunächst offenbar angezweifelt. Zum Unglück bekam meine Mutter auch noch Nasenbluten und mußte, wenn sie sich über ihr Notizbuch neigte, um auf Wunsch der Kontrolle diese oder jene Eintragung zu erläutern, das Taschentuch vor das Gesicht halten, was deutliches Mißtrauen erregte. Kurz, wir waren froh, als uns das Laufbrett auf das schwedische Schiff endlich freigegeben wurde und wir diese ungewohnte Atmosphäre von Verdächtigung gegen eine erfrischende Seebrise eintauschen konnten. Die Fahrt dauerte nur vier Stunden, die Rita und Lilia auf dem Deck verbrachten, während ich zwischen einem geschützten Sitzplatz im Freien und der stickigen Luft, in der meine Mutter mit der Seekrankheit kämpfte, hin- und herpendelte.

In Stockholm versahen wir uns mit Baschliks, warmen Jacken, und Unterwäsche; so ausgerüstet stiegen wir dann in den uns in den hohen Norden entführenden Zug. Drei Tage und drei Nächte raste er mit uns dem Nordpol entgegen. Immer winterlicher, immer einsamer und öder wurde die Landschaft. Es war Anfang April, doch die tiefverschneiten Felder und die starren, dunklen Tannenwälder hatte noch keine Frühlingsahnung gestreift. Ganz hingegeben an Winter und Einsamkeit standen spärlich verstreut kleine rote Blockhäuser mit weißen Fenster- und Türrahmen. Ein- oder zweimal des Tages hielt unser Zug auf seiner Fahrt durch die menschenarme Schneeweite vor einem Stationsgebäude, und wir stiegen alle aus, um zu speisen. Beim Eintritt in den Warteraum zahlte jeder Passagier zwei Kronen und erwarb damit das Recht, von der reichbeladenen, wie ein russischer Ostertisch gedeckten Tafel so viel an »Smörgås«, das heißt an Vorspeisen, an Suppe, Braten, Torte und Kaffee zu sich zu nehmen, wie er nur wollte. Dann ging es wieder weiter nach Norden. In Torneo hatte die Eisenbahnstrecke ein Ende. Wir stiegen aus und wurden liegend in sehr niedrigen, breiten Schlitten untergebracht und mit Rentierfellen zugedeckt. Die davorgespannten, weißbereiften kleinen Pferdchen, die ein kalmückenartig aussehender Kutscher mit einem unsere Ohren recht fremdartig berührenden, aber wohl nur dem deutschen Hüh und Hott entsprechenden wilden Geschrei anfeuerte, galoppierten mit uns ins Blaue oder vielmehr ins Weiße, über die einförmige, weglose Schneefläche.

So zwischen Rentierfelle gebettet kamen wir an der finnischen Grenzstation an, speisten in einem kleinen, vom Wind umtosten

Hotel, für das die Herbeischaffung von Lebensmitteln anscheinend eine recht schwierige Aufgabe war, und bestiegen dann den nach Petersburg fahrenden Zug. Unterwegs erkrankte Lilia an einer fiebrigen Angina und hätte Bettruhe nötig gehabt. Während ich in meiner Handtasche ein Medikament suchte, fiel mir ein den Krieg behandelnder, in Malmö von mir gelesener Artikel Doktor Penzigs in die Hände. Das recht umfangreiche Heft, das ich vernichtet zu haben glaubte, mußte, so unverfänglich es an sich auch war, aus unserem Gepäck verschwinden, bevor wir in Petersburg anlangten. An der russischen Grenze würde vermutlich – nur in umgekehrter Richtung – das gleiche Mißtrauen gegen Notizen und Zeitschriften herrschen wie in Saßnitz. Nach vielen Mühen, denn alle Fenster unseres Zuges waren zugenagelt, fand ich endlich ein Klappfenster, durch das ich in einem unbeobachteten Augenblick das Heft aus dem Zug werfen konnte. In Petersburg wurde unser Gepäck auch wirklich von Gendarmen gründlich durchsucht und jedes mit deutschen Buchstaben beschriebene Fetzchen Papier beschlagnahmt.

Auf der Fahrt zwischen Petersburg und Riga gingen zwei russische Nonnen von einem Abteil zum anderen, um Spenden für russische Verwundete zu sammeln. Wir waren nun nicht mehr unbeteiligte Reisende, sondern wieder eingefügt in die russische Heimat.

Die Freude, nach so langer Trennung wieder zu Hause zu sein, war groß. Meinen Mann fand ich außerordentlich gesund aussehend. Er war bei seiner ehrenamtlichen Tätigkeit in Riga wieder ganz jung geworden, und wenn nicht die immer noch einzuhaltende Diät gewesen wäre, hätte nichts mehr an sein Leberleiden erinnert. Kolja, der vor einiger Zeit sein Ingenieur-Studium begonnen hatte, traf aus Petersburg – oder Petrograd, wie die russische Hauptstadt seit Beginn des Krieges hieß – in Riga ein. Doch das geruhsame Leben daheim dauerte nicht lange.

Die Stadt hatte sich verändert; auf den Straßen überwog überall das Militär. Außerhalb der Wohnung deutsch zu sprechen, war streng verboten.

Die deutschen Truppen näherten sich Mitau, und ein Strom von Flüchtlingen ergoß sich in die Straßen von Riga. Immer wieder ging unser Stubenmädchen Alwine von einem der vor unserem Hause haltenden Fuhrwerke zum anderen und bewirtete die erschöpften, aufgeregten Insassen mit heißem Kaffee und Butterbroten. Ich griff damals unwillkürlich nach Goethes »Hermann und Dorothea« und war geradezu verblüfft, wie tief mich nun, da ich mit dem Flüchtlingselend in Berührung gelangt war, diese mich bisher wenig fesselnde Dichtung ergriff.

Auf der Durchreise nach Petersburg und direkt von der russischen Front kommend besuchte uns ein Bekannter. Er war stark beeindruckt von dem schnellen Vorgehen der Deutschen und meinte, Mitja und Kolja müßten Riga verlassen, da sie sonst in Gefangenschaft geraten könnten. Am nächsten Tage reisten die Jungen vorerst nach Dorpat. Riga wurde evakuiert. Alle Schulen, alle Behörden, alle Fabriken – auch die unsere – wurden in das Innere Rußlands verlegt, und wieder war es erschütternd, zu beobachten, wie schnell sich das Leben und die Physiognomie einer Stadt wandeln können, einer Stadt, aus der die Seele entwichen und die nur noch eine militärischen Zwecken dienende steinerne Hülle war.

Meine Schwester, die Angst vor dem immer näher rückenden Kriegslärm hatte, war mit ihrer Familie nach Helsingfors geflüchtet und riet auch meiner Mutter und uns, dorthin zu kommen, wo es noch Ruhe, Ordnung und normale Lebensbedingungen gebe. Wir aber wollten die immer noch, wie uns schien sicheren eigenen vier Wände und die zwar schmählich veränderte, aber dennoch vertraute Vaterstadt nicht verlassen.

Körperlich fühlte ich mich nicht wohl. Doch der Arzt, den ich konsultierte, konnte die Ursache meines Unbehagens nicht feststellen. Er gab mir aber den Rat, alle in mein Blickfeld geratenden Einzelheiten unseres bewegten Lebens niederzuschreiben. Ich versuchte es trotz meiner angeborenen Abneigung gegen Tagebücher, und was ich oder die Meinen mit eigenen Augen gesehen, füllte nun – ohne Kommentar, denn Kritik wäre in dieser Zeit gefährlich gewesen – allmählich ein grünes Kollegheft nach dem anderen. Da es mir gesundheitlich im Laufe der Zeit immer schlechter ging, schickte mein Mann mich mit ungewohnter Energie zu Bett und holte einen anderen Arzt, der ein Leberleiden konstatierte und heiße Kompressen verordnete. Durch diesen Arzt lernte ich die Medizin als Handwerk oder vielmehr Technik kennen. Alles wurde durch Analysen und Röntgenaufnahmen festgestellt; für die Erfahrung, für die der künstlerischen gleichende medizinische Intuition blieb kein Raum. Materialismus in nuce! Und doch hatte dieser Arzt, was seinem Kollegen zuvor nicht gelungen war, die Leber als Störenfried in meinem Organismus erkannt. Lange war ich bettlägerig, und oft hatte ich das Gefühl, dem Tode näher zu sein als dem Leben. Dabei war es weder zum Sterben noch zum Kranksein die rechte Zeit. Es war viel Unruhe um mich, und der stetig näherrückende Kanonendonner hallte in viele schlaflose Nächte.

Mein mir sehr ergebenes Mädchen Alwine kam weinend zu mir und fragte, ob es denn wirklich ihre Pflicht sei, ihre vor den Deutschen zu ihrem Bruder nach Sibirien flüchtenden Eltern zu begleiten; sie wollte so viel lieber bei uns bleiben und mich pflegen. Da ihre Eltern kein Russisch verstanden, was in Sibirien nötig gewesen wäre, konnte ich leider keinen salomonischen Ausgleich finden und mußte sie in eine ungewisse Zukunft ziehen lassen. Noch ehe ich einen Ersatz für sie finden oder auch nur suchen konnte, erschien unser altes Annchen wieder bei uns und erbot sich, als Stubenmädchen in unserem Haushalt zu arbeiten und mich zu pflegen. Annchen vermochte, wenn sie es sich einmal in den Kopf gesetzt hatte, alles zu erreichen. Als der für meine heißen Kompressen zuweilen notwendige Hafer in der Stadt nicht mehr aufzutreiben war, holte sie ihn mir von den aus der näheren und weiteren Umgebung Rigas in die Stadt flüchtenden Bauern. Und als sie auch von diesen nichts mehr erhalten konnte, suchte sie die Kutscher von Privatfahrzeugen auf und bewog sie, ihr etwas von dem für ihre Pferde bestimmten Hafer zu verkaufen. Der Kutscher des Konsuls Stolterfoht erklärte ihr, er dürfe das ohne Einwilligung seines Herrn nicht tun. Unser Annchen ließ sich unverdrossen bei dem Konsul melden, trug ihm ihr Anliegen vor und kam tatsächlich mit einem Säckchen Hafer nach Hause.

Unzählige Flüchtlinge strömten immer noch in die Stadt, und unzählige ihrer Bewohner verließen sie fluchtartig. Obwohl einer dem anderen versicherte, Kaiser Wilhelm habe seinen Truppen befohlen, Riga »so behutsam wie ein lebendiges Huhn zu ergreifen«, herrschte doch vielfach Panikstimmung. Rita und Lilia gingen oft stundenlang durch die Stadt und sahen sich den Wirrwarr von Menschen, Tieren, Fahrzeugen und herumliegendem Gepäck an.

Meinen Mann und mich hatte es mit Freude erfüllt, daß gleich zu Beginn des Krieges in Rußland ein Alkoholverbot erlassen worden war. Welch eine weittragende gesundheitliche, erzieherische und wirtschaftliche Bedeutung eine solche Maßnahme haben mußte, wenn sie von verständigen Leuten durchgeführt wurde, konnte nur derjenige beurteilen, der das russische Volk gut kannte. Eines Vormittags kam mein Mann zu mir ins Zimmer, legte einen Schlüsselbund auf meinen Schreibtisch und rief: »Ich muß sofort ins Lazarett. Wenn mir etwas zustoßen sollte, alles Wichtige ist in der linken Schublade meines Schreibtisches!« Erschöpft und erschüttert kehrte er nach einigen Stunden zurück. In der nächsten Umgebung des Lazaretts hatte man ein Spirituosenlager evakuiert und den ziemlich großen Restbestand an Alkohol einfach auf die Erde gegossen. Diese törichte Handlung war von den Fenstern des Lazaretts aus beobachtet worden und hatte unter den Kranken und Verwundeten eine ungeheure Aufregung hervorgerufen. Die Patienten verließen ihre Betten und rannten auf die Straße hinaus, um auf dem Bauch liegend gierig die Schnapspfützen zu trinken. Natürlich beteiligte sich auch die Bevölkerung, und die Menge nahm, als man sie von diesem langentbehrten und streng verbotenen Genuß zurückhalten wollte, eine drohende Haltung an. Mein Mann hatte indessen seinen Patienten gegenüber die richtigen, überzeugenden Worte gefunden, und sie kehrten wieder in ihre Krankenbetten zurück.

Der Befehl zur Evakuierung sämtlicher Kirchenglocken Rigas wurde erteilt. Um das Volk nicht zu erregen, wurden die Glocken nachts entfernt. Als ich in einer schlaflosen Krankheitsnacht die wie hilfloses Stammeln klingenden Töne der von ungeschickter Hand abgenommenen Glocken vernahm, berührte mich dieser neue Akt der Entseelung meiner Heimatstadt stark. Ich griff zu einer Lektüre, die mir sonst immer etwas zu pathetisch erschienen war, um in unser modernes Leben noch hineinzupassen, und weinte über Schillers »Glocke«.

Von Zeit zu Zeit regte mein Mann die Frage unserer eventuellen Übersiedlung nach Helsingfors an, doch ich wollte nichts davon wissen. Geschwächt durch das lange Krankenlager, war ich noch etwas unsicher auf den Beinen. Ich wollte Riga nicht verlassen. »Die Eroberung einer Stadt ist kein Spaß«, wandte mein Mann ein. »Bist du sicher, daß die Deutschen uns nichts tun werden?« »Ganz sicher«, antwortete ich, »wenn wir ruhig zu Hause bleiben und uns dem Kriegsgeschehen fernhalten.« Erst als es mir klar wurde, daß ich bei der zu erwartenden Einnahme von Riga von meinen Jungen abgeschnitten sein würde, willigte ich in eine zeitweilige Übersiedlung nach Finnland ein.

In unsere Wohnung zog eine Bekannte ein, das treue Annchen blieb auch weiterhin, wie sie sagte »als Schloß des Hauses«, ebenso die Köchin; und wir packten unsere Koffer.

Drei Jahre in Finnland

An einem Oktobertage des Jahres 1915 begaben wir uns auf den alten Dünaburger Bahnhof, von dem alle Züge nach Rußland abgingen. Da es unbekannt war, wann unser Zug abfahren würde, von dem behauptet wurde, es sei der letzte, der Riga noch verlasse – in Wirklichkeit wurde die Stadt erst zwei Jahre später von den Deutschen genommen –, ließen wir uns im verräucherten Wartesaal erster Klasse, der in der Tat ein Wartesaal für uns wurde, nieder. Wir aßen abwechselnd Frühstück, Mittag und Abendbrot, tranken Kaffee, Tee, Selters und Kwas, oder was der Kellner uns sonst noch vorsetzte, doch der Zug wollte nicht erscheinen. Kurtenhof war soeben von den deutschen Truppen besetzt worden, und feindliche Geschosse strichen über die Stadt. Die Nacht kam. Es gab weder einen Raum für Frauen, noch gab es Bänke, auf denen die schlaftrunkenen Kinder sich hätten ausstrecken können. Den Kopf auf die über den Tisch geworfenen Arme gelegt, schliefen sie trotzdem friedlich und fest.

Der anbrechende Tag fand uns noch immer im Wartesaal. Endlich gegen Mittag kam der Zug. Wie eine Schnecke kroch er auf den Schienen mit einer Geschwindigkeit von acht Kilometern in der Stunde. Dieses Tempo genügte nicht einmal, um die elektrische Beleuchtung in Gang zu halten, und für die Strecke von Riga bis Petersburg, die man sonst in acht Stunden zurücklegen konnte, brauchten wir drei Tage. Alle Hotels waren überfüllt, und als wir endlich im Hotel »Viktoria« zwei Zimmer fanden, sahen diese so fürchterlich aus, daß ich mich entmutigt auf einen Stuhl setzte und meiner Mutter, die sich mir näherte, um etwas Tröstliches von mir zu hören, mit einer Grimasse des Ekels nur »gadko« – häßlich – sagen konnte. Niemals habe ich ein Interieur gesehen, das widerlicher war als die schmutzige Eleganz jenes Zimmers. Die helle Tapete, die mit himmelblauer Seide bezogenen Polstersessel waren über und über mit großen und kleinen Fettflecken besät, das Waschbecken war so dreckig, daß man es nicht mit der Feuerzange hätte anrühren wollen. Über das mehr als zweifelhafte, sehr breite Bett breiteten wir unser Reiseplaid und legten uns, wer weiß aus welchem unbewußten inneren Protest alle vier nicht der Länge nach, sondern quer über diese ekelhafte Lagerstätte.

Um zehn Uhr fuhren wir dann mit unserem, den Fußboden eines mittelgroßen Zimmers füllenden Handgepäck zu der Freundin meiner Mutter, in deren gastliches Haus wir eine Menge von Mühsal und Unruhe brachten. Kolja, der in Lésnoje bei Petersburg studierte, besuchte uns, und ich war erfreut über die freie, weltmännische Art, in der sich unser sonst so verschlossener Junge in der befreundeten Familie bewegte. Der Schliff der Hauptstadt hatte ihm Männlichkeit und Aufgeschlossenheit verliehen. Einen Tag später reisten wir weiter nach Finnland.

Für die kurze Reise von Petersburg nach Helsingfors hatte mein Mann als Reisekost Kaviar eingekauft. Es war auf Jahrzehnte hinaus der letzte Kaviar, den wir zu kosten bekamen.

Finnland! Gerade ein halbes Jahr war es her, daß wir von Torneo kommend das Land der tausend Seen von Nord nach Süd durchquert hatten, ohne jedoch durch die vereisten Waggonfenster auch nur einen der Seen zu erblicken. Als wir nun von Petersburg kommend an einem schon frostigen Oktobertage den Bahnhof von Helsingfors verließen, um in dem gegenüberliegenden Hotel »Fennia« die für uns bestellten Zimmer zu beziehen, glaubte ich fast, in München zu sein, so westeuropäisch, ja so deutsch mutete den aus Petersburg Kommenden die finnische Hauptstadt an.

Im Hotel »Fennia« waren nur noch Zimmer im obersten Stockwerk frei. Das Essen war erstklassig, für mich sogar zu erstklassig, denn unter den mannigfaltigen delikaten Gerichten befand sich kein einziges, das ich nur halb geheilter Lazarus hätte essen dürfen. Selbst den extra bestellten Haferbrei bereitete der Hotelkoch auf eine ebenso raffinierte wie unzweckmäßige Weise unter Hinzufügung von allerlei Gewürzen und anderen Zusätzen, so daß es mit meinem Befinden schnell wieder bergab ging. Körperlich und seelisch war ich wie ein Mensch ohne Haut, dem jede Berührung mit der Außenwelt weh und keine wohltat. Schmerzgekrümmt und voller Heimweh saß ich an meinem hochgelegenen Fenster und blickte hinaus auf die verschneiten Dächer der Stadt, während ich meinen intensiv nach Zimt schmeckenden Haferbrei löffelte. Große schwarzblaue Tauben, die mir wie dunkle Schicksalsvögel vorkamen, saßen auf dem Fenstersims und beneideten mich wohl um meinen gefüllten Futternapf.

Eines Tages mußte ich mich dann doch an einen Arzt wenden, der meine Übersiedlung in das Krankenhaus »Eira« verlangte. Hier lag ich nun in elektrische Thermophore gepackt und von einer nur schwedisch und finnisch sprechenden Schwester betreut, in einem etwas düsteren Zimmer, an dem die Elektrische klingelnd vorüberratterte, und lernte Schwedisch. In diesem mittelalterlich gewölbten, klösterlichen Raum mit den geradlinigen finnischen Möbeln, von denen die Stühle so schwer waren, daß ich sie niemals selbst an den Tisch heranzurücken vermochte, mußte ich eine ganze Reihe von Wochen verbringen. Mein Mann und die Kinder besuchten mich täglich. Am 2. November, am Morgen unserer Silberhochzeit, standen hohe weiße Chrysanthemen auf dem Fußboden neben meinem Bett. Silberhochzeit! Und zugleich Krieg, Fremde, Krankenhaus!

Anfang Dezember durfte ich die Klinik verlassen. Gesünder, wenn auch nicht ganz gesund, kehrte ich heim. Mein Mann hatte unterdessen in einer Kinderklinik, die aufgelöst wurde, in dem Ehrensvärdsvägen 4 für uns zwei Zimmer gemietet und für ein paar Stunden des Tages eine Aufwärterin engagiert, die während der übrigen Zeit als Leichenwäscherin tätig war. Ihrer gleichmäßigen, busenlosen Gestalt wegen nannte er sie sehr treffend »Saláкuschka«[26].

Wir übernahmen nun in der ehemaligen Kinderklinik eine kleine, abgeschlossene Wohnung, in der sich vier in schönen, satten Farben gemalte Zimmer, alle mit der Aussicht auf das Meer, um einen breiten Flur mit Telefon und tiefen Wandschränken gruppierten. Große, tief ins Zimmer vorspringende Kachelöfen in den Farben der Wände wirkten malerisch und ruhevoll zugleich. Weißlackierte Tannenmöbel, ein paar bequeme Korbstühle sowie bunte Decken machten die Räume behaglich. Alles war hübsch und praktisch zugleich und kostete nicht viel. Statt der Leichenwäscherin sorgte ein sauberes Mädchen in der Küche für die meinem Mann und mir zuträgliche Diät.

Da Rita und Lilia in Riga eine deutsche Schule besucht hatten und nun in Helsingfors in das russische Marien-Gymnasium eintreten sollten, setzten wir ein Inserat in die schwedische Zeitung, um einen Lehrer zu finden, der sie für das Aufnahmeexamen vorbereiten konnte.

Eines Tages kehrten mein Mann und ich von einem Spaziergang am Meer nach Hause zurück und stritten ein wenig, ob mare oder thalatta die richtige Bezeichnung für »Meer« sei. Da drehte ein vor uns gehender Herr sich um und sagte: »Beides ist richtig. Mare ist die lateinische, thalatta die griechische Bezeichnung für Meer.« Wir dankten, und der Herr entfernte sich. Als wir unsere Wohnung betraten, saß er in unserem Flur. Es war der gesuchte Privatlehrer, ein Pole.

26 Plattfisch.

In Helsingfors merkte man kaum etwas vom Kriege. Überall zwischen den zuweilen brusthohen Schneewällen entlang der Straßen und den durch bläuliches Licht gegen Flieger verdunkelten Schaufenstern der großen Warenhäuser wandelten, lachten und flirteten russische Seeoffiziere und ihre eleganten Frauen. Laut einer Verordnung des russischen Gouverneurs durften in den Geschäften nur solche Verkäuferinnen angestellt werden, die der russischen Sprache mächtig waren. In Wirklichkeit aber gab es überall nur ein oder zwei Verkäuferinnen, die diese in Finnland so verhaßte Sprache beherrschten. Betraten Russen den Laden, so wurden sie zwar in fließendem Russisch, aber mit kalter Höflichkeit bedient. Deutsch wurde viel und gern, wenn auch nicht von allen gesprochen; am schnellsten und sichersten kam man ans Ziel, wenn man sich der schwedischen Sprache bediente. Ich hatte bald so viel Schwedisch gelernt, daß ich mit meinem beschränkten Wortschatz gut durchkam.

Wenn auch jeder zeitgenössische Bürger Rußlands bei den meisten Finnen auf mehr oder weniger starke Ablehnung stieß, so gab es doch einen Russen, dessen Andenken von ihnen hochgehalten wurde. Sein Denkmal stand auf dem Platz vor dem Senatsgebäude, eine Marmorbüste von ihm beherrschte den Festsaal des Studentenhauses. Es war dies Zar Alexander II. Seine humanen Maßnahmen und Regierungspläne waren wohl überall in Rußland anerkannt, sein Andenken jedoch wurde nirgends so geehrt und dauernd im Gedächtnis erhalten wie in Finnland.

Im allgemeinen herrschte in Finnland zwischen den Schweden und Finnen ein ähnliches, etwas gespanntes Verhältnis wie in den gegenseitigen Beziehungen der deutschen und der lettischen bzw. estnischen Bevölkerung im Baltikum. In Finnland indessen waren beide Nationalitäten einig in der gemeinsamen Ablehnung alles Russischen, und diese Haltung war viel schroffer als in meiner Heimat. Um die einst feierlich zugesicherten und später russischerseits immer mehr geschmälerten und verletzten Rechte, in deren Verlust die baltischen Provinzen sich äußerlich gefügt zu haben schienen, wurde in Finnland noch mit großer Zähigkeit öffentlich, das heißt sowohl im Publikum als auch in der Presse, gekämpft.

Ein sympathischer Wesenszug der Finnen war ihre rührende Liebe zu Blumen, die man als Zimmerschmuck freilich erst im hohen, von ungeheuren Schneemassen und tödlicher Eiseskälte bedrängten Norden richtig zu würdigen vermag, und ihre ebenso große Liebe zur Musik. Nirgends habe ich die Finnen so warm werden gesehen wie bei ihren philharmonischen Konzerten im Volkshaus, in denen alt und jung, reich und arm sich in gemeinsamer Begeisterung für ihren Sibelius zusammenfanden. Nie aber hörte ich dieses zurückhaltende Volk auf der Straße oder bei der Arbeit oder an schönen Sommerabenden auf dem Meer singen; das Spontane liegt ihm nicht.

Um die Zeit, da wir nach Finnland kamen, herrschte dort noch eine sagenhafte und für das übrige Europa beschämende Ehrlichkeit. Unverschlossene Türen, aufsichtslos auf die Straße gestellte Milchkrüge und andere Gegenstände waren an der Tagesordnung. Die Finnen selbst erklärten diese ihre Nationaltugend mit den seit alten Zeiten bei ihnen herrschenden und erst vor kurzem abgeschafften drakonischen Gesetzen, nach welchen jeglicher Diebstahl mit dem Abhacken der rechten Hand bestraft wurde. Nach der Revolution hat sich die sonst überall waltende Ehrlichkeit merklich geändert; ganz verschwunden aber ist sie glücklicherweise auch heute noch nicht.

Kolja, der bisher auf dem Polytechnikum in Lesnoje bei Petersburg studiert hatte, teilte uns mit, daß er sich als Freiwilliger gemeldet hatte. Ich reiste sofort mit Rita und Lilia nach Petersburg, um vor der Abreise meines Jungen an seinen Bestimmungsort noch eine Woche lang in seiner Nähe zu sein.

Wie klein unser Helsingforser Haushalt auch war, so hatte ich die in Petersburg verbrachte Woche doch als eine Zeit der Ruhe betrachtet. Im Frühling desselben Jahres, 1916, hatte Mitja uns von Dorpat aus geschrieben, daß er als Mediziner eine Anstellung im Innern Rußlands antreten möchte, da er ein Mädchen, das wegen ihrer Liebe zu ihm von ihrer Mutter aus dem Hause und aus dem gleichen Grunde auch aus der Schule ausgeschlossen worden sei, zu sich genommen habe und nun auch für sie sorge. Ohne zu seinem Plan Stellung zu nehmen, baten mein Mann und ich unseren Jungen, uns vor seiner endgültigen Abreise in den Süden Rußlands in Helsingfors zu besuchen. Er tat es, und wir überredeten ihn, sich in Finnlands schöner, sauberer Hauptstadt eine Arbeit zu suchen. Eine leichte Unruhe in bezug auf Mitjas Gefährtin erfaßte mich, doch anstatt dem Charakter des fremden Mädchens nun intensiver auf den Grund zu gehen, hatte ich mich immer wieder durch die Liebe, die aus den Worten meines Jungen sprach, von der mütterlichen Kontrolle durch die Vernunft ablenken lassen. Ich war auch nicht allzu sehr erstaunt, als er mir eines Tages gestand, er habe das Mädchen von Dorpat nach Helsingfors kommen lassen und in einem Dorf in der Nähe der Hauptstadt untergebracht. Schon nach einiger Zeit siedelte es nach Helsingfors über, und wiederum nach einiger Zeit erfuhr ich, daß das Mädchen zu Anfang des neuen Jahres ein Kind erwarte. Als ich Mitja fragte, ob er die Mutter seines künftigen Kindes heiraten und in unserem Hause lassen wolle, bis er das Studium beendet habe, bejahte er freudig überrascht. Bald darauf wurden Mitja und das fremde Mädchen, Ljuba Tauts, in einer kleinen russischen Kirche, die aussah wie ein Bild von Germaschow, in Helsingfors getraut.

Am 21. Januar 1917 wurde Mitja ein Sohn geboren, der den Namen meines Mannes – Wladimir – erhielt.

Besorgten Herzens, denn es ging ja um Mitjas Glück, hatte ich meine Schwiegertochter nachts in die nahegelegene Klinik begleitet. Alles ging ungewöhnlich glatt und leicht. Rückschauend habe ich fast den Eindruck, als ob das Schwierigste an der ganzen Geburt der Transport des Kleinen aus der Klinik in unsere Wohnung gewesen ist. Es herrschte eine grimmige finnische Kälte, und die Schwestern in der Klinik hatten das Neugeborene in eine Menge von Wolldecken gehüllt, so daß wir fürchteten, das Kind müsse ersticken. Wir atmeten erleichtert auf, als das eiligst aus seinen vielen Hüllen herausgerollte Baby kräftig zu schreien begann. Die junge Mutter überließ mir oft die Wartung ihres Kindes, in dessen Auge und Stimme noch etwas von dem Abglanz seiner himmlischen Herkunft lag, der einem solchen Neugeborenen nur während seiner allerersten Lebenstage eigen ist. Ein warmer Kontakt entstand zwischen mir und meines Sohnes Sohn und hielt bis in seine jungen Mannesjahre an.

Das junge Menschlein war mir bei den das persönliche Leben oft bedrückenden Wandlungen und Forderungen der Kriegszeit ein Trost. Obwohl wir uns nicht mehr wie in Riga in der Nähe der Front befanden, empfand ich die mittelbare Dissonanz des Krieges doch in voller Stärke. Für die in Rußland lebenden und Rußland liebenden Deutschen war das völlige Abgeschnittensein von der deutschen Kultur und den Freunden in Deutschland eine seelische Qual. Wann würde dieser, die ganze Welt ans Kreuz schlagende Krieg zu Ende sein?

Eines Abens klingelte unser Telefon, und mein Schwager teilte mir auf Russisch – denn in deutscher Sprache durfte während des Krieges selbst in Helsingfors nicht telefoniert werden – und in der Kirchensprache entlehnten Redewendungen mit, daß Rasputin »nach dem Willen Gottes verschieden« sei. Wie konnte mein sonst so vorsichtiger Schwager eine derartige Kunde durch das Telefon weitergeben? Ich murmelte nur ein gleichgültiges »So – so« und vermochte zuerst nicht an die Wahrheit dieser Mitteilung zu glauben. Sie bestätigte sich jedoch.

Das Jahr 1917 hatte recht unruhig begonnen. Gerüchte von einer nahe bevorstehenden russischen Revolution tauchten auf, wurden als unglaubwürdig abgelehnt oder, wie so vieles, was in Rußland über die Köpfe und Willensimpulse der einzelnen hinwegging, ohne sie in die Ereignisse hineinzuziehen oder ihnen auch nur irgendeine Stellungnahme abzuverlangen, mit skeptischem Gleichmut aufgenommen.

Einige Wochen waren seit Rasputins Ermordnung vergangen. Und wieder war es mein Schwager, der uns mitteilte, daß der Zar abgedankt habe und die Macht nun in den Händen einer zumeist aus allgemein geachteten Duma-Mitgliedern bestehenden »Provisorischen Regieurng« liege. Zum Nachfolger des Zaren Nikolai II. sei dessen Bruder Michail ausersehen. Die Größe des Geschehens überwältigte mich und fast noch mehr die Tatsache, daß der ständig von Spitzeln kontrollierte Fernsprecher derartige Meldungen zuließ. Ich antwortete vorsichtig und zurückhaltend,doch mein Schwager unterbrach mich: »Du kannst ruhig darüber reden; jetzt herrscht Freiheit!« Ich fragte, ob es in Petersburg zu Straßenkämpfen gekommen sei. Nein, erwiderte mein Schwager, die Revolution sei ganz unblutig verlaufen. Das sei eben so erstaunlich und einmalig!

Klopfenden Herzens fuhr ich in die Pension »Riviera«, um die erstaunliche Nachricht mit meiner dort wohnenden Mutter und den Geschwistern zu besprechen. In der Straßenbahn fielen mir das sorgenvolle Aussehen und die ungewöhnliche Schweigsamkeit und Zurückhaltung der russichen Marineoffiziere und ihrer Frauen auf. Was mochte die sonst so gesprächigen Männer und ihre lebenslustigen, eleganten Frauen bedrücken?

Bei meiner Mutter traf die Nachricht ein, alle von der russsichen Regierung einst verhafteten Finnen seien bereits aus den Petersburger Gefängnissen entlassen worden. Mein Schwager Edek kam hinzu und wußte Neues, Erfreuliches aus Petersburg zu berichten.

Wir waren einig in der Bewunderung für das ungeachtet seines noch weit verbreiteten Analphabetentums so unerwartet maßvoll sich zeigende russische Volk und für die Volk und Armee, wie es uns schien, fest in der Hand haltende Provisorische Regierung. Freudig gestimmt und erfüllt von all dem Neuen kehrte ich zu den Meinen in den Ehrensvärdsvägen zurück.

Und dann kam der nächste Tag. Meine Töchter waren, wie an jedem Morgen, um halb neun Uhr ins Gymnasium gegangen. Ich war im Haushalt beschäftigt, mein Mann hatte sich mit den Zeitungen in sein Zimmer zurückgezogen. Da schrillte das Telefon. Ich stutzte – Ritas Stimme? »Mama, ich bin im Schwedischen Theater; ringsum wird geschossen! Könnt ihr mich hier abholen?« »Natürlich; ist Lilia bei dir?« »Nein, ich weiß auch nicht, wo sie ist.« Ich eilte zu meinem Mann. »Ich hole die Kinder«, sagte er und war auch schon fort.

Nach zehn Minuten klingelte das Telefon wieder. Diesmal war es Lilias Stimme: »Wir haben uns gefunden, Mama, sei ganz ruhig!« Ich sagte ihr, daß der Vater schon unterwegs sei, um sie zu holen, und fragte, ob es auf der Norra Esplanadgatan noch unruhig sei. »Ja, es wird noch geschossen!« Ich war froh, daß die beiden Mädchen wieder beisammen waren, und ich wußte, daß mein Mann sie wohlbehalten nach Hause bringen würde.

Endlich Schellengeklingel; ein Schlitten hielt vor dem Haus. Halb lachend, halb weinend und noch zitternd von der überstandenen Aufregung und Gefahr warfen die Kinder ihre Arme um meinen Hals und schmiegten sich an mich.

Um jene frühe Vormittagsstunde wußte noch keiner von uns etwas von der furchtbaren Tragödie, die sich in der vergangenen Nacht im Hafen von Helsingfors abgespielt hatte. Die Matrosen der zahlreichen dort stationierten Kriegsschiffe hatten, oft in geradezu bestialischer Weise, ihre Offiziere ermordet, die Halbtoten ins Wasser geworfen und, wenn sie sich ans Ufer retten wollten, mit Gewehrkolben auf die nach einem Halt greifenden Hände geschlagen.

Als Rita und Lilia ins Gymnasium gingen, waren sie einem Demonstrationszug von Matrosen und Soldaten begegnet, dem ein großes Bild des Zarenbruders und vorgeschlagenen künftigen Herrschers vorausgetragen wurde. Die Kinder entschieden, um des historischen Augenblicks wille die Schule zu schwänzen. Sie schlossen sich den Demonstranten an. Auf der Esplanadgatan stockte der Zug. Ein Offizier kam in einem Schlitten vorbeigefahren, und ein vor den Mädchen hermarschierender Soldat machte sein Gewehr schußbereit und rief laut: »Bratzij, teperj begjitje!«[27] Rita und Lilia rannten mit den auseinanderstiebenden Demonstranten und Passanten davon. Während Rita lief, wohin sie ihre Füße trugen, suchte Lilia hinter einem riesigen Schneehaufen Schutz vor der heftigen Schießerei. Als sie wieder hervorkam, war Rita verschwunden. Ihre Hoffnung, sie in einem der umliegenden Häuser wiederzufinden, erwies sich als vergeblich, denn alle Türen und Tore waren verschlossen, und nur in einem von Arbeitern und Matrosen besetzten Keller fand sie für eine Weile Zuflucht. Als sie den Keller verließ, irrte sie noch lange auf den leergefegten Straßen vor verschlossenen Häusern herum, gelangte endlich bis zum schwedischen Theater und dank ihrer Erklärung, sie sei auf der Suche nach ihrer Schwester, auch in das Restaurant des Theaters, in dem sie Rita an einem kleinen Tisch sitzend vorfand. Beide Mädchen hielten ihre Schulbücher fest an sich gedrückt, als der Vater sie dort abholte.

Das, was die Provisorische Regierung versprach und auch anzustreben schien, deckte sich mit den Idealen des gebildeten liberalen Russen, bot aber den Bauern und Arbeitern nichts Konkretes. Zu den ersten Maßnahmen gehörte die Abschaffung der Todesstrafe

27 Brüder, jetzt lauft!

und die Wiedereinsetzung Finnlands in seine alten, ihm von Alexander II. zugesicherten Rechte. Alle liberalen Russen begrüßten dieses Zugeständnis mit Freude.

Meine Schwester hatte sich in dem obersten Stockwerk eines ebenfalls im Brunsparken gelegenen Nachbarhauses der Pension »Riviera« eine kleine Wohnung gemietet und kochte in deren Entree auf einer einzelnen Gasflamme das Essen für Mann und Kinder, während meine Mutter auch weiterhin das schöne, auf das Meer hinaussehende Eckzimmer in der »Riviera« bewohnte und die Mahlzeiten auf ihrem Zimmer serviert erhielt. So war sie, wenn auch innerhalb eines beschränkten Raumes, beinahe ebenso gut versorgt wie in Riga, das von der russischen Armee immer noch gehalten wurde.

Mein Bruder war – eine Folge des hetzerischen Buches von Rennikow, dessen Vater im schönsten Stadtteil von Batum einst ein Haus besessen hatte, von der Zarenregierung als Deutscher nach Sibirien verschickt worden, wo er es, gemessen an den später unter Stalin herrschenden Lebensbedingungen, nicht besonders schlecht hatte.

Kolja war längst an der Front, und der Gedanke, wie sich wohl dort die Revolution, der Wechsel der Regierung und das Verhalten der Soldaten zu ihren Offizieren abspielen mochten, bereitete mir manche unruhige Nacht. Einmal träumte ich, daß ich Kolja auf einer Eisenbahnstation suchte, aber nicht zu ihm gelangen konnte, weil er ständig von einer Menschenmenge, die er irgendwie betreute, umgeben war. Später erfuhr ich, daß er tatsächlich in jener Nacht mit den ihm unterstellten Soldaten unter den von mir geträumten Umständen auf einer Eisenbahnstation gewesen war.

Mit der Abreise Koljas an die Front und seinem Eintritt in Krieg und Gefahr hatte eine merkwürdige Zeit für mich begonnen. In manchen Nächten schlief ich ruhig und sorgenlos, als wüßte ich, daß mein Junge im Moment außerhalb jeder Gefahr sei; in anderen erwachte ich zitternd wie im Schüttelfrost und mit schmerzenden Gliedern. Im Krieg und überall dort, wo wir klein und ohnmächtig neben dem »scheinbar« blinden Walten des Schicksals stehen, neigen wir auch unserem allzu begrenzten Verstand gegenüber zur Skepsis und somit manchmal zu einem Erahnen übersinnlicher Zusammenhänge. Ich entsinne mich, daß ich eines Nachts ein Klopfen an der Tür meines Schlafzimmers zu hören meinte. Keinen Augenblick nahm ich an, daß eine der Töchter oder mein Mann vor der stets unverschlossenen Tür stehe, doch ich erhob mich und öffnete die Tür weit in einem warmen Dach, Heim und Herd gewährenden Gefühl. Wußte ich denn, wer von den mir lieben, fernen Menschen in Gedanken oder als ein vielleicht nicht mehr unter den Lebenden weilender Schatten an meine Tür geklopft hatte? Es konnte ja nur eine mir nahestehende Seele sein, die mich suchte, und die sollte es nicht vergebens getan haben.

Die Auflösung der Provisorischen Regierung, die ja von Anfang an nur zeitweiliger Natur sein sollte, die Auflösung der Moral des Volkes und der Armee schritten unaufhaltsam vorwärts. »Das Volk hatte den Gürtel abgenommen«[28], d. h. es ließ sich einfach gehen, so bezeichnete damals ein alter Bauer die Haltung des russischen Volkes.

Es begannen die Vorzeichen einer Tragödie des auf beiden Seiten leidenschaftlich und grausam geführten Bruderkrieges zwischen marxistisch-leninistischen roten Truppen und den weißen, die von Kornilow, Denikin, Wrangel, Judenitsch, Koltschak u. a. unter größten Entbehrungen und Erschöpftsein immer wieder in einen aussichtslosen Kampf geführt wurden. Und dahinter die ausbrechenden Kräfte eines jungen Volkes, das seit Jahrhunderten ungerecht behandelt worden war und das glaubte, sich eine gerechtere Zukunft erkämpfen zu können. Von diesem Drama, das

28 »Narod raspojasalsja«.

auf beiden Seiten unbeschreibliches Leid hervorrief und hinterließ, konnte der Mitteleuropäer wohl kaum viel Wahrheitsgemäßes erfahren. Die Lehre von Karl Marx und Engels, deutsches Geistesgut, wurde noch während des Krieges in der Person von Wladimir Iljitsch Lenin zur Schwächung des Widerstandes von Rußland aus der Schweiz durch Deutschland in einem plombierten Eisenbahnwagen nach Rußland importiert. Dort errichtete der Bolschewismus dann sein Knochengerüst und drosselte die Ströme menschlichen, nach wahrhaften Offenbarungen suchenden Geistes. Vielleicht mußte das alles so sein. Vielleicht waren alle Menschenopfer nicht umsonst, damit innerhalb einer einmal voranschreitenden Menschheit das wahre Russentum ersteht.

Es liegt ein begreifliches Selbstbewußtsein, zugleich aber auch eine gewisse Enge in der Überheblichkeit der mit Stolz auf ihre alten Kulturen zurückblickenden Völker Mitteleuropas gegenüber Völkern mit einem jüngeren Kulturerbe oder einer erst im Entstehen begriffenen eigenwüchsigen Kultur. Westeuropa war es gewohnt, mit Herablassung auf die durch den Tatareneinfall um hundert oder zweihundert Jahre zurückgeworfene, aber auch inhaltlich bewußt eigene Wege einschlagende russische Kultur zu blicken. Mit dem gleichen Recht könnte das Alter die Jugend schmähen, weil diese noch nicht Gelegenheit hatte, die ihr innewohnenden Kräfte zu beweisen. Der Wert des zu Beweisenden hängt eben nicht allein von der Qualität ab, sondern er bedarf zu einer gerechten Beurteilung auch der Zeit.

Das Sich-Gehen-Lassen, der Mangel an Selbstbeherrschung und Selbsterziehung war ein Nationalfehler der Russen, und zwar nicht nur des einfachen Volkes. Der Russe hat große Tugenden, für welche dem Westeuropäer, der Rußland nur oberflächlich kennt, oft der Blick fehlt; doch die Selbstbeherrschung und besonders die willensstarke Selbsterziehung gehören nicht zu diesen Tugenden. Dieser Kardinalfehler war schuld daran, daß die Botschaft an die Waräger: »Unser Land ist groß und reich an Nahrung, aber es herrscht keine Ordnung in ihm«, seither immer wieder durch die Jahrhunderte russischer Geschichte erklungen ist.

Vor der Revolution äußerte einmal, wenn auch etwas summarisch, in Helsingfors ein einsichtsvoller Marineoffizier, der selbst mit einer Deutschen verheiratet war, in Rußland werde nicht früher Glück und Ordnung einziehen, als bis jeder Russe eine Deutsche zur Frau haben werde.

Es mag sein, daß es in Europa keine zwei weiteren Nationen gibt, die einander so in ihrem tiefsten Wesen ergänzen könnten wie die Russen und die Deutschen. Doch es wird noch eine lange Zeit vergehen, bevor beide das einsehen und das richtige Verständnis füreinander gewinnen werden, denn bis jetzt überwiegt die negative Einstellung zu denjenigen Eigenschaften des Partners oder Gegners, die einem selbst abgehen und deren man gerade deshalb am dringendsten als Ergänzung bedürfte. Auf diesem Gebiet liegt meines Erachtens die Aufgabe, die die Weltgeschichte der Grenzbevölkerung und auch den Mischehen zugewiesen hat: das gegenseitige Verständnis zu fördern.

Nach der Revolution, als die Masse des Volkes seine Stimme erhob und vielfach an der Diskussion über allgemeine Fragen sich beteiligte, traten das niedrige Bildungsniveau und die kritiklose Einstellung zu Phrasen und Schlagworten aller Art in erschreckender Weise zutage. Millionen und Abermillionen von Analphabeten, die Rußland damals noch besaß, bezogen ihre Ansichten und Impulse mitunter aus den Hetzreden, die überall auf den Straßen gehalten wurden, und waren somit von objektiven Quellen des persönlichen Wissens und Erfahrens ausgeschlossen. Das Analphabetentum, diese unbegreifliche Unterlassungssünde der Zarenregierung und der höheren Gesellschaftsschichten überhaupt, rächte sich. Um wenigstens sofort irgend etwas gegen dieses Massenübel zu unternehmen, taten sich einige in Helsingfors lebende gebildete Russen zusammen und gründeten einen sogenannten »Aufklärungskreis«, dessen Mitglieder Unterrichtskurse für Analphabeten und für solche, die bereits ein wenig zu lesen und zu schreiben verstanden, einrichteten. Alle Soldaten, Matrosen und Arbeiter konnten sich melden und – natürlich ohne Kosten – daran teilnehmen. Rita und Lilia, die noch Schülerinnen der beiden obersten Klassen des Mariengymnasiums waren, mein Mann und Mitja schlossen sich diesem Kreis an und unterrichteten mit wirklicher Freude und Liebe in dieser merkwürdigen Schule für Erwachsene. Kehrten sie nach Hause zurück, so erzählten sie mir während unseres kärglicher werdenden Mittagessens von der Lernbegier ihrer Schüler. Ein grauhaariger Soldat war von dem sich ihm allmählich enthüllenden Geheimnis der Schrift und dem hinter den toten Buchstaben sich verbergenden lebendigen Inhalt so überwältigt, daß er zu weinen begann. Ein anderer lachte beglückt bei der gleichen Entdeckung und erklärte, nun warte er ungeduldig darauf, in sein Dorf zurückzukehren, um auch seinem neunjährigen Sohn das Lesen beizubringen.

In diesen Kursen wurde auch an den zahlreichen russischen Feiertagen weitergearbeitet. An einem solchen Feiertag, der durch die der Allgemeinheit dienende Aufgabe ebensowenig oder vielleicht noch weniger entheiligt wurde als durch das »Herausziehen eines Esels aus dem Brunnen«, fand mein Mann auf seinem Lehrerpult ein aus einem Schulheft gerissenes Blatt mit Versen ungefähr folgenden Inhalts:

»Da heute Feiertag ist,
will ich meine wehtuende Seele beruhigen
und zu den guten Menschen gehen,
um von ihnen den richtigen Weg
durch das Leben zu erfahren.
Ich möchte vor dich hintreten und dir sagen:

Hilf mir, du mein älterer und besserer Bruder,
hilf mir und unsrem armen dunklen Volk!«

Viele der den Kursen anfangs zuströmenden Lernhungrigen gaben ihre Bemühungen nach einiger Zeit wieder auf. Das lag an der undisziplinierten russischen Natur, und zwar sowohl der Schüler, als auch eines nicht unbedeutenden Teils der Lehrer. Anstatt aus jener Mordnacht im Hafen von Helsingfors die ernsten Konsequenzen zu ziehen, ließen manche der ebenfalls unterrichtenden Offiziere, die sich anfangs mit großem, aber nicht tiefgehendem Interesse der guten Sache zur Verfügung gestellt hatten, in ihrem Eifer nach und erschienen mit Verspätung oder auch gar nicht zur festgesetzten Unterrichtsstunde. Mit Recht erbitterte das diejenigen Schüler, die in ihrem Bildungshunger ernst genommen werden wollten. Die damals sechzehnjährige Lilia machte es sich zur Aufgabe, einen jeden der saumselig gewordenen Lehrer bereits am Vorabend seiner Unterrichtsstunden an die einmal übernommene Pflicht zu erinnern und, falls der Nachlässige durchaus nicht zum Einhalten der Stunde zu bewegen war, einen Ersatz herbeizuschaffen, was ihr auch fast immer gelang. Obwohl sie die jüngste aller Lehrkräfte war, hatte sie außer ihrer Stammklasse noch vier andere Gruppen zu betreuen. Wenn die Lehrer ihres Gymnasiums nicht der Zeit Rechnung getragen und bei Lilias eigenen Schularbeiten etwas durch die Finger gesehen hätten, so wären ihre schulischen Leistungen neben dem Unterrichten der Matrosen und Soldaten wohl zu kurz gekommen. Ich hatte an mein Einverständnis zu ihrer der Allgemeinheit dienenden Betätigung die Bedingung geknüpft, daß die Schule nicht darunter leiden dürfe. Lilia brachte oft Aufsatzhefte ihrer Schüler mit. Einmal gab sie als Thema, ein Ereignis aus dem eigenen Leben zu schildern. Einer der Männer kannte sicherlich nicht das Wort »Menschenwürde«, doch als er beschrieb, wie seine Vorgesetzten ihm befahlen, auf allen vieren vor einem Kachelofen stehend wie ein Hund in das Ofenloch zu bellen, sprach zügelloser Haß über die entwürdigende Sinnlosigkeit eines solchen Tuns aus seinem Aufsatz. Bei der Lektüre eines anderen Heftes erschrak ich vor dem Gedanken, daß meine beiden Mädchen täglich mit dem Verfasser dieser düsteren Lebensgeschichte in Berührung kamen, denn aus ihr ging hervor, daß der Mann ein Verbrechen begangen und sein schweres Vergehen in den Bergwerken Sibiriens hatte büßen müssen. Dennoch sprach keine Gemeinheit, sondern nur Trauer aus seinen Worten. Sein Leben schien eine einzige Kette verschuldeter und unverschuldeter Leiden zu sein. Lilia fand sich auf eine überraschend ungezwungene Weise in dem Labyrinth fremder Schuld und fremden Schicksals zurecht. Als sie dem Mann das Heft mit dem korrigierten Aufsatz zurückgab, fragte sie ihn, ob es in seinem Leben nicht auch freundliche Eindrücke, an die er gern zurückdenke, gegeben habe. Der Matrose verneinte. »Denken Sie doch einmal nach«, bat sie mit ihrer warmen Stimme. Da ging ein Lächeln über sein finsteres Gesicht, und er sagte zögernd: »Ja, etwas doch.«

Es fiel mir auf, mit welchem Herzenstakt diese einfachen, ungebildeten Menschen in ihren für die noch sehr junge Lehrerin verfaßten Arbeiten an manches Thema herantraten. Als einer der Schüler sich anschickte, sein Stelldichein mit einem Mädchen zu beschreiben, schrieb er: »Sie war so zärtlich zu mir wie Gottes Vögelchen.«

In der Geschichtsstunde war Lilia von ihrer Klasse gebeten worden, einen Vortrag über die Französische Revolution zu halten. Sie bereitete sich sehr gewissenhaft und unter Heranziehung guter Quellen vor und nahm das Ganze so ernst, als sollte sie in der Akademie der Wissenschaften sprechen.

Unser winziges weißes Speisezimmerchen, durch dessen von Mullgardinen umrahmte Fenster die Bläue des sich davor ausbreitenden Meeres und des darüber ausgespannten Himmels schimmerte, sah damals öfters einen etwas seltsamen Gast. Er hieß Perepeliza und war Matrose auf dem Schlachtschiff »Gangut«. Sein Fleiß und sein Streben nach Bildung und ethischer Orientierung waren Lilia schon während der Unterrichtsstunden aufgefallen. Wenn sie nach Schluß der Schulstunden eilig durch die Korridore und Höfe der Kaserne, in der der Unterricht stattfand, ins Freie strebte, folgte er in respektvoller Entfernung, um sie nötigenfalls gegen etwaige Belästigung seiner weniger korrekten Kameraden zu schützen. Er begleitete sie dann bis zu unserer Haustür in dem Ehrensvärdsvägen und nahm sein Hüteramt sehr ernst. Später brachte er ihr – zu einer Zeit, als dies bei Todesstrafe verboten war – manchmal Brot. Als er einmal abwesend war, rief er Lilia aus Kronstadt an und bat sie, am nächsten Tage nicht auf die Straße zu gehen, da Ausschreitungen gegen die Bourgeoisie zu befürchten waren. Tatsächlich fand am nächsten Tage in Helsingfors eine Anarchisten-Demonstration statt.

Teils aus Erkenntlichkeit, teils auch aus Interesse an diesem sympathischen jungen Mann aus dem Volk, luden wir ihn einmal zum Mittagessen zu uns ein. Sehr adrett erschien der junge Ukrainer in seiner Matrosenuniform, gegen die man seit jener furchtbaren Nacht, in der die Mannschaft der russischen Ostseeflotte ihre Offiziere ermordet hatte, ein tiefes Ressentiment empfand. Trotz meiner Dankbarkeit für den Schutz, den er Lilia in dieser unruhigen Zeit unentwegt angedeihen ließ, konnte ich mit ihm doch nicht recht etwas anfangen, zumal er sich in dem geistigen Milieu, in das er so sehnlich hineinstrebte, nicht wohlzufühlen schien. Perepeliza empfand ich als ein zwar sympathisches, aber doch fremdes Element in unserer Helsingforser Häuslichkeit. Einige Jahre später, im Sommer 1919, erhielt Lilia von ihm einen Brief aus der Ukraine, in welchem er seinen Besuch in Riga ankündigte. Die Zeilen wirkten wie die Einleitung zu einem Heiratsantrag, und Lilia antwortete wahrheitsgemäß, daß sie im Begriff stehe, ins

Ausland zu reisen, um an einer deutschen Universität zu studieren. Damit und mit dem Geschenk eines Bildes, das sie von ihm zum Andenken erhielt und das Christus auf dem Ölberg darstellte, war das Kapitel Perepeliza beendet.

Oft führte mich mein Weg an einem auffallend schönen Haus vorbei in der Nähe der Pension, in der meine Mutter wohnte. Vor diesem Haus begegnete mir im Sommer 1917 eines Tages ein Herr, der mir so bekannt vorkam, daß ich stutzte. Wo hatte ich dieses Gesicht schon gesehen? Abends erzählte jemand in der Pension, daß Lenin sich in Helsingfors vor der Provisorischen Regierung verborgen halte, und ich begriff plötzlich, daß er, dessen Bild man zur Zeit oft in den Zeitungen sah, es gewesen war, der auf dem Hintergrund jenes heiteren Hauses so unerwartet und beunruhigend vor mir auftauchte.

Bald nach der Oktoberrevolution in Rußland sprang der Funke auch auf das finnische Volk über, bei dem wir seit zwei Jahren Gastrecht genossen.

Eines Tages standen an hervorgehobener Stelle im »Hufwudstadsbladet« die lakonischen Worte, daß die »Roten« sich rings um Helsingfors zusammenzögen. Wie auf ein verabredetes Zeichen verschwand daraufhin ein großer Teil der männlichen Bevölkerung. So wurde Helsingfors kampflos von den finnischen Roten besetzt. Das Senatsgebäude war von den vorherigen Beamten versiegelt worden; die Beamten selbst waren fort oder wenigstens unsichtbar. Da aus unserer, in das Innere Rußlands evakuierten Fabrik das Geld nur sehr spärlich floß und schließlich ganz versickerte, hatte ich begonnen, deutschen und russischen Sprachunterricht zu geben. Eine meiner Schülerinnen, Agnes L., wurde plötzlich unpünktlich und war in den Stunden oft geistesabwesend, da sie ihrem Vater, der sich in einem Pferdestall verborgen hielt, heimlich das tägliche Essen bringen mußte.

Durch das Verschwinden der alten Beamten aus der Stadtverwaltung geriet die Versorgung der Einwohner in Unordnung, denn die neu eingesetzten besaßen keine Erfahrung für die ihnen auferlegte organisatorische Arbeit. Bald fehlte es an allem Nötigen. Es gab weder Milch noch Butter noch Käse, weder Grützen noch Mehl noch Brot, außer für eine halbe Woche anderthalb Brote von der Größe einer Untertasse für uns vier Personen zusammen. Dieses Brot war so stark mit Rentiermoos gestreckt, daß es beim Schlucken wie eine Zahnbürste kratzte. Wir bekamen weder Gemüse noch Früchte noch irgendeine Sorte Fleisch; nur hin und wieder erhielten wir gedörrtes Rentierfleisch und als Ersatz für die fehlenden Kartoffeln Pasternaken. In den Buden fand man Vanille, Zimt und Backpulver, doch etwas den Hunger Stillendes war nicht aufzutreiben. Hin und wieder lief ein Boot mit Fischen in den Hafen ein; in den weitaus meisten Fällen aber kehrte unsere Köchin, die mein Mann wegen ihrer tragischen Stimme »Lady Macbeth« getauft hatte, mit dem Klageruf »Doktorinna, Doktorinna, ingenting po torget!«[29] vom Einholen zurück. Wenn ich nicht ein paar Tüten mit Hülsenfrüchten und Grützen gehabt hätte, wäre ich ratlos gewesen. Ein kaltes Entsetzen schlich sich an mich heran, wenn ich daran dachte, daß diese Vorräte keineswegs unerschöpflich waren. Eine junge Finnin, die mir auch ihre beiden Geschwister als deutsche Schüler zugeführt hatte, brachte mir von ihrem Landgut etwas Mehl und eine Tüte mit Möhren. Das vom Bäcker gebackene Brot erhielten Rita und Lilia, während ich für meinen Mann und mich Brot aus Möhren buk oder das wenig sättigende Knäkkebröd mit Hilfe von Grütze oder gelben Erbsen in weiches Brot verwandelte. Satt essen konnten wir uns schon lange nicht mehr. Wenn wir in jener Zeit nach stundenlangem, oft vergeblichem Schlangenstehen in der finnischen Kälte, zuweilen vor Enttäuschung und übergroßem Frieren zitternd, zu meiner Mutter

29 Nichts auf dem Markt!

kamen, so hatte sie bereits in liebevoller Vorsorge Decken und Plaids über die Zentralheizung gehängt, um sie über unsere frosterstarrten Beine und Schultern zu breiten.

In den russischen Aufklärungskursen für Soldaten und Arbeiter war seit dem Herbst des Jahres 1917 die Freude am Unterricht für Lehrer und Schüler nicht mehr so ungetrübt wie anfangs. Die Schulbildung, die rein verstandesmäßige Überlegenheit des Lehrenden wurden zwar von den Matrosen und Soldaten anerkannt, und sie profitierten gern davon; ethische Wertungen jedoch, auch wenn es sich dabei um weit zurückliegende historische Geschehnisse handelte, wurden abgelehnt. Auch der Ton hatte sich verändert. In den Muff oder die Manteltaschen der weiblichen Lehrkräfte gesteckte Liebesbriefe, auch abendliche Telefonanrufe waren nicht selten.

Rita lag die unbefangene Gelassenheit mehr als Lilia, die nicht diplomatisch war, sondern offen ihre Ansichten äußerte, und das war für eine Sechzehnjährige während der aufrührerischen Umwertung aller Werte innerhalb einer Revolution nicht ganz leicht und auch nicht ungefährlich.

Eine noch nicht von der Oktoberrevolution ergriffene Zeitung hatte eine die Guillotine mit Witz und souveräner Überlegenheit persiflierende und bagatellisierende Erzählung der Schriftstellerin Teffy gebracht und die Gemüter in dem aufkommenden Bürgerkrieg erregt. Es war die Reaktion der Autorin auf eine an maßgebender Stelle geführte Debatte über die geplante Verwendung der Guillotine in Rußland, gewissermaßen um schneller als durch Erschießen mit der unliebsamen Bourgeoisie aufzuräumen. In dieser Satire schildert Teffy das lebhafte Gedrängel der zum Tode Verurteilten. Verabredungen werden getroffen zwischen Freunden und Bekannten zu dem gemeinsam anzutretenden »letzten Weg«; Frauen, die sich eine modische Perücke à la Marie Antoinette zuvor auf ihrem Kopf befestigten, Plänkeleien zwischen den die Reihenfolge einhaltenden und solchen, die es immer verstehen, sich beim Schlangestehen durchzudrängeln, um als erste dranzukommen. Lilia, die begeistert war von der die Tragik negierenden Haltung der Schriftstellerin, las die Erzählung ihren Schülern vor, meinte aber danach, daß die Matrosen und Soldaten das ironisch Humorvolle gar nicht begriffen hätten.

Als ich sah, wie der demokratische Begriff des Wortes »Freiheit« aus Unkenntnis verzerrt und mit Hemmungslosigkeit verwechselt wurde, setzte ich mich hin und schrieb ein Märchen »Swjatája Swobóda«[30], das in der »Roten Fahne« in Helsingfors und später in der »Ethischen Kultur« in Berlin erschien. In diesem Märchen stellte ich meine Auffassung von Freiheit der Pseudo-Freiheit, der Zügellosigkeit, gegenüber.

Eines Tages kehrten Rita und Lilia hochbefriedigt aus der Pension »Riviera« heim und verkündeten, daß sie gleich ihrem Vetter Jerzy Busz im Hafen von Helsingfors an den Räumungsarbeiten teilnehmen würden; dort gäbe es außer der Bezahlung einen nur noch bei der russischen Flotte erhältlichen, ziemlich großen »Pajok«[31] Brot, und gerade daran fehle es uns ja am meisten. Es sollten Messingplatten fortgebracht und verladen werden, damit sie nicht in die Hände der Deutschen gerieten, die unterdessen Estland besetzt hatten. Beide Mädchen waren mit Eifer bei der ungewohnten, physisch nicht ganz leicht zu meisternden Arbeit, luden die Messingplatten auf bereitstehende Wagen, schwangen sich selbst darauf und begleiteten das teure Material zu einem Schiff, wo sie es wieder abluden.

Die Erde war noch nicht aufgetaut. Der herbe finnische Frühling lag erst als ein zaghaftes Ahnen in der Luft. Eine ganze Serie zum Teil recht unwahrscheinlicher Gerüchte tauchte im Lauf des

30 »Heilige Freiheit«.

31 Ration.

ersten Frühlingsmonats auf. Es hieß, ein deutsches Corps unter General von der Goltz habe sich der finnischen Landeswehr zugesellt und marschiere mit dieser gemeinsam auf Helsingfors, um die Stadt den Roten zu entreißen. Die Zeitungen der Roten dementierten das Gerücht. Auch ich schenkte ihm keinen rechten Glauben. Zudem war die Ernährungsfrage so akut geworden, daß politische Hirngespinste, wofür ich die Gerüchte hielt, mir kein besonderes Interesse abzunötigen vermochten. Wie unendlich viele Parolen hatte man in diesem Kriege schon als Seifenblasen menschlicher Verzweiflung und Leichtgläubigkeit entstehen und vergehen sehen. Der Hunger aber war eine Tatsache.

An einem Aprilnachmittag – meine beiden Töchter arbeiteten bereits seit einigen Tagen im Hafen – hatte ich mich in mein Zimmer mit den auf das Meer hinausgehenden Fenstern zurückgezogen und mich aufs Bett gelegt. Ich erwachte aus leichtem Halbschlaf, denn ich hatte die Haustür gehen und meine Töchter ihr neben dem meinen gelegenes Zimmer betreten gehört. Sie lachten und flüsterten. Dann öffnete Rita die Tür zu meinem Zimmer, und Lilia trat ein, eine große, flache Schüssel in den hocherhobenen Händen haltend. Sie ließ die Schüssel bis zur Höhe meiner Augen sinken: Ein großer Schwarzbrotlaib lag darauf! Beide Mädchen hatten ihren ersten Arbeitslohn und ihren »Pajok« unverfälschten russischen Roggenbrotes erhalten. Welch ein Himmelsgeschenk! Noch nie hatte mir ein Butterbrot mit Kaviar so gut geschmeckt wie dieses trockene Schwarzbrot, das an jenem Tage nicht nur ein Gefühl der Sättigung, sondern auch einer Erdverbundenheit oder Gottverbundenheit, was vielleicht nur verschiedene Ausdrucksformen für Lebensverbundenheit sind, in mir geweckt hat.

In der darauffolgenden Woche nahm das Gerücht, Helsingfors stehe unmittelbar vor einer Einnahme durch deutsche Truppen, einen geradezu epidemischen Charakter an. Alle Welt sprach ganz offen davon, es wurde sogar der Name einer Helsingforser Pension genannt, in der deutsche Offiziere sich für den kommenden Freitag bereits Zimmer bestellt hätten.

Am nächsten Vormittag hatte ich einige Besorgungen zu erledigen. Die beängstigende Verknappung der Lebensmittel erstreckte sich nicht auf das Gebiet der Textilwaren, die ich für unseren Haushalt einkaufen wollte.

In das Rattern der elektrischen Straßenbahn mischte sich das Motorengeräusch eines Flugzeuges. Niemand dachte dabei an Bomben, doch die meisten Insassen erhoben sich von ihren Sitzen und schauten aus dem Fenster. Auch ich tat dies. Wir fuhren gerade an der niedrigen Umzäunung des Hospitals vorbei, und ich sah auf dem Hof einige Krankenschwestern und Ärzte in ihren weißen Kitteln, die lachend einer Wolke herabwirbelnder weißer Blätter nachliefen und interessiert danach griffen. Ich beneidete sie, denn sicher würden sie nun aus den vom Flugzeug herabgeworfenen Flugblättern erfahren, ob sich die Bevölkerung auf eine Eroberung der finnischen Hauptstadt gefaßt machen mußte. Als ich auf dem Salutorget die Straßenbahn verließ, wunderte ich mich einen Moment lang über die vielen Menschen, die den Marktplatz wie eine Mauer umgaben. Da sah ich plötzlich einige weiße Blätter und dachte, es müßten wohl solche Flugblätter sein, wie sie auf das Gelände des Hospitals hinabgeworfen worden waren. Interessiert ging ich auf eines zu, um es aufzuheben. Doch kaum hatte ich ein paar Schritte getan, so hörte ich erschreckte und drohende Zurufe, hob meinen Blick von dem auf dem Asphalt liegenden Blatt und bemerkte einen jungen Arbeiter, der ein Gewehr in den Händen hielt und auf mich zielte. Jemand ergriff mich von hinten und riß mich zurück. Man sagte mir, daß es strengstens verboten und außerdem unklug wäre, irgendein Interesse für die Flugblätter zu zeigen.

Am Donnerstag kehrten Rita und Lilia wiederum zufrieden von

ihrer Arbeit im Hafen zurück. Sie hatten Brot und Bezahlung erhalten und erzählten von einem Auftrag der Hafenverwaltung, am nächsten Morgen in dem etwa eine Stunde von der Hauptstadt entfernten Dorf Aggleby Stacheldraht abzumontieren.

»Morgen ist Freitag«, gab ich zu bedenken. »Ja, morgen ist Freitag«, wiederholten sie verständnislos, denn sie hatten ebensowenig wie mein Mann und ich an das Gerücht von einer am Freitag bevorstehenden Eroberung der Stadt geglaubt. »Das Abmontieren von Stacheldraht ist keine Frauenarbeit«, sagte ich.

»Das Schleppen von Messingplatten eigentlich auch nicht«, gab Rita schlagfertig zurück.

»Bei der Hantierung mit Stacheldraht zerreißt ihr eure Mäntel, und außerdem möchte ich es nicht, daß ihr euch in dieser unruhigen Zeit aus der Stadt und von uns entfernt. Was würdet ihr tun, wenn ihr von uns abgeschnitten würdet, wenn die Front sich zwischen uns schöbe?« Sie waren enttäuscht, nicht mittun zu dürfen, als ich ihnen jedoch den Vorschlag machte, am nächsten Morgen die Frühjahrshüte zu kaufen, die ihnen in einem Schaufenster im Stadtteil Tölö so gut gefallen hatten, waren sie schnell getröstet und beschlossen, sich diese von ihrem selbstverdienten Geld anzuschaffen.

Am nächsten Morgen stellte unsere rötliche Hulda uns nach langer Zeit wieder etwas Milch auf den Tisch und berichtete, die »Weißen« zögen seit fünf Uhr früh ununterbrochen in unabsehbaren Reihen am Haus des Milchmannes in Aggleby vorüber auf Helsingfors zu. Mit einem Gefühl unendlicher Erleichterung sah ich die Mädchen an. Gott sei Dank, sie waren nicht in Aggleby, sie waren bei uns! In meiner Freude wollte ich ihnen nun aber auch ihren Wunsch erfüllen und den Hutladen in Tölö aufsuchen.

Vor neun Uhr morgens waren wir schon auf dem Weg zur Haltestelle der Straßenbahn.

Die Elektrische hatte aus irgendeinem Grunde ihren Betrieb eingestellt. Also zu Fuß nach Tölö!

Wir waren so schnell gegangen, daß wir die ungewöhnliche Stille und Leere auf den Straßen gar nicht bemerkt hatten. Je weiter wir gelangten, desto einsamer wurde es um uns.

Endlich standen wir vor dem Geschäft. Die eisernen Jalousien an der Glastür und an den Schaufenstern waren herabgelassen. Lilia klopfte an die Tür; niemand öffnete.

»Schaut doch nur!« rief Rita plötzlich und wies auf die gegenüberliegenden Häuser: »Die Fenster und Türen der Geschäfte dort drüben sind alle mit Brettern verschlagen. Hier werden wohl Straßenkämpfe befürchtet!« Alle Läden waren geschlossen und verbarrikadiert.

»Vielleicht erwartet man auf dieser Straße das Einrücken von Truppen«, meinte ich; »kommt, gehen wir lieber zur Norra Esplanadgatan.«

Hier waren ebenfalls alle Läden geschlossen, wenn auch nicht so vorsorglich mit Brettern verschlagen wie im Stadtteil Tölö. Nur eine Kolonialwarenhandlung war geöffnet, und in ihrem Schaufenster entdeckte ich eine Fischkonserve. Ich ging schnell hinein, um festzustellen, ob diese Rarität eine Atrappe war. Es war eine Atrappe; doch während wir dastanden und warteten, bis der Besitzer des Ladens einem russischen Soldaten Tabak verkauft hatte, hörte ich eine hinzutretende Verkäuferin in schwedischer Sprache zu ihrem Chef sagen: »Sie sind schon in Tölö.«

Der russische Soldat verstand kein Schwedisch, doch ich horchte auf und fragte, als der Soldat das Geschäft verlassen hatte, in schwedischer Sprache, ob »sie« wirklich schon in Tölö seien. »Ja«, erwiderte er, »und ich schließe auch gleich meinen Laden, sonst machen die Roten mir noch den Vorwurf, ich hätte ihn für die Weißen offengehalten!«

Unterwegs bogen wir noch in den Brunsparken ein, um nach

meiner Mutter zu sehen, die wir, falls Helsingfors Kriegsschauplatz werden sollte, in den nächsten Tagen vielleicht nicht würden besuchen können.

In dem friedlichen Zimmer meiner Mutter wie überhaupt in der Pension »Riviera« merkte man nichts von Kampf und Krieg; so blieben wir ein wenig länger, als wir beabsichtigt hatten.

Als wir wieder in den Brunsparken hinaustraten, vernahm ich ein mich mit lebhaftem Unbehagen erfüllendes Geräusch, ja eine ganze Serie von Geräuschen. Es klang wie Flintenschüsse, konnte aber auch der Schall von eilig aufeinander geworfenen leeren Kisten sein. Wir bogen in die Fabriksgatan ein. Dort kam uns ein bewaffneter Roter entgegen und befahl uns, das Trottoir zu verlassen. Wir gingen zur gegenüberliegenden Straßenseite. Mehrere Frauen kamen uns entgegen und riefen uns zu, wir sollten umkehren, auf der Fabriksgatan käme man nicht weiter, dort werde gekämpft.

»Dann müssen wir eben zum Brunsparken zurückgehen«, sagte ich zu meinen Töchtern. Doch Rita erhob Einspruch; der Vater würde, wenn wir so lange fortblieben, in Sorge sein, auch wisse man nicht, wie lange die Straßenkämpfe dauern würden. Irgendwie würden wir schon durchkommen; sie kenne von der Schule her noch einen abkürzenden Weg.

Rita führte uns nun in weitem Bogen durch winklige Gäßchen, über fremde Höfe und niedrige Umzäunungen. Schließlich standen wir aber doch wieder vor der Fabriksgatan. Hier wurde jetzt auf der Straße und in den Häusern gekämpft. Hinter den schießschartenartig schmalen Fenstern der Eckhäuser hatten sich Angehörige der finnischen Landeswehr festgesetzt und schossen auf die sie belagernden Roten. In den dazwischen liegenden Häusern hingegen hatten sich Rote verbarrikadiert und wurden von der Straße her von den eindringenden Weißen beschossen. Auch auf der Straße selbst wurde gekämpft. Doch wir hatten es jetzt nicht mehr nötig, sie in ihrer ganzen Länge zu passieren. Um unser Haus zu erreichen, mußten wir nur eine kurze Strecke, die unter Beschuß stand, durchlaufen. Um nicht getrennt zu werden, nahmen wir drei uns fest an den Händen und rannten los. So gelangten wir in den stillen Ehrensvärdsvägen. Der Frieden unseres Hauses nahm uns wieder auf.

Mein Mann, der unterdessen auch fortgewesen war, berichtete uns, daß die Kämpfe auf der Fabriksgatan keine Einzelerscheinung darstellten. Überall in den großen Eckhäusern hatten sich Weiße verbarrikadiert und wurden von den Roten von der Straße aus beschossen. Aus meinen Schlafzimmerfenstern konnten wir in den Hof des gleichfalls an einer Straßenkreuzung gelegenen Nebenhauses blicken und bemerkten auch dort einen kleinen Trupp junger Leute, die über die hohe Steinmauer hinweg nach etwa heranrückenden Feinden Ausschau hielten. Anfangs trugen sie keine Abzeichen, dann erschienen weiße Binden an ihrem Arm, woraus wir schlossen, daß die Weißen erfolgreich waren, so daß sie der Tarnung nicht mehr bedurften. Sie holten unter dem im Hof gestapelten Holz ein Maschinengewehr hervor und stellten es auf die Mauer. Gegen Abend begannen vom Meere her Kanonen zu dröhnen. Würden die Weißen die Stadt, in der ihre Familien lebten, beschießen? Oder galt das der Festung Sveaborg, in der, wie es hieß, so viel Dynamit aufgespeichert sein sollte, daß ein einziges dort einschlagendes Geschoß Helsingfors vom Erdboden wegfegen würde.

Wir beruhigten uns gegenseitig mit dem freilich etwas unrealistischen Gedanken, daß sie auf unser bescheidenes Haus vielleicht nicht zielen würden, aßen unsere Pasternaken und tranken russischen Tee dazu. Dann schauten wir noch einmal in den Nachbarhof. Ein junger Mann mit weißer Binde am Arm und einem Revolver in der Hand stand Wache und spähte auf die Straße hinaus. Während wir uns zur Ruhe legten, donnerten die Kanonen weiter in die Frühlingsnacht. Hin und wieder wachte ich von dem dumpfen Doppelton der Abschüsse auf, hörte das mir noch von Riga her bekannte Zischen der hoch über uns dahinfliegenden Geschosse und schlief in dem beruhigenden Gefühl, daß ich vor das Fenster im Zimmer der Töchter einen Schrank als Kugelfang geschoben hatte, wieder ein.

Am nächsten Morgen war ich früh wach, und mein erster Blick galt dem Nachbarhof. Dort lehnte der junge Mann noch in derselben Stellung wie am Abend zuvor an dem verbarrikadierten Hoftor und blickte aufmerksam auf die tieferliegende Straße. Allmählich wurde es auch auf diesem Nachbarhof lebendig. Ein Gefangener wurde gebracht und ins Haus geführt. Ein junger Mann, der neben dem Maschinengewehr Wache gestanden hatte, vertrieb sich die Zeit damit, auf dem asphaltierten Boden des Hofes, den Revoler lässig in der Hand, allerlei Tänze aufzuführen. Lilia, die vor einigen Tagen die berühmten Fokins im Ballett gesehen hatte, rief entzückt: »Schaut doch her! Er tanzt den sterbenden Schwan!« Plötzlich krachte ein wahrer Hagel von Flintenschüssen. Lilia verschwand blitzschnell hinter einer Kommode. Als sie sich vorsichtig wieder dem Fenster näherte, trug man einen Verwundeten oder Toten ins Haus. War es der junge Mensch, der den sterbenden Schwan getanzt hatte?

Am nächsten Tag gegen Mittag bemerkte jemand von uns mehrere mächtige Rauchfahnen am Horizont. »Das sind deutsche Kriegsschiffe«, sagte mein Mann. Wir griffen zu unseren Operngläsern. Gewaltige Schiffskolosse strebten an unseren Fenstern vorbei dem Hafen zu. Auf dem Deck standen eng wie Bleistifte nebeneinander deutsche Soldaten – Rußlands Feinde. »Ich gehe zu meiner Bank über dem Brunsparken«, erklärte mein Mann, »kommt ihr mit?« Wir hatten von unserem gestrigen Spaziergang eigentlich noch genug und lehnten ab. Nach einer Stunde war mein Mann wieder zurück. »Ihr müßt unbedingt gleich mitkommen«, rief er, »oben vom Schiffbrüchigen-Denkmal hat man einen Ausblick auf die ganze Stadt.« Ich wußte, daß mein Mann diesen hochgelegenen Platz von seinen täglichen Spaziergängen her liebte und daß sein Urteil nicht ganz unvoreingenommen war. »Wird auf den Straßen nicht mehr geschossen?« fragte ich. »Wenig.« »Und oben auf deinem Lieblingsplatz?« forschte ich.

»Einige Schüsse fielen noch, aber wer wird auf euch Frauen oder auf mich alten Mann schießen? Ihr könnt getrost mitkommen und euch ansehen, auf welch höfliche Weise die an den Straßenkreuzungen stehenden Weißen die Ordnung aufrechterhalten!«

Ich beschloß, auf keinen Fall bis zum Schiffbrüchigen-Denkmal zu gehen. Hin und wieder hörte man noch Schüsse. Die meisten Menschen standen an ihren Haustüren und wagten sich nicht weit aus dem Bereich ihres Hauses heraus. Mein Mann aber drängte vorwärts. Tatsächlich gewöhnte man sich schnell an die vereinzelten Flintenschüsse. An der Fabriksgatan stand ein Weißer anstelle eines Schutzmannes. Keine Uniform; brauner Sportanzug und weiße Armbinde; intelligentes Gesicht. Ich fragte ihn, ob wir den Weg zum Brunsparken einschlagen dürften. »Versuchen Sie es«, meinte er, »aber gehen Sie nicht bis zur Post; da sitzen noch die Roten.« »Eine Blutlache!« rief ich, erschreckt mein Kleid zusammenraffend. »Ach«, sagte Rita teilnahmsvoll, »da hat man wohl jemandem ein paar Zähne ausgeschlagen«, denn etwas Weißes lag am Rande der Lache. »Das ist Gehirn«, bemerkte mein Mann lakonisch.

In der Nähe der Post war der Weg versperrt. Einige Holzböcke waren quer über die Straße geschoben und wurden von den Weißen in Sportkostümen bewacht. »Hier darf niemand durch«, erklärten sie, »dort hinten gibt es noch rote Nester, aus denen geschossen wird.« »Ich bin Arzt«, sagte mein Mann und schlenderte langsam, die Hände auf dem Rücken, an den Sperren vorbei auf das verbotene Territorium. Wir hatten zögernd vor der Schranke haltgemacht. »Nun, warum kommt ihr nicht?« rief er. »Gehen wir lieber zu meiner Mutter«, schlug ich vor. Damit war er einverstanden und schloß sich uns an.

Am dritten Tage war Helsingfors bereits so befriedet, daß der Einzug der deutschen Truppen unter General von der Goltz und eine Parade auf dem Salutorget stattfinden sollten.

Es war ein etwas regentrüber Maiensonntag. Wir wollten uns gerade an den Frühstückstisch setzen, als ein fürchterliches Getöse losbrach. Wie ein Platzregen peitschten Flintenschüsse, man hörte Vorüberrasen alarmhupender Autos, Maschinengewehrfeuer und dann schnell hintereinander und so laut, als stände das Geschütz mitten auf dem Ehrensvärdsvägen, eine Reihe kurzer, harter Kanonenschüsse. Das konnten doch keine Salutschüsse sein? Einige Minuten später wurde an unserer Wohnungstür geklingelt. Ich öffnete. Draußen stand mein Schwager. Er berichtete von seinen Eindrücken auf dem Salutorget, wo er den historischen Moment des Einzugs der deutschen Truppen fotografisch festhalten wollte. Der Marktplatz war von dichten Reihen jubelnder Menschen umsäumt, darunter viele Schulkinder. An den mit Blumen und Teppichen geschmückten, weitgeöffneten Fenstern sah man frohe Gesichter. Als General von der Goltz zu Pferd an der Spitze seiner Truppen heranritt, hörte man Hurrarufe und Musik. Plötzlich, mitten in den Jubel hinein, knallten aus dem zweiten Stockwerk eines Hauses, in dem sich noch Rote versteckt gehalten hatten, mehrere Flintensalven. Ein wildes Durcheinander fliehender und schießender Menschen entstand. Dann sei ein im Hafen liegendes deutsches Kanonenboot dicht an das Haus herangefahren, habe ihm seine Breitseite zugedreht und zielsicher in das zweite Stockwerk hineingefeuert.

Eine ungewisse, abwartende Stimmung lag in der Luft. Wie würde es nun weitergehen?

Es hieß, alle Russen in Helsingfors müßten sich registrieren lassen; auch mein Mann und ich gingen zu der betreffenden Behörde, um uns eintragen zu lassen.

Nun, da Helsingfors ebenso von den Deutschen besetzt war wie Riga und keine Front mehr zwischen uns und unserer Heimatstadt verlief, wurde die Sehnsucht nach ihr immer stärker. Eine Postverbindung gab es noch nicht. Eines Tages erschien bei uns ein uns unbekannter Herr und teilte im Auftrage einer uns ebenfalls fremden Dame mit, daß unsere beiden Söhne sich in unserer Wohnung in Riga befänden. Da war es für uns eine beschlossene Sache, daß auch wir dorthin zurückkehren wollten, um so mehr, als unsere Vorräte fast gänzlich aufgezehrt waren. Wie jedoch sollten wir nach Hause gelangen?

Als mein Mann einmal zu Besorgungen unterwegs war, begegnete er in der Straßenbahn dem Grafen Tyszkiewicz. Dieser Mann, dem vor dem Kriege zahlreiche Güter und Schlösser und das ganze Städtchen Krettingen an der deutsch-russischen Grenze gehört hatten, trug nun, wie andere Flüchtlinge auch, ein Marktnetz in der Hand, gefüllt mit Pasternaken. Er wußte zu berichten, daß bald ein Schiff mit Heimkehrern direkt von Helsingfors nach Riga abgehen würde, daß man aber nur auf dem Deck auf einer mitgebrachten Matratze kampieren dürfe. Sein Wunsch, endlich heimzukehren, sei jedoch so groß, daß er diese Gelegenheit wahrnehmen würde. Auch meine Mutter wollte nach Riga zurück, doch wie konnte sie, die zarte Siebzigjährige, auf diesem kleinen primitiven Schiff die mehrtägige Reise wagen?

Die »Wasa« war ein altes, ausrangiertes Schiff. Ich hatte gehört, daß im Oberkommando eine deutsche Dame Auskunft erteile, und beschloß, sie aufzusuchen. Während ich wartete, bis die Reihe an mich kam, war ich Zeugin einer für die damalige Zeit charakteristischen Unterredung. Ein alter, kultiviert aussehender Russe bat um die Erlaubnis, zu seiner Familie an einen Villenort bei Wiborg zurückkehren zu dürfen. Das sei absolut ausgeschlossen, wurde ihm erwidert, da die finnisch-russische Front sich bereits Wiborg nähere. Er nannte flüsternd seinen Namen; es war der eines in der Presse vielgenannten russischen Duma-Abgeordneten. »Wir dürfen niemandem die Erlaubnis zum Betreten der Kriegszone erteilen«, erklärte die Dame. »Dann nehme ich mir einen Wagen und fahre durch die Front«, rief der alte Herr verzweifelt; »zu meiner von den Roten bedrohten Familie will und werde ich gelangen!«

»Aber das wäre lebensgefährlich«, meinte die Deutsche. »Lebend werden Sie nicht durch die Front gelangen.« Mit einer wegwerfenden Handbewegung erwiderte der sich in Sorge verzehrende Mann, das russische Sprichwort »Zwei Tode gibt es nicht, und der eine ist unvermeidlich« in sein holpriges, falsches Deutsch übersetzend: »Man stirbt nur einmal oder zweimal.« Die Dame schlug ihm vor, sich vom Oberkommando aus mit seinen Angehörigen telefonisch in Verbindung zu setzen. Als ich am nächsten Tag an einem Billettschalter vorüberging, sah ich, wie er sich eine Fahrkarte löste. Der alte Herr hatte also seinen Willen durchgesetzt.

Auch ich wandte mich nun an diese Dame und fragte, ob es wohl eine Möglichkeit gebe, über Reval mit der Bahn nach Riga zurückzukehren. »Warum wollen Sie denn nicht mit der ›Wasa‹ fahren?« mischte sich der finnische Leiter der Rücksiedlung in das Gespräch. Ich gab zur Antwort, daß die Verhältnisse auf der »Wasa« für meine alte herzleidende Mutter zu primitiv seien und daß ich mich auch vor der Minengefahr fürchte. Der Finne erklärte entschieden, daß es in der Ostsee keine Minen mehr gäbe. Die Dame warf ihm einen kurzen, erstaunten Blick zu, rief dann einen anderen Herrn, auch einen Finnen, herbei und fragte diesen, ob es möglich wäre, für die Rücksiedler ein etwas bequemeres Schiff zu erhalten als die schon ausrangierte »Wasa«. Der Gefragte erwiderte, es wären keine anderen Schiffe da. »Wieso?« fragte die Dame und nannte eines, das zur Zeit in irgendeinem finnischen Hafen lag. »Nein«, rief der Finne empört, »das können wir doch der Minengefahr wegen nicht geben! Daran ist gar nicht zu denken.« »Es gibt keine Minen mehr in der Ostsee«, warf hier der erste Finne berichtigend ein. »Jawohl«, höhnte der andere, »aber unsere Schiffe kriechen wie die Fliegen auf die nicht vorhandenen Minen.«

Die Dame riet mir, noch zu warten. Ich dankte ihr für die Klärung der Frage und nahm mir vor, meine Familie keinesfalls diesem Seelenverkäufer von Kahn anzuvertrauen.

Ich weiß nicht, von wem wir es erfuhren, daß in Kürze ein deutsches Schiff nach Reval fahre und Passagiere gratis, aber auf eigene Gefahr mitnehme. Ein deutsches Schiff, das ist ein zuverlässiges Schiff, sagte ich mir; etwas Sichereres werden wir in dieser Kriegszeit nicht finden. Wie aber sollten wir bis zu jenem kurzbefristeten Termin unseren Helsingforser Haushalt auflösen? Doch hier zeigte Rita ihre Fähigkeiten. Sie streifte alle Verträumtheit ab und war ganz Energie und praktisches Zugreifen. In einem Nu war der größere Teil der Möbel unserer Vier-Zimmer-Wohnung verkauft, der kleinere verpackt, und zur festgesetzten frühen Stunde des Abreisetages waren wir alle samt meiner Mutter am Hafen. Das kleine Schiff war nicht für die Aufnahme von Passagieren eingerichtet. Wir mußten selbst zusehen, wo wir und unser Gepäck unterkamen. Die Seeleute waren beeindruckt von den Ernährungsschwierigkeiten in Helsingfors. »Auch in Deutschland haben wir es knapp«, sagten sie, »aber so schlimm wie in Finnland ist es bei weitem nicht. In Helsingfors herrscht ja Hungersnot!«

Die Fahrt von Helsingfors nach Reval über das spiegelglatte Meer dauerte etliche Stunden. Wir waren bereits ziemlich weit draußen, als uns auffiel, daß in einiger Entfernung ein uns turmhoch überragendes Transportschiff die ganze Zeit über in unserem Kielwasser schwamm. In Finnland hatten wir zwar schon gehört, daß wir auf einem »Schlepper« die Überfahrt unternehmen würden, jedoch nicht darüber nachgedacht, was denn ein Schlepper eigentlich sei. Nun begriffen wir, daß unser kleines Schiff den mächtigen Transporter schleppte, und sagten uns, daß es gleichsam der Vorläufer in bezug auf Minensicherheit war.

In Reval angelangt, dauerte es ziemlich lange, bis unsere Papiere geprüft waren und wir die Erlaubnis erhielten, den Schlepper zu verlassen. Am nächsten Tage fuhren wir über Dorpat dem alten Riga zu.

Wieder zu Hause in Riga

Wir hatten in Finnland viel erlebt. Zum Teil waren es äußere Geschehnisse wie Revolution, Hunger und Krieg, zum Teil aber war es auch bei mir ein inneres Nachreifen der in Berlin und in Zürich empfangenen geistigen Eindrücke. Eine größere Aufgeschlossenheit gegenüber den Fragen der Gerechtigkeit und Menschenwürde ließ mich den Gärungsprozeß der Revolution nicht nur aus der Sicht eigenen Nutzens oder Schadens beurteilen, sondern nach den lebendigen Zusammenhängen geistiger Ursachen und Wirkungen suchen.

Wie würde es in meiner Heimat sein? War die Stadt, deren systematische Abdrosselung durch die Evakuierung von Schulen, wissenschaftlichen Institutionen, Behörden und Fabriken wir vor drei Jahren miterlebt hatten, wenigstens jetzt unter der Herrschaft der Deutschen wieder im Aufblühen? In Riga bestand die Schranke der Front, die uns vier Jahre lang von den Freunden in Deutschland getrennt hatte, nicht mehr. Unsere Fabrik würde nun vielleicht auch wieder arbeiten können. Das war notwendig, denn wir kamen ohne Geld in die Heimat zurück. Die Zukunft war voller Fragezeichen.

Die Fahrt vom Bahnhof, den Thronfolger-Boulevard hinauf,

den Alexander-Boulevard entlang zwischen den grünbewipfelten Lindenalleen und der Kathedrale zur Schulenstraße, vorbei an den Anlagen am Kanal und auf der Esplanade, war wie einst, wenn wir im Sommer aus dem Kaukasus, aus Krettingen und später aus Thüringen oder der Schweiz heimgekehrt waren. Doch die Stadt selbst hatte das blühende Aussehen ihrer Friedensjahre noch nicht wiedergewonnen. Die früher so eleganten Läden waren im Laufe der letzten zwei Jahre zu kleinen Büdchen mit leeren oder doch dürftigen Schaufenstern zusammengeschmolzen. Auf einer der besten Straßen Rigas, der Kaufstraße, auf der es früher von Fußgängern und Equipagen gewimmelt hatte, wuchs in dicken Büscheln Gras zwischen den Pflastersteinen.

Unsere Söhne erwarteten uns zu Hause, beide schienen bedrückt. War es die Arbeitslosigkeit und der Geldmangel, waren es bei Mitja, der vor uns Finnland verlassen hatte, Ehekonflikte und bei Kolja Nachwirkungen des Frontlebens?

Die von den deutschen Truppen aufrechterhaltene Ordnung und Sicherheit empfand ich als wohltuend und unsere durch Lebensmittelkarten rationierte, gerecht verteilte Verpflegung nach dem Hungern und Darben in Finnland als einen Fortschritt. Wir waren froh, wieder zu Hause zu sein und fern von Entbehrungen und Willkür in geregelten, fast an die Jahre des Friedens erinnernden Verhältnissen zu leben. Doch niemand von uns war so kritiklos, daß er die unser Taktgefühl und unser Rechtsempfinden irritierenden Mißgriffe, die auch diese ordnungsliebende Macht sich zuschulden kommen ließ, gleichgültig hingenommen hätte. Ich fragte mich selbst, ob das Bild, das ich mir von Deutschland gemacht hatte, vielleicht zu ideal gewesen war.

Im Sonderfrieden von Brest-Litowsk hatte Rußland sich verpflichtet, das Baltikum von seinen Truppen zu räumen. Die Grenze wurde festgelegt im Norden durch die Narowa, den Peipussee, Pleskau, Ostrow über die Düna nach Süden. Es zählte aber auch die südlichste der drei Ostseeprovinzen, Kurland, zu dem westlich jener Linie gelegenen Gebiet, das, wenn mich mein Gedächtnis nicht täuscht, zwar nicht zum Deutschen Reich gehören, aber doch in dessen Schutz stehen sollte.

Durch die Revolution vom 9. November 1918 wurde der Friedensvertrag von Brest-Litowsk sowohl juridisch als auch psychologisch in Frage gestellt. Wir, die wir soeben den finnischen Bürgerkrieg miterlebt hatten, fürchteten, daß nun auch unsere engere Heimat der Schauplatz einer blutigen Auseinandersetzung werden könnte. Die deutschen Offiziere bemühten sich zwar, die Befürchtungen der Zivilbevölkerung zu zerstreuen, und versicherten sie auch fürderhin ihres Schutzes; doch seit dem neunten November hatten sie ihre Untergebenen nicht mehr fest in der Hand.

Die Unruhe in der Bevölkerung wuchs, als sich das Gerücht verbreitete, Rußland ziehe entlang der durch den Friedensvertrag festgesetzten Grenze seine Truppen zusammen. Die deutschen Einheiten fluteten in ihre Heimat zurück; wer sollte nun die Ordnung aufrechterhalten und das Land vor dem Bürgerkrieg bewahren? Doch als wir am Morgen des 18. November nach den Zeitungen griffen, erfuhren wir, daß wir in einem neuen Staat, Lettland, erwacht waren und daß dieser uns fortan gegen jeden äußeren und inneren Feind schützen werde. Die von ihrem Präsidenten Ulmanis aus der Taufe gehobene und repräsentierte Republik Lettland umfaßte ganz Kurland und zwei Drittel von Livland, während der nördliche Teil von Livland zu Estland kam und mit diesem die allerdings recht kleine Republik Eesti bildete.

Ich freute mich dieser in elfter Stunde sich ergebenden Lösung und fand die bissigen und ironischen Randbemerkungen in einer deutschbaltischen Zeitung unklug und unfair; waren wir denn nicht buchstäblich über Nacht aus einem traurigen, jeder Willkür preisgegebenen Niemandsland ein durch Pflichten und Rechte gesicherter Staat geworden? Doch ich vergaß, daß dieser Staat ein noch auf fremde Hilfe angewiesenes, schwächliches Neugeborenes war. Zu seinem Schutz wurde unter zahlreichen inneren und äußeren Eifersüchteleien die Landeswehr geschaffen, wurden lettische, deutschbaltische und russische Freiwilligenverbände aufgestellt, notdürftig ausgebildet und mit ihnen die durch das Abrücken der deutschen Soldaten entstandenen Lücken an der Ostgrenze des neugeborenen Staates Lettland gestopft.

Riga entvölkerte sich zusehends. Viele Familien verließen in Panik die Stadt und suchten bei ihren Verwandten in Deutschland Zuflucht. In anderen blieb der weibliche Teil der Familien der alten Dünastadt treu, während die der Landeswehr angehörenden Väter und Söhne sich immer seltener in ihr blicken ließen und schließlich ganz aus ihrem Weichbild verschwanden.

Weder eigene noch fremde Kraft, weder das kleine Lettland noch das große Deutschland würden uns schützen können. Und England? Zu welchem Zweck hatte es im Norden Rußlands an der Murmanküste seine Truppen gelandet? War das eine kommerzielle oder eine menschenfreundliche Handlung? Es war ein offenes Geheimnis, daß England die im Westen, Süden und Osten an der ganzen Peripherie des russischen Reiches gegen den Bolschewismus kämpfenden Freiwilligen-Armeen unterstützte, nicht sehr tatkräftig, aber immerhin unterstützte. Neunmalweise behaupteten, dies geschähe allein zu dem Zweck, eine gegen die Entente gerichtete Vereinigung des noch nicht völlig niedergerungenen Deutschen Reiches mit einem mächtigen, gleichgültig ob zaristischen oder bolschewistischen Rußland durch den dazwischengeschobenen Feuerwall einer Front zu verhindern.

Ich hatte eine andere, mehr aus der Lektüre von Dickens, Carlyle und Galsworthy als aus politischen Tatsachen resultierende Meinung von England. Aus welchen Hintergründen aber sich die Schutz und Ordnung gewährende Hand uns auch entgegenstrekken mochte – wenn sie nur half!

Mein Bruder, sein damals vierzehnjähriger Sohn und die älteste Tochter waren nach Deutschland gegangen. Meine Schwägerin mit ihrem siebenjährigen jüngsten Sohn und ihrer sechzehnjährigen Tochter Ellen lebte nach wie vor mit uns im selben Hause. In ihrer nun allzu geräumigen Wohnung hatte sie einem befreundeten, aus Petersburg eingetroffenen jungen Ehepaar bereitwillig Unterkunft gewährt. Es schien nicht ratsam, über ein freies Zimmer zu verfügen, da man dadurch leicht in die Zwangslage geriet, unbekannte Mieter aufnehmen zu müssen.

Unsere Wohnung enthielt noch mehr Räume als die meiner Schwägerin, doch wir konnten sie einigermaßen ausfüllen, weil unsere Familie dank Mitjas Verheiratung groß genug geworden war. Außerdem sollten Ärzte, wie man mir sagte, ein Anrecht auf ein Zimmer mehr besitzen. Um ganz sicher zu gehen, brachten wir noch in einem der vorderen Räume, wie mein Mann aus dem französischen Lesebuch seiner Schuljahre zitierte, »une jeune fille, nomée Caroline«, unter, eine schneidernde Nichte unseres resoluten Annchens. In den großen Saal stellten wir schließlich das Bett meines Mannes. Durch diese Einteilung glaubten wir dem Gesetz Genüge getan und unser ruhiges Privatleben vor allen willkürlichen Eingriffen gesichert zu haben, falls der Bürgerkrieg wirklich in die freilich nur zum Teil noch sichtbaren Mauern unserer Stadt eindringen sollte.

Ich war keineswegs besonders tapfer; doch wenn ich fest an etwas glaubte, so war es die gesetzmäßige Entwicklung allen Lebens, auch unseres geistigen und sozialen Lebens. In dem uns bedrohenden Chaos eines Bruderkrieges war Entwicklung nicht möglich.

Zur Zeit der Französischen Revolution mag ein so gewaltsames Sprengen der Fesseln vielleicht noch notwendig gewesen sein; bei uns Menschen des zwanzigsten Jahrhunderts war die geistige und soziale Gebundenheit bereits so gelockert, daß es keiner Gewalt mehr bedurfte und die Vernunft die Entwicklung hätte weiterführen können. Und ich glaubte an die europäische Vernunft, genauer gesagt unter den gegebenen Umständen an die Vernunft Englands, das derzeit, wie mir schien, wie kein zweites Volk die Möglichkeit besaß, Macht und Recht zu einer Einheit zu verschmelzen und dadurch auf unserem Kontinent eine gerechte und naturgesetzmäßige Entwicklung für alle zu sichern.

So nahte Weihnachten. Der Gedanke an den Lichterbaum und an die aufstrahlenden Augen des bald einjährigen Wladimir – der Wolja gerufen wurde – erhellte unsere durch Kriegsnöte und Geldsorgen belasteten Gemüter. Am 18. Dezember geschah etwas Unerwartetes. Englische Kriegsschiffe erschienen auf der Höhe von Bolderaa und warfen im Rigaer Hafen Anker. War das die dem Chaos Halt gebietende, rettende Hand? An jedem Abend dieser Weihnachtszeit stand ich an dem breiten Fenster unseres Speisezimmers und blickte auf die über den dunklen Himmel huschenden Lichtstrahlen aus den Scheinwerfern der englischen Kriegsschiffe. Der Weihnachtsstern verblaßte keineswegs neben dieser Himmelsschrift; im Gegenteil, sie schenkte den hoffenden Menschenherzen die Gewißheit, sich dem Stern und seiner Botschaft ungestört wieder zuwenden zu dürfen.

Die Unordnung in der Stadt nahm zu. Deutsches Militär zog sich in regellosen Trupps nach Mitau zurück; auch die baltischen Freiwilligenverbände verließen Riga. Auf den Straßen wurde immer wieder wahllos geschossen; hier und da lagen Leichen von Soldaten und Zivilpersonen, und in der Nähe des Schützengartens häuften sich die Toten zu einem kleinen Hügel.

Einzelne Geschäfte wurden geplündert. Das Deutsche Theater, an dem Richard Wagner einst gewirkt hatte, stand in Flammen. Der Elevator mit den Vorräten an Mehl und Getreide brannte.

Am Spätnachmittag des nächsten Tages, als ich gerade einen zwar fettarmen, aber dafür zuckersüßen Kuchenteig rührte, besuchte uns mein Schwager Edek Busz. Er ging zuerst in das Zimmer meines Mannes, dann suchte er mich bei meiner Arbeit in der Küche auf. Die Kinder, auch Mitja und Wolja, hatten sich um mich und die Teigschüssel versammelt und verfolgten erwartungsvoll das Werk meiner Hände. Edek sah mir eine Weile schweigend zu. Dann fragte er verständnislos: »Habt ihr vielleicht irgendwelche besonderen Nachrichten erhalten, daß ihr alle so ruhig seid? Ich war eben bei deinem Mann; er sitzt genau so wie immer in seinen Stuhl zurückgelehnt, die langen Beine auf dem Schreibtisch und so versunken in sein Buch, daß er sich nur ungern stören ließ. Ich dachte, er läse vielleicht etwas Notwendiges, etwas Medizinisches; aber nein, es war etwas ganz Abseitiges. Und nun komme ich zu dir – du backst Kuchen! Ja, wißt ihr denn nicht, daß die Bolschewisten jeden Augenblick hier sein können?« Ich wußte wohl, daß die Bolschewisten uns mit jedem Tage näherrückten und daß sie schon am ersten Januar unmittelbar vor unserer ungeschützten Stadt standen; aber ich glaubte fest an eine Mission der englischen Kriegsschiffe, die schon eingreifen würden, wenn der rechte Augenblick für sie gekommen sein sollte.

Am Morgen des 3. Januar klingelte es um zehn Uhr an unserer Tür. Ich öffnete, und Anjuta, die Frau meines Vetters Wims G., fiel mir laut weinend um den Hals. »Grete«, rief sie verzweifelt, »was werden die Bolschewisten mit uns tun?« »Nichts, denn sie werden gar nicht zu uns kommen«, gab ich zur Antwort. Sie starrte mich entgeistert an, dann schrie sie: »Sie sind doch schon da!« »Wo?« »In der Stadt.« »Ach, Unsinn, wer wird denn einem jeden dummen Gerücht glauben!« »Aber ich habe sie doch selbst gesehen und sogar mit einigen von ihnen gesprochen.«

Nun war die Reihe, entgeistert zu blicken, an mich gekommen. »Und die englischen Kriegsschiffe?« fragte ich, noch immer zweifelnd. »Die sind heute Nacht davongedampft.«

Ein Bekannter, der in Rußland die verschiedenen Stadien des Bürgerkrieges und seiner Begleiterscheinungen kennengelernt hatte, riet uns, dafür zu sorgen, daß jeder einen Arbeitsausweis vorzuweisen hatte, weil man sonst zu jeder beliebigen Arbeit gezwungen werden könnte.

Erfreulich war, daß Rita ihr Studium am Polytechnikum, wo sie außer ihrem Hauptfach Architektur auch einige interessante naturwissenschaftliche Kollegs belegt hatte, fortsetzen konnte. Lilia, die ihr Abiturientenexamen in Helsingfors noch nicht hatte ablegen können, trat als Schülerin der obersten Klasse in das Tailowsche Mädchengymnasium ein, wo sie dann bereits im Frühling das Abitur bestand.

Der Januar war noch nicht weit vorgerückt, da begann man von hier und da in der Stadt vorgenommenen Haussuchungen mit und ohne anschließende Verhaftungen zu sprechen. Kompromittierende Schriftstücke oder gar Waffen besaßen wohl die wenigsten; doch die Hausfrauen wollten die Wertsachen, die der Krieg ihnen noch übriggelassen hatte, ihr Tafelsilber und ihren Schmuck, ihr Geld und vor allem ihre Lebensmittel nicht verlieren und begannen nach guten Verstecken zu fahnden. Hierbei wurden Polstermöbel von vornherein für ungeeignet erklärt, da sie bei Haussuchungen in erster Linie gründlichst inspiziert wurden.

Meine Schwester hatte ihren Schmuck zwischen die Dachpfannen ihres großen, von zehn Mietparteien bewohnten Hauses geschoben. Das Silberzeug hatte sie in einen langen schmalen Kissenbezug getan und diesen auf dem Dachboden unter einem hohen Balken versteckt. Ihre und meine Wertpapiere hatte sie im Sand ihres Gemüsekellers unter Möhren und Petersilienwurzeln vergraben. Das Versteck erschien mir so gut, daß auch ich mit Hilfe unseres in jeder Beziehung zuverlässigen und verschwiegenen Annchens ein Blechkästchen mit Wertgegenständen, unter denen sich auch einige von der neuen Regierung außer Kurs gesetzte Gold- und Silbermünzen aus der Zarenzeit befanden, in meinem Gemüsekeller vergrub. Was ich an Duma-Banknoten und sonstigem Geld besaß, schob ich einzeln zwischen die Blätter einiger dicker Bände Puschkin und Nekrassow in dem übervollen Bücherschrank meines Mannes. Unser Silber hatte ich aus den einzelnen Etuis, die ich verbrannte, herausgenommen, in kleine unauffällige Päckchen gewickelt und naiv in den Ecken meines Wäscheschrankes verstaut.

Die Wohnung über der unsrigen gehörte einer reichen, zu einer rheinischen Metallwaren-Dynastie zählenden Familie, die nach Deutschland geflohen war. Eines Nachmittags hörten wir über uns den Lärm schwerer Schritte. Annchen erschien mit vor Zorn stärker als sonst schielenden Augen vor dem Erker in unserem Speisezimmer und meldete kurz und bündig: »Wir haben Bolschewisten im Hause.« Ich wies fragend mit der Hand nach oben. »Ja«, sagte sie. »Nun, das ist noch nicht bei uns«, tröstete ich. »Ja, noch nicht«, antwortete sie und ging wieder in ihre Küche zurück. Nachts, als ich schon im Bett lag, wurden in dem Zimmer über dem meinigen Möbelstücke hin und her geschoben, Schlösser gewaltsam geöffnet und Schubladen zugeworfen.

Am nächsten Tag sollte es in der Wohnung über uns einen Ball geben. Ein Militärorchester mit Trommeln und Trompeten würde spielen, Schnaps und Wein in Strömen fließen, wußte Annchen zu berichten.

Die Repräsentationsräume der oberen Wohnung gingen ebenso wie die der unsrigen auf die Straße, die Schlafzimmer jedoch nach dem Garten hinaus; daher wirkte das Getöse des Blasorchesters dann doch nicht so, wie wir alle gefürchtet hatten. Nachts aber vermochte ich eine Weile nicht wieder einzuschlafen. Ich hatte in der Wohnung über uns Hilferufe einer Frau gehört, die jedesmal von einem sofort einsetzenden Tusch des Blasorchesters übertönt wurden. Der Ekel schüttelte mich, und ich glaube, noch nie hatte »der Menschheit ganzer Jammer« mich so gepackt wie in jenen Augenblicken.

Eines Vormittags saß ich in meinem Zimmer vor dem Schreibtisch und schrieb an meinem Tagebuch. Draußen schneite es in dicken, großen Flocken. Es war still, und ich fühlte mich wieder geborgen in unserem Heim. Da hörte ich in dem nahegelegenen Speisezimmer fremde Schritte, Annchens eilfertiges Mundwerk und endlich die ruhige Stimme meines Mannes. Die fremden Schritte entfernten sich wieder, und ich führte die Eintragungen in mein Tagebuch fort. Nach einiger Zeit öffnete sich die Tür; mein Mann kam herein und setzte sich auf den Diwan. »Ja, Gretullinka«, sagte er bedrückt, »wir bekommen Einquartierung.« Ich erwiderte nichts, sah ihn nur erwartungsvoll an, denn ich merkte, daß noch weiteres folgen würde.

»Es sind acht Mann. Ich habe ihnen die drei vorderen Zimmer gezeigt. Das einzige, in dem kein Bett stand, war mein Arbeitszimmer; das haben sie genommen. Sie wollten einen Raum haben, der unmittelbar neben dem Eingang liegt.«

»Für acht Mann ist das Zimmer doch viel zu klein, und wie kannst du ohne deinen Arbeitsraum auskommen?«

Mein Mann zuckte die Achseln: »Kriegszeit! Da kann man vieles. Am Nachmittag ziehen sie ein.«

»Es hängen verschiedene Kohlezeichnungen von Kolja an der Wand. Die werden ihnen nicht gefallen; man wird sie abnehmen müssen.«

»Das ist unnötig; sie gefallen den Leuten sehr gut.«

Ich starrte meinen Mann sprachlos an; das war doch nicht möglich! Er schmunzelte. »Bei einzelnen Bildern erkundigten sie sich nach deren Bedeutung, und ich habe ihnen die entsprechenden Erklärungen gegeben. Sie waren hochbefriedigt.«

»Dann möchte ich wohl wissen, wie du ihnen das ›Heilige Rußland‹ erklärt haben könntest« (ein Bild, auf dem eine hinterrücks aus der Tiefe greifende Hand einer Gestalt die Krone vom Haupt herunterreißt), und wie das zweite (durch einen Roman von Zola inspirierte, das einen plump und brutal wirkenden Mann mit muskulösen Armen und Fäusten zeigt, der breitbeinig auf den Trümmern einer zerstörten Welt steht).

Mein Mann lachte. »Von dem ersten Bild sagte ich, das sei die Freiheit, der die Reaktion die Krone vom Kopf reiße, und das zweite bezeichnete ich kurz und bündig als ›Kapitalismus‹.«

»Aber«, rief ich zwischen Lachen und Entsetzen, »Bilder reden doch ihre eigene, unmißverständliche Sprache!«

»Unmißverständlich?« fragte mein Mann ernst. »Je nachdem für wen. Ich finde die Sprache der Bilder läßt ebenso wie die Orakelsprüche von Delphi recht verschiedene, oft entgegengesetzte Deutungen zu.«

Plötzlich fiel mir ein, daß ich mein ganzes Bargeld in einem der Bücherschränke in meines Mannes Arbeitszimmer versteckt hatte. Sobald die Einquartierung eingezogen war, konnte ich nicht mehr unbemerkt an den Schrank heran. Glücklicherweise hatte ich die Titel der von mir als »Safe« benutzten Bücher notiert, sonst hätte ich wohl die ganze Nacht in der vollgepfropften Bibliothek nach meinem Geld suchen müssen.

Einen Teil der Banknoten brachte ich nun, fein zusammengefaltet und mit Leukoplast befestigt, auf dem oberen Rand eines Türrahmens an, wo ich sie ruhig einstauben ließ. Von unten her waren sie absolut unsichtbar. Das übrige Geld klebte ich in der hohlen unteren Seite des Randes unserer Emaillebadewanne fest.

Pünktlich bezog die bolschewistische Einquartierung am Nachmittag desselben Tages das Arbeitszimmer meines Mannes. In dem geräumigen Entrée, dessen Verbindungstür nun den ganzen Tag über weit offenstand, hielten sie sich gleichfalls auf. Ihre erste

Handlung in unserem Hause war, daß sie uns durch Annchen einen großen Krug mit gutem kaukasischen Wein schickten und um Teller, Messer und Gabeln für ihre »Sakuska«[32] baten. Ich gab ihnen mein schönstes Tafelgeschirr, meine besten Bestecke und als »Salz und Brot« ein Schälchen mit Bonbons aus den leider schon arg zusammengeschmolzenen Restbeständen unserer Fabrik. Damit schienen die diplomatischen Beziehungen zur beiderseitigen Zufriedenheit eingeleitet zu sein. Nur der Wein bereitete mir ein wenig Sorge, denn mit Ausnahme unserer Söhne tranken auch mein Mann und ich keinen Alkohol, seit Professor Monakow mich über dessen schädliche gesundheitliche und moralische Wirkung genauer orientiert hatte. Auf keinen Fall durfte jedoch das freundlich gebotene Gastgeschenk zurückgewiesen werden. Schließlich geriet ich auf den Einfall, meine Schwester und ihren Mann, die gelegentlich ganz gern einen guten Tropfen tranken, und eine befreundete Familie zu einem Glas Wein einzuladen. Sie kamen gern, voller Interesse und Anteilnahme für die noch etwas unbehagliche neue Konstellation, die sich bei uns ergeben hatte. Da die Spender des Weines immer wieder einzeln und gruppenweise in die offene Tür unseres Speisezimmers traten, um sich zu überzeugen, ob wir ihrem Geschenk auch die gebührende Ehre angedeihen ließen, war der Ton unserer Unterhaltung ziemlich gezwungen.

Die Mahlzeiten an dem großen Eichentisch in unserem Speisezimmer wurden für uns eine recht publique Angelegenheit. Tag und Nacht blieben die Türen offen. Den Bolschewisten stand es jederzeit frei, unsere Speisen, aber auch unsere Gespräche zu kontrollieren. Die gebügelten weißen Damasttücher, die schon Tolstoi als einen provozierenden Faktor empfand, hatte ich fortgelegt; eine Wachstuchdecke diente uns nun als Tischtuch. Unser Essen war

32 Russische Vorspeise.

ohnehin sehr einfach. An Fleisch kam nur noch Pferdefleisch auf den Tisch, was Annchen als eine solche Schmach für uns und für sich als Köchin betrachtete, als hätte sie Regenwürmer oder Käfer für uns braten müssen. In den Augen unserer kritischen Beobachter aber stiegen wir, als sie konstatieren mußten, daß unsere Mahlzeiten in Qualität und Menge sich mit den ihrigen nicht messen konnten.

Der Anführer des bei uns einquartierten Kommandos hielt seine Leute in guter Disziplin. Er war ein fanatischer Anhänger des Kommunismus und behauptete, er würde sogar seinen Vater, der übrigens Gutsbesitzer war, mit eigener Hand erschießen, falls dieser ihm ein Hindernis in den Weg zur Revolutionierung seines Volkes und aller Völker der Erde durch den Kommunismus legen würde. Ich sah sein finsteres Gesicht und spürte seine feindselige Einstellung auch zu uns; doch die ruhige Art, in der er seine Leute fest in der Hand hielt, so daß diese sich auch nicht den kleinsten Übergriff zuschulden kommen ließen, nötigte mir Achtung ab. Längst hatte ich das Silberzeug wieder in die stets unverschlossene Schublade des Buffets zurückgelegt. Es war mir nie recht klar, ob die Bolschewisten unsere Wohnungstür, die den ganzen Tag über offenstand, nachts zuschlossen oder nicht. Wenn ich spät abends meinen gewohnten Rundgang machte, war sie immer noch geöffnet. Dann übergab ich, ohne irgendwelche Fragen zu stellen, sozusagen mein Hausfrauenzepter dem Kommandeur, indem ich sagte: »Ich gehe jetzt schlafen; nun werden Sie schon selbst weiter für Ordnung sorgen.« Die Tür zum Speisezimmer offen lassend, zog ich mich dann in die hinteren Räume zurück.

Im Widerspruch zu der Ansicht, daß Gelegenheit Diebe mache, verschwand bei dieser »Politik der offenen Tür« auch nicht das kleinste Löffelchen aus der Silberschublade des unverschlossenen Buffets.

Die bolschewistischen Soldaten redeten gern mit unserer

schlagfertigen und immer hilfsbereiten Köchin. Eines Morgens aber traf ich sie allein in der Küche. Sie schien tief in Gedanken versunken zu sein. Ich fragte, ob ihr etwas fehle. Mit vorsichtig gedämpfter, oft stockender Stimme berichtete sie: »Gestern abend, als gnädige Frau und der Herr und die Kinder im Speisezimmer beim Tee saßen, kam der Kommandeur zu mir in die Küche. Er redete wieder vom Kommunismus, und daß er auch seinen Vater nicht schonen würde, wenn dieser sich den kommunistischen Ideen entgegenstellte. Dann hob er den Arm, zeigte auf das Speisezimmer und sagte: ›Die da drinnen werden wir auch an die Wand stellen!‹«

»Und was haben Sie dem Kommandeur darauf erwidert? Hoffentlich nichts Unvorsichtiges!«

»Nein, gnädige Frau. Mein Herz stand still vor Schreck, aber dann habe ich gesagt: Ich weiß ja, daß alles, was Sie tun, gut ist; aber sehen Sie, meine Herrschaft ist doch nicht so, wie manche anderen sind. Sie sehen ja selbst, was für ein einfaches Essen ich für alle koche. Und meine Herrschaft hat sich doch über Sie gefreut, als Sie kamen!«

»Und Sie haben ihm gegenüber immer von Ihrer ›Herrschaft‹ gesprochen«, fragte ich, »dieser Ausdruck ärgert die Leute doch nur?«

Annchen fuhr unbeirrt fort: »Der Kommandeur lachte und sagte: ›Solche Herrschaften, die sich über unser Kommen freuen, gibt es gar nicht.‹ Ich habe geantwortet: ›Meine Herrschaften haben sich gefreut, weil Sie die Deutschen von hier vertrieben haben; meine Herrschaften sind doch Russen.‹ Aber er hat mir nicht geglaubt. Und nun denke ich immer, wohin ich meine Herrschaft fortschaffen könnte. Gnädige Frau kann ich ja noch bei meinen Verwandten verstecken, aber den Herrn und die Kinder, das ist ja gar nicht möglich.«

Lilia, die dies hörte und die Schritt für Schritt näherrückende

Bedrohung miterlebte, war der Glaube an den unsichtbaren Schutzwall, den Vater und Mutter ihr bisher bedeutet und dem sie kindlich bedingungslos vertraut hatte, mit einem Schlag genommen. Beim Gutenachtkuß wußte ich nur einen Trost für unsere Jüngste: »Du mußt versuchen zu beten!« sagte ich.

Als die bolschewistischen Truppen ihren Siegeszug gen Westen fortsetzten, schloß sich die bei uns einquartierte kleine Abteilung ihnen an. Das Arbeitszimmer meines Mannes wurde jedoch noch am gleichen Tag von zwei höflichen Offizieren besetzt, die um die Erlaubnis baten, ihre Frauen zu sich zu nehmen. Die Bitte, zwei Ehepaare in demselben Schlafraum unterzubringen, war eigentlich das einzig merkwürdige, was mir von dieser Einquartierung Numero zwei, die sich in keiner Weise um uns kümmerte, in Erinnerung geblieben ist.

In vielen Wohnungen unseres Hauses wurden nun Einquartierungen untergebracht. Das im Dachgeschoß gelegene Maler-Atelier meines Schwagers war von »Flintenweibern« besetzt, das heißt von Frauen, die sich freiwillig zum Erschießen der zum Tode Verurteilten gemeldet hatten.

Eine Welle von Verhaftungen nach der anderen lief durch die Stadt. Auf den Straßen begegnete man häufig größeren und kleineren Gruppen von Männern, unter ihnen zahlreiche Geistliche und andere bekannte und hochgeachtete Persönlichkeiten der Stadt. Ihr Anblick schnitt einem nicht so sehr deswegen ins Herz, weil sie vor einen beladenen Wagen gespannt oder sonst zu einer ihnen ungewohnten physischen Arbeit gezwungen wurden, sondern weil sie, gleichviel ob sie sich auf dem Wege zur Arbeit oder zum Gerichtssaal oder von diesem zurück wieder ins Gefängnis befanden, eine stumme Zurückhaltung zeigten und die Augen von den ihnen Begegnenden abwandten, um diese nicht vor die so gefährliche Möglichkeit eines Grußes zu stellen. Ein Gruß, ein unüberlegtes Wort konnten unter Umständen Todesgefahr bedeuten. Vor dieser Unsicherheit des täglichen Lebens suchte sich jeder zu schützen, so gut es eben ging und soweit ihm dies seine Begabung und sein Gewissen gestatteten.

Meine Mutter hätte ich am liebsten zu mir genommen, doch sie war an Ruhe gewöhnt, und die konnte ich ihr bei uns nicht bieten. Um sie jedoch so weit als möglich vor Übergriffen und Aufregungen zu schützen, bezog ein Studiengenosse Mitjas, der mehr aus äußeren als aus inneren Gründen in die kommunistische Partei eingetreten war, zwei von den fünf Zimmern in der Wohnung meiner Mutter. Obwohl die Wohnung im Parterre und deshalb sozusagen in jedermanns Reichweite lag, ist meine Mutter tatsächlich niemals in irgendeiner Weise gefährdet oder auch nur belästigt worden.

Als im Verlauf der sich in Kurland fortsetzenden Kriegsentwicklung auch die bei uns einquartierten zwei Ehepaare das Haus verlassen hatten, kündigte eine ziemlich angeheiterte Militärperson mir an, daß das Arbeitszimmer meines Mannes zum Abend wieder besetzt sein würde. Doch bevor die eigentliche Einquartierung in Erscheinung trat, fand der Einzug etlicher riesiger Ballons mit Wein und Schnaps statt. Abends begann sich dann nicht nur das beschlagnahmte Zimmer, sondern auch das geräumige Entrée mit Militär und deren Gästen zu füllen. Welche von ihnen zur Einquartierung gehörten und welche zu den Gästen, wußten wir nicht. Unter den letzteren befanden sich einige Straßenmädchen.

Das Stimmengewirr in den beiden Räumen wurde hemmungslos. Unsere Familie saß nach soeben eingenommenem Abendbrot noch vollzählig im Speisezimmer und verfolgte das Crescendo im Entrée, von dem unser Zimmer nur durch einen kleinen Anrichteraum getrennt war. Auf unserer Seite war die Verbindungstür nur leicht angelehnt; die aus dem Entrée in diesen Nebenraum führende Tür mußte auf ausdrücklichen Wunsch der Bolschewisten offengehalten werden. Eine dritte Tür führte aus dem Anrichtezimmer in die Küche und durch diese hindurch auf die Hintertreppe des Hauses.

Woljas Kindermädchen Hilda, das gar zu gern für eine waschechte Kommunistin gehalten werde wollte, stand an der vorschriftsmäßig geöffneten Tür und blickte auf das ihren elf Jahren nicht gerade angemessene bunte Bild. »Wirst du wohl machen, daß du fortkommst!« schrie ein Soldat die Kleine an; »Burshuii[33] haben hier nichts zu suchen!« Erschreckt stob Hilda davon; eine schlimmere Kränkung, als sie für eine »Burshuika« anzusehen, hätte man der kleinen Bolschewistin nicht antun können.

Das Schnaps- und Weingelage schien seinen Höhepunkt zu erreichen. Man hörte, wie Türen verschlossen und wieder aufgebrochen wurden; zwei Männer stritten sich um eine Frau, Schreie ertönten, und Schüsse fielen.

»Rita und Lilia müssen fort. Sie können unten bei meiner Schwester übernachten«, sagte ich, »aber wie kommen sie ungesehen an der offenen Tür des Entrées vorüber?« »Ich werde die Tür für einen Augenblick schließen«, sagte Mitja, »dann können sie schnell daran vorbeilaufen.« »Man darf doch die Tür nicht schließen«, wandte ich ein. »Ich mache es wie unabsichtlich und reiße sie sofort wieder auf. In diesem kurzen Moment müßt ihr hinter meinem Rücken vorbeilaufen; so könnt ihr unbemerkt die Hintertreppe erreichen. Haltet euch in meiner Nähe bereit, damit keine Verzögerung eintritt!«

Als Rita und Lilia die Küche meiner Schwester betraten, fanden sie bereits alle Hausgenossen dort versammelt. »Um Gottes willen, was geschieht bei euch?« fragte meine Schwester entsetzt.

Auf den Wunsch meines Mannes zogen wir uns außer ihm, der im Salon schlief, in die hinteren Räume der Wohnung zurück. Ich legte mich angekleidet auf den Diwan. Mitten in der Nacht ver-

33 Bourgeois.

nahm ich leises Klopfen an der Tür. Es war Wladimir, der mir berichtete, daß wir nun ganz ruhig schlafen könnten. »In meinem Zimmer ist nur noch ein dröhnendes Schnarchen zu vernehmen. Alle sind erledigt; sie werden noch stundenlang wie die Bären schlafen; es ist ein absolut ungefährliches Stadium eingetreten.« »Haben sie dich belästigt?« fragte ich besorgt. »An Schlafen war natürlich nicht zu denken; ich habe gelesen. Ein paarmal trat eine der Straßenmädchen in mein Zimmer, drohte mit der Faust und schrie: ›Verfluchter Burshui!‹« »Und was hast du ihr geantwortet?« »Nichts. Ich habe das armselige Menschenexemplar nur mit Interesse betrachtet. Ein so höllisch betrunkenes Frauenzimmer sieht ein Arzt nicht alle Tage.« Deutlich erstand vor mir das Bild meines unerschrockenen und humorvollen Mannes, der mit einem schwarzseidenen Käppchen auf dem Kopf und einem Buch in der Hand in seinem Bett liegt und im Lichtkreis der grünen Stehlampe aufmerksam und freundlich über den Rand seiner Brille hinweg auf die ihn mit erhobenen Fäusten beschimpfende Frau blickt. »Was können wir unternehmen, damit sich so etwas nicht wiederholt?« »Ja«, meinte mein Mann nachdenklich, »ich fürchte, das wird sehr schwierig werden.«

Die Lösung erfolgte völlig unerwartet bereits am Vormittag des darauffolgenden Tages. Die Initiatoren der Orgie hatten nicht daran gedacht, in dem von ihnen besetzten Zimmer die Vorhänge zuzuziehen, die Festlichkeit mit ihren tumultarischen Auswirkungen war von höheren Offizieren, die in dem uns gegenüberliegenden Haus einquartiert waren, beobachtet worden. Ein gewichtiger Mann erschien in unserer Wohnung und warf die ganze Gesellschaft ohne viele Umstände hinaus. Ein paar Wochen hindurch blieb das Zimmer unbesetzt.

Eines Tages, als ich in der Küche zu tun hatte, vernahm ich ein leises Klopfen, das von der Tür herzukommen schien. Nach kurzer Zeit wiederholte sich das Klopfen; ich rief; wieder regte sich nichts. Als es zum drittenmal erscholl, ging ich zur Tür, öffnete sie und sah gerade noch einen russischen Soldaten hinter der gegenüberliegenden Küchentür in die Wohnung meiner Schwägerin Elli verschwinden; gleichzeitig aber drang das geheimnisvolle Klopfen, das ich vorher an unserer Tür gehört zu haben glaubte, aus dieser Wohnung an mein Ohr. Ein Stich ging mir durchs Herz. Dieser Soldat, das Klopfzeichen – bedeutete das Haussuchung? Es war allgemein bekannt, daß bei Haussuchungen die Wände und Fußböden der Zimmer mit einem kleinen Hammer auf Hohlräume hin untersucht wurden.

Ja, bei meiner Schwägerin war Haussuchung. Man hatte nichts Belastendes gefunden, doch alles war zerwühlt. Der Inhalt der Schubfächer war herausgerissen worden, Andenken lagen verstreut umher. Meine Schwägerin hatte sich sehr darüber aufgeregt, und als die Soldaten das Haus verlassen hatten, brach sie zusammen und mußte noch am selben Abend in eine Klinik gebracht werden.

Die Soldaten hatten gedroht, am nächsten Tage wiederzukommen. Und sie kamen wieder. Als sie meine Schwägerin nicht mehr vorfanden, wollten sie die 16jährige Tochter als Pfand mitnehmen. Da entschloß sich Frau Rehberg, eine Freundin der Familie, statt des jungen Mädchens mitzugehen.

Kaum hatte meine Schwägerin, die noch sehr schonungsbedürftig in der Klinik lag, diesen Tatbestand erfahren, kleidete sie sich an und verfügte sich ins Gefängnis, wo sie die Freilassung von Frau Rehberg erwirkte und selbst in die Gefängniszelle abgeführt wurde.

An einem Tage im März 1919 betrat ein Offizier das Speisezimmer meiner Schwester, warf einen prall mit Silberzeug gefüllten Kissenbezug, den großen Fotoapparat meines Schwagers, der vorschriftsmäßig hätte abgeliefert sein müssen, und einen Revolver, den die Bolschewisten, um eine Falle zu stellen, selbst dazugelegt hatten, auf den Eßtisch und fragte meinen Schwager, ob diese Gegenstände ihm gehörten. Anstatt nun das Silber und den Fotoapparat als sein Eigentum anzuerkennen, den Revolver aber als nicht ihm gehörig zu erklären, behauptete mein Schwager, kein Stück hiervon wäre sein Eigentum. Daraufhin wiesen die Bolschewisten auf das in den Kissenbezug eingenähte Monogramm und entnahmen dem Fotoapparat eine Visitenkarte meines Schwagers. Natürlich wollten sie nicht glauben, daß in der luxuriös eingerichteten Wohnung der bereits von ihnen konfiszierte Kissenbezug mit Tafelsilber das einzige Ergebnis ihrer Haussuchung sein sollte. Meine Schwester und ihr Mann verweigerten jede Auskunft über etwa von ihnen geheimgehaltene Verstecke. Einer der Soldaten sagte plötzlich: »Kommen Sie mit!« Er führte beide in den Garten hinunter. Auf dem vor der Parterrewohnung meiner Mutter liegenden Tennisplatz angelangt, riß er sein Gewehr von der Schulter und befahl, sich an der Brandmauer des Nachbarhauses aufzustellen. Meine Schwester wandte den Kopf und fragte: »Sie werden uns doch nicht erschießen?« »Und warum nicht, wenn Sie uns nicht sagen wollen, wo Sie Ihr Geld verborgen haben?« »Aber nicht hier vor den Fenstern meiner alten Mutter und vor unserem Kinde«, antwortete meine sonst immer ängstliche Schwester gelassen; »dann führen Sie uns an die andere Seite des Hauses!« »Wie Sie wollen«, sagte der Bolschewist und ging auf die Mauer im entgegengesetzten Teil des Gartens zu. Auf dem Wege dorthin redete er noch einmal auf die beiden ein und riet ihnen, lieber auf ihr Geld als auf ihr Leben zu verzichten. Da gab meine Schwester, bei der die Erschütterung und der Schreck nachzuwirken begannen, das Versteck bekannt.

Nun begann ein merkwürdiges Katz- und Mausspielen der Bolschewisten mit meiner Schwester und ihrem Mann; bald wurden sie wie Gefangene, bald wie freie Menschen behandelt. Während ich bedrückt in meinem Schlafzimmer saß, hörte ich Schritte im

Speisezimmer; ein Gewehrkolben wurde auf den Parkettfußboden gestoßen, und eine befehlende Stimme rief laut: »Chosaika!«[34] Schnell betrat ich das Eßzimmer.

Großspurig, ganz Machthaber über Tod und Leben, stand mitten im Raum ein Soldat und fragte mich, ob die vernagelten Kisten im Keller uns gehören. »Nein, nicht uns«, sagte ich, »sondern der Gesellschaft russischer Ärzte in Riga, deren Vorsitzender mein Mann ist; sie sind vorschriftsmäßig registriert«, setzte ich wahrheitsgemäß hinzu.

»Wo ist der Beweis hierfür?«

»Den hat mein Mann bei sich. Er wird bald zu Hause sein, dann wird er Ihnen das Papier hinunterbringen.«

»Wird – wird –« spottete er. »So geht das nicht. Dann müssen Sie eben in den Keller kommen, und wir untersuchen die Kisten in Ihrer Gegenwart.«

»Gut«, sagte ich, »von dem medizinischen Inhalt dieser Kisten verstehe ich zwar nichts, aber ich komme mit.«

Wir stiegen also die Hintertreppe in den Keller hinab. Wie zu erwarten gewesen, fand sich auch nicht ein einziger zu beanstandender Gegenstand in den Kisten, und sie wurden wieder zugenagelt.

Am Spätnachmittag sah ich vom Fenster meines Zimmers aus, wie die Soldaten im Hof einen großen Wagen mit den in unserem Hause beschlagnahmten Sachen beluden. Meine Schwester war nicht zu sehen, doch mein Schwager ging ohne Hut und Mantel hin und her und half beim Verstauen der konfiszierten Gegenstände wie ein liebenswürdiger Hausherr, der seine Gäste bis zu ihrem Wagen begleitet und sie noch freigiebig mit allerlei guten Dingen für den Weg versorgt. Ich erkundigte mich bei Annchen, ob noch jemand von den Bolschewisten in der Wohnung meiner Schwester

34 Hausfrau.

sei. »Alle fort, alle fort«, rief sie strahlend. »Und ist alles in Ordnung? Niemand verhaftet?« »Nein, niemand. Nur die Sachen – gnädige Frau sehen ja.« »Ich weiß, aber das läßt sich verwinden.«

Rasch ging ich zu meiner Schwester, um sie zu dem einigermaßen erträglichen Abschluß zu beglückwünschen. Ich fand sie im Erker ihres Speisezimmers völlig erschöpft und nahezu teilnahmslos. Während wir uns leise unterhielten, lehnte ihre fünfzehnjährige Tochter Renja an dem breiten Fenster und beobachtete im Hof das Aufladen der von den Soldaten konfiszierten Sachen. Plötzlich schrie das Kind laut auf. »Papa, Papa! Sie führen Papa fort!«

In einem Nu war meine Schwester neben ihr, beugte sich aus dem Fenster hinaus und sah gerade noch den hochbeladenen Wagen in den zur Schulenstraße führenden Torweg einbiegen. Ohne ein Wort zu verlieren, stürzte sie ins Entree, riß den Mantel ihres Mannes vom Garderobenständer und rannte die vordere Treppe zur Straße hinunter. Der kleine Zug hatte sich bereits eine Strecke weit entfernt, doch wie hätte meine Schwester ihren Mann, der weder eine Decke noch das geringste sonstige Gepäck bei sich hatte, bei dem scharfen Märzwind und den kalten Nächten in der leichten Hausjoppe ziehen lassen? Sie eilte dem schwerfällig dahinschwankenden, hochbeladenen Wagen nach, und obwohl die Soldaten das Tempo nicht verlangsamten, fand sie doch Zeit zur Übergabe des Mantels und zu einem stummen Händedruck.

Gleich am nächsten Morgen begann meine Schwester energisch alle Hebel für die Befreiung ihres Mannes in Bewegung zu setzen. Es verging jedoch Woche auf Woche, ohne daß die von mehr oder weniger einflußreichen Personen zugesagte Fürsprache Erfolg hatte. Ein gutmütiger Gefängniswärter brachte meiner Schwester einen Zettel ihres Mannes, in dem er um Wäsche, Hausschuhe, eine Decke und an den hierfür genehmigten Tagen um kräftigeres Essen bat. Es waren aber nur trockenes Brot, Suppe oder andere einfache Speisen zugelassen. Durch ein halbes Dutzend in die Gemüsesuppe versenkte hartgekochte Eier oder durch ein geschickt in ein größeres Stück Brot hineinpraktiziertes Stück Speck wurden die offiziell erlaubten Speisen dann inoffiziell ergänzt. Zuweilen wurde das Brot auch als Briefkasten benutzt; meine Schwester tat dies aber nur ungern, denn falls diese Postverbindung entdeckt würde, lief der Gefangene Gefahr, das Recht auf die Zustellung kräftigerer Nahrung zu verlieren.

Eines Tages hatte eine einflußreiche Persönlichkeit meiner Schwester versichert, daß ihr Mann an einem bestimmten Tage aus dem Gefängnis entlassen werden würde. »Komm, teilen wir es Edek gleich mit«, rief sie erfreut.

Um nicht durch gehässige Äußerungen des Klassenkampfes belästigt zu werden, kleideten meine Schwester und ich uns so einfach und unauffällig wie nur möglich, wenn wir das Haus verließen. Als wir den großen Platz vor der Zitadelle, in der mein Schwager gefangen saß, erreicht hatten, stand eine Menschenmenge, Kopf an Kopf gedrängt, vor dem Gefängnis. Jeder von ihnen hatte Angehörige hinter den Mauern der Zitadelle. Kein lautes Wort war zu vernehmen; nur die Schritte des Wachsoldaten, der mit dem Gewehr auf der Schulter vor dem Eingang auf und abschritt. Eine erschütternde Stille lag über diesen Menschen, deren Augen unverwandt auf die vergitterten Fenster des Gefängnisses gerichtet waren, hinter denen sie ihre Angehörigen erkannten. Manche Gesichter zeigten abwehrende Verschlossenheit, andere blickten tapfer lächelnd und bemüht, Haltung zu zeigen und Halt zu geben, zu den Ihrigen empor. Und man begann zu ahnen, welch ein unendlicher Trost dieses wortlos einander von fern in die Augen Blicken sein konnte.

Auch mein Schwager erschien an einem Eckfenster und nickte uns zu. Meine Schwester wußte wohl, daß es streng verboten war, mit den Häftlingen zu sprechen; doch sie wollte ihren Mann mit der Mitteilung von der Zusage seiner demnächst bevorstehenden Freilassung trösten. Sie wandte sich aber nicht ihm, sondern mir zu und rief mit lauter Stimme in polnischer Sprache: »Mittwoch wirst du frei sein!« Edek erwiderte ein einziges Wort in der gleichen Sprache. Gleich darauf krachte ein Schuß. Die Wache hatte das Gewehr von der Schulter gerissen und in das Fenster, an dem mein Schwager eben noch gestanden hatte, hineingefeuert. Getroffen war niemand, doch die Gefangenen waren durch den Schuß verscheucht worden.

Ein Murren der Unzufriedenheit über die unvorsichtige Handlungsweise meiner Schwester, die sie des einzigen Kontaktes mit den Angehörigen beraubt hatte, lief durch die Menge. Allmählich jedoch fanden die Häftlinge sich wieder an den Fenstern ein, und die große Stille lag von neuem über dem mit Menschen überfüllten Platz.

Es war ein eigenes Ding um die »gesetzlichen Verordnungen« in den Gefängnissen, die nicht nur von den Häftlingen und ihren Angehörigen, sondern aus reiner Menschlichkeit öfters auch von einzelnen Wächtern übertreten wurden. Allerdings waren die Grundfesten des Lebens durch die Zusammenballung von Krieg und Klassenkampf so erschüttert, und die belanglosen, aber wohltuenden kleinen Annehmlichkeiten des Alltags so sehr durch drohende Gewalten verdrängt, daß das Gefühl für den Wert des Lebens stumpf geworden war.

Der Mittwoch kam und verging, ohne meinem Schwager die Entlassung gebracht zu haben. Noch mehrmals begleitete ich meine Schwester auf den Platz vor der Zitadelle. An einem dieser Tage unternahm mein Schwager ungeachtet der vor dem Gefängnis auf- und abschreitenden Posten und der Anwesenheit einer mehrere Hunderte zählenden Menge den Versuch, meiner Schwester einen Brief zu übermitteln. Wir hatten einen der Familie treu ergebenen Arbeiter unserer Fabrik mitgenommen, damit er das für Edek Busz bestimmte Essen im Gefängnis abgebe. Danach kehrte er wieder zu uns zurück und sah zu dem Fenster empor, an dem die

Silhouette meines Schwagers zu erkennen war. Die Nähe dieses Mannes mochte Edek ermutigt haben, seiner Frau einige Zeilen zu schreiben, doch seine Hand war zu breit, um sie durch das eiserne Gitter hindurchzwängen zu können. Da erbot sich ein Dieb mit kleinen, schmalen Händen, der mit vielen anderen seine Zelle teilte, den Zettel unter Beachtung aller nötigen Vorsicht hinauszubefördern. Er umschloß das gefaltete Papier mit seiner fast frauenhaft zarten Hand, die sich geschmeidig durch das enge Gitter schob, und ließ in dem Moment, als der Wachposten für die Dauer weniger Schritte dem Fenster den Rücken wandte, den Zettel zu Boden flattern. Der Arbeiter schien dem beängstigend langsam sich herabsenkenden Papierfetzen nicht die geringste Aufmerksamkeit zu schenken; er wandte nicht einmal den Kopf, als er neben ihm zu Boden fiel. Gelassen stellte er den Fuß darauf und entzog ihn so den Blicken der Wache, die kehrtgemacht hatte und sich ihm von neuem näherte. Erst als der Posten ihm wieder den Rücken zuwandte, hob er den Zettel auf und steckte ihn in seine Tasche. Dann schlenderte er zu dem Wachsoldaten und erkundigte sich nach der nächsten öffentlichen Toilette. Als er unauffällig wieder neben uns auftauchte, sagte meine Schwester: »Es ist kalt, Sie haben blaugefrorene Finger; wärmen Sie sich die Hände.« Damit reichte sie ihm ihren Muff, den sie der großen Kälte wegen mitgenommen hatte. Bei der Rückgabe des Muffs gelangte der Brief meines Schwagers an die richtige Adresse.

Wir entfernten uns langsam. In den Anlagen las meine Schwester die Zeilen ihres Mannes, während ich, langsam auf und ab gehend, die Wege beobachtete. Mein Schwager schrieb, daß im Gefängnis Typhus ausgebrochen sei, und bat um Beschleunigung seiner Angelegenheit. Beschleunigung! An wie viele maßgebende Personen hatte meine Schwester sich schon gewandt, wie viele Ratschläge und Versprechungen hatte sie bereits erhalten, und doch rückte die Haftentlassung nicht näher.

Das Heim als schützender Hort der Familie existierte nicht mehr. Freiheit des Wortes, der Überzeugung, der Persönlichkeit bestand nicht mehr. Durch die Willkür und das Unrecht, das allenthalben einem jeden von uns geschah, wurde die seelische Belastung immer stärker. Im Grunde waren alle, besonders aber jeder der der früher besitzenden Klasse Angehörende vogelfrei und ständig von Gefahr und Untergang bedroht. Von der Kulturwelt, aus der man gewohnt war, geistige und seelische Kräfte zu schöpfen, waren wir hermetisch abgeschlossen. Die Front umgab uns wie eine Mauer, durch die niemand hindurchkonnte.

»Kannst du morgen vormittag mit mir mitkommen?« fragte meine Schwester mich eines Abends mit einem so grüblerischen Ausdruck, daß ich besorgt forschte: »Wohin? Zur Zitadelle?«

»Nein, ins Revolutionstribunal.«

»Was willst du dort?« fragte ich.

»Ich möchte jemanden bestechen. Man hat mir einen Mann genannt, der dafür zugänglich sein soll.«

»Geld oder Lebensmittel?«

»Beides«, erwiderte sie.

Ungehindert betraten wir am nächsten Tage das große, düstere Gebäude des Revolutionstribunals auf der Alexanderstraße. Meine Schwester steuerte auf die in das obere Stockwerk führende Treppe zu. Auf der ersten Stufe blieb sie stehen: »Warte, bitte, hier auf mich; es ist vielleicht besser, solche Angelegenheiten unter vier Augen abzumachen.«

Natürlich hatte sie recht. Sie verschwand, um von einer über Vollmachten verfügenden Gerichtsperson die Entlassung ihres Mannes aus dem Gefängnis zu erwirken.

Die Unterredung dauerte lange. Ich stand in dem halbdunklen Korridor und hätte am liebsten die Augen geschlossen, um das düstere Haus, die schmutzigen Korridore, die vielen Gruppen Gefangener, die von der Wache an mir vorübergeführt wurden und von denen die weitaus meisten nicht mehr und nicht weniger schuldig waren als ich selbst, nicht sehen zu müssen. Eine panische Angst nahm von mir Besitz, und ich fühlte meine innere Kraft versiegen. Da fiel mir ein Wort ein, das ich vor vielen Jahren von Monakow gehört hatte: »Auch Illusionen haben manchmal einen Wert; sie können unter Umständen einen Menschen retten.« Ich weiß selbst nicht, wieso ich gerade auf eine derartige Nutzanweisung dieses vielleicht ganz anders gemeinten Wortes kam, doch plötzlich schob ich ohne viel Überlegung einen kräftigen Riegel vor den drohenden Zusammenbruch meiner Willenskraft, indem ich mir ganz deutlich und bis in alle Einzelheiten vorstellte, wie ich als ein körperloses und behendes Wesen die uns von der ganzen Welt und von allem, was das Leben erst lebenswert macht, trennende Mauer übersteige. Diese beglückende bildhafte Vorstellung gewährte dem bedrängten Gemüt eine Entlastung. Ich spürte, daß die Gefahr für mein inneres Gleichgewicht vorüber war.

Der Gang meiner Schwester zum Revolutionstribunal hatte keinen Erfolg gehabt; für ihre konkreten Gaben hatte sie nur abstrakte Versprechungen erhalten. Die Entlassung meines Schwagers erfolgte erst ein Vierteljahr später, als sämtliche Arbeiter unserer Fabrik eine Bittschrift an das Gericht sandten und um die Befreiung ihres Direktors baten. Als er heimkehren durfte, sah man ihm die durchlittene Zeit an, aber seine Stimmung war friedfertig. Er hatte bei der Eintönigkeit, die sein und seiner Zellengenossen Leben beherrschte, viel über Theosophie und über die Weisheiten der Yogi erzählt und war dabei besonders bei dem Dieb auf ein waches Interesse gestoßen. Seine zu einem Teil nicht ganz einwandfreien Leidensgenossen versuchte er sowohl in ethischer als auch in ästhetischer Hinsicht zu beeinflussen. Es gelang ihm auch, bei der Gefängnisleitung durchzusetzen, daß die furchtbare »Parascha«, die der Notdurft der Zelleninsassen dienende Holztonne, einen Deckel erhielt.

Die Einberufung der männlichen Jugend in die Rote Armee brachte neue Probleme. Mitja trat als Mediziner in einen Sanitätszug ein. Von der Außenwelt erfuhren wir wenig. Wir wußten, daß in Kurland noch gekämpft wurde; es hatte indessen nicht den Anschein, als ob uns von irgendwoher eine nennenswerte Hilfe zuteil werden sollte. Mit der Frühlingswärme schossen in der Stadt Gerüchte empor; kein vernünftiger Mensch schenkte ihnen Glauben.

Dessen ungeachtet stutzte ich eines Morgens beim Lesen der »Roten Fahne«. Da stand mit großen Lettern über die ganze Breite des Blattes gedruckt: »Wir werden das Lächeln von den Lippen der Bourgeoisie fortwischen.« Ich fragte mich, ob vielleicht eine Besserung an der kurländischen Front eingetreten sei, und erwog die Möglichkeit, daß die Landeswehr durch deutsche Truppen Verstärkung erhalten habe.

Im Laufe der folgenden Zeit kreisten oft deutsche Flugzeuge über unserer Stadt. Die Pessimisten unter uns erblickten darin ein Moment, das unsere Lage nur verschlimmern konnte; die Optimisten, zu denen ich auch meinen Mann und mich zählte, fanden, daß das immerhin einen kleinen Kontakt mit der Außenwelt bildete, der geeignet war, den während der letzten Zeit immer mehr zunehmenden roten Terror zu kontrollieren. Die an der Front kämpfende Landeswehr wußte ihre Angehörigen in der Gewalt der Bolschewisten, und die zahlreichen Erschießungen im Bikkernschen Walde waren ihnen nicht unbekannt geblieben. Die Leichtgläubigen unter uns wurden durch das Erscheinen der Flugzeuge zum Bauen von Luftschlössern angeregt.

Jemand brachte mir einen von deutschen Flugzeugen abgeworfenen Zettel, auf dem nichts anderes stand als die Nummer und der Vers eines Gesangbuchliedes. Die Angabe entsprach der in den Kirchen zum Gottesdienst üblichen Weise und machte nicht im entferntesten den Eindruck einer politischen Mitteilung. Ich schlug in meinem Gesangbuch die betreffende Stelle auf; da war nichts, was auf unsere augenblickliche Lage in Riga Bezug gehabt hätte. Dann fiel mir ein, daß mein Gesangbuch zu der reformierten Kirche gehörte, während der größere Teil der Rigaer Bevölkerung lutherischer Konfession war. Ich verschaffte mir also ein lutherisches Gesangbuch, schlug es auf und fand unter der angegebenen Nummer den Vers:

»Verzage nicht, du Häuflein klein,
ob auch die Feinde willens sein,
dich gänzlich zu zerstören,
und suchen deinen Untergang.
O, kleines Häuflein, sei nicht bang,
es wird nicht lange währen!«

Eine Woge von Hoffnung und Mut schlug bei diesen Worten über meinem Herzen zusammen. Es gab jemanden, der an unserer Rettung arbeitete. Ob er stark genug war, diese Errettung zu erzwingen, und ob unsere Kraft noch so lange ausreichen würde, das war eine andere Frage. Die seelische Grundlage unserer Hoffnung konnte uns jetzt niemand mehr rauben; die praktische stand in Gottes Hand.

Die Einflüge der deutschen Flugzeuge hatten zugenommen, und es wurde allmählich auch dem größten Skeptiker klar, daß sich entscheidende Ereignisse vorbereiteten. Man begann bereits mit der Möglichkeit eines »Wunders über Nacht« zu rechnen.

Der Sanitätszug, in dem Mitja sich befand, erhielt den Befehl, Riga zu verlassen. »Sorge dich nicht um mich«, sagte er, »wir sehen uns bald wieder!«

Vielleicht wäre die Gewißheit dieses Wiedersehens und unserer Befreiung uns doch auf Sand gebaut vorgekommen, wenn wir geahnt hätten, mit welchen geringen Kräften der Feldzug gegen Riga unternommen wurde und daß Sein oder Nichtsein für uns fast ausschließlich von der Energie und dem Wagemut einer einzigen

Persönlichkeit, von der des jungen Hans von Manteuffel, abhingen. Doch wir hatten diese Gewißheit so notwendig wie die Luft zum Atmen. So geschah es, daß sich wieder einmal das Hölderlin-Wort »Wo aber Gefahr ist, wächst das Rettende auch« bewahrheitete.

Der Vormittag des 22. Mai 1919 unterschied sich in nichts von den voraufgegangenen letzten Tagen. Vielleicht zeigten sich noch öfter als sonst deutsche Flugzeuge über der Stadt; doch daran hatte man sich gewöhnt. Unsere Einquartierung schenkte ihnen nicht die geringste Aufmerksamkeit. Den Bolschewisten war nicht eine Spur von Nervosität anzumerken; in Ruhe und Sicherheit gingen sie ihrer täglichen Beschäftigung nach.

Nach unserem Mittagsmahl hatte ich mich in meinem Zimmer schlafen gelegt. Ich erwachte davon, daß jemand hereinkam. »Verzeih, daß ich dich aufwecke«, sagte meine Schwester mit einer Stimme, in der eine tiefe innere Bewegung mitschwang. Ich blickte gespannt auf.

»Man behauptet, die Weißen seien schon in der Stadt!«

»Das ist doch nicht möglich; man hört ja gar kein Schießen.«

»Hier hört man es freilich noch nicht; aber an der Düna soll gekämpft werden. Und hörst du nicht das Rattern der vielen abziehenden Wagen auf der Alexanderstraße? Das war doch sonst nicht so.«

Ich hob lauschend den Kopf. Wahrhaftig, ein ununterbrochenes Rollen war zu vernehmen.

Wir eilten in das Zimmer meines Mannes, um ihn zu fragen, ob man ein derartiges Gerücht für glaubwürdig halten dürfe.

»Das werden wir gleich feststellen«, rief er gutgelaunt; »ich gehe zur Düna, und läßt man mich ungehindert bis ans Ufer gelangen, so ist das Ganze ein Unsinn. Andernfalls – nun, man wird ja sehen.«

Umständlich machte er sich für den Spaziergang bereit. Ich ersah daraus, daß er nicht mit der Glaubwürdigkeit des Gerüchtes rechnete, sondern allenfalls mit der Möglichkeit eines ungestörten längeren Spaziergangs.

Doch schon nach einer Viertelstunde war er wieder zurück.

»Es stimmt«, rief er, »man wird nur bis auf die andere Seite der Esplanade durchgelassen. Dort ist alles gesperrt. Ich wollte mich als Arzt hindurchschlängeln, aber es war nicht möglich.«

»Hört man dort schießen?«

»Und ob. Die Bolschewisten sind überall im Abziehen begriffen. Seht mal, da drüben!«

Wir traten ans Fenster. Vor dem uns schräg gegenüberliegenden Eckhaus hielten zwei Wagen. Aus den Parterrefenstern wurden Bündel und Packen auf die Straße geworfen und in Eile aufgeladen. Die Pferde zogen an, die Soldaten liefen hinterdrein und schwangen sich auf die Wagen. Als ich zu meiner Mutter hinuntereilte, um auch ihr die so unglaublich klingende Kunde zu bringen, sah ich die im Atelier meines Schwagers hausenden Flintenweiber mit ihren Gewehren die Küchentreppe hinunterrennen. Eine halbe Stunde später war auch unsere Einquartierung aus dem Arbeitszimmer meines Mannes verschwunden. Außer einem kleinen Bild von Kolja, das einen Liebhaber gefunden hatte, war uns durch die verschiedenen Einquartierungen nie das Geringste abhanden gekommen.

Unser Haus lag etwa hundert Schritte von der Esplanade entfernt. Einzelne Schüsse und zuweilen auch ganze Salven drangen von diesem neben der russischen Kathedrale sich ausbreitenden freien Platz zu uns herüber; aber kein Artilleriefeuer war zu hören. Und doch fluteten die Rotarmisten in hellen Haufen zu der nach Pleskau führenden livländischen Chaussee hinaus. War es möglich, eine Halbmillionenstadt wie Riga ohne Artilleriebeschuß zu nehmen? Nicht einmal Soldaten waren genügend vorhanden! – Mit einer Handvoll junger Männer war Hans von Manteuffel seiner nicht gerade überwältigenden Truppen-Hauptmacht vorausgeeilt, um das zu verhindern, was über Tod und Leben der vielen Inhaftierten entscheiden konnte: das Sprengen der über die Düna führenden Brücken. Und er verhinderte es. Nachdem er die Brükken durch Wachen gesichert hatte, erzwang er sich und seiner kleinen Schar den Weg zur Zitadelle, um die Gefangenen zu befreien. Die Erfahrungen, die sie bei der Eroberung kleinerer Städte gemacht hatten, ließen sie befürchten, daß in den Nischen der Gefängniskorridore bereits die Handgranaten bereitlagen, um beim Abzug der Roten Armee in die Zellen der Häftlinge geworfen zu werden. So war es auch, aber hier kam die Rettung zur rechten Zeit. Die Gefangenen, unter ihnen auch meine Schwägerin Elli, waren frei. Hans von Manteuffel aber fand bei diesen Kämpfen um die Zitadelle den Tod.

Für die Häftlinge auf der anderen Seite der Stadt, im Matthäigefängnis, zu dem die baltische Landeswehr nicht so rasch vorstoßen konnte, war es zu spät. Sie wurden von den zur Flucht aufgebrochenen Soldaten auf dem Gefängnishof zusammengetrieben und durch MG-Feuer niedergemäht.

Wir auf unserer Schulenstraße ahnten natürlich noch nichts von diesen Einzelheiten. Wir wußten nur, daß die Befreier am Werke waren, und errieten aus dem Gebaren der flüchtenden Bolschewisten, welcher Seite der Sieg sich zuneigte.

Um die sechste Abendstunde fragte meine Schwester telefonisch an, ob wir nicht auch herunterkämen; ein Zug »Weißer« nähere sich von der Esplanade her. Im Torweg standen die Bewohner unseres Hauses in kleinen Gruppen beieinander. Auch unser bolschewistisch gesinnter Hausmann und seine stets zu Bosheiten neigende Frau waren anwesend. »Keine Unvorsichtigkeiten«, flüsterte meine Schwester, »keine Freude zeigen! Wer weiß, ob die Roten nicht morgen wieder da sind! Die Hausmannsleute würden sich schwerlich davor scheuen, uns anzuzeigen.«

»Sie hätten schon manches angeben können und haben es doch nicht getan«, wandte ich ein, obwohl ich die Warnung meiner Schwester für richtig hielt.

Wie beherzigenswert ihre Worte waren, brachte mir der herannahende Zug unserer Befreier erst völlig zu Bewußtsein. Müde und abgekämpft und dennoch in eiligem Marschtempo zogen die Trüppchen an uns vorüber. Überall standen die Menschen in den Torwegen und an den Fenstern. Niemand schrie Hurra, niemand warf ihnen Blumen zu, und doch mußten diese bestaubten Kämpfer unseren Dank fühlen.

An der offenen Wohnungstür meiner Schwester vorbeikommend, vernahm ich die Stimme meiner Schwägerin Elli. Sie kam direkt aus dem Gefängnis. Sie hatte soeben zu Fuß den weiten Weg von der Zitadelle durch die Straßen der Stadt gemacht, im roten Morgenrock, in Hausschuhen und mit schlicht zurückgekämmtem Haar, so wie sie in ihrer Zelle hatte leben müssen. Welch ein inniges Glück strahlten ihr schmalgewordenes Gesicht und ihr in Demut und Dankbarkeit leuchtendes Wesen aus. – Demut und Dankbarkeit im Herzen, wenn auch nicht ständig auf den Lippen, beschlossen auch wir diesen unvergeßlichen Tag. Die Nacht war wie eine Fortsetzung des Wunders: Die Nachhut oder vielmehr das Gros der Landeswehr und der mit ihr verbundenen Eisernen Division war eingetroffen.

Um zwei Uhr nachts klingelte es bei uns. Ich öffnete. Vor der Tür stand mein Vetter Wims. Angstvoll blickte er mir ins Gesicht, als er mich fragte, ob ich wohl eine Ahnung hätte, wo seine Frau und seine beiden jüngeren Kinder sich befänden. Wie schön war es, ihm sagen zu können: »Sie befinden sich mit dir unter demselben Dach!« Während ich zum erstenmal seit fünf Monaten wieder ein weißes Damasttuch über unseren Speisetisch breitete, klingelte es von neuem; mein Bruder mit seinem vierzehnjährigen Sohn in Soldatenuniform trat ein. Beide gehörten der Eisernen

Division an, und wiederum war ich glücklich, ihnen von Ellis Befreiung aus der Zitadelle berichten zu können.

Nach unserer fünfmonatigen Abgeschlossenheit gab es für uns manches Neue zu hören. Nicht mehr der englandfreundliche Ulmanis, sondern der deutschfreundliche Needra sollte jetzt Präsident von Lettland sein. War Needra nicht ein lettischer Gelehrter?

Auch von den Kämpfen in Kurland, dem vielgeprüften »Gottesländchen«, wußten unsere Heimgekehrten zu berichten und von Deutschland, in dem die Revolution im Vergleich zu der russischen einen so maßvollen Verlauf nahm. Es gab wieder Briefe, Bücher, Reisen, Kultur und Menschheit, und es wird, dachte ich, auch wieder ein unverrückbares Recht, eine alle umschließende Gerechtigkeit geben.

Es tut mir leid, dieses Kapitel meiner Erinnerungen nicht mit diesen Worten abschließen zu können. Denn die Art von Gerechtigkeit, die ich in den darauffolgenden Wochen in unserem jetzt »weißen« Riga im Gewande eines Racheengels einherschreiten sah, hätte meine Schlußworte Lügen gestraft.

Ich war geradezu entsetzt, von einem der jungen Leute zu erfahren, daß man eine Bäuerin als »Bolschewistin« erschossen hatte, weil sie Spitzenwäsche in der Kommode hatte. Diese Wäsche konnte seiner Meinung nach nur geraubt oder einer der Erschossenen abgenommen worden sein. »Ja, wißt ihr denn nicht«, rief ich, »daß wir selbst vor den Einfahrten der Bauernherbergen gestanden und unsere Wäschestücke bei den Bäuerinnen gegen Butter und Speck eingetauscht haben? Auch ich habe das getan!« Das überzeugte die jungen Soldaten wenig; sie ließen mich vielmehr fühlen, daß ich nach ihrer Meinung aus Sympathie für die Bolschewisten deren Partei ergreife und darum auch kein Verständnis für die »Gesinnungstüchtigkeit« der Weißen besäße. Wer für die Gerechtigkeit eintritt, wird die Erfahrung machen, daß es stets dieselben Kräfte sittlicher Unreife und geistiger Beschränktheit sind, die ihr entgegenwirken.

Mitjas Rückkehr am dritten Tage nach unserer Befreiung bot dafür das richtige Beispiel. Sobald der Verlust von Riga und Dünamünde im bolschewistischen Sanitätszug bekanntgeworden war, hatte Mitja die Einheit verlassen. Ein jüdischer Sanitäter hatte sich ihm angeschlossen. Zu Fuß waren sie durch das Geschützfeuer der Front gelangt und suchten in Eilmärschen das befreite Riga zu erreichen. Mehrfach wurden sie von den Rotarmisten verfolgt, so daß sie sich einmal nur durch einen Sprung aus dem Fenster eines Bauernhauses retten konnten. Schmutzig, mit vom Dornengebüsch zerrissener Kleidung und wunden Füßen, ohne Gepäck, doch mit einem Säckchen Gerstengrütze für seinen kleinen Sohn auf dem Rücken, erreichte Mitja endlich das Weichbild der Stadt. Dort gab er sich einer Abteilung der baltischen Landeswehr gefangen. Er wurde verhört. Doch sein Äußeres war so, daß man seinen Angaben nicht glaubte und ihn sowie den ihn begleitenden Sanitäter in eine niedrige Umzäunung zu anderen Gefangenen brachte. Dort sah ihn im Vorüberreiten ein Offizier der baltischen Landeswehr, Alphonse Lietz, dessen Mutter mich seit meiner Jugend kannte und der selbst vor dem Krieg an den Tanzfestlichkeiten in unserem Hause teilgenommen hatte. Er erkannte in dem staubbedeckten, barfüßigen Mann Mitja. Diese rechtzeitige Identifizierung rettete meinem Sohn das Leben.

In der Stadt wurde es nun ruhiger; die Ordnung kehrte allmählich ein. Lettland besaß jetzt einen deutschfreundlichen Präsidenten, und auf den Straßen Rigas sah man wie vor einem Jahr wieder zahlreiche deutsche Soldaten. Von irgendwelchen Übergriffen ihrerseits hörten wir nichts, und um Politik kümmerten wir uns nicht. Die Bolschewisten waren über die Grenzen Lettlands hinausgedrängt.

Der ersehnte Friede war jedoch nicht von Dauer. Wie ein Blitz aus heiterem Himmel traf uns die Nachricht, daß wiederum ein Heer gegen unsere Stadt zog. Es waren die Esten, die demjenigen Teil der lettischen Bevölkerung zu Hilfe eilen wollten, der zu schwach war, den von Deutschland eingesetzten Präsidenten zu stürzen und den früheren englandfreundlichen Präsidenten Ulmanis zum Oberhaupt des lettischen Staates zu machen.

Hier und da debattierte man über diese Frage; die Uneingeweihten gelangten indessen nicht auf deren Grund. Offiziell waren und blieben es die Esten, deren schwere Geschütze sehr bald unsere Stadt zu beschießen begannen. Hin und wieder sah man nun auch in unserem Viertel beim Vorübergehen den blauen Sommerhimmel durch ein zerschossenes Dach und die zertrümmerten Fußböden mehrerer Stockwerke bis in die Parterrewohnung eines Hauses.

Für die Bewohner unseres Hauses war es schlimm genug, daß die Esten gleich zu Beginn ihrer Kanonade die Wasserleitung zerschossen hatten. Zum Glück gab es in der Nähe, bei der alten Gertrudkirche, einen artesischen Brunnen, aus dem Annchen uns mit Trink- und Waschwasser versorgte. Wir alle hofften, daß die Wasserkalamität nicht allzu lange dauern würde, denn die aus lettischen, russischen und deutschbaltischen Freiwilligenverbänden gebildete und durch reichsdeutsche Einheiten unterstützte baltische Landeswehr, die die Scharen der Bolschewisten in die Flucht geschlagen hatte, würde wohl auch bald mit den wenigen Esten fertig werden. Bis dahin mußte das Wasser eimerweise herbeigeschafft werden. Eines Tages jedoch streikte Annchen. Am Abend zuvor sei einer wasserholenden Frau vor der Gertrudkirche von einer explodierenden Granate der Kopf abgerissen worden. Während der Stunden der Beschießung wagte niemand mehr Wasser zu holen; in den Pausen aber war der Gertrudkirchenplatz derart überfüllt, daß man gar nicht an den Brunnen herankam.

Die Beschießung wiederholte sich jeden Tag zu bestimmten Zeiten. Nachdem unser spärlicher Wasservorrat aufgebraucht war, sagte mein Mann zwanzig Minuten vor Beginn einer solchen Kanonade zu mir: »Weißt du, jetzt werden die wasserholenden Menschen, wenn sie wirklich so ängstlich sind, wie Annchen sie schildert, schon wieder ihre Wohnungen aufsuchen. Es wird also ganz leer um den Brunnen herum sein. Gehen wir doch beide schnell Wasser holen. Wenn niemand vor uns da ist, können wir in zehn Minuten wieder zurück sein.«

»Gut, aber dann auch rasch!«

Mein Mann ergriff einen großen Eimer, ich einen Waschkrug, und wir kehrten trotz des Artilleriebeschusses wohlbehalten zurück. Am darauffolgenden Tage dauerte die von stundenlangen Pausen unterbrochene Kanonade an, steigerte sich gegen Mitternacht jedoch so heftig, daß wir uns in die Parterrewohnung meiner Mutter begaben. Nur mein Mann war nicht zu bewegen, sein gutes Bett zu verlassen. Nach einer Weile wurde das Schießen matter und hörte schließlich ganz auf. Wir kehrten in unsere Wohnung zurück. Ich beschloß, dem Beispiel meines Mannes zu folgen und mich vertrauensvoll ins Bett zu legen. Rita und Lilia aber wollten nichts davon wissen, diese historische Nacht wie jede beliebige andere im Bett zu verschlafen. Sie wollten wachbleiben und im Dunkel aus dem Fenster schauen, um sich zu überzeugen, daß die Bürgerwehr auch richtig Wache hielt; sollte sie doch das Haus vor Überfällen schützen, wenn die Esten, wie vorauszusehen, Riga in dieser Nacht einnehmen würden. Die beiden Mädchen wollten mich wecken, sobald etwas Verdächtiges zu bemerken wäre. Ich schlief tief und fest. Rita und Lilia wachten die ganze Nacht hindurch und gingen dann um fünf Uhr früh auf die Straße hinaus, um sich beim nächsten Posten zu erkundigen, ob die Stadt von den Esten besetzt sei oder nicht. Glücklicherweise schickte der Posten die Kinder sofort ins Haus zurück, so daß auch sie noch einige Stunden Schlaf fanden, bevor wir in einem anderen Riga zu einem neuen Tag erwachten, an dem der Lärm der Kanonen verstummt und die Baltische Landeswehr und die deutschen Soldaten von den Straßen der Stadt verschwunden waren. Ein neues Lettland war statt der erwarteten Esten plötzlich da, und Ulmanis war sein Präsident. Der Wille Englands hatte gesiegt.

Eine verwandelte Welt

Unruhige Wanderjahre

Im Ausland hielt man damals den jungen lettischen Staat allgemein für kommunistisch; er war es aber nicht, sondern machte vielmehr ziemlich scharf gegen alles Bolschewistische Front. Er war national eingestellt mit einer deutlichen Abneigung gegen alles Deutsche.

Alles in Riga war so sehr im Werden und Wandel begriffen, daß man nicht wußte, woran man sich halten, wo man anpacken sollte, um sich in der alten Heimat wieder heimisch zu fühlen. Auch die wirtschaftlichen Verhältnisse unserer Familie hätten wieder in ein geregeltes Fahrwasser kommen müssen. Unsere Fabrik arbeitete nicht. Die Maschinen, die zum Teil nach Rußland evakuiert worden waren, befanden sich noch dort. Betriebskapital war nicht vorhanden, und der Staat, der sonst ziemlich freigebig darin war, verweigerte uns eine Anleihe, da es sich nicht um einen lettischen, sondern um einen deutschen Betrieb handelte. Die Schokoladen- und Konservenfabrik hieß noch immer nach meiner Mutter L. W. Goegginger, doch die Produktion stand still. Meine Mutter war der Chef der alten Firma geblieben, mein Schwager der Direktor.

Nach langer Zeit traf wieder ein Brief von Monakow ein, aus dem ich ersehen konnte, wie sehr er während der über uns hereingebrochenen schlimmen Zeit sich um uns gesorgt hatte. Auch von Penzig langten ähnliche Briefe an, und der geistige Kontakt mit den alten Freunden wurde langsam und in beschränktem Maße wieder aufgenommen. Der »Drang nach dem Westen«, der in den kulturell maßgebenden Bevölkerungsschichten des alten Rußlands ebenso wach und lebendig war wie der »Drang nach dem Osten« bei den Deutschen, erwachte nicht nur in mir, sondern auch in meinen Kindern von neuem. Zu jener Zeit strömten fast alle deutschen jungen Menschen aus dem Baltikum nach Deutschland. Auch zahlreiche ältere Rigenser duldete es nicht mehr in der Heimat.

Wovon aber sollten wir in Deutschland leben? Wie stark muß der Wunsch, die Stätte schweren Erlebens für einige Zeit zu verlassen, und unsere Sehnsucht nach dem Westen damals gewesen sein, daß der Gedanke, das Haus in Tabarz zu verkaufen, überhaupt in uns auftauchen konnte! Ich bat Dr. Penzig, Verkaufsverhandlungen einzuleiten, behielt mir indessen noch die letzte Entscheidung vor. Wochen und Monate vergingen darüber, bis sich diese merkantile Angelegenheit, für die es sowohl mir als auch Penzig an der kaufmännischen Veranlagung fehlte, entschieden hatte. Inzwischen versuchten wir von deutschen Universitäten zu erfahren, ob ein an russischen Schulen bestandenes Abitur anerkannt würde.

Im Herbst 1919 gab es noch keine direkte Bahnverbindung zwischen Riga und Berlin. In Kurland standen die deutschen Truppen sowie die Baltische Landeswehr, und man hatte damals den Eindruck, daß Mitau schon nicht mehr zu demselben Land gehöre wie Riga. Jedenfalls hatten wir, als wir auf einem Dampfer, der eher einem großen, flachen Fährboot glich, in Mitau anlangten, die Empfindung, eine Grenze überschritten und ausländischen Boden betreten zu haben. Mein Mann, dem es gesundheitlich glücklicherweise wieder gut ging, und Mitja mit seiner kleinen Familie waren in Riga zurückgeblieben. Auch meine Schwester und ihr Mann hatten ihr Haus nicht verlassen wollen. Meine Mutter dagegen hatte beschlossen, uns trotz ihrer einundsiebzig Jahre zu begleiten.

Von Königsberg ab sollten die Züge wieder fahrplanmäßig verkehren, und wir hatten das Glück, den Berliner Anschlußzug zu erreichen. Nach einigen Stunden waren wir am Ziel angelangt. In Berlin wohnten wir nicht wie sonst in der Pension Schmidt-Heinritz, die in den Kriegsjahren aufgehört hatte zu existieren, sondern in einem Hotel am Bahnhof Friedrichstraße.

Erschüttert war ich von dem veränderten Aussehen Dr. Penzigs, dem ich im Frühling 1914 zuletzt begegnet war. Er schien nicht um fünf, sondern um fünfzig Jahre gealtert. War es das Schicksal seines Vaterlandes durch den Versailler Vertrag, das ihn so schmerzte, oder war es der Ethiker, der unter der Wandlung der Werte litt? Penzig hatte während der Kriegsjahre mehrere Bücher geschrieben, die mich wie stets lebhaft interessierten, doch das, was wir in dieser Zeit erlebt hatten, lag wie eine fest schließende Kapsel in jedem von uns.

Nachdem unser Haus in Tabarz verkauft war, wollte ich mit meinen Töchtern nach Freiburg gehen. Bevor wir Tabarz, das wir vorher aufsuchten, verließen, ging ich noch einmal meinen Lieblingsweg in halber Höhe des Zimmerberges. Es war ein sonnenloser Oktobertag. Lange saß ich auf der verwitterten Bank, von der man auf die weichgeschwungenen Höhenzüge des Thüringer Waldes blicken konnte. Rita und Lilia waren noch einmal, jede für sich, Abschied nehmend um das Haus gegangen.

An unserem Ziel Freiburg angelangt, bezogen wir eine kleine Pension. Meine Töchter besuchten nun als Hospitantinnen verschiedene Kollegs an der Freiburger Universität. Wir hörten auch außerhalb der Universität Redner, die sich mit dem Zeitgeschehen auseinandersetzten. Diese Vorträge, die meistens in einem einfachen Bierlokal stattfanden und, wenn es dabei zu Diskussionen kam, fast an ein erregtes Meeting der russischen Revolutionsjahre erinnerten, waren interessant, weil in ihnen die um das verlorene Gleichgewicht ringende Seele Deutschlands zum Ausdruck kam. Etwas ungemütlich wurde es einmal, als der Redner, Professor

Curtius, während einer solchen Debatte seinen Gegner fragte, ob er Kommunist sei. Auf dessen zögernd hervorgebrachtes Ja erfolgte eine historisch und wirtschaftlich begründete Ablehnung des Kommunismus, die indessen auf der anderen Seite schon nicht mehr in einer Auseinandersetzung mit Worten, sondern mit Stuhlbeinen und Bierseideln bestand, so daß wir den Saal verließen.

Draußen in der milden Nachtluft atmeten wir auf. Wir gingen an einem der vielen Brunnen vorbei, die unter einem grünen Blätterdach ihre murmelnde Stimme Tag und Nacht vernehmen ließen. Neben diesem ewig strömenden, zugleich ruhelosen und dennoch so ruhevollen Raunen zerstob der eben erlebte geistige, aber auch der handgreifliche Streit der Männer wie zur Erde sinkender Nebel, und das Herz wurde wieder zuversichtlich.

Es gab viele beschwichtigende Erlebnisse in Freiburg im Breisgau; das Freiburger Münster war wohl das machtvollste unter ihnen. Ob man den Bau nur von außen betrachtete oder den vom Brausen der Orgel erfüllten hohen Raum betrat, es war immer eine seelische Erfahrung, die stark und froh machte.

Im Mai traf Kolja bei uns ein. Wie viel hatte man einander nach der langen, gefahrvollen Trennung zu erzählen! Merkwürdigerweise trat Kolja zu jener Zeit mit keinerlei Wünschen oder Absichten bezüglich seiner künstlerischen Ausbildung an mich heran. Keines meiner vier Kinder besaß damals ein festes Berufsziel. So erschüttert war alles durch Krieg und Revolution, daß jedes von ihnen ohne rechte innere Beteiligung nach vagen Möglichkeiten und Chancen tastete. Ich beschloß, mit Kolja zunächst nach Riga zurückzukehren, vor allem, um nach meinem Mann zu sehen. Für die Zeit der Semesterferien und meiner Abwesenheit brachte ich meine Mutter und meine Töchter in St. Märgen im Schwarzwald unter.

Nun konnte ich die Reise nach Riga antreten. Wie unzählige Male war ich diese Strecke in Richtung Osten gefahren, und wie bequem waren früher die Züge gegangen. Hinter Eydtkuhnen konnte der Reisende sich nicht mehr an den Fahrplan halten. Man wartete geduldig, bis ein Zug auftauchte, der einen mitnahm. Große Unterbrechungen waren dabei an der Tagesordnung. Ob und wo man ankam, war Glücks- und Vertrauenssache. In Wirballen begrüßte uns kein einziges bekanntes Gesicht, und es wehte uns auf diesem Bahnhof auch nicht mehr wie in früheren Jahren der »uns süß und angenehm erscheinende Rauch des Vaterlandes« entgegen. Wirballen war ja nun Litauen. Es gab aber immer noch russisch sprechende Gepäckträger, die den Reisenden beim Einsteigen behilflich waren, und der Tee war noch so gut wie einst.

Meinen Mann habe ich damals zu meiner Freude bei vorzüglicher Gesundheit und Stimmung und erfüllt von seiner Tätigkeit als Präses der Gesellschaft russischer Ärzte in Riga vorgefunden. Wie aber sollten die Kinder hier in Riga ohne Beherrschung der Staatssprache, die jetzt plötzlich lettisch war, einen Beruf begründen? Es war ein Suchen nach Lebensinhalten und nach Arbeit, aber auch ein beständiger Kampf mit Hindernissen, die man aus eigener Kraft nicht überwinden konnte – kurz, eine durch den Krieg äußerlich und innerlich erschütterte, unzuverlässige Welt. Gewiß, die Zeit war krank und konnte durch intensive Arbeit wieder geheilt werden, doch gerade an den Möglichkeiten zu intensiver Arbeit fehlte es überall. Von dem Geld, das ich für unser Haus im Lauchagrund bekam, hatte ich nichts nach Riga mitbringen dürfen.

Kolja war der erste, der sich zwischen all den beruflichen Schwierigkeiten und Fehlschlägen am schnellsten hindurchfand. Er trat als Gehilfe des Schokoladenmeisters in unsere in kleinem Maßstab wieder eröffnete Fabrik ein. Zugleich ließ er sich aber auch als Schüler in die Rigaer Kunstakademie aufnehmen. Wenn die Fabrik um fünf Uhr schloß, rannte er zur Akademie, wo er, besonders bei Professor Tillberg, trotz dieser doppelten Arbeitsleistung bald große Fortschritte aufweisen konnte. Oft erwachte er damals aus einem quälenden Angsttraum, der Tag und das ihm so wichtige Tageslicht gingen zu Ende, ohne daß er den Eingang zur Kunstakademie finden könnte. Ein zweiter Angsttraum hatte das Zerbrechen seines einzigen Stichels zum Inhalt. Jemand hatte ihm das Werkzeug aus Deutschland mitgebracht, und in Riga war zu jener Zeit kein Ersatz aufzutreiben. Seine ersten Holzschnitte hatte Kolja mit einer Schusterahle machen müssen.

Ich entsinne mich nicht mehr, aus welchen Gründen der Postverkehr mit Deutschland erneut auf Schwierigkeiten stieß. Jedenfalls erhielt ich nur noch selten und auf indirektem Wege Nachricht von den Meinen aus St. Märgen. Die Kinder, besonders Rita, wanderten in die näher und weiter gelegenen Dörfer, um Milch und ein wenig Butter für meine alte Mutter zu erhalten. Die Behörden für Ausländer fanden aber, daß *eine* Enkelin zur Pflege meiner Mutter genüge, und verweigerten Lilia die für die Dauer des ganzen Sommers erwartete Verlängerung der Aufenthaltsgenehmigung, so daß sie nach Berlin reiste, wo sie in dem Hause Dr. Penzigs Unterkunft fand. Frau Penzig schrieb mir, daß Lilia mit erstaunlicher Selbständigkeit und Energie ihre Bemühungen um die Aufenthaltsgenehmigung bei den Berliner Behörden betreibe. Sie hatte auch ihre Immatrikulation an der Berliner Universität mit positivem Ergebnis beantragt, besuchte Vorlesungen in Nationalökonomie und begleitete die jüngste Tochter Penzigs, die Sozialfürsorgerin war, auf deren Hausbesuchen in ein Arbeiterviertel. Das Interesse für einen sozialen Beruf, dem sie als Gymnasiastin in Helsingfors so viel Zeit gewidmet hatte, war in ihr wieder wachgeworden.

Nach Abschluß verschiedener Formalitäten unsere Fabrik betreffend, reiste ich nach Berlin. In diesem Winter 1920/21 besuchte mich hin und wieder Else von Monakow, die älteste Tochter des Professors, die in Berlin Gesang studierte und im Hause von Frau von Hindenburg, der Schwägerin des Feldmarschalls, wohnte.

Wie sehr ich auch ein gehaltvolles Zusammensein mit Freunden schätzte, an gesellige Veranstaltungen mit vielen fremden Leuten hatte ich mich noch immer nicht gewöhnen können. Zu tief lagen mir noch Krieg und Revolution mit allen ihren Grausamkeiten und verhängnisvollen Auswirkungen in der Seele, um an nur schönen und vergnüglichen, aber nicht den ernsten Kern des Lebens streifenden Dingen Geschmack zu finden.

Ich entsinne mich, daß wir unsere für den Herbst jenes Jahres festgesetzte Heimkehr nach Riga früher antraten, da alarmierende geschäftliche Nachrichten eingetroffen waren. Meine Mutter, die schon im Frühjahr 1921 nach Hause zurückgekehrt war, schrieb, ich solle sofort heimkommen. Unsere zu einer Aktiengesellschaft erweiterte Fabrik hatte große Verluste erlitten. Sie sollte demnächst in andere Hände übergehen. Mehr noch als der Verlust von annähernd 100000 Rubel schmerzte mich die Entdeckung, daß ich nun doch gezwungen war, meinen Anteil an der Goegginger-schen Fabrik aufzugeben und in der unsicheren Nachkriegszeit irgendwo anders anzulegen, obwohl ich in solchen Dingen keine Erfahrung hatte. Ich setzte mein Vertrauen in die Arbeitsamkeit des deutschen Volkes und legte im Einverständnis mit meiner Mutter nahezu unser ganzes Vermögen im Jahre 1921 in deutschen Bankpapieren an. In der bald danach hereinbrechenden Inflation schmolz es unaufhaltsam hinweg.

Die an Heimatlosigkeit grenzende Unrast jener Wanderjahre hatte ihren eigentlichen, uns kaum bewußten Grund in den durch den Krieg und durch die Bestimmungen des Versailler Vertrages entstandenen sozialen, nationalen und territorialen Verschiebungen im östlichen Europa. Meine Vaterstadt Riga lag nicht mehr in einer der baltischen Provinzen Rußlands, sondern in Lettland. Rußland war nicht mehr das uns gastfreundlich gesonnene großzügige und reiche Land der unbegrenzten Möglichkeiten, sondern ein von hohen Mauern umgebener, damals nur wenigen Einlaß und noch wenigeren Ausreise gewährender Polizei- und Kasernenhof. Das materielle und geistige Leben, das früher über seine gastfreien Grenzen flutete, war nach außen hin abgedrosselt, aber hinter dieser leblosen Fassade welche erdbebenartigen Umwälzungen, welches Meer von Leid auf beiden Seiten der sich bekämpfenden Lebensanschauungen! Mir fielen die Worte eines russischen Dichters ein: »In Zeiten des Aufruhrs und des Verderbens verurteilt, Brüder, nicht euren Bruder.« Und eines der letzten Gedichte des so früh verstorbenen Alexander Blok, »Die Zwölf«, wo, wie er selbst sagte, für ihn völlig unerwartet, in dem Schlußvers die Gestalt des Christus erscheint.

Als in unserem Hause die Atelierwohnung meines Schwagers frei wurde, zogen Mitja und seine Frau mit ihrem kleinen Sohn ein. Allmählich ordnete sich auch anderes. Lilia fand Interesse an dem Beruf einer Lehrerin für tänzerische Gymnastik und trat in die Dalcroze-Schule in Riga ein.

Der Not, dem Elend, dem Groben und Häßlichen, das sie bei ihren Hausbesuchen mit Hedy Penzig in den Arbeiter-Vierteln Berlins, kennengelernt hatte, war sie nicht gewachsen, so daß sie den Entschluß faßte, nicht den Beruf einer sozialen Fürsorgerin zu wählen. Viele Jahre später meinte sie, daß ihre damalige Entscheidung in Berlin vielleicht nicht die richtige gewesen sei, da die soziale Arbeit eine Fortsetzung gewesen wäre ihrer in Helsingfors noch als Gymnasiastin aus innerstem Antrieb ausgeübten Tätigkeit. Trotzdem war sie sich klar, daß der künstlerische Tanz, zu dem sie inzwischen vorgestoßen war und dem sie sich verbunden fühlte, ihr einen ungeahnten inneren Reichtum erschloß.

In der Familie meiner Schwester herrschten weitere Sorgen. Die einzige Tochter hatte sich einer Blinddarmoperation unterziehen müssen und war in der Folge an ein elf Monate währendes

Krankenhauslager gefesselt, ohne daß sie der Genesung auch nur um einen Schritt näherkam. In jenen Wintermonaten, in denen meine Schwester mit allen ihr zu Gebote stehenden Kräften um die Gesundung ihres ihr noch verbliebenen Kindes rang – ihr Sohn Jerzy war seit den revolutionären Unruhen verschollen –, reiste mein Schwager häufig nach Warschau und Gdingen, um dort sein durch den Verkauf unserer Fabrik frei gewordenes Vermögen gewinnbringend anzulegen. Wenn er dann, getrieben von der Sorge um seine ihm äußerlich und innerlich sehr ähnliche Tochter nach Riga zurückkehrte, fühlte er sich in seinem Heim vereinsamt und verbrachte die Abende meist bei uns. Er scherzte mit der Jugend, nahm gern an ihren Disputen teil und war, wenn die Rede auf ernste Dinge kam, von einer so herzlichen Aufgeschlossenheit und Güte, als wollte er der Jugend die Weisheiten der Yogi wie ein Vermächtnis an wertvollen, von ihm erprobten Lebensregeln übermitteln. Nie hatte ich meinen Schwager so ausgeglichen gesehen wie in dieser für ihn keineswegs leichten Zeit. Ich glaube, daß der sonst zu Heftigkeit und Herrschsucht neigende, ein wenig launisch erscheinende Mann damals bis an die ihm von seiner Individualität gesteckten Grenzen seiner Persönlichkeitsentwicklung gelangt war. Als mein Schwager erfuhr, daß seine Tochter zum vierten Mal operiert werden sollte, knüpfte er wie wir alle an diesen Eingriff neue Hoffnungen, die sich leider nicht erfüllten. Ungeachtet einer Erkältung ging er bei starkem Frost und Schneesturm in die Stadt, um für Renja Apfelsinen zu kaufen. Auf der Esplanade glitt er aus und stürzte. Tags darauf hatte er hohes Fieber und starb nach kurzem Krankenlager.

Im Frühling 1923 wollte Lilia die in Riga begonnene Ausbildung in tänzerischer Gymnastik, die sie hier nicht weiter vervollkommnen konnte, in Berlin fortsetzen. Rita entschloß sich, Kunstfotografie zu erlernen, und zwar bei Dührkop in Berlin. Ein Bekannter hatte die Frage einer Ausbildung Koljas als Grafiker in

Berlin angeregt. Ich sandte mehrere Holzschnitte an die älteste Tochter Dr. Penzigs. Nach Dursicht von Koljas Arbeiten riet sie ihm dazu, sich bei Professor Orlik als Schüler anzumelden und zugleich die Technik des Holzschneidens nicht bei einem Künstler, sondern bei dem dieses Verfahren nur technisch, aber bis in die feinsten Nuancen beherrschenden Meister Bangemann zu erlernen. Kolja griff freudig zu und hat es niemals bereut, diesem Rat gefolgt zu sein.

Der weibliche Teil unserer Familie fand Aufnahme im Penzigschen Hause, das heißt Penzigs vermieteten uns ihren großen Salon. Kolja suchte sich ein möbliertes Zimmer, und ich bewog Penzigs, mir ihr unbewohntes Mädchenzimmer zu vermieten.

Im Dezember 1923 traf auch Mitja bei uns in Berlin ein. Da er wie wir alle weder die estnische noch die lettische Sprache beherrschte, war es ihm nicht möglich gewesen, das medizinische Studium in Dorpat oder in Riga zu beenden. Deshalb war er nach Berlin gekommen, um hier Anschluß an die Medizin wiederzufinden.

So hatte ich denn unsere vier Kinder, die an ihrer Ausbildung arbeiteten, wieder um mich.

In der nun ruhiger gewordenen Zeit war wohl Mitja der einzige, der nicht recht zu innerer Ausgeglichenheit gelangen konnte. Seine Frau schrieb ihm alarmierende Klagebriefe. Vielleicht mochte sein seelisches Unbehagen auch in unserer beengten finanziellen Lage zu suchen sein. Seine Unruhe nahm derart zu, daß er zu der Überzeugung kam, sowohl die Berliner Universität als auch die Medizin überhaupt seien nicht das Richtige für ihn; er wolle nach Riga zu seiner Frau zurückkehren. So reiste er denn, nachdem ich vergeblich versucht hatte, ihn vom Aufgeben des Medizinstudiums zurückzuhalten, nach Hause.

Im Sommer jenes Jahres, 1924, fand ich in einem Brief Mitjas eine Andeutung, daß es meinem Mann gesundheitlich weniger gut gehe als früher. Ich fuhr deshalb mit Lilia nach Hause, während Rita weiter als Lehrling bei Dührkop in Berlin verblieb und Kolja seine Stunden bei Professor Orlik und Meister Bangemann fortsetzte. Das Aussehen meines Mannes erschreckte mich; er war sehr mager geworden. Es beruhigte mich aber auch wieder, daß keinerlei Symptome, die auf sein altes Leberleiden deuten konnten, vorlagen.

Zu Hause fand ich so manche Veränderung vor. Unser Salon, das Musikzimmer und das Arbeitszimmer meines Mannes waren, mit unseren Möbeln ausgestattet, an ein Ehepaar aus Nizza vermietet. Annchen stand nun in deren Diensten, während wir kein Hausmädchen mehr, sondern nur eine Aufwärterin beschäftigten. Die Aufwartefrau kam für zwei Vormittagsstunden. Das Essen wurde von einem nahen Mittagstisch geholt. Es war preiswert, kräftig und fett und schien mir deshalb für meinen Mann und auch für mich, da wir doch beide eine empfindliche Leber hatten, nicht ganz das Richtige zu sein. Aber so wie unsere Finanzen lagen, boten diese Mahlzeiten, deren Zubereitungsweise mein Mann schmackhaft fand, eigentlich ein Optimum an Nahrhaftigkeit für uns. Wir beschlossen, aus der großen Wohnung in eine kleinere zu ziehen.

Inzwischen hatte sich in Riga eine Wigman-Zweigschule aufgetan, in die Lilia eintrat und sich in zunehmendem Maße dem künstlerischen Tanz zuwandte. Einesteils beunruhigte mich das, denn ich hätte sie viel lieber in einer Schule als auf einer Bühne gesehen; andernteils aber erkannte ich bei ihr eine starke Begabung für den dramatischen Tanz. Im Januar 1925 gab Wy Magito, Lilias Lehrerin, im früheren russischen Theater einen Schülerabend; Lilia war außer an einigen Gruppentänzen auch mit zwei Solotänzen, einem »Slawischen Tanz« und einem »Heroischen Motiv«, beteiligt. Sie hatte den ganzen Tag Lampenfieber und war kaum dazu zu bewegen, etwas Nahrung zu sich zu nehmen. Natürlich waren wir alle vollzählig im Theater. Selbst mein Mann ließ es sich nicht nehmen, Lilia auf der Bühne tanzen zu sehen. Der »Slawische Tanz« gefiel, das »Heroische Motiv« löste beim Publikum geradezu Beifallsstürme aus.

Jetzt, da ich Koljas und Ritas berufliche Ausbildung in Berlin bestritt und Lilias Gymnastik- und Tanzunterricht in Riga, machte mir das Zusammenschmelzen meiner Aktien und das nur tropfenweise Eingehen der Geldsummen, obwohl sie mir in ausländischen Währungen ausgehändigt wurden, sorgenvolle Stunden.

Verstimmt und erregt kehrte ich eines Tages von einer geschäftlichen Unterredung heim. Die von uns eingeleiteten Einschränkungen hatten sich als ungenügend erwiesen, und ich wußte mir keinen Rat, wie ich unseren bereits stark herabgesetzten Lebensstandard noch mehr herabdrücken sollte. Mein Mann fragte mich nach der Ursache meiner Verstörtheit. Ich schilderte ihm unsere finanzielle Lage: »Die Ausbildung der Kinder darf nicht unterbrochen werden, aber ich weiß nicht, woran ich noch mehr sparen könnte. Man muß auf die notwendigsten Dinge verzichten.« Und ärgerlich schloß ich: »Man darf keine Schuhe mehr besohlen lassen, man darf nicht zum Zahnarzt gehen, man darf nicht krank sein, man darf nicht sterben!«

Wie sehr habe ich diese unbedacht ausgesprochenen Worte einige Wochen später bereut! Ich weiß, daß ich meinem Mann im Laufe der fünfunddreißig Jahre unserer Ehe so manchen Schmerz zugefügt habe. Es gibt so tief in unserer Persönlichkeit wurzelnde Konflikte, daß sie nur nach den Gesetzen dieser unserer Persönlichkeit gelöst oder durchschnitten werden können. Darin wirkt sich eine Kraft aus, die fast wie ein Befehl unseres Gewissens ist. Jene kleinen, der Gedankenlosigkeit entspringenden Lieblosigkeiten dagegen bereue ich noch heute auf das schmerzlichste. Während ich unbeherrscht vom Nichtkrankseindürfen und vom Nichtsterbendürfen gesprochen hatte, blickte mein Mann sinnend vor sich hin, ohne mich auch nur mit einem Wort an seine dreiundsiebzig Jahre oder an seine nicht ganz feste Gesundheit zu erinnern.

Im Speisezimmer hatten wir uns mit Hilfe einiger Polstermöbel eine Plauderecke eingerichtet, in der wir auch unsere Gäste empfingen. Es war zugleich ein idealer Lesewinkel für mich, da ich von dort aus alle Räume unserer auf vier Zimmer zusammengeschrumpften Wohnung in Seh- und Hörweite hatte. Oft setzte sich auch mein Mann mit einem Buch zu mir, oder wir sprachen über die Weltereignisse und über unsere eigenen Tagesbegebenheiten. Hier las mein Mann mir einmal von einem losen Blatt ein Gedicht vor und verlangte meine Meinung darüber zu hören. Er schrieb häufig etwas, das ihm gefallen hatte, aus einem Buch oder aus einer Zeitung ab, um es uns dann vorzulesen. Dieses Gedicht handelte vom Tode. Eine Strophe daraus hat sich mir damals fest eingeprägt: »Tschástenjko na mogílu ty ko mne prijdjósch.«[35] »Nun, wie findest du es?« forschte mein Mann. Ich sagte, daß es an Nadson erinnere. Er erwähnte nicht, von wem es sei. Außer einigen, an meine Schwester gerichteten Dankesversen hatte ich nie von Gedichten gehört, die er selbst verfaßt hatte. Es ist auch nicht so wichtig, ob jenes Gedicht, das ich trotz allen Suchens niemals wiedergefunden habe, aus der Feder meines Mannes oder aus der eines anderen stammte. Viel später erst ist mir der Gedanke gekommen und wurde mir zur Gewißheit, daß das Vorlesen dieses Gedichtes dem Wunsch entsprungen war, mich auf zarte Weise für die Erkenntnis, daß es mit der Gesundheit meines Mannes schlechter stehe, als ich ahnte, vorzubereiten. Ich aber hatte nichts davon begriffen, sondern ganz unpersönlich und intellektuell von Nadson, den ich nicht besonders schätze, gesprochen.

Eine große Hilfe in der ersten Zeit einer neuerlichen Erkran-

35 ... und oft wirst du zu meinem Grabe kommen.

kung meines Mannes war unser Sohn Mitja. Während ich die leichtere Arbeit tat, den Kranken wusch und mit frischer Wäsche versorgte, auf der Apothekerwaage die Medikamente abwog oder frischen Blumenkohl und Tomaten – im Februar eine große Seltenheit für Riga – zubereitete und den Kranken, als er selbst dies für bequemer erklärte, auch fütterte, half Mitja mir beim Umbetten auf seine liebevoll ruhige und – als einstiger Sanitäter und Student der Medizin – verständige Art.

»Ein guter Arzt wäre er geworden«, sagte mein Mann bedauernd. Es war uns Eltern immer noch eine Sorge, daß Mitja sein medizinisches Studium nicht beendet hatte und ohne Beruf war. Da er als Sanitäter in Kriegslazaretten gearbeitet hatte, war ihm, falls er sich darum bewerben wollte, ein durch das lettische Agrargesetz freigewordenes Stück Land in Aussicht gestellt worden; doch trotz seines seit frühester Kindheit genährten Lebenstraumes von der eigenen Scholle, der »Insel«, widerstand es seinem Empfinden, sich mit dem beschenken zu lassen, was einem anderen fortgenommen worden war. Ich weiß nicht, ob der ärztliche Beruf für Mitja in jeder Hinsicht das Richtige gewesen wäre, glaube aber, daß gerade seine sich in verschiedenen Interessen und Talenten zersplitternde Natur einer ihn befriedigenden und zur Konzentration führenden Arbeit bedurft hätte.

Es gab Stunden, in denen mein Mann das richtige Wort für etwas, das er haben wollte, nicht finden konnte. Ich erriet meist auch die unverständlichsten Worte. Dann ging ein dankbares Lächeln über sein Gesicht, und zufrieden ließ er den Kopf in die Kissen zurücksinken.

Immer unklarer wurde die Sprache des Kranken, immer schwächer wurde er, litt jedoch, Gott sei gedankt, keine Schmerzen mehr. Eines Nachts rief mich die Schwester, mein Mann habe nach mir verlangt. Ich eilte zu ihm. Er war bei Bewußtsein. Ganz klar und deutlich hörte ich ihn sprechen: »Mílaja, mílaja shjónuschka, ne skashú bóljsche nitschewó kak tóljko krépkoje, krépkoje spassíbo.«[36] Danach sprach er nicht mehr, bekreuzigte sich aber wie im Gebet. Still und schmerzlos ist er am 24. Februar 1925 um ein Uhr nachts eingeschlafen.

Ein starkes Gefühl seiner Geborgenheit überkommt uns beim Tode eines uns teuren Menschen, ein Gefühl der Erleichterung. Wie groß unser Schmerz und unser Vermissen später auch sein werden, in dieser Stunde überwiegt die beruhigende Gewißheit, daß das Sterben nun hinter ihm liegt, daß er allem irdischen Leid, allem physischen Schmerz und aller Gefahr entrückt ist.

An der Innenseite der Tür seines Apothekerschränkchens steckte ein Briefumschlag, auf den mein Mann geschrieben hatte: »Ouvrir après ma mort.« Es fand sich neben einigen anderen Verfügungen auch die Bitte, seine Beerdigung so einfach zu gestalten wie nur möglich; nicht einmal ein Sarg sollte gekauft und alle sonstigen Ausgaben, selbst die kirchlichen, sollten vermieden werden. In dieser Anordnung erkannte ich die Auswirkung meiner vor einigen Wochen so unbedacht ausgesprochenen Klage, daß wir nicht einmal so viel Geld hätten, um krank zu sein oder um zu sterben, und sie berührten mich um so schmerzlicher, als ich ihr nicht zum ersten Mal begegnete. Seinen Wunsch, die Beerdigung einfach zu gestalten, haben wir nach Möglichkeit erfüllt.

Schwer wurde es mir, meiner Mutter von dem Ableben meines Mannes zu berichten, sie zu überzeugen, daß ich den Schmerz, der mich getroffen, zu tragen wisse. Doch es war nicht leicht, mit ihm fertig zu werden.

Den größten Teil meines beim Verkauf unserer Fabrik zu Bargeld gemachten Vermögens hatte die deutsche Inflation verschlungen. Die in Riga befindlichen Summen waren teils in Schiffsaktien angelegt, teils so zusammengeschmolzen, daß ich mir sagte, jetzt

36 Meine liebe, liebe Frau, ich sage nichts mehr als ein tiefes, tiefes: Danke!

müsse ich zusehen, Geld für den Unterhalt meiner Familie zu verdienen. »Wie wäre es«, fragte ich eines Tages, »wenn ich einen Mittagstisch eröffnen würde, ähnlich demjenigen, von dem wir unsere Mahlzeiten beziehen?« Mitja, mit dem ich darüber sprach, war von dem Plan eingenommen. Er war für eine großzügige Aufmachung mit Filialen in allen Teilen der Stadt; ich dagegen wünschte klein anzufangen, aber in einem Lokal, das Entwicklungsmöglichkeiten zuließ. Schließlich einigten wir uns darauf, ein seriöses Lokal im Geschäftszentrum der Stadt zu suchen, und setzten ein entsprechendes Inserat in die Zeitungen. Die einlaufenden Angebote befriedigten uns nicht; nur eines in der einsamen Turmstraße interessierte uns. Es war ein altes, schmales Haus an der einstigen Stadtmauer Rigas, das sein Besitzer, ein soeben aus Italien zurückgekehrter Architekt, vermieten wollte. Im Innern dieses Hauses, an dessen Eingangstür eine Madonna aus Majolika angebracht war, befanden sich vier mittelgroße, übereinander liegende Räume, die durch eine schmale Wendeltreppe miteinander verbunden waren. In dem untersten lag die Küche. Die beiden mittleren, in der zweiten und dritten Etage gelegenen, die als Speiseräume für uns in Betracht gekommen wären, waren reizvoll in der Zusammenstellung der Farben: grasgrüne Fußböden, viel Weiß und Schwarz an den Fenstern und Türen. Nachdem wir uns noch eine Menge unkultiviert aussehender Geschäftsräume angesehen hatten, waren Mitja und ich angetan von dem kleinen Heim, das ein Künstler so originell ausgestattet hatte. Der Preis war nicht übermäßig hoch, mußte jedoch für ein ganzes Jahr vorausbezahlt werden. Wir verabredeten mit dem Architekten, uns am nächsten Morgen zu treffen und dann den Mietvertrag abzuschließen.

Ritas Ausbildung in Kunstfotografie in Berlin war noch nicht beendet. Kolja aber war bereits im Sommer nach Hause zurückgekehrt, wohnte nun in dem Zimmer meines Mannes und nahm Teil an unserem Pläneschmieden. Beim Abendessen berieten wir zu dritt, wie wir die Räume für diesen privaten Mittagstisch am billigsten und dennoch hübsch möblieren könnten, und dachten daran, weißlackierte Tische und Stühle auf den grasgrünen Fußboden zu setzen. In gehobener Stimmung gingen wir auseinander.

Nachts aber erwachte ich. Der Rausch des Plänemachens war vorüber. Bedenken ergriffen von mir Besitz. Wie würde die Bedienung mit den beladenen Tabletts auf der engen Wendeltreppe aneinander vorbeikommen, und wie war ein schnelles Servieren bei dem ständigen Auf und Ab überhaupt möglich? Was verblieb als Betriebskapital noch, wenn ich die Miete für ein Jahr vorauszahlen und zwei Räume vollständig neu möblieren mußte? Übernächtigt, aber mit einem von Wunschgedanken freien Kopf stand ich auf und kleidete mich an. Für Mitja würde der Umschwung, der sich über Nacht in mir vollzogen hatte, wohl eine Enttäuschung bedeuten. Doch meinen zögernd vorgebrachten Vernunftgründen stimmte er rückhaltlos bei. Auch in ihm waren zu nächtlicher Stunde Zweifel aufgetaucht. »Ist es nicht, als hätte Papa, der sich niemals so leicht wie du und ich von einem Gedanken hinreißen ließ, uns noch in zwölfter Stunde vor einem Unglück bewahrt?« sagte Mitja sinnend.

Wir ließen den Gedanken an ein in der Stadt gelegenes Geschäftslokal fallen und beschlossen, den Mittagstisch in der eigenen Wohnung zu eröffnen. Wir waren darin einig, daß wir nicht, wie so manche Hausfrau, die einen kleinen Nebenverdienst suchte, »unter der Hand« Mahlzeiten abgeben wollten, sondern daß wir um die Konzession nachsuchen und an der Haustür einen Speisezettel aushängen würden. Auf jeden Fall aber wollten wir alles so geschmackvoll und preiswert einrichten, daß sich gerade in ästhetischer Beziehung anspruchsvolle Gäste, selbst wenn sie durch die Enteignung und andere Umstände verarmt sein sollten, bei uns wohlfühlen konnten. Als erstes kauften Mitja und ich acht unpolierte Holztische und zwei Dutzend ebensolcher Stühle, die von beiden Söhnen weiß lackiert wurden. Die Tischplatten, für die ich bei der Firma Hertzog in Berlin blau-weiße Tischdecken bestellt hatte, wurden der heißen Schüsseln wegen, die daraufgestellt werden sollten, nicht gestrichen; das hat sich später als praktisch bewährt. Unser Speisezimmer als »Stolowka«[37] machte einen gepflegten und freundlichen Eindruck. An den gegen die Kälte abgedichteten Fenstern standen grüne Blattpflanzen, auf jedem Tisch frische Blumen. Nur die Wände sahen etwas leer aus, da unsere Bilder für einen solchen Raum viel zu persönlich gewirkt hätten. Deshalb hatte Kolja zwei große Tropenlandschaften in Kohle gezeichnet, die sich, passend eingerahmt, recht gut ausnahmen. Unser eigenes Küchengeschirr wurde reichlich ergänzt und auch das Speisegeschirr. Mit einer vorzüglich kochenden »Wirtin« hatte ich bereits eine Vereinbarung getroffen und außerdem ein junges Mädchen zum Servieren engagiert. Am 8. November 1925 fand die Eröffnung unserer »Stolowka« statt.

Für mich war die Leitung eines derartigen Unternehmens etwas ganz Neues. Bisher hatte ich in meinem Leben das Essen außerhalb des eigenen Heimes nur von obenher, das heißt als mehr oder weniger verwöhnter Gast gekannt. Wie es in einem Restaurant hinter den Kulissen zuging, davon hatte ich keinen klaren Begriff und mußte leitend und anordnend vieles selbst noch lernen. Das ganze erste Jahr habe ich fast täglich von sieben Uhr morgens bis zwölf Uhr nachts gearbeitet. Die Zubereitung aller komplizierten Süßspeisen, von Kuchen, Gebäck und Mayonnaisen oblag mir, ebenso das Garnieren der Portionen, das Durchgehen der Bestellungen, das Kontrollieren und Dirigieren der Speisen, das Zusammenstellen und Berechnen der täglich wechselnden Menüs. Ungewohnt, selbst wenn sie mir nur ihre Anerkennung für das gute

37 Speisehaus.

Essen und die freundliche, saubere Bedienung ausdrücken wollten, war mir stets die Berührung mit dem Publikum.

Rita war noch abwesend, und Lilia, die sich mit ihrer ganzen Kraft und ihrer ganzen Zeit für den künstlerischen Tanz einsetzte und auch geistig mit Interesse an den Problemen des Ausdruckstanzes teilnahm, war auf den Rat ihrer Lehrerin Wy Magito nach Dresden gereist, um sich am Unterricht der Meisterklasse, die von Mary Wigman geleitet wurde, zu beteiligen; beide konnten mir also bei der Arbeit in der Stolowka nicht behilflich sein. Monatelang sah ich in kein anderes Buch als in meine Kochbücher, kombinierte und erfand Speisen oder manchmal auch nur interessante Namen für eine kleine Variante bereits bekannter Gerichte.

Irma Bernhoff verbrachte auf der Durchreise nach Orselina einen Tag bei mir. Ich konnte mich ihr nicht so widmen wie in früheren Zeiten, und wenn ich einmal frei war, dann hatte ich den Kopf voller Stolowka-Gedanken und war abgespannt. Als sie einige Monate später mit ihrem jüngsten Sohn zurückkehrte und wieder einen Tag bei uns blieb, versuchte ich, das wiedergutzumachen. Wir hatten auch während unseres gemeinsamen Mittagessens in der Stolowka ein so lebhaftes Gespräch über seelische Wahlverwandtschaft in der Familie Leo Tolstois und auch bei unseren persönlichen Bekannten, daß die Schauspielerin Polewitzkaja, die gerade mit ihrem Gatten am Nachbartisch speiste, interessiert aufhorchte. Doch meine Natur steckte so fest in ihrem Küraß von Pflichten, daß auch dieses Zusammensein ein Gefühl von Enttäuschung und Schuldbewußtsein bei mir hinterließ. Ich ahnte nicht, daß dies unsere letzte Begegnung sein sollte. Geschrieben haben wir einander noch mehrmals und immer in der gleichen festen, über Raum und Zeit stehenden Verbundenheit.

Es war mein steter Kummer, daß mir jetzt so wenig Zeit für meine Mutter blieb. Ich wußte, daß sie mich erwartete, weil sie, besonders in den Wintermonaten – meine Schwester und ihre

Töchter verbrachten diese Zeit alljährlich in Warschau – viele Stunden allein war. Zum Glück war sie so intensiv mit der in Versen verfaßten Chronik ihres Lebens beschäftigt, daß die Einsamkeit sie nicht bedrückte. Sie freute sich dann, mir die neu entstandenen Abschnitte vorzulesen, in denen so viel von ihrem Denken und Fühlen, von ihrem ureigensten, ihr selbst oft unbewußten Wesen enthalten war. Ich hörte mit innigem Interesse zu. Aber es geschah auch manchmal, daß ich, wenn ich aus dem lauten Betrieb unserer Stolowka in die Stille und Wärme des Zimmers meiner Mutter trat, in ihrem Lehnstuhl unversehens einschlief.

Im Sommer, wenn meine Schwester mit unserer Mutter in Majorenhof war, fuhr auch ich hin und wieder abends hinaus. Die Fahrt zum Strand in der offenen »Tepluschka«[38] empfand ich in der Abendkühle als Entspannung. Freilich konnte ich erst um neun Uhr bei meiner Mutter eintreffen, aber ein kurzes Plauderstündchen vor ihrem frühen Schlafengehen und ein gemeinsames Frühstück am nächsten Morgen waren uns doch vergönnt.

Nie hat meine Mutter mir auch nur den geringsten Vorwurf gemacht, weil ich ihr nicht mehr so viel Zeit widmen konnte wie zuvor. Sie begriff und achtete die Willenskraft, mit der ich mich in meine Pflichten verbiß. Ganz anders meine Töchter. Wenn Rita und Lilia zu den Sommerferien nach Riga kamen, vermißten sie das geruhsame Zuhause. Mit dem lebhaften Betrieb in den Voderräumen konnten und wollten sie sich ebensowenig abfinden wie mit dem räumlichen und geistigen Zusammenschrumpfen unserer privaten Sphäre. Sie waren es gewohnt, daß ihre Interessen mir wichtiger waren als alles andere, und konnten den Kampf um unsere materielle Sicherung, den ich, unterstützt durch Mitja, mit aller mir zu Gebote stehenden Kraft und Rück-

38 Güterwagen, für Personen umgebaut.

sichtslosigkeit führte, nicht verstehen. Zurückblickend erkenne ich jetzt, daß der Protest der Kinder damals keineswegs unbegründet gewesen ist. Aus einer an Dissonanzen und Kämpfen reichen Welt waren sie heimgekehrt und fanden das Haus vom Morgen bis zum Abend voller fremder Menschen, deren Wünsche berücksichtigt werden mußten, fanden unsere privaten Zimmer mit nicht recht hineingehörenden Möbeln vollgepfercht und meinen Kopf mit Rezepten und Berechnungen belastet.

Möglicherweise können Frauen mit einem Überschuß an Gesundheit und Vitalität zu gleicher Zeit eine gute Geschäftsfrau und auch eine gute Mutter sein. Für alleinstehende, kinderlose Frauen bedeutet meiner Ansicht nach berufliche Tätigkeit entschieden einen Wertzuwachs sowohl auf sachlichem als auch auf persönlichem Gebiet. Brachliegende Schaffenskraft wird hier Nutzen und Befriedigung bringend verwandt, negative Kräfte werden gebunden und ihrer zersetzenden Wirksamkeit beraubt. Wenn eine verheiratete Frau einen Beruf ergreift, so kann das zwar eine Notwendigkeit sein; sie wird aber dabei physische und geistige Kräfte verausgaben, auf die ihr Mann und ihre Kinder ein Anrecht haben. Je mehr sie von ihrem Beruf auch innerlich ergriffen wird, desto mehr Nutzen wird es der Sache, der sie dient, zwar bringen, aber desto mehr Aufmerksamkeit, Fürsorge und Mütterlichkeit wird sie, unbeabsichtigt und unbewußt, ihrer Familie entziehen. Es wirkt sich da ein spezielles weibliches Gesetz der Gefühle aus, das nicht umgangen werden kann. Der Mann ist anderen Gesetzen unterworfen: Er kann seine Arbeit und seine Familie ohne Beeinträchtigung des einen Interessenkreises durch den anderen in seinem Leben und in seinem Kräftehaushalt unterbringen. Die Frau ist eben nicht wie der Mann einer scharfen Trennung von Verstand und Gefühlen fähig. Mag sie sich auch noch so sehr bemühen, objektiv zu denken, ihr Intellekt ist immer stark mit Gefühlen durchsetzt. Leidenschaftliche Gedanken und vergeistigte Leidenschaft gehören in die ureigenste Domäne der Frau; Differenziertes aber ist stets weniger widerstandsfähig als Einheitliches.

Wie schnell waren bei meiner starken Inanspruchnahme im Sommer 1926 die Ferienwochen meiner Töchter vorübergeglitten! Meine einzige Genugtuung bildete die Möglichkeit, dank meiner Stolowka die beiden blaß und überschlank gewordenen Mädchen mit nahrhaftem Essen reichlich versehen zu können. Ich hatte den Eindruck, daß Rita sich nur unter Vorbehalt und gleichsam »mit spitzen Fingern« mit der Kunstfotografie befaßte. Doch wie will man etwas beurteilen, das man nicht aus persönlicher Beobachtung, sondern nur aus gelegentlichen brieflichen Spiegelbildern kennt? Trotz des von mir soeben Gesagten muß Rita eine intuitive Begabung besessen haben, denn schon nach einem halben Jahr Lehrzeit wurde ihr das Entwickeln der Platten, das Tönen der Abzüge und sogar Porträtaufnahmen einiger bekannter Berliner Ärzte überlassen, und diese von ihr ausgeführten Arbeiten befriedigten.

Meine Tage waren randvoll von Pflichten und Gedanken, die der Stolowka galten, um deren Aufschwung ich mit Ausdauer rang. Daneben aber war der Winter 1926/1927 für mich auch reich an Sorgen, in deren Brennpunkt meine beiden Töchter standen. Ich war, als Lilia begann, sich dem künstlerischen Tanz zu widmen, der Meinung gewesen, daß es sich um eine Ausbildung zur Lehrerin in diesem Fach handle. Allmählich jedoch nahm der Tanz so sehr Besitz von ihrem Können und ihrer ganzen Mentalität, daß der Schwerpunkt sich immer mehr dem tänzerischen Beruf zuneigte. Über diese Entwicklung war ich keineswegs glücklich. Ich war durchaus nicht blind für den großen Aufwand an Fleiß und künstlerischem Ernst, der in diesem durch Mary Wigman gehobenen und gewandelten Beruf steckte; doch schon das Wort Bühne war für mein Empfinden mit so viel Trügerischem und Anfechtbarem verknüpft, daß es nicht zu Lilia zu passen schien. Im Grunde kannte ich das Leben auf der Bühne viel zu wenig, um ein anderes als ein ganz konventionelles Urteil zu haben. Vielleicht wirkten meine mehr instinktiven als sachverständigen Einwände hemmend, aber nicht ernstlich hindernd auf Lilias tänzerische Ausbildung; sie verblaßten vollends vor Mary Wigmans Feststellung, daß Lilia ein starkes tänzerisches Talent besitze. Die Wigman fragte sie jedoch, ob sie auch die entsprechenden Ellbogen habe für die Laufbahn einer Solotänzerin. – Bei Rita war es ihre Gesundheit, die mir Sorge machte. Sie hatte ihre Lehrzeit bei Dührkop beendet, der Arzt hatte ihr jedoch dringend geraten, ihrer zarten Konstitution wegen zumindest für längere Zeit das Einatmen der beim Entwickeln der Platten entstehenden Dämpfe zu vermeiden. Sie war nun nach Riga zurückgekehrt. Sie konnte sich jedoch in Riga nicht zurechtfinden.

Kolja war anfangs ebenfalls voller Berlin-Heimweh in Riga umhergewandert, hatte dann aber Arbeit und gute Freunde gefunden und sich allmählich wieder eingelebt. Eines Tages überraschte er mich mit der Mitteilung, daß er demnächst heiraten werde. Er besaß weder eine feste Anstellung noch nennenswerte Einnahmen, wenigstens keine, die als Basis für die Gründung einer Familie in Betracht gekommen wären. Die Stolowka lieferte uns zwar die Beköstigung für acht bis zehn Personen; mehr aber durfte sie auch nicht belastet werden. Ich bat ihn, diesen Entschluß nochmals reiflich zu überlegen. Doch schon ganz kurze Zeit danach teilte er mir mit, er habe sich am Tage vorher standesamtlich trauen lassen. Er werde sich im Nachbarhaus ein Zimmer mieten, und seine Frau bleibe auch fernerhin bei ihren Eltern. Kolja sprach nicht den Wunsch aus, mir seine Frau, deren hübsches Gesicht mir eines Tages beim Durchgehen durch unsere Stolowka aufgefallen war, vorzustellen, ich aber wollte, nachdem die Würfel einmal gefallen waren, weder in störender noch in begütigender Weise in diese wie mir schien wenig glückliche Verbindung eingreifen.

Bei Eröffnung der Stolowka hatte Mitja verschiedene Obliegenheiten übernommen, wie das Einkaufen auf dem Markt, das Schreiben der langen Speisekarten, die Abrechnung der Tageskasse und meine Ablösung um vier Uhr. So gewann ich Zeit für die Zusammenstellung der Menüs für den nächsten Tag und die Berechnung und Aufstellung der dazu nötigen Ingredienzien. Wenn die Polizei erschien, wie dies zuweilen der Fall war, um eine Kontrolle unserer Konzessionen vorzunehmen und dabei nach Übertretungen Umschau zu halten, schlug ich den nicht immer höflichen Leuten gegenüber manchmal einen ironischen Ton an, während Mitja kameradschaftlicher auftrat, mit ihnen rauchte und plauderte, was natürlich richtiger war. Auch sonst traten manchmal Situationen ein, bei denen seine beruhigende Gegenwart mir sehr willkommen war. So wurde ein Offizier, der Unterschlagungen begangen und sich durch Bruch seines Ehrenwortes der Haft entzogen hatte, während eines gemeinsam mit seiner Frau bei uns eingenommenen Mittagessens von zwei Polizisten, die ihm rechts und links einen Revolver an die Schläfen hielten, gestellt und fortgeführt. Eine in der Nähe sitzende Dame demonstrierte eine Ohnmacht, während die anderen Gäste unwillige Äußerungen über die Frau des Defraudanten machten, die während und nach der Verhaftung ihres Mannes ruhig weiterspeiste.

Ein anderes Mal suchte und fand eine eifersüchtige Gattin ihren Mann in unserer Stolowka, wo er in Gesellschaft einer jungen Dame Hühnerbouletten mit Spargel verzehrte, während seine Frau und seine Kinder, wie sie sagte, nicht einmal trockenes Brot zu essen hätten. Sie ohrfeigte den stumm und schuldbewußt über seinen Teller Gebeugten mit Vehemenz. Unter Geschrei und weinend hervorgestoßenen Schimpfworten führte die energische Person das ertappte Paar mit sich von dannen.

Es war gut, in solchen Fällen einen Mann zur Seite zu haben, der auf eine ruhige und besänftigende Weise einzugreifen verstand.

Dennoch mußte ich mir immer wieder sagen, daß die Beschäftigung in der Stolowka nicht geeignet sein könne und dürfe, Mitja einen ihn befriedigenden Beruf zu ersetzen. Bei dem herrschenden Chauvinismus war es aber in Lettland überaus schwierig, eine Anstellung zu finden. Ich muß wohl mit meiner Mutter darüber gesprochen haben. Einige Monate später teilte sie mir mit, daß sie die Thausche Samenhandlung, deren Besitzer kürzlich gestorben war, durch Übernahme der Schulden und eine kleine Zuzahlung käuflich erwerben und Mitja, wenn er einverstanden sei, dort anstellen wolle. Einer solchen großherzigen Tat war nur meine damals bereits fast achtzigjährige Mutter fähig. Wenn Mitja uns zuweilen seine stark empfundenen, in russischer Sprache geschriebenen Verse und Balladen vorlas, aus denen ein Dichter sprach, so mußte man sich allerdings sagen, daß die Berechnungen und Pläne eines Kaufmanns wohl nicht seine Welt sein könnten. Die verbindende Brücke zwischen diesen beiden Polen wurde jedoch von Mitjas Liebe zu den Pflanzen geschlagen. Anfänglich widerstrebend, arbeitete er sich schneller ein, als ich zu hoffen gewagt hatte. Eine treue Mitarbeiterin stand ihm in Person der Kassiererin Fräulein Schenk zur Seite, die schon seit langem in der Firma war. Mitja und sie mußten mit der in der flauen Zeit zwar geringen, in der Frühlingssaison aber bis zur Siedehitze sich steigernden Arbeit allein fertig werden.

Nachdem auch Lilia nach einer Vertretung bei Madame Perrotet in Zürich sehr bald eine Anstellung für tänzerische Körpertechnik an einer Gymnastikschule in Stuttgart erhalten hatte, schien es fast, als sei das Jahr 1927 dazu ausersehen, in unserer durch die Folgen des Weltkrieges und der russischen Revolution materiell und seelisch etwas auseinandergesprengten Familie wieder Ordnung zu schaffen. Doch das Leben ist keine »gute Stube« und der Mensch kein Möbelstück, das sich abstauben und an den richtigen Platz setzen läßt. So leicht ist die Harmonie des Aufgeräumtseins nicht ins Menschliche zu übertragen. Zuviel Dynamik steckt in der Menschenseele, zuviel Konflikte bringt sie mit, die sich in einer neuen Lage erst entwirren oder auch erst entwickeln und steigern müssen. Das Anfangsstadium eines Konflikts drängt zu andersgearteten Lösungen als das Ende eines solchen.

Was mich persönlich betraf, so waren es wohl die durch die Stolowka seit Jahren zurückgedrängten geistigen Fragen, die wie ungebärdige Kinder schrien. Ich suchte dadurch einen Ausgleich zu schaffen, daß ich spät abends oder nachts, hin und wieder auch am Tage in einer gestohlenen Viertelstunde meine Kindheitserinnerungen niederzuschreiben begann.

Irma Bernhoff war an einem mit heftigen Schmerzen verbundenen Hüftleiden erkrankt. Ich wußte, daß sie während des letzten Jahres auch eine große seelische Enttäuschung erlebt hatte. Positive Gefühle wie Hoffnung, Begeisterung, Vertrauen sind nicht nur ein Schutz für die Seele, der sie stark und jung erhält, sondern auch für den Körper. Erlöschen diese zuverlässigen Wächter, so geben sie dem Schmerz nicht nur den Weg zur Seele, sondern auch oft zu den Organen des Körpers frei. Irma Bernhoffs körperliches und seelisches Leiden war jedoch schon zu weit fortgeschritten, um durch Vertrauen, Hoffnung und geistige Ablenkung behoben werden zu können. Die Post brachte eine Karte, bei deren Lesen sich mein Herz zusammenzog: Die Schriftzüge waren so schwach und undeutlich, daß ich das weitaus meiste nicht entziffern konnte. Ich wußte, es war ihr letzter Gruß. Einige Tage später erhielt ich einen Brief von Pastor Bernhoff, der mir den Tod seiner Frau, die er mit Recht als die Sonne seines Hauses bezeichnete, mitteilte.

Bei uns in der Stolowka herrschte gerade Hochbetrieb, als ich diese Nachricht erhielt. So durfte ich mich nicht den Gedanken an Irma überlassen, sondern mußte mit klarem Kopf intensiv mitarbeiten. Mit niemandem sprach ich über ihren Tod, doch die nun über ihr liegende Ruhe und Geborgenheit erfüllten mich mit einem tröstlichen Gefühl der Erleichterung. Als Mitja, aus seinem Geschäft kommend, mich bei der Arbeit fand, griff er nach dem Brief mit der fremden Handschrift. Während des Lesens blickte er plötzlich erschreckt zu mir herüber. »Ich weiß«, sagte ich nur. Es tat gut, inmitten der geschäftlichen Hektik meinen Sohn in der Nähe zu haben. Er, der selbst nie wirkliche Freundschaft kennengelernt hatte, wußte, welch eine Fülle von Förderung und Verständnis Irma Bernhoff in mein Leben gebracht hatte.

Je weiter das Jahr ins Land zog, desto mehr vermißte ich den Widerhall, den mein eigenes Leben und meine Art seit fernen Jugendtagen in immer gleicher Wärme und Frische bei Irma gefunden hatten. Eine Isolierung, die mich um so empfindlicher traf, als die derzeitige intensive Beschäftigung mit der mir stets wesensfremd gebliebenen Stolowka so etwas wie eine geistige Vergewaltigung bedeutete.

In der letzten Zeit hatte sich der briefliche Kontakt mit Monakow etwas belebt. Er hatte angefragt, ob es mich interessieren würde, seine »Vita mea«, seine Autobiographie, im Manuskript zu lesen, und ich hatte mit einem freundschaftlichen »selbstverständlich« geantwortet.

Die Tage gehörten nach wie vor der Stolowka-Arbeit. Ich kam fast nie vor elf Uhr abends dazu, mich in die verblaßte Maschinenschrift oder in die winzig feinen Schriftzüge des Manuskriptes zu versenken. Stets war ich hungrig nach geistiger Nahrung, konnte sie mir aber nicht immer zubilligen. Der Körper, besonders die Augen, waren von der Tagesarbeit ermüdet und zu so später Stunde ruhebedürftig.

Eines Tages bemerkte ich beim Lesen, daß ganze Teile der Schrift verschwunden waren, so daß ich die Augen bald voraus-, bald zurücklaufen lassen mußte und den Inhalt der Zeilen mehr nur erraten als richtig lesen konnte. Ich hielt das für eine nervöse Erscheinung, die ich, wie meist in solchen Fällen, durch Nichtbeachten zu verscheuchen suchte. Die Zerstückelung des Gesichtsfeldes beim Lesen blieb jedoch bestehen, so daß ich zum Augenarzt Dr. Krüdner ging. Seine Diagnose »Netzhautablösung«, von der ich nie gehört hatte, nahm ich mit freundlichem Gleichmut und dem Wunsch, schnell zu meiner Arbeit zurückzukehren, entgegen. Gewissenhaft machte ich allabendlich die verordneten heißen Kompressen, schluckte Jod und tröpfelte eine beißende Arznei in die Augen, doch es wurde nicht besser; die verdunkelten Stellen nahmen zu. Was das Lesen anbetraf, hielt ich mich mehr an die Worte Monakows, daß der Mensch seine Organe nicht allzusehr schonen solle, als an den Rat Krüdners, täglich nicht länger als eine Viertelstunde zu lesen, wofür ich ohnehin nicht viel Muße hatte. Es scheint, daß ich gerade im Sommer 1928 auf eine unerfreuliche Weise und jedenfalls mehr, als es mir und den Kindern guttat, von der Stolowka absorbiert und auch seelisch beeinflußt wurde. Jedenfalls waren meine Töchter zu dem Schluß gekommen, daß es mit mir so nicht weitergehen dürfe, daß ich im nächsten Sommer meine Arbeit unterbrechen und wieder einmal nach Deutschland fahren müsse. Lilia sollte dann nicht zu uns nach Riga kommen, wie sie es bisher in ihren Sommerferien getan hatte, sondern Rita und ich sollten sie in Stuttgart besuchen, um dann mit ihr im Schwarzwald der Erholung zu leben. Die Kosten sollten durch den Verkauf unseres Bechstein-Flügels bestritten werden.

Es war nicht so einfach, unseren Flügel für den Preis seines vollen Wertes zu verkaufen. Der Winter ging darüber hin. Endlich, im Frühjahr 1929, fand sich ein Käufer aus Schweden. Sofort erwarb ich ein Piano, damit Lilia, die den Bechstein-Flügel ja am meisten benutzt hatte, auf alle Fälle ein Instrument für ihre Tanzkunst besäße. Das übrige Geld, so hofften wir, würde für unsere Reise und einen zweimonatigen Landaufenthalt zu dritt reichen. Eine Frau, die sich bisher in der Stolowka als praktische und intelligente Hilfe erwiesen hatte, siedelte in unsere Wohnung über und sollte mich während meiner Abwesenheit vertreten. Unsere Reise und Erholung in St. Märgen im Schwarzwald tat meinen Töchtern gut und brachte mich wieder ins Gleichgewicht. Danach kehrte Lilia zu ihrer Arbeit in Stuttgart zurück, und Rita und ich fuhren nach Riga.

Am 4. Juni 1929 traf aus Warschau ein Trauertelegramm meiner Schwester ein. Ein Herzschlag hatte Renjas Leben ein Ende gesetzt. Meine Schwester schloß sich ganz an ihren Schwiegersohn an, den sie wie ein Vermächtnis ihrer Tochter empfand. Ich füge schon jetzt hinzu, daß auch er ihr nach einem Jahr entrissen wurde. Es war im August 1930. Meine Schwester erwartete ihn, der gerade sein militärisches Dienstjahr absolvierte, nach Beendigung der Manöver in Riga. Da kam ein Telegramm mit der Nachricht, daß Zbischek während der Manöver beim Durchschwimmen eines Flusses ertrunken sei. Ich entsinne mich noch genau dieses Augustnachmittags. Mitja, der gerade bei mir war, wiederholte ein Mal über das andere erschüttert: »Das kann gar nicht wahr sein! Ein Unglück nach dem anderen!«

Im Jahr 1930 erhielt ich einen Brief von Monakow, in dem er um einen Besuch bat. Die Töchter unterstützten seinen Wunsch. Ich aber erwartete Lilia. Sie hatte Ausspannung und ein bißchen Verwöhnung dringend nötig, sah mager und etwas traurig aus. Manches hatte sie zur Festigung ihrer beruflichen Stellung erreicht, hatte auch einen erfolgreichen Tanzabend gemeinsam mit dem Solotänzer des Landestheaters in Stuttgart gegeben und sehr gute Kritiken erhalten. Aber sie war nicht für ein Bohème-Leben geschaffen. In der Kunst wie im persönlichen Leben brauchte sie Wahrheit und Größe der Empfindung. In materieller Hinsicht verfügte sie zudem infolge der hohen Saalmieten und der teuren Kostüme nur über knappe Mittel, und das Essen in Restaurants konnte den starken Energieverbrauch nicht immer ausgleichen. Wieder einmal erwies sich die kräftige Kost meiner Stolowka als ein schätzenswerter Faktor für die Erholung eines meiner Kinder.

Als ich etwas später als erwartet in Zürich eintraf, hatte eine beginnende Krankheit auf Monakow schon ihre Schatten geworfen. Schwankend zwischen Fieber und fieberfreien Tagen schien er mitunter gesund wie immer. Ich hatte in einer sorgenschweren Frage, die Mitja betraf, der seine Enttäuschungen an Menschen und vielleicht auch an der seiner Veranlagung und Begabung nicht gemäßen Arbeit durch Alkohol zu betäuben suchte, von Monakow Rat und Hilfe erhofft. Die Stunden, die ich mit Monakow verbrachte und die wie stets voll intensiven geistigen Lebens waren, täuschten mich nicht darüber, daß mein alter Freund nicht gesund war, und ich wollte ihn nicht mit meinen Sorgen belasten, solange er nicht wieder völlig geheilt war. Am 19. Oktober starb Monakow plötzlich an einem Herzversagen.

Auf der Rückfahrt nach Riga hatte ich mehrere Stunden Aufenthalt in Berlin, die ich zum größten Teil in der Uhlandstraße verbrachte. Wiederum erschien Dr. Penzig mir gealtert und von einer ihm sonst fremden Wehmut umgeben. Wir kannten uns nun auch schon über zwanzig Jahre, und immer hatte ich, wenn ich einmal müde oder deprimiert war, bei ihm, dem viel älteren, den Antrieb zu Gedankenflügen, zu tapferem Handeln gefunden. Nun brauchte er selbst ein geistiges Stimulans, und ich konstatierte ein wenig überrascht, daß ich zur Zeit reicher an innerer Spannkraft war als er. – Am 20. April 1931 starb mein alter Freund im 77. Lebensjahr.

Von einem mir bevorstehenden schwersten Verlust ahnte ich bei meiner Rückkehr nach Riga noch nichts. Ich genoß es, wieder zu Hause bei meinen Kindern zu sein. Rita hatte mein Zimmer neu streichen lassen; Mitja hatte die Möbel etwas anders als vorher, sehr anheimelnd, gruppiert. Vor dem dreiteiligen Spiegel standen Blumen, auf dem Nachtschränkchen brannte die grüne Lampe und warf ihren milden Schein auf das frisch bezogene Bett, in dem ich mich, müde und erkältet, bald zur Ruhe legte. Einzuschlafen vermochte ich freilich nicht so schnell. Meine Gedanken wanderten zurück zu Lilia, zu Mitja, zum Alkoholproblem, – zu allen Fragen, die Monakow vorzulegen ich versäumt hatte. Oder waren es Fragen, die überhaupt nicht durch mütterliches Eingreifen zu lösen waren? Ich dachte an Monakows Schlußworte in seinem letzten unbeendeten Manuskript: »angemessenes Handeln«, und an seinen Ausspruch, daß der Mensch nur das bereits Verlorene besitze. Ich dachte an den geistvollen, festlich gestimmten Monakow im eleganten »Baur au lac« und an den in einem mit Feldblumen überschütteten Eichensarg außerhalb der Kirchentür ruhenden »Rab Bóshij Constantin (Leibeigenen Gottes Constantin). In der Nacht träumte ich von Monakow. Deutlich und lebendig war mir seine Anwesenheit. Alles, was er tat und sprach, zeigte die Eigenart seines Wesens, seiner warmherzigen Persönlichkeit. Es war ein Nacherleben des letzten mit ihm verbrachten Tages, ein Verstehen und Abschiednehmen. Doch war es kein Abschluß, denn wie könnte etwas geistig Weiterwirkendes abgeschlossen sein?

Nach meiner Rückkehr hatte ich vorsichtig mit Mitja über den Alkohol gesprochen, doch bevor noch eines meiner Worte ihn hätte erreichen können, hatte er sie mit der Unbeirrbarkeit des Andersdenkenden abgelehnt.

Am 14. August 1934 begingen wir den Geburtstag Mitjas und Ritas. Wir hatten morgens in unserer Wohnung den Geburtstag meiner Tochter gefeiert. Nachmittags waren wir zum Geburtstagskaffee bei Mitja. Seine Frau hatte es nie verstanden, aus ihren drei Zimmern ein Heim, aus Mann, Frau und Kind eine Familie zu machen; dennoch fand man, wenn man Mitja in seiner hochgelegenen Atelierwohnung besuchte, immer wieder etwas Neues zu begutachten oder zu bewundern: ein von ihm gemaltes Bild, eine mit Sorgfalt zum Blühen gebrachte seltene Blume; einen neuen Insassen seines Aquariums; ein von ihm komponiertes neues Lied oder Gedicht. Seine Lieder, ebenso wie seine Gedichte, griffen ans Herz, und es war ersichtlich, daß er sich bemühte, diesen Eindruck beim Singen zu verwischen. In dem verzweifelten »Na nébe nétu Bóga«[39] schwang das unerlöste Ringen des zur Höhe strebenden, durch seine Veranlagung jedoch an die Sinne gebundenen willensschwachen Menschen. In einem anderen mit dem Refrain: »Rom, Valparaiso, Paris ...« schilderte Mitja das heimatlose Sterben russischer Emigranten.

An jenem Geburtstag hatte Mitja vorsorglich jede Traurigkeit ausgeschaltet und die Stunden unseres Zusammenseins mit wohltuend harmonischen Eindrücken umgeben. So sehr war alles auf unsere Freude, unser Behagen, auf unsere Überraschung und Verwöhnung eingestellt, daß man fast hätte meinen können, wir alle wären die von Mitja mit so vielen Aufmerksamkeiten überschütteten Geburtstagskinder. Vor meinem Platz stand eine soeben erblühte weiße Orchidee, eine Asparagusranke wand sich um mein Kaffeegedeck; ein kürzlich angeschaffter Kanarienvogel ließ seine Melodien erklingen. Als ein unvergeßliches Zeichen schenkender Liebe lebt dieser letzte Geburtstag Mitjas in meiner Erinnerung fort.

Der August ging zu Ende, es wurde September. Als ich am Morgen des 22. September 1934 wie gewöhnlich früh aufgestanden war, um die für die Stolowka bestimmte Milchlieferung anzunehmen und Kaffee zu kochen, klopfte es an der Küchentür, und Ljuba trat ein. Sie bat mich, zu Mitja hinaufzukommen, der sich, nachdem er am Abend zuvor viel Alkohol getrunken hatte, nicht wohl fühle und zur Belebung seines Herzens um starken Kaffee bitte. Da ich meiner schlechten Augen wegen nicht selbst zum Telefonbuch greifen konnte, weckte ich meine Töchter und bat sie, sofort telefonisch einen Arzt herbeizuholen und starken Kaffee zu kochen, während

39 Im Himmel gibt es keinen Gott.

ich zu Mitja eilte. Ein wenig erleichtert atmete ich auf, als ich meinen Jungen im Morgenmantel umhergehen sah. Er litt nicht, er hatte keine Schmerzen. Eine zage Hoffnung, es könnte sich vielleicht um nichts Schlimmeres handeln als um die gewöhnliche Reaktion auf einen allzu reichlichen Alkoholgenuß, wollte in mir aufsteigen. Von Unruhe getrieben ging er im Zimmer auf und ab, und ich blieb an seiner Seite. Dabei stützte er sich einmal mit beiden Armen auf seinen Schreibtisch und bat mich in seinem gewohnten herzlichen Ton, für Ljuba und Wolja zu sorgen. »Ich verspreche dir alles, nur werde gesund, mein lieber Junge«, gab ich ihm zur Antwort.

Ljuba brachte den heißen, starken Kaffee herein; Mitja trank und sagte zu seiner Frau, sie sei so nett anzusehen, weil sie eben ein freundliches Gesicht habe. Der Kaffee schien Mitja gut zu tun. Während Ljuba bei ihm blieb, ging ich in unsere Wohnung hinunter, um zu erfahren, ob bald ein Arzt käme; es waren jedoch von überall Absagen gekommen.

Als ich wieder zu Mitja zurückkehrte, war er allein, und Wolja, der seit einiger Zeit Lehrling in einem Möbelgeschäft war, wollte gerade zur Arbeit gehen. Als der Siebzehnjährige das Haus verlassen wollte, rief Mitja ihm freundlich nach: »Auf Wiedersehen, Wolja!« »Auf Wiedersehen, Papa«, klang es aus dem Vorzimmer zurück.

In mir war ein ständig wechselndes Steigen und Fallen von Angst und Hoffnung. Die freundlich ernste Art seines Abschieds von Wolja hatte mich einen Moment lang wie ein Blitzstrahl getroffen, doch die große Ruhe, mit der Mitja jetzt sprach und die, wenn er hin und wieder den Platz wechselte, auch in seinen Bewegungen lag, beschwichtigte meine Sorge wieder und ließ mich auf einen guten Ausgang dieses morgendlichen Unwohlseins hoffen. Einmal sagte er gefaßt, aber doch mit einer leisen Klage im Ton seiner Stimme: »Ich habe es sehr schwer gehabt.«

»Ich weiß es«, sagte ich und wollte noch hinzufügen, daß wir alle es in den letzten Jahren recht schwer gehabt hätten, doch ich verstummte, denn ich entsann mich so manchen tapferen Anlaufs gegen die Herrschaft des Alkohols. Und was konnte schwerer sein als der aussichtslose Kampf, sich dieser furchtbaren Tyrannei zu entziehen, das Versagen der eigenen Kraft zu spüren? Das schicksalhafte Ineinandergreifen von Ursache und Wirkung, von krankem Willen und krankem Körper kann von einer Tragik erfüllt sein, die ein gesunder Mensch nie ganz ermessen kann.

Als Mitja jetzt mit einem Glas Wasser zu mir trat und eine Tablette einnahm, ersah ich daraus, daß das Unwohlsein noch nicht behoben war. Ich fragte nicht, denn ich war es von jeher gewohnt, sowohl bei meinem Mann als auch bei Mitja medizinische Erwägungen in sicherer Obhut zu wissen und ruhig abzuwarten, bis sie sich selbst über ihr Befinden äußerten.

Eine Zeitlang schien Mitja sich nun besser zu fühlen; dann wurde er wieder unruhig. Ich nahm seine Hand und hielt sie. Plötzlich sagte Mitja, der Monakows Lehre in großen Umrissen kannte und vor einem halben Jahr Maria Wasers Buch über ihn gelesen hatte, ernst und mit großer Bestimmtheit: »Das ist die Syneidesis.«[40]

»Ja, es ist die Syneidesis«, sagte ich, »doch du weißt ja, daß gerade sie auch wieder hilft, die Krankheit zu überwinden.« Ich fügte hinzu, daß es ihm jetzt vielleicht leichter sein würde, das Trinken aufzugeben. Doch er schüttelte den Kopf. Er war ernst gestimmt, von innerer Ruhe und von einer mich bewegenden Fürsorge um mich, wie er sie schon als Knabe und auch später bei verschiedenen Anlässen im Leben gezeigt hatte.

Wir gingen im Zimmer auf und ab; ich hielt seinen Arm.

»Rege dich nicht auf«, sagte er mit warmer Stimme, »wenn mir vielleicht plötzlich schlecht werden sollte.«

40 Syneidesis nannte Monakow das biologische Gewissen.

Und gleich darauf: »Mir wird schon schlecht!«

»Willst du dich nicht hinlegen?« bat ich und umfaßte ihn, um ihn zu stützen. Es war, als wolle er sich in einen neben ihm stehenden Sessel gleiten lassen, doch dann wandte er sich der in einer anderen Ecke des Zimmers stehenden Chaiselongue zu. Bevor er sie aber erreichte, schwankte er; ich hielt ihn umklammert und sank mit ihm zusammen zu Boden. Sein Kopf lag auf meinem Arm; ich wußte, daß es keine Ohnmacht, daß es der Tod war. Eine große Stille war um mich, in der es keinen Raum für Verzweiflung, nicht einmal für ein laut gesprochenes Wort gab.

Und doch mußte gehandelt werden. Da ich beim Aufrichten meinen Arm unter Mitjas Kopf hätte fortnehmen müssen, rief ich Ljuba, sie möge ein Kissen bringen, damit wir seinen Kopf darauf betten könnten.

Ljuba, die still und gefaßt war, sagte mir, daß Dr. Blumen, ein alter deutscher Arzt, der Mitja schon einmal behandelt hatte, gekommen sei; er sterilisiere soeben die Spritze. Ich schwieg und setzte mich neben meinen Jungen.

Der Arzt, ein gebrechlicher, schwer herzleidender Mann, trat ein und machte sich umständlich mit der Spritze zu schaffen. Ich verließ den Platz neben Mitja und setzte mich abseits auf einen Stuhl. Daß der Arzt nicht mehr helfen konnte, wußte ich.

Lilia kam, um mich nach Hause zu holen. Wir stiegen die Hintertreppe zu unserer Wohnung hinunter, gingen durch die Küche, in der – es war neun Uhr morgens – bereits lebhafte Betriebsamkeit herrschte, in die Stille und Einsamkeit meines Schlafzimmers. Immer wieder zog es mich im Laufe dieses und der nächsten Tage zu meinem Jungen hinauf. Man hatte ihn unterdessen aufgebahrt. Sein Gesicht war von Reinheit und Schönheit. Um seinen Mund lag ein Lächeln. Es war sonst niemand im Zimmer; nur der Kanarienvogel hinter den grünen Blattpflanzen sang unbekümmert seine lebensfrohen Lieder.

Lange saß ich neben Mitjas Lager und hielt stille Zwiesprache mit meinem Sohn. Viel Unausgesprochenes löste sich in mir und strömte zu ihm in die noch so nahe Ewigkeit hinüber. Alles Unklare und Unverstandene oder Halbverstandene verschwand; es war wie eine befreiende Aussprache, die alles Disharmonische forträumte und nichts übrig ließ als ein stilles, liebevolles Einvernehmen voll innerer Gewißheit. Es war der beste Trost, den mein Schmerz in diesen Tagen finden konnte. Mitja hatte mir nach dem Tode meines Mannes einmal von der seelischen Wohltat derartiger Zwiesprachen mit einem Verstorbenen erzählt, und auch ich hatte schon diese Wirkung kennengelernt. Ich glaube, nur wer sein Kind oder seine Mutter verliert, weiß, wie tief der Tod treffen kann.

Daß auch die Kirche einen Trost zu geben vermag, habe ich bei Mitjas Beerdigung dankbar empfunden. Ohne jede Aufdringlichkeit und ohne unser Gefühl durch unechtes Pathos zu verletzen, paßt sich die russische Kirche mit Feingefühl dem Schmerz der Angehörigen an und umgibt die Beerdigung mit einer dem Herzen und zugleich dem ästhetischen Empfinden wohltuenden Feierlichkeit. Sobald wir uns der Friedhofspforte näherten, begannen die Glocken ihren fein abgestimmten Wechselgesang; die gesamte Geistlichkeit im Ornat kam uns entgegen, stellte sich an die Spitze des Trauerzuges und geleitete ihn unter den anfangs leisen, dann immer lauter anschwellenden melodischen Glockenklängen in die Kirche. Wenn der Sarg über die letzten Treppenstufen in das Innere des Gotteshauses getragen wird, erhebt sich das Geläut zu einer solchen Macht und Fülle und Herrlichkeit, als wolle es den feierlichen Einzug der geliebten Menschenseele in das Himmelreich andeuten. Es war viel Symbolisches in der kirchlichen Handlung, und das war gut; denn um das leiderfüllte Herz, das sich an der kantigen Starrheit der Dogmen wundreiben würde, legt sich der symbolische Ausdruck göttlicher Wahrheit und Güte. Die meisten

Anwesenden hielten brennende Wachskerzen in den Händen; auch dieses ein wohltuendes Sinnbild. Daß die Beerdigung mir trotzdem eine schwere Trennung bedeutete und daß es mich, besonders in den ersten Wochen und Monaten, immer wieder zu dem Hügel hinzog, unter dem Mitja und mein Mann ruhten, war nur zu begreiflich.

Ruhelos ging ich durch den folgenden Winter, suchte vergeblich etwas von Mitjas Geist und Wesen in seiner Frau und in seinem Sohn wiederzufinden; doch nur wenn ich mit Wolja von Puschkin sprach, für den Mitja zeitlebens ein warmes Interesse besessen und dessen Leben und Dichtungen er bis in die feinsten Einzelheiten gekannt hatte, trat auch im Sohn etwas von der Art des Vaters auf, und seine schlanken, mageren Hände zeigten manchmal eine ergreifende Ähnlichkeit mit denen Mitjas.

Wohl bot die Stolowka mir viel ablenkende Arbeit, doch die Erkenntnis, daß ich infolge meiner schlechten Augen und vielleicht auch infolge meiner nicht genügend geschäftstüchtigen Veranlagung kaum noch etwas mich wirklich Befriedigendes leisten konnte, schmälerte den heilsamen Einfluß dieser Beschäftigung.

Im Oktober kehrte Lilia zu ihrer Arbeit nach Stuttgart zurück. Rita blieb bei mir, doch ihr Denken und Trachten galt nicht ihrer nächsten Umgebung, sondern dem fernen Berlin.

Der zweite Weltkrieg

Die große Völkerwanderung

Eine durch die Radionachrichten geschürte Unruhe hatte sich Ende August 1939 unser und der ganzen Welt bemächtigt. Würde es zum Kriege kommen, oder würde die Vernunft siegen? Besaß die Welt nicht rechtskräftige Garantien für die Erhaltung des Friedens? Hatte Deutschland denn nicht mit Beck einen Nichtangriffspakt abgeschlossen? Beruhte es auf Wahrheit, daß die Polen, gereizt durch Hitlers Ton in einem Moment höchster politischer Spannung in einer polnischen Zeitung, und wenn es auch nur ein unbedeutendes Blättchen war, die Vorverlegung der deutsch-polnischen Grenze bis an die Oder gefordert hatten? Oder war diese Behauptung nur eine Zwecklüge des Deutschlandsenders gewesen? Hoffnungen und Befürchtungen stiegen und fielen unablässig.

Am Morgen des 1. September 1939 fiel Hitler in Polen ein.

Als wir am 3. September das Radio auf den Warschauer Sender einstellten, tönte uns Jubel entgegen, spontane Äußerung einer Menschenmenge. Ein polnischer Sieg? Der Friede? Nein, die Warschauer jubelten vor den Fenstern der englischen Gesandtschaft, denn England hatte Deutschland den Krieg erklärt. Bedeutete das die Errettung Polens, bedeutete es auch für uns in Lettland Frieden und Sicherheit?

Eine Septemberwoche nach der anderen verging, und die Tragödie des kleinen tapferen Volkes nahm ihren Lauf.

Wie froh war ich, beide Töchter nicht in einem kriegführenden

Lande zu wissen. Wir hörten täglich die Nachrichten aus Deutschland, Warschau, aus der Schweiz und aus Moskau und versuchten Herr der steigenden Unruhe in uns zu werden.

Meine Töchter lasen mir viel vor. Es waren vor allem drei Bücher, die uns in jenem Herbst und über ihn hinaus beschäftigten, da sie sich mit den gleichen Problemen befaßten, die zu dieser Zeit manchen Europäer, vor allem aber viele Deutsche und alle Balten interessieren mußten. Das erste war Rauschnings »Revolution des Nihilismus«, eine niederschmetternde Enthüllung und scharfe Kritik des Nationalsozialismus und dessen Begründers; das zweite das eminent geistvolle Buch von Walter Schubart »Europa und die Seele des Ostens« und das dritte Friedrich Wilhelm Försters »Deutschland und die europäische Frage«. In allen drei Büchern wurde das deutsche Volk unter die Lupe genommen; Schubart unterzog auch andere Nationen nicht nur nach ihren Veranlagungen, sondern auch nach ihren unterschiedlichen zeitlichen Entwicklungsphasen, einer mit Fingerspitzengefühl vorgenommenen Prüfung und wollte in der »Seele des Ostens«, das heißt in der russischen Seele nicht wegen, sondern trotz des Bolschewismus die wertvollste Menschenseele gefunden haben.

Am 6. Oktober 1939 brachte der Deutschlandsender mit seinem vertrauenerweckenden Pausenzeichen »Üb' immer Treu und Redlichkeit...« eine Meldung, Hitler wolle jedem Deutschen eine Heimat schenken. Die Radiomeldung war etwas unklar gefaßt, doch ich glaubte aus ihr schließen zu dürfen, daß fortan jeder Auslandsdeutsche in Deutschland naturalisiert werden könne, falls er den Wunsch hätte, deutscher Staatsbürger zu werden. Wer würde denn jetzt mitten im Kriege dergleichen Wünsche hegen? Hatte Deutschland größere Verluste gehabt? Brauchte es Soldaten?

Ein paar Tage später schrillte die Klingel an unserer Haustür. Wera Petraschwesky, die wir in Marienpol, dem Restgut des Barons von Uexküll kennen und schätzen gelernt hatten, trat ein, umfaßte meine Schultern mit einer Schutz suchenden Gebärde und blickte uns erwartungsvoll an.

»Was ist geschehen?« fragte ich.

»Nichts, als was Sie wohl schon selber wissen werden: Alle Baltendeutschen sollen nach Deutschland umsiedeln.« Und verzweifelt fügte sie hinzu: »Lieber sterben als die Heimat verlassen!«

Ich erklärte, daß ich nicht daran dächte. Wera Petraschewsky sagte, nur wenn das Zurückbleiben in der Heimat gleichbedeutend wäre mit einem Sichlossagen vom deutschen Volkstum, würde sie sich dazu entschließen. Das erschien so absurd, daß ich eine solche Möglichkeit für ausgeschlossen hielt. Gewiß, seine Staatsangehörigkeit konnte man verlieren. Wir alle waren vor dem ersten Weltkriege russische Untertanen gewesen und hatten, als aus den russischen Ostseeprovinzen Livland und Kurland die Republik Lettland entstand, die lettische Staatsangehörigkeit erhalten. Indessen sowohl als russische wie auch als lettische Staatsangehörige war ich Deutsche geblieben. Wie konnte man einem Menschen einen von seiner Persönlichkeit so untrennbaren leiblichen und geistigen Besitz wie sein Volkstum rauben?

Die deutsche Zeitung brachte in den folgenden Tagen bereits deutlicher hervortretende Umrisse der geplanten Umsiedlung. Hitler rief alle Baltendeutschen in den Warthegau, der bis zum Ende des ersten Weltkrieges zu Deutschland gehört hatte, nach dem Versailler Frieden aber von Polen besiedelt worden war. Wer von den Baltendeutschen in Lettland ein Haus besessen hatte, sollte, so hieß es, im Warthegau eines erhalten; bei Landbesitz galt das gleiche. Alles, was man in Lettland zurückließ, ob es sich dabei um ein Geschäft, eine Alterspension, um eine Wohnungseinrichtung oder um einen einträglichen Beruf handeln mochte, sollte im Warthegau ersetzt werden. Selbst das Einverständnis der lettischen Regierung zu der bevorstehenden Auswanderung war bereits eingeholt worden.

In den ersten Tagen lehnten fast alle Menschen, mit denen ich zusammenkam, die Umsiedlung ab. Doch dann setzte ein wahres Trommelfeuer der Propaganda ein und prasselte sechs Wochen lang auf jeden nieder. Alle Hebel wurden in Bewegung gesetzt, die höchsten wie die niedrigsten Interessen der Menschen angestachelt. Und es war durchaus zu begreifen, daß selbst Persönlichkeiten, die gegen alle materiellen Verlockungen immun blieben, eine so einmalige weltgeschichtliche Chance des Anschlusses an das Volk ihrer Väter nicht ungenutzt lassen wollten und ihren Kindern und Kindeskindern eine Zukunft zu gewinnen hofften, in der diese nicht einen nur widerwillig geduldeten und stiefmütterlich behandelten, sondern als gleichberechtigt anerkannten Teil der Bevölkerung bilden sollten. Auch die Furcht vor dem erneuten Einrücken der sowjetischen Truppen wurde von der Propaganda angefacht, was zur Folge hatte, daß auch zahlreiche Letten das Land zu verlassen gedachten. Die deutsche Zeitung in Riga, die anfänglich von freiwilliger Umsiedlung geredet hatte, verstärkte den moralischen Druck auf die noch schwankenden oder widerstrebenden Leser. Wer »dem Rufe des Führers« nicht Folge leiste, sei kein Deutscher mehr und möge bedenken, daß es in Riga keine deutschen Zeitungen und Bücher, keinen deutschen Gottesdienst, keine deutschen Ärzte und bald überhaupt keine Deutschen mehr geben würde.

Deutsche Schiffe liefen ein, um die Umsiedler abzuholen. Man mußte sich schnell entscheiden. Obwohl ich mir vom ersten Moment an über den von mir einzuschlagenden Weg völlig klar war, empörte mich der wegwerfende Ton, in dem die Zeitung von den zurückbleibenden »Buschdeutschen« sprach. Rita haßte den Nationalsozialismus und war entrüstet, daß baltische Hausbesitzer den Polen abgenommene Häuser, baltische Kaufleute bislang den Polen gehörende Fabriken, baltische Familien polnische Wohnungseinrichtungen erhalten sollten. Lilia mangelte vollends jedes Interesse für den Warthegau, da sie mit einem Schwaben verlobt war und nach Stuttgart heiraten wollte.

Meine Schwester, die das polnische Volk, dem ihr Mann und ihre Kinder angehört hatten, liebte und die unter den Schicksalsschlägen litt, die es betroffen hatten, lehnte jeden Gedanken an eine Umsiedlung nach Deutschland ab, und für meine einundneunzigjährige Mutter war eine so grundlegende Veränderung ihres Lebens schon aus Gesundheitsgründen von vornherein ausgeschlossen. Der durch die deutsche Rigasche Zeitung ausgeübte moralische Druck erregte indessen auch sie. Oft blickte sie mir voll banger Erwartung entgegen und fragte auch wohl manchmal, ob ich oder meine Schwester sie verlassen und mit den anderen umsiedeln würden. »Nein«, beruhigte ich sie und deklamierte ihr, soweit ich ihn noch im Gedächtnis hatte, den Rütlischwur: »Wir wollen sein ein einzig Volk von Brüdern, in keiner Not uns trennen und Gefahr.«

Riga begann sich zu entvölkern, genauer ausgedrückt zu entdeutschen. Denn wenn auch zahlreiche russische und lettische Familien die gebotene Gelegenheit, in Sicherheit und zu Wohlstand zu gelangen, wahrnahmen, so bildeten sie doch nur einen Bruchteil angesichts der auch von idealen Beweggründen zur Umsiedlung bereiten Deutschen. Dieselben Geschlechter, die seit siebenhundert Jahren einzeln und in Gruppen ihre deutsche Heimat verlassen, sich im Baltikum niedergelassen und dort Wurzeln geschlagen hatten, strömten nun nach Deutschland zurück. Die Lücken, die dadurch entstanden, waren überall im Alltag zu spüren.

Der mein Herzleiden während der letzten Jahre behandelnde Arzt hatte mir beim Abschied einen lettischen Kollegen empfohlen, den ich bald konsultierte. Als er mich untersuchte, fragte er nicht gerade freundlich:

»Sie wissen, wie es mit Ihrem Herzen steht?«

»Ja, ich weiß. Und dies sind die Tropfen, die ich hin und wieder einnehme«, sagte ich, ihm das Rezept hinreichend.

»Sie sind gut«, meinte er, »nur sorgen Sie dafür, daß Sie sie immer bei sich haben, denn bis Sie nach einem Arzt schicken, könnte es schon zu spät sein.«

Ich machte mir aus dem Sinn solcher Worte nicht so viel wie aus der wenig verbindlichen Art, in der sie gesprochen waren.

Seit meine drei Freunde Irma Bernhoff, Professor Monakow und Dr. Penzig und seit mein Mann nicht mehr unter den Lebenden waren, interessierte mich eigentlich nur noch der werdende, suchende, mit seiner Umgebung oder mit sich selbst um höhere Werte ringende Mensch, gleichviel welcher Bildungsstufe er war. Aber nun mußte ich, die in der Jugend acht Jahre im Kaukasus und sechs Jahre in Litauen verbracht hatte, erkennen, daß die gewaltsame, durch die baltische Umsiedlung hervorgerufene Abdrosselung jeglichen über die eigene Familie hinausgehenden deutschen Verkehrs einen über alles Erwarten tiefen Riß bedeutete.

Am 23. November verließ Wera Petraschewsky die Heimat. Bald darauf folgte auch Baronin Uexküll mit ihrer Familie, bei der wir auf ihrem Restgut in Lettgallen in den letzten drei Jahren unsere Sommerferien zu verbringen pflegten. Trotz unserer verhältnismäßig kurzen Bekanntschaft bedrückte mich die Abreise der beiden. Der Baron und seine Söhne übernachteten in der uns gegenüberliegenden deutschen Schule; die Baronin verbrachte die letzte Nacht bei uns. Am nächsten Morgen ein eiliges Frühstück und ein schneller Abschied, denn der Wagen, der sie an das Schiff bringen sollte, hielt bereits vor dem Hause.

Als die letzten Schiffe nach Deutschland abgegangen waren, wurde es einsam um uns. Es war eine besondere, mit Entrechtung verbundene Einsamkeit. Man vermißte die Freunde. Man vermißte die Zeitung. Man vermißte die deutsche Sprache. Welch einen bedeutenden Faktor in unserem Kulturleben das Deutschtum repräsentiert hatte, wurde nun jedem auf eindringliche Weise ins Bewußtsein gerufen. Auch die Russen, die unter den Ausgewanderten zahlreiche Freunde gehabt hatten, litten unter der Entdeutschung der Bevölkerung.

In dieser nervösen Stimmung verbreitete sich das Gerücht, in der reformierten Kirche in der Marstallstraße halte ein lettischer Pastor deutschen Gottesdienst. Es war dieselbe Kirche, in der Pastor Iken mich getauft, konfirmiert und bei meiner nach russischem Ritus vollzogenen Trauung eingesegnet hatte. Vielleicht war dort ein tröstendes Wort zu vernehmen? Auf alle Fälle würde man deutsch sprechen hören. Eines Sonntags gingen Lilia und Rita dorthin und erfuhren, daß nur Personen mit reichsdeutschen Pässen die Kirche betreten und dem Gottesdienst beiwohnen durften. So geschehen Anno Domini 1939!

Wenn schon die von Hitler befohlene Umsiedlung ein frivoles Spiel mit der Heimatliebe der Balten gewesen war, so empfand ich diese kirchliche Maßregelung als das i-Tüpfelchen eines sadistischen psychologischen Zwanges. Dieser Mißbrauch der Heimatliebe hat sich später während des Krieges in Rußland noch vielfach wiederholt und ist schließlich in Stalingrad zur Tragödie ausgeartet.

Eines Tages sprach ich bei einem Einkauf in einem lettischen Laden deutsch. Eine neben mir stehende Dame wandte sich mir zu und sagte leise: »Sonntags um elf können Sie an der Tür der Alten Gertrudkirche Deutsche treffen; nach dem lettischen Gottesdienst wird eine deutsche Predigt gehalten.«

Am folgenden Sonntag war ich mit meinen Töchtern um elf Uhr bei der Alten Gertrudkirche. Nachdem die lettische Gemeinde das Gotteshaus verlassen hatte, wurde das Portal abgeschlossen. Wir folgten zwei Damen, die offenbar das gleiche Ziel hatten, zu einem unverschlossenen Seiteneingang. Die Kirche war nicht erleuchtet. Es war ein trüber Wintertag. Vorsichtig, denn es war ein verbotener Gottesdienst, dem wir beiwohnen wollten, bewegten wir uns durch das Dämmerdunkel des Kirchenschiffs. Weder ein Pastor noch eine Gemeinde waren zu erblicken. So gingen wir immer tiefer in den Raum hinein. Als wir am Altar vorüberkamen, sahen wir hinter ihm die Tür zur Sakristei geöffnet; eine weibliche Stimme drang zu uns heraus. Wir näherten uns dem Eingang zur Sakristei, vor dem bereits zahlreiche Personen sich versammelt hatten, und versuchten, in das Innere des kleinen Raumes zu gelangen. Doch es war unmöglich. Dicht gedrängt saßen und standen die Menschen dort im Halbdunkel und lauschten einer Frauenstimme.

Es war die ergreifendste Predigt, die ich jemals gehört habe. Ob das an der Frau lag oder an dem zutiefst aufgewühlten seelischen Boden, auf den ihre Worte fielen, vermag ich nicht zu sagen. Wohl ein jeder von uns spürte, daß diese Frau die qualvolle Auswirkung der Umsiedlung ebenso durchgemacht hatte wie wir selbst und daß sie den Weg einer kraftvollen Überwindung gesucht und gefunden hatte. Die Predigt war nicht kirchlich; sie war christlich im reinsten Sinne des Wortes.

Am folgenden Tage hörte ich, daß die Frau, der wir diese Stunde verdankten, die Tochter eines deutschen Missionars und einer vornehmen Chinesin sei. Daher das behutsame Verständnis für das Empfinden ihrer Zuhörer.

Die Tatsache der Umsiedlung und ihre überrumpelnd schnelle Verwirklichung hatten meine Mutter seelisch und körperlich stark mitgenommen. Man konnte sie nicht eigentlich krank nennen, aber sie schien sowohl an ihrem persönlichen als auch an dem allgemeinen Leben keine Freude mehr zu empfinden; selbst die Freude am Dichten, an der Fortführung ihrer Chronik hatte sie eingebüßt und schrieb ihre Gedanken nicht mehr nieder. Sie hatte keine Schmerzen und klagte über nichts, doch es war, als sei sie innerlich bereits im Aufbruch begriffen. Nach ihren Gedichten zu urteilen war sie das bereits seit geraumer Zeit. Sie wurde stiller und hing ihren Gedanken nach. Nie hatte sie viel Erdenschwere besessen; ihr brauchte man nicht zu sagen: »Vergiß, o Menschenseele, nicht, daß du Flügel hast.«

Der Winter 1939/40 war außerordentlich kalt; Kohlen waren bei den damals üblichen Kontingentsverrechnungen nur in beschränkter Menge zu erhalten. Die Zentralheizung in unserem Hause funktionierte ungenügend. Wir froren alle. Nur in dem kleinen Zimmer meiner Mutter war es mollig warm. Trat man bei ihr ein, so empfingen einen die selten gewordene Zimmerwärme und die Wärme ihres Lächelns wie eine bessere Welt. Meine Mutter saß dann zwar nicht mehr wie früher mit der Feder in der Hand vor ihrem Schreibtisch, sondern in einem Sessel daneben, hörte zu, was ich ihr von meinen Kindern und in Auswahl von der Politik erzählte und stellte auch selbst Fragen. Im ganzen sprach sie aber wenig und kleidete dann ihre knappen Bemerkungen, wenn sie bei guter Stimmung war, gern in ein rhythmisches Gewand. Einmal hörte ich sie ein griechisches Gedicht, das sie einst als Schulmädchen ihren Brüdern abgelauscht hatte, murmeln und fragte sie, was die Worte eigentlich bedeuteten; sofort übersetzte sie mir den Text ins Deutsche.

Draußen entwickelte sich mit konvulsivischer Sprunghaftigkeit der zweite Weltkrieg; in dem Zimmer meiner Mutter aber herrschte Harmonie. Wohl spürte man etwas von der Gebrechlichkeit des hohen Alters, doch nichts von lastender Schwere und Leiden.

Aus jener Zeit erinnere ich mich an einige Gedichte meiner Mutter, darunter eines, das sich gegen die Unruhen der Zeit wendete:

»Ein rauher Wind fegt durch die Gassen
und will nach meinem Mantel fassen;
doch über allem steht der Herr der Welt,
der dich und mich in seinen Armen hält.«

An einem dieser unruhevollen Tage merkte ich, daß eine Veränderung bei meiner Mutter eingetreten war. Sie erklärte, ihr Bett nicht verlassen zu wollen, da sie zu müde sei. Zunächst war sie noch, wenn auch mit Mühe, dazu zu bewegen, ein wenig Nahrung zu sich zu nehmen. Der meiner Mutter seit Jahren bekannte Professor Gartier, den wir, als ihr Zustand sich verschlimmerte, an ihr Bett gebeten hatten, konnte nichts anderes als Altersschwäche feststellen.

Das letzte Wort, das ich von meiner Mutter gehört habe, war die Bekräftigung der alten, von ihr an der Schwelle der Ewigkeit neu erfahrenen Wahrheit: »Wer Gott vertraut, hat nicht auf Sand gebaut.«

Am 1. April 1940 entschlief meine Mutter sanft und schmerzlos.

Acht verhältnismäßig ruhige Wochen waren uns nach dem Tode unserer Mutter noch vergönnt. Anfang des Sommers tauchten sowohl in der Presse als auch innerhalb der Arbeiterschaft Gerüchte auf, daß der Bolschewismus während der letzten zwanzig Jahre eine Wandlung durchgemacht habe. Skeptische Naturen zuckten die Achseln und sprachen von Propaganda. Doch der Mensch, auch der keineswegs leichtgläubige, will hoffen, schon unter dem Zwang seines Selbsterhaltungstriebes. Hatte ich nicht immer das Gesetz der Entwicklung bestätigt gefunden und seiner Wirksamkeit vertraut? Hatte es mich nie enttäuscht? Doch, es hatte mich Enttäuschungen erleben lassen. Was bedeuten zwanzig Jahre in der Entwicklung eines Volkes? Wie immer es auch sein mochte, uns blieb keine Wahl. Wir hatten die einzige uns gebotene Gelegenheit, Riga zu verlassen, die Umsiedlung in den Warthegau, ausgeschlagen; nun mußten wir hinnehmen, was die Zukunft uns bringen würde.

Mitte Juni lebten wir in einem Zustand, von dem wir nicht mit Sicherheit hätten sagen können, ob wir uns im Krieg oder im Frieden befanden, ob wir von einem inneren oder von einem äußeren Feind bedroht wurden. Am 17. Juni 1940 kehrten Rita und Lilia erregt von einem Gang in die Stadt zurück. Vor dem Bahnhof waren sie Zeuginnen verschiedener kleiner Straßenkämpfe zwischen lettischer Polizei und plötzlich auftauchenden sowjetrussischen Soldaten geworden und waren erstaunt über die beherrschte Haltung der Russen. Sie hatten gehört, wie ein Sowjetrusse seinem Kameraden, der auf einen lettischen Polizisten schießen wollte, zurief: »Laß ihn doch laufen, er verteidigt ja nur sein Land und seinen Präsidenten!« Einen zweiten hörten sie einer »Hurra« schreienden Alten zurufen: »Warte noch ein bißchen mit deiner Freude über unser Eintreffen, Mütterchen, bis du erst von unserem Brot gegessen hast. Dann wirst du sehen, ob du noch Lust zum Hurrarufen haben wirst.« Ein dritter hatte einem lettischen Bauern kameradschaftlich beigestanden, dessen gestürztes Pferd aufzurichten.

Im ganzen wurde kaum gekämpft. Stadt und Land wurden mit selbstverständlicher Geste in Besitz genommen, der lettische Präsident ins Innere Rußlands verbannt und die lettische Regierung durch eine kommunistische ersetzt.

Unser langjähriger Mieter Schwarzberg, der bei seinem in unklaren Zeiten angebrachten Streben nach Unauffälligkeit seine beiden Vorderzimmer aufgegeben und nur das kleine Schreibzimmer behalten hatte, äußerte eines Tages: »Hitler hat behauptet, der Nationalsozialismus würde einen neuen Menschen erschaffen; der Bolschewismus hat dies tatsächlich zustande gebracht!«

Ich erkundigte mich nach den neuen Tugenden. »Die russischen Soldaten sind höflich und hilfsbereit. Sie plündern nicht, und sie schimpfen nicht.«

»Und wie wollen Sie das in den paar Tagen festgestellt haben?« fragte ich.

»Nun, daß sie hilfsbereit sind, wird Ihnen jedermann bestätigen.«

»Ja«, gab ich zu, »man hat mir sogar den Rat erteilt, mich ohne weiteres in den Schutz eines russischen Soldaten zu begeben, falls ich mit meinen schwachen Augen auf der Straße einmal behelligt werde oder gar in eine Schießerei geraten sollte. Doch woraus schließen Sie auf eine allgemeine Ehrlichkeit?«

»Aus den strengen militärischen Maßnahmen gegen jeden Diebstahl, mag er auch noch so belanglos erscheinen. Ich war zugegen, als ein Soldat von einem Kameraden daran erinnert wurde, eine leere Milchflasche der Verkäuferin eines nahegelegenen Lebensmittelgeschäftes zurückzubringen, da dies sonst als Diebstahl an der Zivilbevölkerung ausgelegt und er dafür erschossen werden könnte. Die militärische und politische Disziplin verlangt das. Auch das Schimpfen ist ihnen verboten. Ich weiß, daß jenes schlimmste aller Schimpfworte, das den Beschimpften dadurch zu entehren sucht, daß es dessen Mutter entehrt, in der russischen Armee verboten ist.«

»Gottlob«, dachte ich, denn es war mir von jeher unbegreiflich erschienen, wie ein im allgemeinen über viel Herzenstakt und Gutmütigkeit verfügendes Volk wie das russische ein so gemeines und zugleich populäres Schimpfwort hatte prägen können. Also wirklich eine Änderung, eine Entwicklung?

Ob sich wohl auch die feindselige Einstellung zur Religion gewandelt haben mochte? Hatten wir nicht erst vor wenigen Monaten, zu Ostern, im russischen Sender eine antireligiöse Propaganda vernommen, die es zwar nicht an Geschicklichkeit, doch an

Gesinnung mit Goebbels' höhnischen Anfeindungen des Katholizismus aufnehmen konnte? Würden nun auch bei uns die Kirchen geschlossen, der Gottesdienst verboten werden? Gespannt sahen wir dem ersten Sonnabend entgegen.

Am Sonnabend saß ich nachmittags mit meiner Schwester und den Töchtern im Garten. Meine Schwester sah nach der Uhr. »Gleich sechs«, sagte sie. Um diese Zeit hatten sonst am Sonnabend die Kirchenglocken zum Abendgottesdienst geläutet. Als die Turmuhr der nahen Gertrudkirche die volle Stunde schlug, schwiegen wir alle und lauschten. Plötzlich erhob sich das eilfertige Glockenläuten der Alexander-Newski-Kirche, die tiefen, ruhigen Glockenstimmen der Kathedrale fielen dröhnend ein, und obwohl niemand von uns, selbst meine vor einigen Jahren zum Katholizismus übergetretene Schwester nicht, sich an kirchliche Satzungen gebunden fühlte, empfanden wir den vertrauten Klang der Kirchenglocken als ein großes Glück.

In dem Hause meiner Schwester war eine Acht-Zimmer-Wohnung freigeworden, in die ein Offizier der Roten Armee einzuziehen wünschte.

Rita und Lilia hatten bei einer Dame, die sich anfangs aus Furcht, in Deutschland hungern zu müssen, nicht zur Umsiedlung hatte entschließen können, lettischen Sprachunterricht genommen. Als aber auch im traditionellen »Fettland Lettland« die Lebensmittelpreise in die Höhe schnellten, verließ sie mit ihrer Mutter Riga. Vor ihrer Abreise kaufte ich ihr für hundert Lat ihre Remington-Schreibmaschine ab, die selbst für ein älteres Modell bereits reichlich invalide war, für mich jedoch in der Folge eine Bedeutung gewann wie kein zweiter Gegenstand.

Alle Hausbesitzer sahen mit Bangen dem Inkrafttreten des Gesetzes zur Enteignung des Grundbesitzes, alle Inhaber von Pensionen demjenigen der Sperrung beziehungsweise Entziehung ihrer Rente entgegen. Gerüchte waren zu hören, nach denen nur die

Häuser mit über hundert Zimmern enteignet und nur die ganz großen Bankguthaben konfisziert werden sollten. Mein Mann hatte dreißig Jahre lang Beiträge für eine Pension gezahlt. Unser vor fünf Jahren erbautes Mietshaus in der Dainas-Straße, das aus zwölf kleinen, komfortablen Wohnungen bestand, besaß alles in allem vierundzwanzig, das Haus meiner Schwester etwa siebzig Zimmer. Es folgte bald die Benachrichtigung, daß das Haus meiner Schwester, in dem wir alle wohnten, enteignet sei. Dennoch mußte sie für die Beheizung des ihr nicht mehr gehörenden Hauses aufkommen. Ihre Sommervilla in Majori, die eigentlich eher ein Luxusbesitz war als das Stadthaus, jedoch nur fünf oder sechs Zimmer enthielt, hatte man ihr belassen. Unmittelbar danach wurde auch unser Haus in der Dainas-Straße enteignet und meine Witwenpension beschlagnahmt.

Rita und Lilia begaben sich in die zuständige Behörde, um auf Grund der langjährigen Zahlungen meines Mannes eine Änderung zu erreichen, erhielten aber eine strikte Absage. Die dienstlichen Papiere meines verstorbenen Mannes, die sie als Belege vorgewiesen hatten, wurden ihnen mit den Worten: »Ihre Mutter steht überhaupt auf der schwarzen Liste«, zurückgegeben. Bei nochmaliger Prüfung dieser Papiere fand ich als einzige Belastung bei der Angabe der Personalien meines Mannes den Vermerk: »von Adel«.

Es war indessen keineswegs nur der adlige und der bürgerliche Stand, der durch diese Maßnahmen zu leiden hatte. An einem der folgenden Tage schrillte die Klingel an unserer Haustür. Ich öffnete. Vor mir stand unser altes Annchen und schrie: »Gnädige Frau, in Riga ist die Hölle los!« Man hatte ihr das im Laufe eines langen, arbeitsamen Lebens ersparte Geld – ich glaube, es waren 1 500 Lat auf einem Bankkonto – beschlagnahmt. Endlich beruhigte Annchen sich und bat mich, ihr eine Bestätigung dafür auszustellen, daß sie so viele Jahre bei mir in Stellung gewesen sei; dann bestünde eine geringe Hoffnung, daß sie wenigstens eine kleine Altersrente zugesprochen erhielte.

Noch waren wir zahlende Inhaber unserer Wohnung in dem schönen Hause, das bislang meiner Schwester gehört hatte und jetzt enteignet wurde. Auch sie hatte nun für ihre neunzimmerige Wohnung, in der sieben bis acht verschiedene Mietsparteien lebten, Miete zu zahlen. Es war ein großes Glück, in dieser Zeit zuverlässige Untermieter zu besitzen, denn bald trat eine Verfügung in Kraft, wonach jeder nur einen streng rationierten Kubikraum in seiner Wohnung zu beanspruchen hatte. Nun war es für uns die höchste Zeit, uns nach Mietern umzusehen, denn in unserer Sieben-Zimmer-Wohnung gab es nach den jetzt geltenden Begriffen nicht weniger als vier »unbewohnte« Zimmer. Wir rückten ein Inserat in die »Sewódnja« ein, doch bevor diese russische Zeitung erschienen war, wünschte bereits ein Offizier die fraglichen Räume zu sehen. Er nannte seinen Namen, und Lilia, die ihm die Zimmer vorwies, fühlte sich durch sein liebenswürdiges Wesen angesprochen. Er wollte jedoch zuvor noch andere Zimmerangebote prüfen.

Rita hatte an jenem Tage viel zu erledigen und war abwesend, so daß Lilia etwaige Interessenten zu empfangen und je nach dem Eindruck, den diese auf sie machten, anzunehmen oder abzuweisen hatte. Leider konnte ich ihr dabei nicht behilflich sein, denn ich hatte soeben eine Grippe durchgemacht. Hin und wieder schaute Lilia zu mir herein. Ich bat sie, größte Vorsicht bei der Wahl eines neuen Hausgenossen walten zu lassen. »Du kannst ganz ruhig sein«, versicherte sie mir. »Den ersten Wohnungssuchenden hätte ich akzeptiert. Jetzt aber sitzt vorn im Zimmer seit zwei Stunden ein unangenehmer Mensch, der unbedingt die beiden Räume haben will. Er raucht, möchte sich unterhalten und stellt allerlei Fragen.«

»Zum Beispiel?«

»Zum Beispiel, warum wir ein so trauriges Bild wie den ›Verlorenen Sohn‹ im Zimmer hängen haben. Ich sagte ihm, daß ja auch das

Traurige zum Leben gehöre. ›Wieso?‹ fragte er interessiert. ›Nun, Sie können doch nicht bestreiten‹, sagte ich, ›daß der Tod etwas Trauriges und zugleich etwas im Leben Unvermeidliches ist.‹ ›Welcher Tod?‹ fragte er schnell. Ich ließ mich aber nicht aufs Glatteis führen, sondern sprach von dem natürlichen Tod eines jeden Menschen als Abschluß seines Lebens.«
»Warum geht der Fremde nicht?« erkundigte ich mich. »Ich hatte ihm gesagt, daß die Zimmer bereits jemandem versprochen sind. Nun wartet er auf den, der ihm zuvorgekommen ist. Der Mann ist höflich, aber gutmütig ist er bestimmt nicht. Er hat übrigens auf dem Ärmel einen Stern. Wer weiß, was das bedeutet.«

Um die Mittagszeit entfernte sich der hartnäckige Interessent, kehrte jedoch bald wieder und bereitete uns auf den Besuch seiner Frau vor, der dann glücklicherweise die Zimmer nicht gefielen. An demselben Tage noch konnte Lilia die beiden Räume einem anderen Offizier mit gutmütigem Bauerngesicht, der demnächst seine Familie erwartete, vermieten. Schon am folgenden Tage zog die Familie S. bei uns ein. Als meine Tochter mir abends erzählte, wie der Kapitän (Hauptmann) S. beim Eintritt in unser Speisezimmer, in dem wie stets am Vorabend eines Feiertages das Lämpchen vor der Ikone angezündet war, geäußert hatte: »Das haben wir in meiner Kindheit auch so gehabt«, schwanden meine letzten Bedenken. Beiläufig hatte Lilia sich bei ihm erkundigt, welche Charge eine Militärperson mit einem Stern auf dem Ärmel bekleide, und die Antwort erhalten: »Das ist ein Kommissar; vor dem haben sogar wir Angst.«

Bald hatte auch ich Gelegenheit, die Bekanntschaft unserer neuen Hausgenossen zu machen. Trotz Sympathie von unserer und Achtung von der anderen Seite lag die anders geartete Weltanschauung stets wie eine respektierte, aber unüberschreitbare Grenze zwischen uns. Arkadij Nikolajewitsch war das praktische und ethische Rückgrat der Familie, seine Frau, Alexandra Grigorjewna, deren kommunistisches Gehirn. Ihre Mutter, Natalja Iwanowna, eine Donkosakenfrau, deren Mann in den Kämpfen des Bürgerkrieges sein Leben verloren hatte, hing sehr an ihren Kindern und der kleinen Enkelin. Gelegentlich brach auch sie eine Lanze für sowjetische Losungen und Ideale, hielt indessen unbekümmert an ihrem Kirchenglauben fest und führte die dreijährige Tomotschka hinter dem Rücken ihrer Eltern in die Kirche und zur Kommunion, um sie trotz ihrer religionslosen Erziehung des kirchlichen Heiles nicht verlustig gehen zu lassen.

Die junge Frau sorgte konsequent dafür, daß ihr Töchterchen bei jedem Wetter täglich mehrere Stunden im Freien zubrachte, überließ dagegen den Haushalt ihrer Mutter. In der Küche konnte man sich keinen freundlicheren Kochkameraden denken als die alte Natalja Iwanowna. Ob dieses instinktive Vermeiden von hausfraulichen Reibungsflächen einer den russischen Bäuerinnen oft eigenen Herzensbildung entsprang oder ob sie eine Frucht der zu jener Zeit überaus engen Wohnungsverhältnisse in Rußland war, weiß ich nicht. Über politische Dinge oder über irgendwelche Mißstände in ihrer Heimat sprach Natalja Iwanowna nie. Überrascht mußten wir erkennen, daß selbst der Preis, den sie in Rußland für die Butter zahlen mußten, zu den Dingen gehörte, über die zu sprechen verboten war. Da bei uns der Preis der Butter seit dem Einmarsch der Roten Armee von 2,5 Lat auf 7 Lat pro Kilo gestiegen war, interessierte uns diese Frage, doch es gelang nicht, hierauf eine klare Antwort zu erhalten, so unverfänglich wir auch gefragt zu haben glaubten. Als Natalja Iwanowna mir aber gelegentlich riet, meine Herzbeschwerden durch langsam hinunterzuschluckende kleine Stückchen Butter zu bekämpfen, redete sie von diesen unwillkürlich wie von einer großen Kostbarkeit, und tatsächlich erfuhren wir nach einem halben Jahr, daß die Butter in Rußland damals 28 Rubel kostete.

Aus alten Zeiten, die keinen politischen Stachel enthielten, erzählte die alte Frau gern. Besonders anschaulich wußte sie ein Judenpogrom in Stalingrad – dem einstigen Zarizyn – zu schildern. Die spontane Barmherzigkeit, mit der die keineswegs philosemitisch gesinnten Donkosaken ihre eigenen Heiligenbilder (Ikoni) an den Türen jüdischer Wohnungen befestigten, um die Juden vor Gewalttaten des Pöbels und der Polizei zu schützen, war eine Tat, die auf die westliche Kulturwelt ein beschämendes Licht warf.

Die kleine Tamara, genannt Tomotschka, war der Liebling und zugleich der Tyrann der Familie. Nach kommunistischem Gesetz durften Eltern ihre Kinder nicht körperlich strafen; es wurde als Vergehen gegen die Menschenwürde angesehen. Durch nervenzermürbendes Schreien setzte die Kleine bei ihren Eltern stets den eigenen Willen durch. Tomotschka, die es in unseren damals vier Zimmern kurzweiliger finden mochte als in den beiden ihrer Familie, hatte sich bald davon überzeugt, daß ich mich durch ihr Erpressungsgeschrei keineswegs einschüchtern ließ, sondern dann den Raum verließ und mich in mein Schlafzimmer zurückzog. Ihr Vater sah es anfangs nicht gern, daß sie so oft bei uns war. Möglicherweise befürchtete er von mir aus der Verschiedenheit meiner und seiner Weltanschauung entspringende Feindseligkeiten gegen das Kind. Jedenfalls hörte ich Frau S. einmal ihren Gatten mit den Worten: »Aber nein, Tomotschka und Margarita Andrejewna sind doch Freunde!« beschwichtigen.

»Großmütterchen Nachbarin«, sagte Tomotschka eines Tages mit wichtiger Miene; »ich möchte dir etwas sagen.«

»Nun, was denn, Kindchen?«

Die Kleine stellte sich neben meinen Stuhl und flüsterte mir ins Ohr: »Meine Mama hat mich geschlagen.«

»Wahrscheinlich hast du das verdient«, gab ich gleichmütig zurück.

Fassungslos starrte die Kleine mich an und wiederholte:

»Meine Mama hat mich *geschlagen!*«

»Deine Mama will dir helfen, ein guter Mensch zu werden.«

Im allgemeinen respektierte ich die Erziehungsgrundsätze der Eltern und vermied es, dem Kinde ein von den Eltern abgelehntes Gedankengut nahezubringen; handelte es sich aber um ethische Grundwahrheiten, so hielt ich mit meinen Ansichten nicht zurück.

Während wir, uns weniger an das Politische als an das rein Menschliche haltend, mit unseren Mietern allmählich in ein Fahrwasser gegenseitigen Wohlwollens hineintrieben, hatte meine Schwester mit ihren Mietern aufregende Stunden zu bestehen. Bald nach dem Einzug der neuen Machthaber hatte in einem der Zimmer, das ein Pole bewohnte, eine nächtliche Haussuchung stattgefunden, bei welcher der junge Mann trotz seiner politischen und bürgerlichen Unbescholtenheit abgeführt und ein halbes Jahr im Gefängnis festgehalten wurde. Die Ungewißheit, ob die Haushatte in meiner Schwester ein solches Entsetzen ausgelöst, daß sie alle möglichen geschäftlichen Dokumente wie Steuerquittungen, Versicherungspolicen zerriß.

Trotz der Verschiedenheit der Bildung und Weltanschauung basierte das Verhältnis zwischen der Familie S. und uns auf echt russischer Aufrichtigkeit und Gastfreundschaft. Wenn die alte Natalja Iwanowna oder Rita Kuchen gebacken oder sonst etwas Leckeres zubereitet hatten, dann erhielt stets auch die andere Familie eine ausgiebige Kostprobe.

In der Küche war ich einmal Zeugin, wie die kleine Tomotschka ihre Großmutter ins Gesicht schlug. Auch die Mutter des Kindes war anwesend, sagte jedoch kein Wort.

»Tomotschka«, rief ich erstaunt, »ihr habt doch ein so schönes Lied, das bei euch so viel gesungen und auch oft im Radio gesendet wird. In diesem Lied heißt es: ›Überall bei uns hat unsre Jugend freie Bahn, überall bei uns wird unsren Alten Ehre angetan.‹ Was ist denn das für eine Ehrung des Alters, wenn du deine Großmutter ins Gesicht schlägst? Dann ist euer schönes Lied ja gar nicht wahr!«

Nun äußerte sich auch die Mutter zustimmend und rügte das Betragen ihres Kindes.

Bei einer anderen Gelegenheit berichtete Alexandra Grigorjewna von einer vorzüglichen Schule, die man Kapitalisten fortgenommen und den Kindern der Arbeiter zugänglich gemacht habe. »Und wo erhalten nun die früheren Schüler dieser Schule Unterricht?« erkundigte ich mich.

Gleichgültig zuckte Frau S. die Achseln. »Vielleicht woanders, vielleicht gar nicht.«

»Ach«, rief ich, »so etwas imponiert mir noch lange nicht. Erst sitzt A auf einem Stuhl, und B findet keinen Platz. Dann stößt B den A vom Stuhl herunter und setzt sich selbst darauf; und nun hat A keinen Platz zum Sitzen. Darin liegt doch keine Verbesserung des Lebens! Nach meiner Auffassung von Sozialismus müßte sowohl für B als auch für A ein Stuhl vorhanden sein, so daß keiner zu stehen braucht.«

Die kleine Tomotschka lief zwischen der feudalen »Jolka« (Tanne) in den Zimmern ihrer Eltern und unserem bescheidenen Weihnachtsbäumchen rastlos hin und her und schleppte ihre neuen Spielsachen herbei, unter denen sich auch ein geschnitztes Pferd aus schwarzem Holz befand. Zwischendurch tanzte sie die »Lesginka«.

Ein wenig ermüdet von dem Temperament der Kleinen hatte ich mich in einen Lehnsessel gesetzt, als Besuch eintrat. »Aber Mi«, rief mein Sohn Kolja vorwurfsvoll, »was sehe ich? Du sitzest da und hältst eine rote Fahne in der Hand!« Verwundert blickte ich auf den zoologischen Garten auf meinen Knien, den ich mit meinen Händen umschlungen hielt und der von zahmem und wildem

Getier, das zu betreuen Tomotschka mir anvertraut hatte, angefüllt war. Und richtig, in die eine Hand hatte das Kind mir, um meinem Amt mehr Würde zu verleihen, ein rotes Fähnchen gedrückt.

Als aller Besuch fort war, wurde Mitjas Licht angezündet, und der Weihnachtsabend klang in Erinnerungen an die Vergangenheit aus.

Einige Wochen vergingen, da wurde meine Tochter Lilia durch die Deutsche Gesandtschaft von ihrem Verlobten in Stuttgart »angefordert«. Das war der einzige noch mögliche Weg, jemanden, der nicht rein baltischer Abstammung war, hinter dem Vorhang, der zwischen uns und dem westlichen Europa heruntergelassen war, herauszuholen. Nachdem die Umsiedlung der Deutschbalten ins Altreich 1939 bereits abgeschlossen war, folgte 1941 ein kleiner Nachschub von Zurückgebliebenen, dem sie sich anschließen sollte. In letzter Minute weigerten sich jedoch die Russen, meiner Tochter das Ausreisevisum zu geben; ihr Name sei russisch, und es sei nicht einzusehen, warum sie das Land verlassen wolle. Einer der Herren der baltischen Nachbarschaftshilfe, der die zur Abreise Gemeldeten betreute, sagte zu ihr: »Wenn es uns nicht gelingt, Sie aus Lettland herauszubekommen, nachdem die Russen Ihren Wunsch, nach Deutschland zu gelangen, abgelehnt haben, macht man in Ihrem Paß einen Vermerk und setzt Sie auf die schwarze Liste. Ihre ständigen Reisen nach Deutschland und zurück nach Riga sind den Russen sehr wohl bekannt und können den Verdacht auf Spionage nahelegen, zumal in Ihrem Paß als Beruf ›Tänzerin‹ steht. Haben Sie vielleicht noch andere Papiere, die Sie als Deutsche legitimieren?« Meine Tochter wies das Mitgliedsbuch der Reichstheaterkammer vor. »Versuchen wir es!« sagte der junge Balte und führte sie nochmals an den Tisch, an dem der Russe fünf Minuten zuvor ihr die Ausreisegenehmigung verweigert hatte. Der Russe warf einen Blick auf das Büchlein und blätterte aufmerksam darin. Es war mit vielen Stempeln versehen und wies an mehreren Stellen den deutschen Reichsadler auf. »Ja – wenn das so ist«, sagte er, »Sie können fahren!«

Als Lilia sich von unserer Einquartierung verabschiedete, beschwor Oberst S. sie: »Fahren Sie nicht! In Deutschland herrscht Hunger! Denken Sie an die Bomben!« Sie hatte Angst um uns, und sie sorgte sich um ihren zukünftigen Mann, der bereits beim Küstenschutz in Frankreich war und auf sie wartete. Um ihre Angehörigen nicht zu gefährden, fuhr Lilia an einem frühen Morgen, nur von unserer Hausschneiderin begleitet, zum Bahnhof, wo der Transport zusammengestellt und unter Bewachung von Rotarmisten mit der Bahn über die Grenze gebracht wurde. Lilia und Will heirateten im März 1941.

Als anläßlich eines Fronturlaubs beide Lilias Freundin Emmy Werner in Stuttgart besuchten und Will sich bereits verabschiedet hatte, kehrte er plötzlich noch einmal um, ergriff Emmy Werners Hand und sagte: »Wenn es so weit ist, kümmern Sie sich bitte um Lilia!«

Im Sommer 1941 griffen deutsche Truppen Sowjetrußland an. Nicht lange danach, am 24. Februar 1942, fiel Will Wertsch bei einem heftigen Kampf in Budnitza. Aus welchen tiefen Bezirken war diesem jungen Menschen die Gewißheit seines Todes aufgestiegen? Wie reif muß er seelisch gewesen sein, daß diese plötzliche Erkenntnis ihn nicht mit Schmerz um sein eigenes Schicksal erfüllte, sondern mit Sorge für einen anderen!

Ich bin vorausgeeilt! Nachdem uns Lilia verlassen hatte, drang ein halbes Jahr lang keine Zeile von ihr zu uns oder von uns zu ihr.

Etwa 14 Tage bevor die deutschen Truppen Riga erreichten, in der Nacht vom 13. auf den 14. Juni 1941, wurde meine Schwester, die im selben Hause mit uns wohnte, verhaftet und nach Sibirien verschleppt. Gegen drei Uhr nachts wurde an unserer Wohnungstür stürmisch geklingelt. Unser Mieter Schwarzberg öffnete.

Draußen standen rote Soldaten, die Rita in die Wohnung meiner Schwester holen wollten, damit sie einen Revers über die Verhaftung unterschreibe. Sieben Männer führten eine Haussuchung durch. Die Schränke wurden aufgerissen, die Sachen durcheinandergewühlt und auf dem Boden verstreut. Meine Schwester war aus dem Bett geholt worden und mußte sich rasch ankleiden. Rita packte auf Befehl zwei Koffer mit warmen Sachen. Sie legte einen Pelzmantel hinein, dazu Wäsche, Kleider, Seife, ein paar Konserven; sie wollte noch mehr Lebensmittel aus unserer Wohnung holen, aber das wurde ihr nicht gestattet. Einer der Mieter meiner Schwester, ein junger Pole, lag im Nebenzimmer bei offener Tür auf dem Bett und zitterte wie Espenlaub. War es Teilnahme? War es Angst um das eigene Leben. Meine Schwester schien erstaunlich gefaßt. Sie reichte Rita ihren Ehering und sagte: »Nimm ihn!« Aber da mischte sich der Kommissar ein: »Glauben Sie etwa, wir sind Diebe? Den können Sie mitnehmen!« Dann las er in russischer Sprache den Haftbefehl vor. In ihm stand, aus Sicherheitsgründen für den Staat sei befohlen, Martha Busz außerhalb der Grenzen Lettlands zu bringen.

Rita bat: »Meine Tante ist doch alt und krank; können nicht andere für sie einspringen?« Er verneinte schroff.

»Die beiden Koffer sind zu schwer für meine Tante«, sagte Rita.

»Wir werden sie tragen«, entgegnete der Kommissar.

Von Rita gestützt, ging meine Schwester durch den langen Korridor ihrer großen Wohnung. Sie rief jedem ihrer polnischen Mieter ein Abschiedswort zu. Dann traten beide, begleitet von der Eskorte, aus der Wohnung in das helle Morgenlicht der Straße. Rita, die Pantoffel an den bloßen Füßen trug und nur mit einem dünnen Morgenrock bekleidet war, durfte nur noch ein kurzes Stück mitgehen. Als sie fragte, wohin ihre Tante geführt werde, deutete der Kommissar vage auf die nächste Straßenkreuzung und sagte: »Dort warten Autos auf uns.« Rita umarmte und küßte ihre Tante.

Das war das letzte, was ich je von meiner Schwester hörte. Vergeblich bemühten wir uns, über das Rote Kreuz etwas zu erfahren. Nie drang eine Botschaft von ihr zu uns.

Bevor die deutschen Truppen Riga in ihren Besitz nahmen, wurden die Frauen unserer russischen Einquartierung evakuiert. Unter Tränen verabschiedeten sie sich von uns. Kapitän S. blieb noch einige Tage. Er bat, alle marxistischen Schriften, die er in seinem Zimmer hatte, zu vernichten, damit uns kein Unheil daraus entstehe. Rita heizte den Badeofen, und er warf das gefährliche Material eigenhändig in die Flammen.

Die Stadt wurde von den heranrückenden Truppen bombardiert. Als die Beschießung einsetzte, saßen wir tagelang im Keller und nährten uns von Brot und kalten Kartoffeln. Dann begannen die Kämpfe ganz in unserer Nähe. Die Tür des Kellers wurde aufgerissen; jemand schrie nach einem Arzt. Auf der Straße lagen Tote und Verwundete. Unvergeßlich ist mir, daß zu gleicher Zeit unser Radio im Keller Tschaikowskys »Pique dame« spielte.

Ein Vierteljahr war vergangen, seit ich wußte, daß Will gefallen war. Nur spärliche Nachrichten gelangten von Lilia zu mir. Sie schrieb, daß sie alle Hebel in Bewegung setzte, um zu uns zu kommen. Und eines Tages war sie wieder da. Sie suchte sich sogleich eine Arbeit, um die Schwere der Zeit besser bewältigen zu können, und fand sie auch beim Motoreninstandsetzungswerk der Adam Opel AG. Zu ihren Aufgaben als Sekretärin des Betriebsleiters gehörte es auch, bei den russischen Kriegsgefangenen, die im Werk arbeiteten, zu dolmetschen.

Nachdem Riga durch die deutschen Truppen besetzt worden war, besuchten mich öfters zwei deutsche Soldaten, zwei Brüder vom Niederrhein. Der ältere wurde mir im Laufe der Zeit infolge vieler Gespräche so lieb wie ein Sohn – er hieß Heinz Ohlmann.

Unser langjähriger Mieter Schwarzberg war eines Tages nicht mehr in seine Wohnung zurückgekehrt. Bald danach traf Rita ihn in der Stadt; er trug den Davidstern an der Brust. Er erzählte, daß seine Mutter, an der er sehr hing, weggebracht worden sei und daß er sich ihretwegen große Sorgen mache; ihm selbst habe man eine Arbeit zugewiesen. Wie lange noch? In zunehmendem Maße spürte man in Riga, daß die Juden ihres Lebens nicht mehr sicher waren. Mehrere jüdische Familien, die seit Jahren in unserem großen Hause wohnten, verschwanden eine nach der anderen. Rita brachte ihnen in das neu errichtete Ghetto Lebensmittel – ein Tropfen auf einen heißen Stein. Auch Heinz half den russischen Kriegsgefangenen und den Juden, wo er nur konnte.

Von der Front trafen beunruhigende Nachrichten ein. Auf diesem finsteren Hintergrund, den die Weltgeschichte um uns baute, sah man keine Zeichen, die einem helfen konnten, den Glauben an die Menschheit wiederzugewinnen. Desto froher wurde mein Herz, als ich eine beginnende tiefe Freundschaft zwischen Heinz und Lilia wahrnahm, die zur Liebe wurde. Sie beschlossen, im Mai 1943 zu heiraten.

Im Frühjahr 1943 fragte sich jedermann im Baltikum, wie weit die deutschen Truppen wohl noch zurückgehen würden. »Die Linie Pleskau – Dünaburg – Wilna und Kowno wird unter allen Umständen gehalten«, wurde der Bevölkerung versichert. Doch als der Sommer ins Land zog, gaben die deutschen Truppen Pleskau, Wilna und bald auch Dünaburg auf. Der Weg nach Riga war frei. Die Ostfront brandete heran.

In Berücksichtigung der Möglichkeit, daß Riga noch einmal Kriegsschauplatz werden könnte, hatte Lilia ungeachtet ihrer Wiederverheiratung in Riga ihre Stuttgarter Zwei-Zimmer-Wohnung beibehalten; im November 1943 brannte das Haus bei einem Fliegerangriff bis auf die Grundmauern nieder. Die Eltern von Heinz Ohlmann luden Rita und mich auf ihr Gut am Niederrhein ein.

Meine Kusine Anja Sieger in Posen sowie Wera Petraschewsky in Leslau hatten uns gleichfalls eine Unterkunft in ihrem Hause angeboten.

.Obwohl ich um keinen Preis von den mir nahestehenden jungen Menschen abgeschnitten werden wollte, fiel mir der Entschluß, mich in meinem 73. Lebensjahr nochmals auf die Wanderschaft zu begeben, sehr schwer.

»Wenn Sie nicht wollen, daß es zu spät für Ihre Mutter wird, dann bringen Sie sie jetzt fort«, drängte ein Vorgesetzter Lilia zur Eile. »Im letzten Augenblick können so alte Menschen nicht mehr reisen, die Strapazen sind zu groß für sie.« Den Ausschlag gab ein Telegramm von Lilias Mann, der an der Westfront stand und sie vor einem neuen Einsatz noch sehen wollte.

Ein ähnlicher Zwiespalt wie im Jahre 1939 bei der Umsiedlung in den Warthegau erfüllte mich, denn Lilia und Heinz drängten begreiflicherweise zum Aufbruch, meine anderen Kinder aber konnten sich dazu nicht entschließen, Riga zu verlassen, solange die Stadt nicht direkt zum Frontgebiet geworden war. Endlich raffte ich mich dazu auf, dem Rat von Lilias Chef zu folgen. Ich beschloß, nach Posen zu reisen, um im Hause meiner Kusine abzuwarten, ob meine Heimat Kriegsschauplatz werden würde.

Beim Packen nahm ich nicht nur auf die beschränkten Fassungsmöglichkeiten unserer Koffer und Arme Rücksicht, sondern auch auf die Möglichkeit einer baldigen Rückkehr, und ließ so manches dort, was ich später empfindlich bedauern mußte. Fotografien, Bücher, Schriften meines Mannes, eigene unveröffentlichte Arbeiten, Mitjas Gedichte, Monakows und Penzigs Arbeiten, doch auch mancher praktische Gegenstand gehörten zu den nicht zu ersetzenden Dingen. Ich hätte gern noch das Grab meiner Mutter sowie das meines Mannes und meines Sohnes aufgesucht; Zeit und Kraft reichten aber dazu nicht mehr aus; ich hoffte ja, in ein paar Wochen wieder zurückkehren zu können.

Am 11. Juli 1944, zu früher Morgenstunde, reisten Lilia und ich ab. In dem durch das Fenster hereinströmenden Frühlicht prägten sich mir Koljas warmes und Ritas traurig verschlossenes Gesicht tief ein. Würde ich sie wiedersehen? Rita hatte sich mehr als einmal großer Gefahr ausgesetzt, indem sie den Juden Lebensmittel ins Ghetto brachte. Ihr Gerechtigkeitssinn und ihr mitfühlendes Herz, dem die Grausamkeiten des Nazi-Regimes unerträglich waren, ließen sie immer wieder ihre eigene Sicherheit vergessen und gefährliche Wege gehen.

Kriegsende am Niederrhein – Im Zugriff der Hauptkampflinie

Gegen sieben Uhr langten wir in Posen an. Lilia mußte noch am Tage unserer Ankunft zu ihrem Mann nach Lüdenscheid weiterfahren. Am zweiten oder dritten Tag meiner Anwesenheit war meine Kusine fortgegangen, um die Lebensmittelkarten für mich zu besorgen. Beunruhigt kehrte sie heim; man hatte mir die Aufenthaltsgenehmigung für den Warthegau verweigert mit der Begründung, daß Flüchtlinge aus dem Osten sich nicht länger als drei Tage hier aufhalten dürften; ich möge ins Altreich weiterfahren. Das war eine schlimme Nachricht, weil sie die Lage der Ostfront ungünstig beleuchtete, schlimm aber auch, weil sie mich alten Baum, der soeben seine Wurzeln aus der Heimaterde gerissen hatte, von neuem in ein Gefühl der Obdachlosigkeit stürzte.

Wera Petraschewskys Einladung konnte ich nun auch nicht annehmen, denn Leslau gehörte ebenfalls zum Warthegau. Lilias Stuttgarter Wohnung existierte nicht mehr. Mußten wir nun fremden Menschen zur Last fallen? Es waren Heinz Ohlmanns Eltern. Gewiß war Lilias Mann mir ein lieber und nach mancher Richtung hin wesensverwandter Sohn geworden; doch sind Söhne und Eltern immer aus demselben Holz geschnitzt? Schweren Herzens teilte ich Lilia telegrafisch die veränderte Lage mit. Ich wußte, sie würde mich holen kommen.

Zwei Tage darauf war Lilia da, und am selben Abend verließen wir Posen. Da demnächst eine Reisesperre bevorstand, war der Bahnhof von Reisenden überflutet. Lilia und meine Kusine trugen unser Gepäck; eine Rote-Kreuz-Schwester führte mich. Um sechs Uhr morgens langten wir auf dem Schlesischen Bahnhof in Berlin an, wo wir anderthalb Stunden Aufenthalt hatten, bevor wir den Zug nach Köln besteigen konnten. Kaum setzte sich unser Zug in Bewegung, so traten die düsteren Spuren des Krieges nahe an uns heran: eingestürzte, niedergebrannte Häuser; Trümmer, die Frauen, Kinder und Männer lebendig begraben hatten – und dieses Unfaßbare war jahrelang erduldet worden.

Eingekeilt zwischen einer Pyramide von Reisekörben und Koffern und einer hin und her schwingenden Tür, saß ich auf unserer Plaidhülle wie in einem niedrigen Klubsessel. Ich hätte es gern gesehen, daß auch Lilia sich zwischendurch einmal hätte hinsetzen können; doch obwohl sie nur einen Schritt von mir entfernt stand, scheiterten unsere Bemühungen, den Platz für kurze Zeit miteinander zu tauschen, aus Mangel an Ausweichraum. Aus demselben Grunde verzichtete man lieber auf Essen und Trinken, als daß man den Koffer mit dem Reiseproviant hervorzuholen und zu öffnen versucht hätte.

Gegen fünf Uhr nachmittags waren wir in Duisburg. Von dort hatte man mit dem in der Luftlinie nur zwanzig Kilometer entfernten Hasselshof telefonische Verbindung. Während wir auf den Anschluß warten mußten, stillten wir im Bahnhofsrestaurant unseren Hunger. Lilia hatte Lebensmittelkarten mitgebracht. In Rheinberg, der letzten Bahnstation vor Hasselshof, fanden wir für die letzte Etappe unserer Reise eine Taxe. Es war ein schöner Sommerabend. Leichter Dunst lag über den Wiesen. Durch das flache grüne Gelände wand sich die von alten Weidenbäumen flankierte Landstraße, auf der wir dahinrollten.

Nach halbstündiger Fahrt hielten wir vor einem weißen Tor, das aus zwei niedrigen, breiten Flügeln bestand, die wie ein Überbleibsel aus der Biedermeierzeit aussahen. Dahinter erhob sich ein teils zwei-, teils einstöckiges Haus, dessen rötliches Gemäuer von japanischem wilden Wein und von rosa, weißer und blauer Klematis dicht umrankt war.

Ein alter Herr kam uns entgegen und führte uns ins Haus. Es war Lilias Schwiegervater. Er zeigte eine schlichte, natürliche Art von Bewillkommnung, die mich angenehm berührte. Seine Frau war zurückhaltender; als ich ihr indessen herzlich für ihre Einladung nach Hasselshof dankte, erwiderte auch sie auf angenehme Weise, sie habe es gern getan.

Am nächsten Tage zeigte Lilia mir das weitläufige Haus, die Ställe und die Wirtschaftsgebäude, die den Hof von drei Seiten umsäumten. In dem einstöckigen Teil des Wohnhauses befand sich die mit bunten Fliesen ausgelegte geräumige Küche, die durch eine Schwingtür mit den Wohnräumen verbunden war und auf der anderen Seite in die Vorküche und zu Wirtschaftsräumen führte.

Acht große, alte Linden standen vor dem Haus. Es gab auch einen von Obstbäumen aller Art beschatteten Gemüsegarten, einen »Baumgarten« und die sogenannte Bleiche.

Gegen Mitternacht traf Heinz zu kurzem Urlaub auf Hasselshof ein. Ich hatte ihn ein Vierteljahr nicht gesehen. Immer wenn ich ihn und Lilia zusammen sah, war ich berührt von der inneren und äußeren Zusammengehörigkeit dieser beiden Menschen. Lilia und Heinz, dessen Truppenteil in Lüdenscheid stand, reisten am übernächsten Tage dorthin zurück. Ich blieb bei den Schwiegereltern auf Hasselshof.

Die Sorge um Rita und Kolja bedrängte mich oft; dann fehlte mir meine Schreibmaschine, um unruhige Gedanken in der nötigen Distanz zu halten. Als langsam reisendes Frachtgut traf sie erst einige Wochen später ein.

Die Tage vergingen schnell. Ich richtete mich im Fremdenzimmer behaglich ein, nahm handschriftlich meine Korrespondenz wieder auf und sah mir, soweit meine Augen dazu ausreichten, Land und Leute meiner Umgebung an. Das Gut Hasselshof galt als ein Bauernhof und besaß etwa die Größe eines Restgutes in Lettgallen. Mit dem jedoch, was wir in Lettland unter einem Bauernhof verstehen, war es nicht zu vergleichen; gemeinsam mit einem solchen hatte es eigentlich nur die landwirtschaftlichen Arbeiten und das kräftige, reichliche Essen. Der Blick aus meinem Fenster auf die acht Linden war wie der Blick in einen Schloßhof.

Der Rhein floß in einer Entfernung von etwa zweihundert Metern am Hause vorbei, doch vom Balkon aus war er nicht zu sehen, da der gegen seine Überschwemmungslaunen errichtete Damm dazwischenlag. Das war keineswegs sonderlich zu bedauern, denn durch die viele Industrie, deren Schornsteine am fernen Horizont wie Nadelspitzen in den Himmel stachen, führte er schmutziges Wasser, so daß man darin nicht baden konnte; von irgendwelcher Loreley-Romantik war in dieser tellerflachen und wiesengrünen Gegend nichts zu entdecken. Trotz der Monotonie der Landschaft besaß sie zwei Schönheiten: tagsüber einen Horizont, der die Augen ungehemmt in eine unendliche Ferne schweifen ließ, und nachts einen so weitgespannten Sternenhimmel, wie ich ihn noch nirgends gesehen hatte. Angesichts der Weite und Erhabenheit dieses Sternenmeeres begriff ich, daß die Menschheit das Reich Gottes in die Höhe, Weite und lichterfüllte Reinheit des Himmels verlegt hatte.

Frau Ohlmann besaß eine anschauliche Ausdrucksweise, viel physische Kraft, freundliche Hilfsbereitschaft, hausfrauliche Tüchtigkeit und eine nie zur Ruhe kommende Arbeitsamkeit. Sie war wohlwollend und entgegenkommend. Herr Ohlmann war sensitiv; seine Wortkargheit und Menschenscheu, sein Schwanken und Zögern und die Neigung zu häufigem Stimmungswechsel hatten wohl seelischen Ursprung. Sein leidenschaftliches Interesse, seine Sorge galten der Politik, in erster Linie den Kriegsereignissen.

In der zweiten Woche trafen Briefe für mich ein. Meine Kusine schrieb, daß gleich nach meiner Abreise Wera Petraschewsky nach Posen gekommen war, um mich zu sehen. Auch von Rita erhielt ich einen Brief, in dem nichts von einer bevorstehenden Abreise erwähnt wurde, in dem sie mir aber mitteilte, daß Kolja mit seiner Familie nach Estland gereist sei, um dort eine Klärung der Kriegslage abzuwarten. Warum nach Estland? Lief dieses Land denn nicht ebenso Gefahr, Kriegsschauplatz zu werden? Und warum schrieb Rita nichts über ihr eigenes Kommen?

Der Wehrmachtsbericht brachte nichts Beruhigendes. Die deutschen Truppen im Osten zogen sich westwärts zurück. Riga war zwar noch nicht unmittelbar bedroht, doch die Front näherte sich Pernau. Und einige auf der Zensur oder unterwegs lange aufgehaltene Zeilen Koljas und seiner Frau meldeten mir, daß sie in der Nähe von Pernau zeitweilig Quartier bezogen hatten. Die Kriegslage hatte sie wohl mittlerweile von dort vertrieben. Doch wohin?

Eine quälende Unruhe war in mir, die ich niemandem mitteilen konnte und die hier am Rhein auch niemand, der die Geschichte des Baltikums nicht kannte, begriffen hätte. Lilia aber, die bei ihrem Mann in Lüdenscheid war, hatte sie aus meinen Briefen herausgefühlt und kam für zwei Tage nach Hasselshof. Danach wurde es von neuem unruhig in mir und einsam, und das Erscheinen der Briefträgerin bildete den Kulminationspunkt des Tages.

Unter den Angriffen anglo-amerikanischer Bomber hatte Hasselshof schon mehrmals gelitten. Einmal waren über siebzig Bomben, teils Phosphorkanister, teils Brandbomben, auf das Haus und seine nächste Umgebung niedergegangen, jedoch überall so günstig, daß sich kein größerer Brand entwickeln konnte. Eine Brandbombe war, Dach und Söller durchschlagend, in das Schlafzimmer des alten Herrn, mitten in das Federbett gefallen, wo die Flamme aus Mangel an Luftzufuhr erstickte.

Da Hasselshof auf der Einflugschneise nach Deutschland lag, gab es häufig Luftalarm. Tagsüber kümmerte sich im Sommer 1944 niemand darum; nachts suchte man hin und wieder den Keller auf. Lange Zeit vermochte ich die einzelnen Signale – Voralarm, Vollalarm, akute Gefahr, Vorentwarnung und Vollentwarnung – nicht auseinanderzuhalten. In der ersten Zeit holte mich Frau Ohlmann, sobald es gefährlich wurde.

»Wo ist der Schutzraum für Ihre ausländischen Hilfskräfte?« fragte ich einmal während eines nächtlichen Alarms und erfuhr, daß diese nachts in dem für sie schneller zu erreichenden Kohlenkeller Zuflucht zu suchen pflegten.

Auf Hasselshof arbeiteten mehrere Ausländer. Zwei Ukrainerinnen – Nadja und Anna –, die sich freuten, daß sie mit uns russisch sprechen konnten; der Zivilgefangene Schura und der Pole Tasso, beide beliebt durch ihre Zuverlässigkeit. Zwei italienische Kriegsgefangene – Paolo und Giovanni – waren nur tagsüber da und mußten sich abends um zehn Uhr in ihr Lager für Kriegsinternierte begeben.

Am 28. Juli brachte der Wehrmachtsbericht die Meldung, daß der Feind in die Stadt Mitau eingedrungen sei. Mitau war nur vierzig Kilometer von Riga entfernt; jetzt war wohl die einzige Eisenbahnverbindung mit Deutschland unterbrochen. In einer Karte vom 21. Juli hatte Rita mir geschrieben, sie würde bald bei mir sein. Rita traf am 14. August ein.

Nun hatte ich beide Töchter bei mir; Lilia war, nachdem Heinz mit seiner Einheit versetzt worden war, nach Hasselshof zurückgekehrt. Von Kolja hatte Rita mir außer vagen Vermutungen nichts Näheres mitteilen können.

Eines Morgens ging ich unter den Linden vor dem Hause auf und ab. Wenn ich die niedrige weiße Biedermeierpforte erreicht hatte, machte ich kehrt und ging denselben Weg, an der Küche vorbei, wieder zurück bis zu dem großen Strauch mit den haselnußgroßen weißen Kugeln, die wir als Kinder Schneebeeren genannt hatten. Von dort senkte sich der Weg ein wenig und führte an einer breitästigen Tanne vorüber zu einem kleinen Pförtchen in der den Garten umgebenden grünen Hecke. Blickte man über dieses Pförtchen hinweg auf die tieferliegenden Viehweiden, so fühlte man sich allem Getriebe entrückt, beinahe so, wie Penzig einmal in unser Gästebuch in Tabarz geschrieben hatte:

»Wie liegt die Welt so weit, so weit,
so ferne alles, was mich drückt;
als hätt' ein Hauch der Ewigkeit
das arme Menschenherz erquickt.«

Irgendwo brüllte geruhsam eine Kuh, ein Pferd lief wiehernd vorüber. Wie harmonisch sich doch Tierstimmen in den Frieden der Natur eingliedern! Lauschend hob ich den Kopf. Aus dem Blau des Himmels kam leises Motorengeräusch: Flugzeuge. Sie mußten, soweit ich das aus dem schwachen Klang der Maschinen entnehmen konnte, noch weit entfernt und auch nicht sehr zahlreich sein.

Plötzlich wurde das Motorengeräusch deutlicher. Im selben Augenblick aber waren die Flugzeuge auch schon über den Bäumen, unter denen ich stand, und Maschinengewehre begannen zu schießen. Ich war mit wenigen Schritten an der Küchentür, wo Lilia mir bereits mit ausgestreckten Händen entgegeneilte und mich zur Kellertreppe zog.

»Ist Rita schon unten?« fragte ich.

»Nein, aber sie wird bestimmt gleich kommen; du kennst ja Rita.«

Ja, ich kannte sie. Bei Alarm unterbrach sie nicht gern ihre Arbeit; erst wenn das Signal »akute Gefahr« oder sonst ein kräftiger Spektakel kam, suchte sie den Keller auf.

»Kommt doch schneller«, rief Frau Ohlmann von unten.

Ich zögerte, horchte zum oberen Stockwerk hinauf. Wo Rita nur blieb?

Plötzlich erfolgte ein betäubender Krach. Ein Bordkanonenschuß war aus allernächster Nähe abgefeuert worden. Als hätte ein vor unserem Hause stehendes Geschütz durch das offene Fenster zu uns hereingeschossen, so laut hatte es geklungen. Gleich darauf hörte ich irgendwo hinter mir Ritas Stimme, und nun liefen wir alle drei in den Keller hinunter. Schura brachte zwei Geschosse vom Dachboden, die dort im Heu steckengeblieben waren. Der Angriff hatte indessen nicht uns, sondern dem etwa einhundertfünfzig Meter von uns entfernten Baggerwerk gegolten.

Im September begab sich Frau Ohlmann wegen eines Armgeschwürs in das Orsoyer Krankenhaus. Während der zwölf Tage ihrer Abwesenheit wurde sie in Hasselshof durch Lilia vertreten. Ich war ein wenig skeptisch; wie würde Lilia mit dem komplizierten, ihr völlig ungewohnten Pflichtenkreis eines Landhaushalts fertig werden? Doch es ging über mein Erwarten gut.

In jene Zeit fiel ein Erlebnis, das ich als Wunder und als Offenbarung einer schützenden geistigen Macht empfand. Rita, die ihrer Papiere wegen nach Moers fahren mußte, hatte in Orsoy Frau Ohlmann im Krankenhaus besucht. Von dort aus begab sie sich zum Bahnhof, wo der Zug nach Moers abfahrbereit hielt. Sie steuerte auf den ersten Personenwagen hinter der Lokomotive zu. Da beugte sich ein ihr völlig unbekannter Mann aus einem Fenster des letzten Wagens und rief ihr zu, sie möge doch lieber in seinen Wagen einsteigen; es gäbe dort gepolsterte Bänke. Rita, die sich sonst nicht leicht beeinflussen läßt, machte tatsächlich kehrt und stieg in den letzten Wagen.

Der Zug setzte sich in Bewegung. Plötzlich gab es einen gewaltigen Stoß, ein Kreischen und Krachen. Der Unbekannte riß Rita mit sich zu Boden, um sie vor den zersplitternden Fensterscheiben zu schützen. Die Reisenden glaubten zunächst, der Zug sei von feindlichen Flugzeugen angegriffen worden; in Wirklichkeit war er mit einem Güterzug zusammengestoßen. Dabei war der erste Personenwagen zertrümmert worden und in Brand geraten; drei Tote und siebzehn Verletzte wurden fortgetragen.

Wir hatten Rita erst um die Kaffeezeit zurückerwartet; doch schon beim Mittagessen traf sie, noch atemlos von dem Erlebten und dem sechs Kilometer langen Querfeldeinlaufen, ein. Als sie von dem fremden Mann berichtete, der sie daran gehindert hatte, in den verhängnisvollen ersten Wagen einzusteigen, fiel ihr ein, daß dieser ihr schon einmal in Orsoy auf der Straße begegnet war und sie gefragt hatte, ob sie dort fremd wäre und woher sie käme.

»Wie sah er denn aus«, fragte ich, »wofür würdest du ihn halten?«

Sie dachte einen Augenblick nach. »Am ehesten wie jemand von der Gestapo oder von der Partei; er war so neugierig.«

Welch ein Beweggrund ihn auch veranlaßt haben mochte, Rita anzurufen – dieser Fremde war doch das Werkzeug gewesen, dessen sich das Schicksal zu ihrem Schutz bedient hatte.

Die alte Postbotin, Frau Brate, brachte uns einen Brief meiner Schwiegertochter aus Pernau, bei dessen erstem Satz Lilia, die ihn mir vorlas, einen Moment stockte, dann aber, da ich die ersten Worte schon gehört hatte, entschlossen fortfuhr: »Ein furchtbares Unglück ist geschehen.«

Ja, es war ein furchtbares Unglück, wenn auch nicht das unabwendbare, auf das ich nach den Einleitungsworten gefaßt war.

Der kleine Freundeskreis, der von Riga nach Estland gegangen war, um dort eine Klärung der Kriegslage abzuwarten, hatte, weil die Front sich rasch Pernau näherte, am nächsten Tage wieder nach Riga zurückkehren wollen. Es schien eine unheilvolle, von aufregenden Erwartungen erfüllte Stimmung geherrscht zu haben.

In der Nacht vor der beschlossenen Abreise erkrankte Kolja schwer, lag tagelang ohne Bewußtsein, von Träumen gepeinigt. Der von seiner Frau mit großer Mühe herbeigeschaffte Arzt konstatierte einen Gehirnschlag und erklärte den Transport des Schwerkranken nach Riga für unmöglich. So waren die Freunde tags darauf in ihre Heimatstadt zurückgekehrt und mein kranker Junge mit seiner Frau und seiner Tochter allein in der ländlichen Einöde zurückgeblieben. – Der Kriegsschauplatz hatte den Rigaschen Meerbusen im Norden bereits erreicht; der letzte aus Pernau abgegangene Zug war ohne Kolja und die Seinen in Riga eingetroffen.

Endlich kam ein Brief, von Kolja eigenhändig geschrieben. Ein Autobus, in dem ihm ein Liegeplatz eingeräumt worden war, hatte ihn mit Frau und Tochter sowie einigen Nachzüglern abgeholt und ihn, den immer noch Kranken und Schwachen, direkt nach Riga in die Schulenstraße gebracht. In unserer alten Wohnung habe er sich schon wieder fast völlig erholt; nur das Gehen bereite ihm manchmal noch Schwierigkeiten. Er verdanke sein Leben, so schrieb er, nur der treuen Pflege seiner Frau, die aufopfernd für ihn sorge.

Nach diesem Brief folgten Wochen angstvoller Spannung. Riga war Kriegsschauplatz geworden. Die deutschen Truppen hatten sich nach Kurland zurückgezogen. Ende Oktober kam wieder eine Nachricht von Kolja. Dem Frontgebiet waren er und seine Familie nun entrückt, doch sie waren in einem Lager untergebracht. Was das für meinen von schwerer Krankheit noch nicht genesenen Sohn an physischer und psychischer Entbehrung und Bedrängnis bedeutete, wußte ich. Doch kein Wort der Klage fand sich in seinen Zeilen.

Kolja war in den letzten Jahren mit dem Illustrieren deutscher, ins Lettische übersetzter Bücher beschäftigt gewesen und hatte meistens bis tief in die Nacht hinein über diesen eine große Konzentration erfordernden Arbeiten gesessen. Er hatte Conrad Ferdinand Meyers »Georg Jenatsch« und ganz besonders schön Storms »Schimmelreiter« illustriert – Arbeiten, die ich aus der Fülle seiner Holzschnitte herausheben möchte. Das Werk eines lettischen Autors über Christoph Kolumbus und zwei Bücher der jungen lettischen Märchenerzählerin Mirza Timm hatte er damals in seiner hochentwickelten Holzschnittechnik illustriert.

Vor meiner Abreise aus Riga hatte Kolja einmal in tiefer Depression zu Lilia geäußert, ihm liege nichts mehr am Leben, wenn er Riga verlassen müsse, denn er wisse, daß er im Ausland nicht die Möglichkeit haben werde, sich künstlerisch zu betätigen. – Ich hatte schon seit Monaten nahezu jedem Menschen, den ich in Deutschland kannte, geschrieben und wegen einer eventuellen Unterkunft für Kolja und seine Familie oder aber für uns, falls wir aus Hasselshof evakuiert werden sollten, gefragt. Alle Bemühungen aber blieben erfolglos oder verlangten eine für uns unmögliche umgehende Entscheidung.

Ende Oktober 1944 meldete Kolja mir seine bevorstehende Abreise nach Berlin, wo bereits eine möblierte Zwei-Zimmer-Wohnung ihn und seine Familie erwartete. Einige Tage darauf schrieb seine Frau, daß sie am 31. Oktober zu dritt wohlbehalten in Berlin angelangt waren.

Das Heulen der Sirene hatte uns eines Vormittags bereits mehrfach in den Keller hinabgescheucht. Als das Entwarnungssignal ertönte, hatten wir uns wieder nach oben begeben. Ich stand im Speisezimmer. Plötzlich war rings um das Haus ein lautes Summen zu hören, und schon krachten von allen Seiten Bomben herab, mit einem so fürchterlichen Getöse, daß ich glaubte, das nebenan gelegene Schreibzimmer des Hausherrn sei getroffen worden. Meinen soeben ausgezogenen Mantel im Stich lassend, rannte ich mit der Sicherheit meiner einstigen Augen und einstigen Beine durch den dunklen Flur in den Keller, wo Rita und Lilia mich schon auf der Treppe empfingen und mich in die sicherste Ecke des Weinkellers brachten.

Wenn uns ein »ruhiger Tag« beschert war, hatten wir nur vier Einflüge, meistens aber mehr. Gewöhnlich hatten wir kurz vor dem Schlafengehen oder auch, wenn wir uns eben niedergelegt hatten und im Begriff waren, einzuschlafen, nochmals Alarm. Standen wir nachts im Dunkeln auf, so öffnete Lilia gleich die Fensterläden, um sich zu vergewissern, welcher unserer Nachbarstädte der Luftangriff galt. Wenn die leuchtenden Angriffssignale wie Christbäume über Duisburg oder Ruhrort hingen, so hielten wir uns in Hasselshof für weniger bedroht, als wenn sie über einer so kleinen Stadt wie Moers oder Rheinberg zu schweben schienen, denn dann erhielt auch manche kleine Ortschaft die Feuertaufe. Es ist traurig, ein so grauenhaftes vorbereitendes Werkzeug mit Christbäumen zu vergleichen. Ein die Kulturwelt brandmarkender Kontrast tut sich da auf.

Ich entsinne mich noch eines Herbstabends, als ich beim Schließen der Fensterläden überrascht innehielt, weil ich eine schmale, zarte Mondsichel am graublauen Himmel schweben sah. Die Alarmsirene zerstörte den Abendfrieden. Ich schloß die Läden und legte meine Siebensachen zurecht. Schon folgten die Signale »Vollalarm« und »akute Gefahr« fast unmittelbar aufeinander. Wir eilten in den Keller, wo die drei Hunde des Hauses bereits zitternd auf unseren Plätzen saßen. Während die Sprengbomben ihr bedrohliches Röhren ertönen ließen und die Phosphorkanister mit weichem Aufschlag rings auf die Felder und Viehweiden niederfielen, mußte ich immer wieder an die zarte Mondsichel am graublauen Himmel denken. Wie konnte ein Mensch dieses Bild des Friedens mit seinem todbringenden Tun in Einklang bringen?

Erschütternd wirkte es auf uns alle, als das Haus unserer Nachbarn Pooth durch einen Volltreffer, der wohl der Hochspannungsleitung am Rhein galt, vom Erdboden wegrasiert wurde. Ich sehe noch Heinz, der gerade zu einem kurzen Aufenthalt in Hasselshof war, am Kellerfenster stehen und das Loslösen der Bomben aus den Flugzeugen über uns kontrollieren, höre noch seine beherrschte Stimme immer wieder warnend rufen: »Noch eine Bombe! – noch näher eine Bombe – – – und noch näher ...«

»Gott, schütze und behüte meine Kinder!« Ich fühlte, wie Lilia zitterte, und suchte ihre Hand, die mir schon auf halbem Wege entgegenkam. Es ist so unendlich viel, in solchen Momenten, da es um Sein oder Nichtsein geht, mit den liebsten Menschen zusammen zu sein, die das tiefe Erleben in uns verstehen.

»Noch näher eine Bombe!« hatte Heinz viermal nacheinander warnend gerufen. Wir zogen den Hals ein wie Schildkröten und neigten den Kopf, unser Schicksal hinzunehmen. Würde die fünfte der in regelmäßigen Abständen niedergehenden Bomben uns treffen? Ein furchtbarer Krach ließ das Haus erbeben. Frau Ohlmann schrie auf. Doch Hasselshof stand noch, und wir alle waren unversehrt. Aufatmend, wenn auch noch mit Grauen im Herzen, vernahmen wir das Sirenensignal »Vorentwarnung«. Da trat Nadja herein und berichtete, daß Pooths Haus verschwunden sei. Das Haus und die Ställe samt Kühen und Pferden waren vom Erdboden weggefegt. Die Kellerwände standen noch, aber die ganze Familie Pooth und ihre Dienstleute, die mit ihr dort Schutz gesucht hatten, waren tot. Nur der zehnjährige Sohn des Hauses, der sich während des Luftangriffs in der Schule befand, war am Leben geblieben. Was mochte das Schicksal mit dem kleinen Jungen, dessen sich dann ein Lehrer annahm, vorhaben, daß es ihn allein von seiner ganzen Familie am Leben erhalten hatte?

Der alte Herr Ohlmann, Heinz und Lilia begaben sich zur Unglücksstätte. Man war gerade beim Bergen der Leichen, die in langer Reihe in einer benachbarten Scheune aufgebahrt wurden. In einem der Verunglückten, einem Nachbarn der Familie Pooth, der sich während des Angriffs in deren Keller aufgehalten hatte, war noch Leben. Er wurde in das nächste Krankenhaus gebracht und erlangte das Bewußtsein wieder. Später beschrieb er seinen »Tod« – denn bei weniger beschleunigtem Bergen der Verschütteten wäre er wohl gestorben – in milden Farben.

Man sollte eigentlich meinen, daß bei der Häufigkeit feindlicher Einflüge der Verdunkelung auf Hasselshof eine angemessene Aufmerksamkeit geschenkt wurde; das war jedoch nicht der Fall. Die weißen Fensterläden wiesen außer den gewöhnlichen Spalten und Ritzen, durch die der Lichtschein drang, hier und da kleine und größere Astlöcher auf, durch die man das Licht aus den Zimmern leuchten sah. Frau Ohlmann löschte, sobald die ersten Bomben fielen, in der Küche, im Wohnzimmer und auch im Keller die Lampen aus. Die übrigen zahlreichen Räume des Hauses aber ließ man gewissermaßen vertrauensvoll in Gottes Schutz.

Im Herbst 1944 fuhr Rita eines Tages mit dem Milchwagen nach Eversael. Auf dem Rückweg schwang sich ein Soldat auf den Milchwagen. Er wollte, da sein Weg zur Rheinwache führte, bis Hasselshof mitgenommen werden. Während der Fahrt erwähnte er den schweren Luftangriff auf das nahegelegene Städtchen Moers in der vergangenen Nacht, und Rita fragte, ob die Soldaten ihre Lampen auch gut verdunkelt hatten. »Wir verdunkeln gut«, erwiderte er, »aber Sie verdunkeln schlecht auf Hasselshof!«

Rita schwieg. Zwei Soldaten von der in unserer Nähe stationierten Scheinwerferanlage hatten bereits morgens gemeldet, daß auf unserem Söller die ganze Nacht hindurch ein helles elektrisches Licht gebrannt und während des feindlichen Angriffs auf das benachbarte Moers durch die unverdunkelten Fenster weit hinaus ins Land geleuchtet habe. »Es war schrecklich anzusehen«, sagte der Unteroffizier Topp, »wie die erste Welle der Jagdbomber in breiter Front Ihr Haus überflog, so daß das Licht hinter der ungeheuren Menge der Flugzeuge verschwand. ›Hasselshof ist nicht mehr‹, sagten wir alle, aber siehe da – das Licht auf Ihrem Söller tauchte wieder auf. Dann erschien der große Verband viermotoriger amerikanischer Bomber über Ihrem Hause. Wir hielten den Atem an. Die Bomben krachten, ›Hasselshof ist hin!‹ sagten wir. Doch als die Bomber vorüber waren, leuchtete das Licht von neuem auf. Nun kam die letzte Welle der begleitenden Jäger; auch sie verschonten Hasselshof. Wir wollten schnell hinüberlaufen und Ihnen sagen, daß Sie vergessen hatten, die Lampe auszuschalten, doch wir konnten keinen Menschen entbehren, und während des Angriffs wäre ein solcher Gang auch zu gefährlich gewesen.«

»Nadja und Anna haben gestern Abend auf dem Söller Wäsche aufgehängt«, sagte Frau Ohlmann.

»Am Ende brennt die Lampe noch immer?« meinte Lilia.

Sie lief die steile Holztreppe zum Söller hinauf. Tatsächlich – die unbeschirmte, von den beiden Frauen vergessene elektrische Glühbirne strahlte noch immer in den hellen Tag hinein. Wir aber hatten während des nächtlichen Angriffs ahnungslos in dem Keller des so erleuchteten Hauses gesessen.

Eines Nachmittags hatten meine beiden Töchter Heinz und seinen Kameraden – beide mußten nach sehr kurzem Aufenthalt wieder zur Front zurückkehren – zu Fuß zur nächsten Bahnstation begleitet. Ich war an der Schreibmaschine so intensiv mit einer Arbeit beschäftigt, daß ich auf die Außenwelt kaum achtete, um so weniger, als zu jener Zeit das An- und Abschwellen des Kampfes an der nahen Front auch für uns schon recht vernehmbar zu werden begann. Eine Sirene hatte ich nicht gehört. Ich ließ mich durch das Dröhnen, Krachen und Fensterklirren nicht weiter stören und schwamm zufrieden und angeregt im Fahrwasser meiner Arbeit.

Als der Lärm immer heftiger wurde, wollte ich mich doch nach der Ursache erkundigen.

»Das ist ein Großangriff von Flugzeugen«, sagte Frau Ohlmann, »gehen Sie schnell in den Keller!«

Ihre Stimme klang so dringend, daß ich mechanisch gehorchte, mich umdrehte und die Kellertreppe hinunterging.

»Können unsere Kinder schon in Rheinberg sein?« fragte ich. Sie antwortete nicht. Ich hatte keine Vorstellung von der Zeit, und Frau Ohlmanns Schweigen schien mir zu bestätigen, daß die Kinder unterwegs in Gefahr geraten sein mußten.

Die beiden kleinen Hunde, die durch Ritas und Lilias Teilnahme verwöhnt waren, drängten sich auf meinen Schoß; ich wies sie zurück, denn ich wollte die Hände frei und meine Gedanken ungestört für mich haben. Es war ein schwerer Angriff, der schwerste, den ich bis dahin erlebt hatte, und der Gedanke, meine Töchter ungeschützt dem mörderischen Wüten preisgegeben zu wissen, ließ mich immer wieder meine Bitte um ihre rechtzeitige Rückkehr wiederholen. Dabei war der Ausdruck »rechtzeitig« sinnlos geworden. Jetzt war eine Bombe offenbar neben dem Hühnerstall eingeschlagen, und wenn die Flugzeuge die Richtung nicht änderten, mußte das Wohnhaus an die Reihe kommen. Frau Ohlmann stand unter der Treppe, die von der Küche in die Kellerräume führte; ihr Mann war oben in den Ställen. Ich war ganz allein im Keller, als von neuem, und diesmal noch lauter und drohender als vorher, das Heulen einer Bombe hoch über dem Haus begann.

»Das ist das Ende«, dachte ich und umfaßte die zwei Hunde, die in ihrer Angst nun doch auf meine Knie gesprungen waren. Ein wunderbar ruhiges, dankbares Gefühl überkam mich: »Gott sei Dank, daß meine Kinder nicht da sind!«

Die Mauern wankten, Scheiben klirrten, Kalk stürzte von der Decke herab, doch das Haus stand. Die Kellertür wurde geöffnet; ein Lichtschein drang herein. Ich fragte, wer da komme, und war froh, die Stimme des Hausherrn zu hören, die mir nach dem betäubenden Krachen und Klirren wie die Stimme des friedlichen Lebens selbst erschien.

Er war mit einem Bund Stroh in den Armen über den Hof gegangen. Als er das Röhren der letzten Bombe vernahm, hatte er sich in Ermanglung einer geeigneteren Deckung in eine breite Wagenspur geworfen und seinen Kopf mit dem Bund Stroh gegen Splitter »geschützt«.

Auch Frau Ohlmann suchte nun im Keller Zuflucht. Wir waren alle noch unter dem Eindruck des soeben Erlebten und fühlten, daß wir einen Augenblick an der Schwelle der Ewigkeit gestanden hatten.

Wir mußten noch eine geraume Weile im Keller bleiben. Die Entwarnung ließ längere Zeit auf sich warten. Es wurden noch etliche Bomben in unserer Nähe abgeworfen, aber die Flugrichtung der Kampfverbände hatte sich geändert, und der Angriff flaute allmählich ab. Mit einem ganz eigenartigen Gefühl, so als kehrte ich von einer weiten Reise zurück, betrat ich unser Zimmer.

Jeder Bombenangriff hatte seine eigene Wirkung auf uns; allen gemeinsam war jedoch der tiefe Dreiklang von Gefahr, Gottesnähe und Ewigkeit. Darum kehrte man nicht wie aus einem dunklen Keller, sondern wie aus weiter Ferne in die Oberwelt zurück. An jenem Tage war ich mir wohl zum erstenmal des inneren Reichtums solcher Stunden bewußt geworden.

Es sah keineswegs so wüst im Hause aus, wie ich erwartet hatte. Das Dach war beschädigt, eine Tür aus den Angeln gerissen, Fensterscheiben zertrümmert. Ich inspizierte unsere beiden Zimmer. Kurze Zeit danach hörte ich die Stimmen meiner Töchter. Sie hatten in einem Rheinberger Bunker Zuflucht gefunden.

Im Januar brachte ein Unteroffizier von der Flakstellung uns die Nachricht, daß die Hauptkampflinie in unsere Gegend, zum Teil sogar auf Hasselshofer Gebiet, zurückverlegt werde. Wir waren durch die in unmittelbarer Nähe des Hauses befindliche Scheinwerferanlage und durch die nur einige hundert Schritte von uns entfernte Flakstellung ohnedies genug gefährdet. Wieder erhob sich die unruhige Frage: bleiben oder abreisen. Behördlicherseits hatte man wegen der zerstörten Eisenbahnlinien und der mangelnden Unterbringungsmöglichkeiten den Gedanken einer Zwangsevakuierung wieder fallen gelassen. Diejenigen, so hieß es nun, die meinten, ihren Nerven eine derartige Kraftprobe zutrauen zu können, sollten an Ort und Stelle bleiben; den anderen wurde anheimgestellt, auf eigenes Risiko das Weite zu suchen.

Ohlmanns beschlossen, Hasselshof nicht zu verlassen. Daß Heinz, der seine Frau in einer so wichtigen, Tod oder Leben umschließenden Frage nicht beeinflussen wollte, den gleichen Entschluß von Lilia erhoffte, wußten wir.

Und ich? Ein alter Mensch greift nur zögernd zum Wanderstab, und die Trennung von Lilia wäre mir bei der Ungewißheit ihrer und unser aller Zukunft schwergefallen; so kam auch ich zu der Entscheidung, daß es auch für mich nur den einen Weg gebe, auf Hasselshof zu bleiben und Lilias Schicksal zu teilen. Ein Vorgesetzter von Heinz war anderer Meinung und sagte Lilia, er würde seine Angehörigen, wenn nötig, mit Gewalt fortschicken, denn die Nerven von Frauen könnten den dauernden Artilleriebeschuß nicht ohne Schaden ertragen. Wir vertrauten indessen unserem gut gebauten, gewölbten Keller, der von sachverständigen Frontkämpfern untersucht und für Bombenangriffe unzulänglich, bei Artilleriebeschuß aber für zuverlässig befunden wurde.

Wiederholt stieg zwar in mir das Bedenken auf, mein Herzleiden könnte für meine Kinder zu einem Hemmschuh werden, doch eine innere Stimme verscheuchte diesen Gedanken.

Da Hasselshof auf dem linken Rheinufer nahe der holländischen Grenze liegt, war es zwangsläufig, daß die Westfront uns von Tag zu Tag immer näher rückte. Im Januar 1945 geriet aber auch die Ostfront in schnellere Bewegung und überrannte mit einer ungeheuren Vehemenz den Warthegau, in dem viele unserer Freunde eine zweite Heimat gefunden hatten. Zwei ganz eng mit Bleistift beschriebene Postkarten von Wera Petraschewsky erreichten mich. Wie lakonisch die mit erfrorenen Fingern geschriebene Schilderung auch lautete – sie war, ohne daß die Schreiberin dies beabsichtigt hatte – eine weltgeschichtliche Anklage im kleinen. Gerade Wera Petraschewsky war bei ihrer Umsiedlung darauf bedacht gewesen, keinem Polen auch nur das geringste wegzunehmen. Nun hatte sie selbst das, was sie tragen konnte – also so gut wie nichts – von den ihr seit frühester Kindheit vertrauten Dingen mitnehmen dürfen. Ein rabiater polnischer Kutscher fuhr sie und ihre Schicksalsgenossen in einem offenen Wagen von Leslau im Weichselbogen bis über die Oder hinaus nach Prenzlau in der Uckermark. Zweimal hatte sie im Graben gelegen, einmal darüber ihren Treck verloren, dabei immer den Feind auf den Fersen. In Pommern fanden die Flüchtlinge manchmal bei mitleidigen Bauern ein Bett oder eine warme Suppe. Schwere drei Wochen ohne Ruhe, ohne Wärme bei dem furchtbaren Frost für einen fast siebzigjährigen kultivierten Menschen. Und doch kein Wort der Klage, nur des Mitleids für den Jammer der Bauern, die ihr Vieh, ihr Heim, ihre Scholle ebenfalls verlassen mußten.

Rita und ich konnten dem Schicksal und unseren Gastgebern dankbar sein, daß wir auf Hasselshof gegen Hunger und Kälte geschützt waren und daß uns unser tägliches Brot, in das sich sonntags auch oft ein Stück Kuchen verirrte, mit einer fast baltischen Selbstverständlichkeit in jenem Winter 1944/45 geboten wurde. Aber wie arm an Möglichkeiten zu helfen wird ein Mensch, wenn er kein eigenes Heim, kein Geld, keine physischen Kräfte mehr besitzt.

Von den Töchtern der Familie Ohlmann kannte ich nur Leni. Sie saß meist in der geräumigen Küche und nähte geschickt, mit bewundernswerter Schnelligkeit für sich ein Kleidungsstück nach dem anderen. Sie war überhaupt praktisch, konnte auch gut kochen und backen, hilfsbedürftigen Personen und Tieren gegenüber zeigte sie tatkräftige Teilnahme. – Ende Januar stand plötzlich die jüngere Tochter Maria auf der Schwelle ihres Vaterhauses. Die immer näher rückende Front hatte sie heimgetrieben. Sie besaß ein liebenswürdiges Wesen und ein gefälliges Entgegenkommen.

Im Februar begann auf Hasselshof ein erstes, leises Sich-Regen des Frühlings. Es waren plötzlich grüne, feingefiederte Kräuter am Rande des Weges zu sehen, und da und dort reckte sich ein Grashalm hervor, der heller, grüner und saftiger aussah als die vorjährigen Halme. Noch war der wirkliche Frühling fern, doch man ahnte ihn und wünschte ihn herbei.

Gegen Ende Februar nahm der Kanonendonner an Heftigkeit zu. Abends war der Himmel in Richtung der herannahenden Front stark gerötet. Das fast ununterbrochene Donnern der Artillerie fiel uns aber bei weitem nicht so auf die Nerven wie die Bombenangriffe.

Noch im Spätherbst, der sich am Rhein fast bis Weihnachten hingezogen hatte, waren die von der Front kommenden Soldaten bemüht gewesen, eine gewisse äußere Festigkeit zu zeigen. Man würde wohl bis zur Maas zurückgehen müssen, meinten sie, dort aber die Front halten. Nun hatten die Engländer und die Amerikaner die Maas längst überschritten. Als Heinz nach kurzen Urlaubsstunden uns am ersten März in aller Herrgottsfrühe verließ, um zu seiner etwa zwölf Kilometer entfernten Stellung zurückzukehren, wußten wir alle, daß dies eine schwerwiegende Trennung sein würde, da die Tage der Entscheidung auch für unsere Gegend gekommen waren. Es gab keine Möglichkeit mehr, Hasselshof zu verlassen.

Am 2. März eroberten die Amerikaner das in der Nähe von Moers gelegene Städtchen Ürdingen. Am Vormittag desselben

Tages hatte Frau Brate uns die letzten Briefe gebracht; in Anbetracht der Lage hatte die Post ihre Tätigkeit eingestellt. Unter diesen letzten Postsendungen war ein Brief von Kolja. Auch seine Frau schrieb, daß sie Berlin wohl verlassen würden, doch es gab keinen Fingerzeig, wohin sie sich dann wenden wollten. Diese beiden Briefe waren auf viele Monate hinaus das letzte Lebenszeichen.

Am 4. März, es war ein Sonntag, wurde ich 73 Jahre alt. Die Liebe meiner beiden Töchter umgab mich. Aus einem inneren Glücksgefühl heraus erinnerte ich mich daran, daß auch am Anfang dieser langen Reihe von Jahren ein Sonntag gestanden hatte, an dem in der alten Nikolaistraße in Riga ein Menschlein das Licht der Welt erblickt hatte. Ich fragte mich, ob mein Leben das eines Sonntagskindes gewesen sei, und gab mir nach einigem Zögern in die immer noch von lebendigem Hall und Widerhall erfüllte Welt meiner Erinnerungen die Antwort: ja und nein. Kann denn ein Sonntagskind sein, wer so viel Schmerz in seinem Leben erfahren hat? Doch ist nicht trotzdem ein Sonntagskind, wem so viel Reichtum und Kraft und Förderung von Menschen und von Gott zugeströmt ist? Die ursprüngliche Bedeutung dieses Wortes schreibt dem Sonntagskind ja keineswegs die Anwartschaft auf dauerndes Glück, auf äußeren Erfolg zu, sondern vielmehr die Fähigkeit, die Sprache des Waldes und des Windes, der Tiere und der stummen Dinge zu verstehen. Ein Sonntagskind ist also, wer die Empfänglichkeit für die tausenderlei Stimmen der Natur und der gottnahen Dinge besitzt. Ich empfand es fast als eine Vermessenheit, während eines so furchtbaren Krieges an etwas so Persönliches und Festliches zu denken; es war ja aber auch nicht die Gegenwart, sondern es waren 73 Jahre Vergangenheit, in die mein Blick rückschauend getaucht war.

Die Entwicklung der Ereignisse hatte ein Tempo angenommen, bei dem Entscheidungen selbständiger Art nahezu ausgeschlossen schienen. Die über den Rhein führenden Brücken und Fähren waren durch die abziehenden Truppen und durch die auf das rechte Rheinufer flüchtende Zivilbevölkerung versperrt und verstopft, und immer noch wurde nachgedrängt. Es herrschte ein derartiges Durcheinander von flüchtenden Menschen, herrenlosen Pferden und hochbeladenen Wagen, die Fähre war so stark belastet und ständig von feindlichen Fliegern bedroht, daß mancher zum gegenüberliegenden Ufer Hinstrebende froh war, noch eine kurze Zeit, bevor er sich in diesen Strudel stürzte, in der Atmosphäre unseres gastfreundlichen Hauses zu rasten. Manche Soldaten sprachen voller Bitterkeit davon, daß ihre Vorgesetzten ihnen befohlen hatten, bis zum letzten Mann diesseits des heimatlichen Stromes zu kämpfen, wogegen sie selbst sich jenseits des Rheins in Sicherheit gebracht hatten. Einige der Feldgrauen, drei ganz junge Burschen, die der führenden und helfenden Hand der Mutter eigentlich noch gar nicht entraten konnten, taten uns besonders leid, denn trotz ihres Mutes und ihrer aufrechten Haltung schienen die fast noch in den Kinderschuhen steckenden nicht recht in das Kriegsgetriebe ihrer älteren Kameraden hineinzupassen. Jemand riet ihnen, nicht mit der Fähre, sondern mit einem Schlauchboot den Rhein zu überqueren. Ratlos kehrten sie spät abends zu uns in die Küche zurück. Hatten sie kein Boot gefunden? Doch, aber man habe sie in ihrem Boot beschossen.

»War es der Tommy oder der Ami?«

»Nein, das Boot war vom anderen Ufer her mit Maschinengewehren beschossen worden – von unseren eigenen Truppen.« Zwei von den jungen Burschen schwiegen, der dritte sagte: »Man wollte uns zwingen, auf dem linken Rheinufer zu bleiben und zu kämpfen.«

Es war spät, als die drei Jungen uns verließen. Ob ihr Schicksal sie auf der linken Rheinseite ereilt hat, oder ob sie doch noch zu ihrer Einheit und später zu ihren Müttern zurückgefunden haben?

Viele Monate später fragte ich mich, ob wir wohl recht getan hatten, diese halben Kinder so ziehen zu lassen, ob nicht jemand von uns ratend hätte eingreifen müssen. Wer will entscheiden, ob wir zu einer Zeit, in der Gewalt vor Recht ging, feige oder ohnmächtig waren?

Einige Unteroffiziere, die sich am 6. März 1945 einige Zeit in Hasselshof aufhielten, empfahlen uns, sobald die feindliche Artillerie zu schießen beginne, in den Keller zu gehen und auch nachts dort zu bleiben, da die Einschläge ihrer Meinung nach bald rechts, bald links von unserem Haus in zunächst etwa einem halben Kilometer Entfernung erfolgen und dann ständig näherrücken würden. Wir folgten ihrem Rat. Rita und Lilia trugen zwei Matratzen sowie Decken und Kissen hinunter und richteten bequeme, wenn auch etwas feuchtkalte Lagerstätten her. In Kleidern und Wintermänteln krochen wir unter unsere Daunendecken und schliefen schnell ein.

Jedesmal, wenn ein in der Nähe explodierendes Geschoß uns weckte und wir uns mit einem Blick auf die an einem Nagel an der Kellerwand hängende Sturmlampe überzeugt hatten, daß Hasselshof noch stand, fragte sich jeder von uns, was der neue Tag uns bringen werde. Beim Explodieren einer Granate hörte man hin und wieder das Zerbrechen von Glas oder Gemäuer. Dann schlief ich ein. Es war heller Morgen, aber die Sturmlampe brannte noch, als wir uns von unseren feuchten Lagerstätten erhoben und den Keller verließen.

Um ein Uhr kam ein deutscher Leutnant aus Rheinberg durch Hasselshof und berichtete von heftigen Kämpfen in den Straßen der kleinen Stadt. Auch er zeigte eine bewundernswerte Haltung; dennoch hatte man den Eindruck stummer Verzweiflung. Wir fragten, wann man mit dem Erscheinen des Feindes auf Hasselshof rechnen müsse; seine Antwort lautete: »In zwei oder drei Stunden.« Wir spürten, daß dieser Leutnant nicht zu den Offizieren gehörte, die ihre Untergebenen dem Feind entgegenschickten und sich selbst in Sicherheit brachten. Auch er, vom Kampf erschöpft, fand einen Ruheplatz in der Küche und wurde mit Kaffee und Butterbroten gestärkt. Beim Abschied wünschte er uns Glück unter der neuen Regierung und fügte nach einem kurzen Schweigen hinzu: »... und vergeßt uns nicht!«

Es hat wohl noch nie einen Krieg gegeben, bei dem der einzelne so viel und so Mannigfaltiges verloren hat wie in dem 1939 begonnenen; eine endlose Liste von Opfern seelischer und materieller Art bis hinab zu der bei manchen durch den Krieg bedingten Zersetzung des eigenen inneren Menschen.

Wie nah oder wie fern der Tommy war, wußte keiner von uns; auch nicht, daß es gar nicht die Engländer, sondern die Amerikaner waren, die von Rheinberg aus heranzogen. Im stillen hofften wir wohl alle, der Feind würde die von Napoleon angelegte, über Rheinberg nach Osten führende breite Heerstraße benutzen und uns im toten Winkel ungeschoren lassen.

Wir versammelten uns abwartend im kleinen Speisezimmer und stärkten uns mit Kaffee.

»Wie neblig es geworden ist«, sagte der dem Fenster gegenübersitzende alte Herr Ohlmann verwundert.

»Gott sei Dank«, meinte ich, »darum haben wir keine Flugzeuge über uns.«

Hin und wieder vernahm man den Einschlag eines Artilleriegeschosses, doch dieses Geräusch war uns zu einer unsere Tage und Nächte begleitenden akustischen Gewohnheit geworden. Rita, die in unser sechsfenstriges Schlafzimmer gegangen war und zurückkam, flüsterte mir zu, wir sollten doch lieber in den Keller hinuntergehen; sie habe Maschinengewehrschüsse gehört. Ich war es gewohnt, meiner Langsamkeit wegen von den Töchtern immer als erste in den Keller geführt zu werden. Lilia hatte noch in der Küche zu tun. Als Frau Ohlmann mit der frisch gefüllten Kaffeekanne ins Zimmer trat, blickte sie zufällig zum Fenster hin und rief: »Der Tommy ist ja da... seht doch, die flachen Stahlhelme!« Unter harten Kolbenschlägen wurde die zweiflügelige Haustür von außen aufgestoßen. Wir sprangen auf.

Plötzlich stand Lilia vor uns und rief: »Ihr sollt heraufkommen; die Amerikaner sind da!« Ungläubig und wie betäubt gingen wir zur Küchentreppe. Auf dem Wege dorthin kamen uns einige deutsche Soldaten, die eben noch mit uns am Kaffeetisch gesessen hatten, eilig entgegen.

Hinter der Schwingtür des Speisezimmers vernahmen wir kurze, laute Befehle; Rita und ich öffneten die Tür. Einige geduckte Gestalten, den Karabiner schußbereit in der Hand, kamen uns lautlos auf Gummisohlen entgegen. Aus dem Hintergrund rief eine barsche Stimme uns auf englisch zu »Hände hoch!« und »Tür offenlassen!«

Lilia war dem Mann mit der schußbereiten Waffe als erste entgegengegangen; ihr waren die deutschen Soldaten und ein holländischer Schiffer, den es zu uns verschlagen hatte, gefolgt. Gefangene wurden an uns vorbei durch das Zimmer geführt. Wir zählten ihrer elf. Anscheinend waren zu unseren Soldaten noch andere, außerhalb unseres Hauses gefangengenommene hinzugekommen; sie alle wurden vor unseren Fenstern unter den Linden bewacht. Wir hörten kurze, hart klingende Befehle, das Zerbrechen von Waffen, das Fallen von Stahlhelmen. Von den in Reih und Glied aufgestellten männlichen Gefangenen wurden die Ausländer – Tasso, Schura und der holländische Schiffer – freigelassen und ins Haus zurückgeschickt. Die Ukrainerinnen wurden von den Amerikanern gefragt, wie sie von den Ohlmanns behandelt worden wären. Sie versicherten, daß man auf Hasselshof immer gut zu ihnen gewesen sei. Der Frager, der Pole oder Russe zu sein schien, hatte sie nicht recht verstanden und forschte drohend und dringend: »Schlecht?« »Nein – gut, gut!« schrien Nadja und Anna laut, denn sie fürchteten, daß man die alten Ohlmanns aus lauter Mißverständnis erschießen könnte.

Die deutschen Gefangenen wurden fortgeführt, und als es zu dunkeln begann, verließen uns auch die Amerikaner, schärften uns jedoch ein, daß wir den uns zugewiesenen Raum nicht zu verlassen hätten; sie kämen gleich zurück.

Um Mitternacht wurden wir aus unserem leichten Schlummer geweckt. Jemand hatte an der Haustür geschellt. Die Hunde bellten. Fremde Stimmen ertönten im Flur. Lilia öffnete die Speisezimmertür. Vor ihr standen drei deutsche Soldaten, die von der Bleiche her durch die unverschlossene Tür hereingekommen waren und um ein Nachtquartier baten. »Ja, wißt ihr denn nicht«, rief sie entsetzt, »daß die Amerikaner schon hier sind?« Sie waren so bestürzt über die Nähe des Feindes, daß sie in der ersten Reaktion ihre Gewehre hinter dem Diwan, auf dem ich saß, verstecken wollten. Maria, die zu uns hereingekommen war, hinderte sie daran; so nahmen sie die Waffen wieder an sich und wollten eilends das Haus durch die Küche verlassen. Herr Ohlmann, der sich noch nicht zur Ruhe begeben hatte, hielt sie zurück und erklärte, er würde ihnen, da sie wohl nicht ortskundig seien, den kürzesten Weg zum Rheinufer zeigen. Alle vier verschwanden im Dunkel der Nacht. Ich war froh, die jungen Menschen unter der Obhut des alten Herrn zu wissen, aber mir war klar, daß er sich selbst in Gefahr brachte. Noch einmal hörte ich einen müden Wanderer an die Küchentür klopfen, vernahm eine schlaftrunkene, bündige Auskunft gebende Stimme und das Geräusch, mit dem die Tür weich ins Schloß fiel – dann schlief ich fest und ruhig ein, als wäre der Krieg zu Ende.

Am Mittag des nächsten Tages kam Rita plötzlich ins Zimmer, gab mir meinen Mantel und rief: »Man schießt draußen mit Maschinengewehren – wir müssen in den Keller!« Mein Dokumententäschchen ergreifend, begab ich mich mit den Töchtern hinunter. Leni, Maria und Frau Ohlmann folgten. Tasso meldete Lilia, ein deutscher Soldat sei vor einer Viertelstunde dagewesen und habe dringend nach Herrn Ohlmann gefragt, dieser sei jedoch nirgends zu finden gewesen. »Vielleicht irgendeine Botschaft von Heinz?« meinte Lilia beunruhigt. Doch der deutsche Soldat war verschwunden, und im Augenblick hatte niemand Zeit zu Nachforschungen.

In das Rattern der Maschinengewehre mischte sich hin und wieder ein kurzer schwerer, dumpfer Laut, wie wir ihn bei Luftangriffen mit Bordkanonen vernommen hatten. Selbst Herr Ohlmann und die drei Hunde suchten nun im Keller Schutz. Es konnte kein Zweifel mehr bestehen: Unser Haus wurde von Panzern angegriffen. Warum wurden wir beschossen? Waren denn nicht fast nur Frauen im Hause? Wir unterschieden Panzerkanonen, Maschinengewehre, Flintenschüsse – alles in drohender Steigerung. Wir standen vor einem Rätsel. Es beunruhigte uns, daß man durch die schmalen Lichtluken zu uns in den Keller schoß. Plötzlich hörte ich Lenis Stimme gellend »Vater!« rufen. Ich wandte mich um, erblickte in dem rötlichen Licht eines explodierenden, von der Wand abprallenden Geschosses ein verzerrtes Gesicht, das ich für das Gesicht eines in den Keller eingedrungenen, auf uns schießenden Engländers oder Amerikaners hielt. In Wirklichkeit aber war es das des alten Herrn Ohlmann, durch dessen Rock eine abgeprallte Kugel gedrungen war, so daß er, wenn er nicht instinktiv im selben Augenblick um einen halben Schritt zurückgewichen, das Opfer eines Bauchschusses geworden wäre.

Aus dem Milchkeller rief Frau Ohlmann verzweifelt nach Nadja, die ein weißes Tuch an einer Fahnenstange befestigen und aus dem Fenster hängen sollte. Doch weder Nadja noch ein weißes Tuch waren in unserem nur durch die Sturmlampe erleuchteten Kellerraum zu erblicken. Mit großem Getöse explodierte etwas im Haus. Kalk fiel von der Decke. Wieder wurde durch die Fensterluken in den Keller geschossen. Frau Ohlmann kam zu uns gelaufen, lehnte sich neben mich an die Wand und sagte verzweifelt: »Nun sind wir alle verloren! Jetzt bringen sie uns um!«

Ich drängte Lilia in den Hintergrund des kleinen Weinkellers, wo sie zwischen Rita und der Terrierhündin Mikki, die, weil sie jeden Augenblick Junge bekommen konnte, von alt und jung mit Rücksicht behandelt wurde, auf einer niedrigen Kiste einen einigermaßen sicheren Platz fand. Plötzlich erscholl von irgendwoher der Ruf: »Sofort heraus aus dem Keller! Das Haus wird in die Luft gesprengt.« »Schwenk dein weißes Taschentuch«, rief ich, der die Kellertreppe hinaufeilenden Lilia nach. An der in den Garten führenden offenen Tür an der Rückseite des Hauses zögerten wir einen Augenblick, es kostete Überwindung, sich aus dem Bereich des bislang schützenden Gebäudes in das rechts, links und hinter uns einschlagende Feuer ins Freie zu wagen. Doch dann liefen wir, weiße Tücher in den erhobenen Händen, über die Bleiche zur Scheune hin.

Am Ausgang des Hofes sammelten wir uns. Die Ukrainerin Anna fehlte. Ihr war ein Arm durch einen Volltreffer, der die Küchenwand durchschlagen hatte, zerrissen worden. Schura ächzte, weil er ein Auge nicht öffnen konnte; doch es war nur der unter einer Kugel aufspritzende Schmutz der Landstraße, der ihm ins Auge geflogen war.

Wohin nun? Ratlos standen wir und schwenkten die weißen Tücher. Nadja allein besaß ein etwas eindrucksvolleres Friedenszeichen: einen an einem Stock befestigten weißen Fetzen, den sie über unseren Häuptern flattern ließ. Lilia hatte in der Eile ein weißes Küchenhandtuch mit blauen Streifen ergriffen, und der alte kurzsichtige Herr Ohlmann hielt mit beiden Armen einen großen Kissenbezug vor sich, drehte sich damit nach allen Windrichtungen und fragte: »Wo ist der Ami? Wo ist der Ami?«

Hier konnten wir nicht bleiben. In der Ferne sahen wir plötzlich die massigen Silhouetten von drei Panzern, die sich auf uns zu bewegten. »Laufen wir nach Ketjeshof, zu Meivis«, schlug jemand vor. Der Nachbarhof lag etwa dreihundert Meter von Hasselshof entfernt. »Vielleicht gelingt es uns, ihn noch vor den Panzern zu erreichen!« Wir gingen, so schnell uns unsere Beine trugen. Mein Dokumententäschchen fiel zu Boden, Rita hob es mir auf. Nur jetzt nicht versagen, dachte ich, nur jetzt nicht durch meine Gebrechlichkeit die Rettung der Kinder verhindern!

Während wir auf der noch von kahlen Weidenbäumen eingesäumten Landstraße liefen, hörte ich Lilia, die mir um zwei oder drei Schritte voraus war, leise weinen. Liebe stieg in meinem Herzen auf. Doch für Worte fehlte es jetzt an Zeit und auch an Atem. Vielleicht hatte sie schon längst die uns jetzt feindlich entgegenrollenden Panzer auf der kurzen Strecke, die uns noch von Ketjeshof trennte, bemerkt.

Unwillkürlich wichen wir etwas nach links aus. Als die Panzer bis auf etwa zehn Meter herangekommen waren, hielten sie. Die Visiere wurden aufgeklappt und wir mit sichtlicher Verwunderung gemustert. War dieses tücherschwenkende Trüpplein von neun Frauen und vier männlichen Zivilisten der ganze Feind, gegen den sie zu Felde gezogen waren?

Die Panzer wurden von Infanteristen mit schußbereit auf uns gerichteten Gewehren begleitet. Einer von ihnen fragte uns freundlich, ob sich unter uns verwundete Frauen oder Kinder befänden. Ja, die Anna brauche ärztliche Hilfe. Ob noch jemand in unserem Keller sei? Nein, niemand. Dann solle jemand mit ihm nach Hasselshof zurückkehren. Der holländische Schiffer erklärte sich dazu bereit.

Die Bitte, unseren Weg nach Ketjeshof fortsetzen zu dürfen, beantwortete der Soldat mit einem fast aufmunternden »Okay!«

Dessen ungeachtet beschleunigten wir unwillkürlich unsere Schritte und verfielen wieder in das anfängliche Dauerlauftempo.

Erst als wir durch eine Pforte auf den Ketjeshof und von dort in die von Geschäftigkeit erfüllte Küche gelangt waren und ich, nach Atem ringend und des Sprechens noch nicht mächtig, in einer Ekke der Küchenbank saß, verlor sich allmählich das Gefühl grenzenloser Obdachlosigkeit, das uns seit dem Verlassen des Kellers begleitet hatte.

Auch auf Ketjeshof gab es Amerikaner, von denen einige etwas deutsch und französisch sprachen. Sie erzählten, daß das Haus auf Hasselshof sie alle in Erstaunen versetzt habe durch seine Stabilität bei der Beschießung. Anna und Schura, unsere Verwundeten, wurden im Wagen zum Arzt nach Orsoy gebracht.

Rita und Lilia und Frau Ohlmanns Töchter gingen vor dem Dunkelwerden nach Hasselshof, um das Vieh zu versorgen. Sie fanden den Hof öde und leer und ohne jede Einquartierung vor.

Mittlerweile erhob sich auch die Frage der Rückkehr nach Hasselshof zur Nacht. Mein Vorschlag, daß wir drei Alten, das heißt das Ehepaar Ohlmann und ich, die Nacht auf Hasselshof verbringen, unsere Kinder aber auf Ketjeshof bleiben sollten, wurde gutgeheißen. Rita und Lilia schlugen für mich und für Frau Ohlmann im Weinkeller von Hasselshof zwei Lagerstätten auf und kehrten dann zur Nacht auf den Nachbarhof zurück. Herr Ohlmann schlief wie gewohnt in seinem Zimmer im oberen Stockwerk. Wir verschlossen alle Fensterläden und Türen des Hauses; dann legten wir beiden Frauen uns im Keller zum Schlafen nieder.

Als die jüngere Generation am Morgen nach Hasselshof kam, um nach uns zu sehen, wimmelte das Haus bereits von amerikanischer Einquartierung. Überall stolperte man über Kabel, Rucksäcke und anderes Kriegsgerät, so daß ich mich mit meinem Stock nur langsam hindurchtasten konnte. Auch in der Küche saßen und lagen auf dem Boden amerikanische Soldaten, während wir am Küchentisch unser Mittagsmahl verzehrten.

Wir hatten die Mahlzeit gerade beendet, da betrat ein Offizier mit einem Blatt Papier in der Hand die Küche und las einen Befehl in deutscher Sprache vor, dem zufolge alle Hausbewohner innerhalb einer Stunde Hasselshof zu verlassen hätten.

»Wohin denn?«

»In the town.«

»Vielleicht auf den Nachbarhof?«

Als Antwort erhielten wir ein bedingtes Zugeständnis. Es war ein unerwarteter Schlag für uns. Wie hätten wir, da die umliegenden Landstraßen fast ständig unter Artilleriebeschuß lagen und man nur im Keller davor einigermaßen geschützt war, das sechs Kilometer entfernt liegende nächste Städtchen erreichen sollen?

Fieberhaft begannen wir das Allernötigste einzupacken, denn wir schlossen aus dem kurzfristigen Termin, daß nur mit einer einstündigen Schießpause zu rechnen sei. Doch bereits nach zehn Minuten setzte das Donnern der Geschütze wieder ein.

»Alles auf den Milchwagen werfen und anspannen!« rief Herr Ohlmann. In fliegender Hast geschah es. Nadja spannte die hochtragende Stute vor den kastenförmigen Milchwagen. Mit sachlicher Sicherheit, ohne eine Spur von Nervosität, drängte die junge Ukrainerin das Pferd in die Wagendeichsel. Ich fragte, wo Frau Ohlmann sei. Nadja erwiderte, daß weder »Madame« noch ihre Töchter sich im Hause befänden; sie müßten es wohl sofort nach dem Verlesen des Befehls verlassen haben. Wohin mochten sie sich gewandt haben? Nach Ketjeshof?

»Sollten wir nicht auch lieber zu Fuß nach Ketjeshof gehen?« fragte Lilia. »Nein«, sagte Nadja, »*wir* könnten laufen, aber Ihre Mutter kommt zu Fuß nicht mehr von hier fort.«

Das Pferd war angespannt; wir kletterten alle in den Wagen. »Die Decken fehlen ja«, rief Lilia, und Rita rannte ins Haus zurück. Herr Ohlmann schwang sich auf den Kutschbock und ergriff die Zügel. »Warten!« baten wir, »Rita ist noch nicht da.« »Wo sind die Hunde?« rief er, »die Hunde müssen mitkommen!«

Melancholisch saß in einer Ecke des Wagens die schwarz-weiße Terrierhündin, die sich nicht entschließen konnte, ihre längst fälligen Sprößlinge in eine so aufgewühlte und geräuschvolle Welt zu setzen.

Nadja sprang vom Wagen, um die beiden fehlenden Tiere zu holen. Auf halbem Wege begegnete ihr Rita mit den beiden kleinen Hunden auf dem Arm und den Decken. »Schneller!« rief Herr Ohlmann. Nadja zog Rita mit ihrer Bürde auf den Wagen.

Kaum hatten wir den Hof verlassen, so gerieten wir unter Artilleriebeschuß. Offenbar hatte man auf der anderen Seite des Rheins unseren Wagen bemerkt, ohne feststellen zu können, daß sich Zivilisten in ihm befanden. Rechts und links von uns explodierten die Geschosse, das Pferd machte wilde Sprünge, und wir waren jeden Augenblick gewärtig, einen Volltreffer zu erhalten. Vor einer Scheune in Ketjeshof hielten wir. Nadja sprang vom Wagen, um nachzusehen, ob Frau Ohlmann dort war oder ob wir weiterfahren müßten. Sie verschwand im Haus, kam jedoch nicht wieder. Lilia kletterte ebenfalls vom Wagen hinunter und betrat das in völliger Reglosigkeit liegende Haus. Doch auch Lilia kam nicht wieder. Ich fragte Herrn Ohlmann, was diese unheimliche Stille zu bedeuten habe. Er antwortete nicht, sondern schlug unvermittelt mit der Peitsche auf das Pferd ein, so daß es einen mächtigen Satz tat und in die offenstehende Scheune stob. Hinter uns ertönte eine Explosion, und genau an der Stelle, auf der wir soeben gehalten hatten, krepierte ein Artilleriegeschoß. Der alte Mann hatte im richtigen Moment die Peitsche ergriffen und dadurch das Leben dreier Menschen und eines zur Zeit unersetzlichen Pferdes gerettet.

Irgend etwas schien auf Ketjeshof nicht in Ordnung zu sein und beunruhigte uns. Rita und ich kletterten hinunter und begaben uns auf die Suche. Wir drangen in das Haus ein, ohne jemandem zu begegnen. Aus einem Raum wurden wir durch eine rauhe

Stimme fortgescheucht. Rita rief mehrmals laut Lilias Namen, und endlich kam Antwort: »Wir sind im Keller.«

»Ist Frau Ohlmann auch dort?«

»Ja.«

»Warum kommt ihr nicht heraus?«

»Wir dürfen nicht.«

»Können wir zu euch in den Keller kommen?«

»Herein darf man, aber nicht hinaus.«

Freudig berichteten wir Herrn Ohlmann, daß wir seine Frau und Lilia gefunden hatten.

Zwischen unsere Hin- und Herrufe krachten explodierende Artilleriegeschosse, deren Einschläge hart am Hause niedergingen und, wie wir später erfuhren, bereits ein Küchenfenster fortgerissen und Frau Meivis, die Hausfrau, am Bein verwundet hatten.

Ungehindert gelangten wir in den Keller und hörten dort, daß der starke Artilleriebeschuß die Bewohner des Ketjeshofes und seine Besatzung in den Keller getrieben hatte. Die Soldaten hatten angeordnet: »Alle ladies in den Keller!« hatten sich dann aber auch selbst dorthin verfügt.

Gegen Abend endete der Beschuß.

Der Keller auf Ketjeshof bestand aus vier miteinander verbundenen Räumen. In dem langgestreckten letzten lagen auf Stroh einundzwanzig Personen – achtzehn Frauen und drei Männer – dicht wie Heringe nebeneinander. Ich schlief zum erstenmal in meinem Leben auf Stroh und war überrascht, daß es sich darauf, so lange es noch neu und elastisch ist, verhältnismäßig gut liegen läßt. Die Amerikaner zählten jeden Abend gewissenhaft die auf dem Stroh liegenden Personen.

Eine Woche lebten wir so auf Ketjeshof. Die ausländischen Hilfskräfte hatten uns gleich am zweiten Tage verlassen, so daß wir nun mehr Platz hatten.

In der ersten dieser Nächte brachte die Terrierhündin, die sich zu Füßen Herrn Ohlmanns niedergelegt hatte, endlich ihre Jungen zur Welt.

Morgens wurden wir um sieben Uhr geweckt, und es wurde uns mitgeteilt, daß die Hausfrau und einige ihrer Gehilfinnen während der nächsten anderthalb Stunden in die Küche hinaufgehen dürften, um das Frühstück für uns zu richten. Das Essen war schmackhaft und sättigend, mußte indessen aus Mangel an Raum stehend eingenommen werden. Zwischen elf und zwölf Uhr vormittags durfte man zum Melken und Versorgen der Kühe nach Hasselshof hinübergehen; Herr Ohlmann und seine beiden Töchter übernahmen diese Aufgabe. Auch Rita und Lilia begleiteten sie manchmal und benutzten dann die Gelegenheit, etwas von unserer Wäsche oder von unseren Kleidern und Schuhen mitzubringen. Mitunter kehrten sie atemlos von solchen Dauerläufen unter Beschuß zurück und verloren bei der Hetzjagd unterwegs den einen oder anderen Gegenstand.

Während die Meivisschen und Ohlmannschen Töchter, durch das Verschwinden ihrer ausländischen Arbeitskräfte nun ganz auf sich selbst angewiesen, die Kühe melkten, fütterten und die Ställe säuberten, wurde die Hausfrau mit ihren Helferinnen, darunter Rita, für eine knapp bemessene Zeitspanne jeweils zur Zubereitung der Mittags- und Abendmahlzeiten in die Küche beurlaubt; gegessen wurde jedoch im Keller.

Eines Nachts hörten wir ein neues Geschütz, dessen Abschüsse von einer elementaren Gewalt waren. Im Laufe des 15. März 1945 – es war ein Mittwoch – verbreitete sich bei uns ein Gerücht, daß alle aus dem Frontgebiet evakuiert und nach Holland verschickt werden sollten. Wortkarg und bedrückt suchte unsere Notgemeinschaft abends das Strohlager auf. Der Verwalter wollte einige Anordnungen geben, doch da es hieß, wir würden zu Fuß gehen müssen, konnte ohnehin nicht viel von unseren geretteten Habseligkeiten mitgenommen werden.

»Größer als der Helfer wird unsere Not auch nicht sein«, sagte die Hausfrau.

»Das ist ein gutes Wort«, sagte ich.

Wie schwach erscheint alle Menschenkraft, auch die des Gebetes, inmitten des Krieges, und doch schenkt uns schon das Vertrauen zu Gott die Gewißheit, gehört und verstanden, wenn auch nicht immer erhört, zu werden, eine Mehrung unserer Kraft.

Am nächsten Morgen deutete nichts auf die gefürchtete Entscheidung hin. Wir begannen zu hoffen, daß wir in Ketjeshof bleiben dürften. Abends jedoch teilte man uns mit, daß wir uns auf den nahegelegenen Hof des Bauern Hüsch zu begeben und dort im Keller zu übernachten hätten. Bedeutete das nun Bleiben oder Fortgehen? Nun, immerhin war dieser Hof nicht Holland. Ein Soldat mit dem Gewehr über der Schulter begleitete uns. Am anderen Morgen durften wir zum Frühstück nach Ketjeshof zurückgehen. Schon mittags um zwölf Uhr aber sagte ein amerikanischer Soldat, daß wir Ketjeshof sofort verlassen müßten. »Wohin denn?«

»Weit.«

»Können wir die Pferde vor unseren Wagen spannen?«

Ja, das sei gestattet. Auch dürften wir mitnehmen, was wir wollten, sogar eine oder zwei Kühe; außerdem für zwei Tage Mundvorrat.

Das deutete allerdings auf einen langen Treck.

»Und wann soll es losgehen?«

»Gleich.«

Rita lief, begleitet von einem Posten, nach Hasselshof, um Lilia herbeizuholen und Ohlmanns zu benachrichtigen. Ich konnte meiner schwachen Augen wegen beim Packen nicht mithelfen und saß zur Abfahrt bereit in der Ketjeshofer Küche. Ein amerikanischer Soldat, der etwas französisch sprach, erkundigte sich nach meinen Vorbereitungen für die Abreise. Ich fragte ihn, warum wir von hier fortmüßten. Er antwortete: »Pour vous c'est le meilleur, car le combat sera terrible!«

Rita und Lilia kamen aus Hasselshof zurück. Wie stets in solchen Fällen verloren sie nicht viele Worte über Unabänderliches, sondern packten energisch zu und verluden unser Gepäck, das aus einigen Handkoffern, Kleiderbündeln und Decken bestand, auf dem Boden des zweispännigen Hasselshofer Wagens. Auch mich verfrachteten sie dort auf ein Bündel Decken. Säcke mit Mehl und Kartoffeln wurden aufgeladen. Ein bewaffneter Soldat saß auf dem Kutschbock. Hinter uns fuhr, von Herrn Ohlmann kutschiert, der Milchwagen, auf dem wir an jenem denkwürdigen achten März Hasselshof verlassen und in Ketjeshof Zuflucht gesucht hatten. Acht Tage waren seither vergangen, und schon waren wir wieder unterwegs, doch diesmal mit unbekanntem Ziel.

Auf längeren Umwegen fuhren wir nach Eversael. Dort teilte man uns mit, daß die Frauen in Militärautos umsteigen müßten, während die Männer bei ihren Wagen bleiben sollten. Einstimmig erklärten wir, daß wir es vorzögen, mit den Männern zusammen weiterzufahren. Das ginge nicht, hieß es; die ladies müßte man in Sicherheit bringen. Tatsächlich mußte man wenig später einen der bei den Wagen verbliebenen, unter Vermeidung der Heerstraße auf Feldwegen fahrenden Männer schwerverwundet ins Krankenhaus einliefern.

Etwas bedenklich sah ich meinem Umsteigen aus dem Milchwagen in das hohe Militärauto, an dem es weder hüben noch drüben auch nur die geringste Andeutung von Trittbrettern gab, entgegen. Doch ohne daß ich ein Wort zu sagen brauchte, hob mich ein freundlicher deutscher Mann vom Wagen herunter, und beim Besteigen des Lastautos reichte mich ein amerikanischer Soldat seinem oben stehenden Kameraden, der mich hilflos in seinen Armen hängendes altes Weiblein behutsam auf die Füße stellte.

Mehrere Lastautos füllten sich schnell mit Frauen aus Eversael und von den umliegenden Höfen und fuhren davon. Bei jeder Ortschaft, die wir auf unserer Fahrt berührten, fragten wir uns, ob sie das Ziel unserer Reise sei. Doch immer wieder ging es nach kurzem Halten weiter. Bald merkten wir, daß die den Pferdefuhrwerken erteilte Anweisung, auf Feldwegen zu fahren, eine vorausschauende Maßregel gewesen war, denn auf der von Napoleon angelegten Heerstraße, die nur für unsere von Soldaten geführten Autos freigegeben war, herrschte eine so fieberhafte Tätigkeit, daß die Wagen mit den bedächtig dahintrottenden Pferden ständig eine Störung bedeutet hätten. Panzerwagen verbreiterten die Heerstraße um das Doppelte; wendige Militärautos schossen hin und her. Nirgends sah man die Infanterie zu Fuß marschieren; überall bildete die Maschine das selbstverständliche Transportmittel der Menschen. Reiches Amerika, das in dieser Hinsicht die Kräfte seiner Soldaten schonen konnte.

Am Spätnachmittag erreichten wir die kleine Stadt Moers, in der viele Häuser durch Bomben zerstört waren. Überall Schutt und Trümmer zwischen reihenweise gut erhaltenen älteren Bürgerhäusern. Hin und wieder sah man eine offene Ladentür, doch die weitaus meisten Schaufenster waren mit Brettern vernagelt. Unsere Wagen hielten am Marktplatz. Plötzlich hieß es: »Alle aussteigen; wir sind am Ziel!« Wir verließen die Fahrzeuge und streckten die steifgewordenen Glieder. Es erwies sich als gut, daß wir nur wenig Gepäck mit uns hatten, denn wir mußten selber für eine Unterkunft sorgen. Ein deutscher Hilfspolizist mit weißer Armbinde half uns dabei. Wir suchten lange, bis wir ein Haus fanden, das zehn Personen aufnehmen konnte. Es war allerdings drangvoll eng, so daß wir, als bald darauf ein Zimmer in der Nähe drei Personen beherbergen konnte, mit unserem kärglichen Flüchtlingsgepäck zum Buchhändler Staiger in die Steinstraße zogen.

Als wir durch den Buchladen gingen, streckte ein alter Herr mir spontan die Hand zum Willkommensgruß entgegen. Seine Hausdame, Fräulein Mühlges, führte uns in das zweite Stockwerk des alten Hauses. Das gemütliche Zimmer, dessen äußere, durch eine Bombe zerstörte Wand frisch gemauert und in Ermangelung einer Tapete mit einem roten Kattunstoff bekleidet war, besaß zwei weiche Betten mit frisch bezogenen Kissen und einen ebensolchen Diwan, und wer nicht wie wir drei Wochen im Keller auf Stroh hat schlafen müssen, der weiß nicht, welch eine Köstlichkeit das bedeutet.

Fräulein Mühlges forderte mich auf, vormittags, wenn die oberen Räume von der Zentralheizung noch nicht ganz durchwärmt waren, in das feinen Kunstsinn verratende Wohnzimmer zu kommen, was ich auch hin und wieder tat. Hier hörten wir auch abends die Nachrichten im Radio und sprachen ein Stündchen oder zwei mit dem Buchhändler, dessen Haus seit Jahren den Mittelpunkt künstlerischen und literarischen Lebens in Moers bildete. Wie tat es wohl, wieder einmal über Bücher, Holzschnitte, Musik, über psychologische und allgemein-menschliche Fragen zu reden.

Von Lilias Schwiegermutter erhielten wir fast täglich bald ein Stückchen Speck, bald einen Liter Milch, bald etwas Brot oder Rübenkraut. Um so dankenswerter war diese Unterstützung, als die Zuwendungen eine halbe Stunde Weges nach Moers gebracht werden mußten, denn Ohlmanns wie auch die anderen Flüchtlinge hatten die ursprüngliche Unterkunft in der Kirchstraße nun auch räumen müssen, da das Haus beschlagnahmt wurde. Zwei Tage später wurde auch unser Haus beschlagnahmt, und wir mußten es innerhalb kurzer Zeit verlassen. Zufällig fanden wir ein paar Häuser weiter ein freies Zimmer.

Drei Wochen waren wir nun in Moers. Immer noch wurde den Evakuierten die Erlaubnis zur Rückkehr verweigert; es hieß, die Aktion, um derentwillen wir Hasselshof und Ketjeshof hatten verlassen müssen, sei noch nicht beendet. Gerüchte von Plünderungen der Höfe schwirrten durch die Luft. Lilia und ihre jüngere Schwägerin begaben sich zum Bürgermeister von Moers, um zu erfahren, wie man sich in den zerschossenen Häusern gegen solche Plünderungen schützen könne, zumal die Bewohner von Hasselshof jetzt fast ausschließlich aus Frauen bestanden. Der Trost, den sie erhielten, war dürftig; der kränkliche und bejahrte Bürgermeister meinte, das Gesindel werde schon von selbst fortbleiben, wenn die Besitzer auf ihre Höfe zurückkehrten.

Am 5. April um die Mittagszeit wurde durch Anschlag bekanntgegeben, daß diejenigen Landwirte, deren Höfe weiter als einhundert Meter vom Rhein entfernt lagen, in ihr Besitztum zurückkehren dürften. Das traf auf Hasselshof zu.

Es regnete, als wir mit unserem Gepäck auf die Straße traten. Im Eilschritt strebten wir dem uns bereits mit Ungeduld erwartenden Schwiegervater Lilias zu, kletterten über die Räder und die emporgeschlagene Wand des Kastens in den Milchwagen, der durch unser in der Eile wahllos hineingeworfenes Gepäck fast völlig angefüllt war, und fuhren davon. Galt es doch, in Hülsdonk noch den Meivisschen Wagen zu erreichen. Als wir aber dort anlangten, war er schon am Horizont verschwunden.

Nach kurzem Bremsen und unter Mitnahme von Maria, die auf uns gewartet hatte, ging es weiter. Um sechs Uhr nachmittags mußten wir Hasselshof erreicht haben, beziehungsweise durften wir nicht mehr unterwegs sein. Da es auch jetzt verboten war, die Heerstraße zu benutzen, mußten die anderen Wege öfters erfragt werden.

Einmal erhob sich vor uns eine Warnungstafel mit den Worten »Betreten verboten« in englischer Sprache. Mußten wir etwa das große Stück zurückfahren und eine andere Straße wählen? Es schien fast so, denn auf dem verbotenen Wege hörte man Schüsse. Rita und Maria sprangen vom Wagen, liefen auf eine Gruppe von amerikanischen Soldaten zu und erhielten den Rat, sich weder um die Warnungstafel noch um andere Verbote zu kümmern. So fuhren wir denn weiter und gelangten bald wieder auf freigegebene Wege. In den Ortschaften, an denen wir vorbeikamen, wiesen die meisten Häuser Spuren heftiger Kämpfe auf. Das dicht am Rhein gelegene Städtchen Orsoy, das für die Zivilbevölkerung noch gesperrt war, streiften wir nur an seinem äußersten Rande, und Rheinberg ließen wir ganz links liegen. Ob wir wohl in Eversael, wo man auf der Hinfahrt die Frauen in Autos umgeladen hatte, den Anschluß an den Ketjeshof-Wagen finden würden? Es wäre angenehmer gewesen, das Niemandsland mit anderen zusammen zu betreten. Herr Ohlmann, der ausgezeichnet fuhr, erkundigte sich, als der Uhrzeiger sich dem Ende der für unsere Rückfahrt freigegebenen Zeit zuzuneigen begann, alle zehn Minuten, wie spät es sei. Er berührte auch Eversael nur an einer der an der Peripherie gelegenen Straßen und bog sehr bald auf die nach Ketjeshof und Hasselshof führende Landstraße ein. Wir nahmen an, daß auch die Familie Meivis diesen kürzeren Weg eingeschlagen habe, begegneten jedoch weder Fußgängern noch einem Wagen. Zwischen Eversael und den fünf oder sechs Höfen, die sich um Ketjeshof und Hasselshof scharen, ohne eine besondere Ortschaft zu bilden, lag das Land wie ausgestorben. Kein Soldat, keine Militärpatrouille, keine pflügenden Bauern. Hin und wieder trabte ein herrenloses Pferd eine Weile neben unserem Wagen her, und da und dort lagen tote Kühe auf unserem Wege. Überall Granattrichter, Viehkadaver, verstreutes Kriegsgerät. Suchend schauten wir uns um, als wir bei Häuslers, bei Schrapers, bei Hüschs, bei Meivis' vorbeifuhren. Nicht eine Menschenseele zu erblicken! Alles war öde und leer. Wir waren die einzigen, die am ersten Tage in dem wieder freigegebenen bisherigen Frontgebiet am Rhein angelangt waren.

Wir näherten uns der Hofeinfahrt von Hasselshof. Vor dem Hause und an seiner Rückseite an der Bleiche sahen wir einen hohen Wall zerbrochener Möbel. Von der Mauer der an der Landstraße stehenden Scheune hatte ein Artilleriegeschoß ein großes Stück fortgerissen. Der Wagen hielt. Herr Ohlmann sprang ab und verschwand in der Garage. »Der Trecker ist fort«, sagte er tonlos. Kein Pferd im Stall. Und gleich darauf: »Kein Pflug, keine Egge!«

Nun kletterten auch wir vom Milchwagen herunter. Langsam gingen wir auf die offenstehende Tür der Diele zu. In dem dort herrschenden Halbdunkel sahen wir, daß zwei Schweine eingedrungen waren und sich an irgend etwas Blutigem zu schaffen machten. Bei unserem Näherkommen liefen sie grunzend durch die offene Tür in die Vorküche und weiter durch die ebenfalls offenstehende Tür in den Garten. Das blutige Etwas erwies sich als ein geschlachtetes Kalb, von dem die besten Stücke abgeschnitten waren. In der Küche, die seinerzeit schon durch den Panzerbeschuß sehr gelitten hatte, sah es schlimm aus. An beiden Fenstern waren die Scheiben zertrümmert, von dem einen die Läden abgerissen. Tische und Stühle waren fort, die alte Standuhr in Stücke zerschlagen, die Wasserhähne abmontiert. In den Abwaschbecken lag bis an den Rand schmutziges Geschirr. Die Schränke waren leer, ihre Türen herausgerissen. Auf dem Fußboden häuften sich Glasscherben, Kalk und Papierfetzen.

Doch der Herd war heil. Es wurde Feuer gemacht, mit einiger Mühe im Keller Wasser gepumpt und Tee gekocht. Butter besaßen wir nicht, aber Brot und einen Rest Leberwurst.

Beim Anblick der Wohnräume konnte einem der Mut sinken. Wir waren alle mit einem guten Maß an Stoizismus gewappnet, doch eine so raffinierte Art von Verwüstung hatte keiner von uns erwartet. Daß sämtliche Fenster in Scherben waren, konnte man verstehen. Warum aber gab es außer einigen wenigen Stühlen kein einziges heiles Möbelstück mehr? Die dicken Spiegelscheiben an dem alten Trumeau waren nur noch kleine Splitter; die Marmorplatten an den Waschtischen, die Bettschränkchen, ja selbst die marmornen Fensterbänke mit einem Beil zerschlagen. In unserem aus der Heimat mitgebrachten Kleiderschrank aus Nußbaum- und weißem Ahornholz mit den geschnitzten Rosen, den der niederrheinische Schreiner als eine herrliche Arbeit bezeichnet hatte, klafften metergroße Löcher. Im Schrank selbst war nichts mehr vorhanden. Der Diwanbezug war so zerfetzt, daß die Polsterung hervorquoll. Die Holzgestelle der Betten waren zertrümmert, Kissen und Daunendecken teils verschwunden, teils zerschnitten, die Federn im Zimmer verstreut und haufenweise mit Scherben und Schmutz vermengt. Unsere Bücher, Bilder und Briefe lagen aufgeweicht draußen im Regen oder im Keller in einem Bottich mit Salzlake. In diesem Behälter wurden sonst nach dem Schlachten die Knochen aufbewahrt. Nun lagen dort in wüstem Durcheinander mit den allmählich faulenden Knochen unsere Kleider, Wäsche, Schuhe, Bücher und Medikamente. Lilia war gleich in den Keller gestiegen, um nachzusehen, ob das Kästchen aus gelbem Furnierholz mit meinen Erinnerungen noch da sei. Es war verschwunden.

Im Keller fanden wir noch ein paar Matratzen; die Kinder brachten sie in die nun warme Küche hinauf und schlugen dort unser Lager auf. Da alle Fenster zerbrochen waren und man keine Tür verschließen konnte, Herr Ohlmann aber in seinem im oberen Stockwerk gelegenen Zimmer zu schlafen gedachte, mußten wir Frauen eben unser eigener Schutz sein. Ein mit Wasser gefüllter großer Krug wurde vor die Tür gestellt; wenn er umfiel, sobald jemand in die Küche einzudringen versuchte, würden wir ja wohl aufwachen.

Es war eine unruhige Nacht. Immerfort fuhren Autos vorbei. Jedesmal fürchteten wir, es würde eines vor dem Hause halten; aber alle fuhren weiter.

Damit Lilias Schwiegermutter beim Anblick ihres verwüsteten Hauses nicht allzu sehr erschrecke, räumten Rita und Maria, so gut es eben gehen wollte, den Schutt aus der Küche fort, fegten und wuschen den Fußboden, so daß wenigstens schon ein kleiner Schimmer von Wohnlichkeit über dem zerschossenen Raum lag, als Frau Ohlmann eintraf. Wie würde sie auf die totale Zerstörung reagieren? Doch der Volksschullehrer aus Eversael, in dessen Haus sie und die Ketjeshofer übernachtet htten, da sie am Vorabend nicht weiter durchgelassen wurden, war als Kundschafter bereits bis Hasselshof vorgedrungen und hatte Frau Ohlmann auf den zu erwartenden Anblick vorbereitet. Sie trat nun der Verwüstung recht gefaßt entgegen.

Als zweites nahmen Rita und Lilia das Speisezimmer in Angriff, säuberten den Fußboden, auf dem auch nicht mehr ein einziges der ursprünglich darin vorhandenen Möbelstücke stand, schleppten drei Federmatratzen hinein und errichteten auf ihnen die Lagerstätten für uns fünf Frauen. Lilia suchte mit verbissener Energie die einzelnen Teile meiner weit über tausend Blätter umfassenden Erinnerungen, verknüllt und beschmutzt, aber immerhin erhalten, unter einem Haufen erdiger Kartoffeln, unter Schutt oder in einer Regenpfütze zusammen. Wenn nun meine »Erinnerungen«, von denen nur etwa hundert Blätter unauffindbar blieben, wieder einigermaßen vollständig beisammen sind, so verdanke ich das fast ausschließlich Lilia.

Für den Hausherrn war es ein Kummer, daß die beiden kleinen Hunde während unserer Abwesenheit abhanden gekommen waren, vermutlich von Amerikanern mitgenommen. Als er am Morgen nach unserer Rückkehr nach Ketjeshof gegangen war, hatte er nur den Terrier und einen der in jener historischen Nacht im Keller zur Welt gekommenen Sprößlinge vorgefunden, der ein krummbeiniger kleiner Dackel war.

Der Hausherr beachtete den kleinen Hund im allgemeinen wenig, sondern war so intensiv mit dem Zusammensuchen, Trocknen und Bürsten seiner Anzüge beschäftigt, daß daneben lange

Zeit nichts anderes Raum hatte. In jenen Tagen, da wir so nahe daran waren, zwischen die Mühlsteine des Krieges zu geraten, in den Wochen des Losgerissenseins von der Scholle und wohl auch beim Anblick seines verwüsteten Besitztums schien in dem alten, seelisch wohl nie sehr starken Mann etwas zerbrochen zu sein. Schlimm war die Frage, was werden sollte, wenn die Felder auch weiterhin ungepflügt und unbestellt blieben? Der Krieg hatte unendlich viel Ackerland vernichtet. Was sollte aus den Feldern auf Hasselshof werden? Einmal fragte ich, ob man sich denn nicht das Nötigste bei einem Nachbarn leihen könnte, und erhielt zur Antwort, jetzt brauche wohl jeder das Wenige, was ihm an landwirtschaftlichen Geräten geblieben war, für die eigene Frühjahrsbestellung. Vierzig Stück Vieh hatte Hasselshof besessen, als wir nach Moers evakuiert wurden. Jetzt waren die Ställe leer, nur der Mist bedeckte in einer handbreithohen Schicht den Boden. Jeden Tag standen herrenlose Kühe auf dem Hof und drängten zum Futter oder wollten gemolken werden, andere wurden von einem hilfsbereiten Nachbarn herangetrieben. Maria und Lilia misteten im Stall vorerst zwei Boxen aus, banden darin drei Kühe fest und begannen zu melken. Neue herrenlose Kühe kamen hinzu; andere, die trocken waren oder ein entzündetes Euter hatten, wurden wieder ausgeschieden. Manche hatten unterdessen unter freiem Himmel gekalbt und brachten ihre Kälber mit in den Stall.

Niemand außer dem alten Herrn hätte feststellen können, ob unter dem zugelaufenen Vieh auch eigenes war. Doch er war durch den verwüsteten Hof in einer so tiefen Depression, daß er jede eigene Initiative ablehnte. Die anderen Bauern gingen von Hof zu Hof und zu dem Vieh auf den Weiden, um ihre Kühe wiederzufinden. Ein kleiner Stamm – freilich nur etwa der fünfte Teil des früheren Viehbestandes – sammelte sich im Laufe von Wochen und gab bei dem reichlichen Rübenfutter von Tag zu

Tag mehr Milch. Der Trecker fand sich bei einem Nachbarn. Dieser Erfolg wirkte belebend auf den alten Mann, um so mehr, als es einem geschickten Schmied aus der Nachbarschaft gelang, die mutwillig verursachten Schäden innerhalb weniger Tage zu beseitigen und das so dringend benötigte Vehikel wieder in einen gebrauchsfähigen Zustand zu bringen. Nun besaß Hasselshof einen Trecker, doch es fehlte ein Mann, um ihn zu fahren. *Ein* Mann? Nein, es fehlten viele Männer, um das verwüstete Haus in Ordnung zu bringen und die versäumte Feldarbeit nachzuholen.

Eines Tages erschien jemand mit einem Brief von Leni, die noch in Moers geblieben war. Sie bat, dem kränklich aussehenden Überbringer, dem es zur Zeit schlecht gehe, Arbeit und kräftiges Essen zu geben. Er brachte sogar einen zweiten, zwar schon weißhaarigen, aber arbeitsfähigen und fleißigen Helfer mit. Einen Schreiner schaffte er gleichfalls herbei, so daß wir nun auch endlich hinter verschlossenen Haustüren schlafen konnten.

Es war Mitte April noch einmal empfindlich kalt geworden. In den Zimmern, die durchweg zerbrochene Fensterscheiben hatten, herrschte eine Temperatur von nur vier bis fünf Grad. So war es für uns alle ein freudiger Tag, als der Schreiner einige in der Hühnerfarm vorgefundene, noch heile, wenn auch mit Draht durchzogene Fensterscheiben in die Küchenfenster einsetzte, so daß die Wärme des den ganzen Tag über beheizten Herdes sich innerhalb der vier Wände sammeln konnte.

Maria, Lilia und Rita, von Frau Ohlmann ganz zu schweigen, nahmen Arbeiten auf sich, die fast über ihre Kräfte gingen. Wie oft habe ich in jener Zeit einen der Söhne des Hauses herbeigewünscht! Selbst der jüngere Sohn Joseph, der mit einer schweren Verwundung immer noch in einem Lazarett lag, wäre, so schien es mir, für alle eine große Hilfe gewesen, auch wenn ihm eine direkte Mitarbeit noch nicht möglich gewesen wäre. Auch aus anderen Gründen wollte mir die Anwesenheit der Söhne auf dem abgelegenen Bauernhof wünschenswert erscheinen. Unterstützt durch die Terrierhündin, trieb Maria eines Abends mit einer Gerte in der Hand eine Kuh auf der Straße nach Hause, als ein Wagen mit amerikanischen Soldaten vorbeikam. Das Auto hielt, ein Soldat sprang heraus, griff nach der Hündin und wollte sie in den Wagen heben. Maria entriß ihm den Hund, nahm ihn auf den Arm und rief dem Soldaten zu, er möge dann schon lieber die Kuh mitnehmen. Ein schallendes Gelächter antwortete ihr. Der Soldat fragte, ob der Hund zu Hasselshof gehöre; Maria bejahte.

Eine Stunde später nahmen wir in der Küche unser Abendbrot ein. Pferdegetrappel ließ uns aufhorchen. Vor den Fenstern hielten hoch zu Roß und mit lachenden Gesichtern der noch sehr jugendliche Hundefänger und ein gleichaltriger Kamerad. Jun und Albert waren zwei knabenhaft natürliche Farmersjungen aus der Gegend von St. Louis, ohne gesellschaftlichen Schliff, aber gutmütig und hilfsbereit und immer voller drolliger Einfälle. Trotz ihrer lauten Stimmen waren sie bescheiden, halfen beim Melken und nannten Herrn und Frau Ohlmann Paps und Mams. Die Kameradschaftlichkeit der beiden unverdorbenen Jungen war in der Einsamkeit unseres Hofes ein wohltuendes Gegengewicht gegen fragwürdige Elemente.

»Warum habt ihr Amerikaner alle unsere Möbel in Trümmer geschlagen?« fragte Frau Ohlmann einmal mit mütterlicher Strenge. Jun und Albert beteuerten, daß sie es nicht getan hätten. »Ja, ihr gewiß nicht, aber doch eure Kameraden!« Ein älterer amerikanischer Soldat ließ sich das eben Gesagte von Rita dolmetschen, und wir erfuhren, daß die amerikanischen Truppen anfänglich den Befehl erhalten hatten, die deutsche Zivilbevölkerung nicht nur zu schonen, sondern ihr hilfreich zur Seite zu stehen. Dann aber sei im Frühjahr ein anderer Befehl ausgegeben worden, der besagte, daß die deutschen Truppen bei ihrem Rückzug aus Frankreich, Belgien und Holland Frauen und Kinder ermordet hätten. Erst daraufhin seien die amerikanischen Soldaten angewiesen worden, deutsche Zivilisten zwar nicht zu töten, jedoch deren Wohlstand zu vernichten. Daß der erste Befehl tatsächlich erlassen worden war, erschien mir glaubwürdig; an die Begründung des zweiten vermochte ich jedoch nicht zu glauben.

An einem Montag im April besuchte Jun uns nach dem Abendessen. Es war ein lauer Frühlingsabend. Maria und Rita setzten sich mit dem jungen Mann auf umgestürzte Kisten oder Karren im Hof und plauderten. Jun erzählte, daß den Soldaten ein deutsches Schnapslager in die Hände gefallen sei. Er radebrechte etwas französisch und deutsch, und wenn er ins Englische verfiel, übersetzte Rita es Maria. Während die drei so in dem noch etwas blassen Mondlicht redeten, fuhr ein dichtbesetztes Militärauto auf den Hof und hielt. Betrunkene Stimmen schallten zu den Mädchen herüber. Juns Gesicht wurde ernst. »Nix gut«, sagte er, »Maria, à la maison!«

Rita stand sofort auf, schlenderte gemächlich einem unauffälligen Gartenpförtchen zu, von dem aus ein von Büschen und Bäumen verdeckter Fußpfad ins Haus führte, und gesellte sich wenige Minuten später zu mir und Lilia.

Da die zu uns führende Starkstromleitung entlang dem Rheinufer bereits seit Monaten durch Bombenwürfe zerstört war, gab es kein elektrisches Licht. Auch jetzt stand ich mit meinen Töchtern in unserem improvisierten Schlafgemach im Dunkeln und horchte gespannt in den Abend hinaus, ob sich das Auto mit den betrunkenen Männern entferne. Wir warteten auf Maria. Würde auch sie unbemerkt ins Haus gelangen können?

Die lärmenden Stimmen näherten sich. Ein tiefes Erschrecken ergriff mich, als ich zwischen dem trunkenen Gerede der Soldaten Marias unbekümmertes Lachen vor unseren Fenstern vernahm. Sie hatte wohl keine Furcht zeigen wollen und den günstigen Augenblick, sich unauffällig zu entfernen, verpaßt. Denn als sie nun ins Haus ging, folgte ihr der ganze Kometenschweif von Männern in die Küche.

Maria gelang es scheinbar unbemerkt, zu mir und meinen Töchtern in unser gemeinsames, mit der Küche durch drei Treppenstufen und eine Schwingtür ohne Klinke und Schloß verbundenes Schlafzimmer zu gelangen. Wir berieten leise, wo auf dem weitläufigen Hof im Ernstfall das sicherste Versteck zu finden wäre. Gerade noch hörte ich Rita sagen: »Im Gänsestall, wo es mehrere Ausgänge gibt!« da riß jemand die Schwingtür auf, und Maria und Rita, die als Dolmetscherin fungieren mußte, wurden vor die Wahl gestellt, die Betrunkenen entweder in unser Zimmer eintreten zu lassen oder selbst in die erhellte Küche hinauszugehen. Im Vertrauen auf die beiden Farmersjungen verließen sie schnell den Schlafraum und betraten die Küche, wo sich auch Herr und Frau Ohlmann befanden. Lilia blieb bei mir.

In der Küche hatte unterdessen einer der Betrunkenen, ein baumlanger dunkelhäutiger Mensch, der wie ein Mulatte aussah, seinen Rock ausgezogen, stand nun mit nackten Armen in Boxerstellung da und versuchte einen Streit zu provozieren.

»Könnten Sie nicht die fremden Menschen veranlassen, unser Haus zu verlassen?« erkundigten sich die Mädchen leise bei Albert, der sich ebenso wie Jun – beide waren die jüngsten der Anwesenden – den älteren Kameraden gegenüber auffallend still und zurückhaltend verhielt.

»Wir werden es versuchen«, erwiderte er und verständigte Jun. Während die beiden nun auf die anderen einredeten, benutzten Rita und Maria die dadurch entstehende allgemeine Unaufmerksamkeit dazu, ungehindert zu mir zurückzukehren. Dann wurde es nebenan still. Maria blickte durch einen Türspalt in die Küche. »Die Luft ist rein«, erklärte sie erfreut und stieg, sich vorsichtig umschauend, langsam die Stufen hinunter. Rita aber, die fürchtete, die hundeliebenden Amerikaner könnten beim Fortgehen den kleinen Dackel mitgenommen haben, lief zum Herd, um sich zu überzeugen, ob er sich noch an seinem gewohnten Platz befände. Er war da; doch während Rita noch am Herd stand, öffnete sich die Küchentür, und einige der Männer traten wieder ein.

Maria entdeckte sie noch früh genug, um sich in das nebenan gelegene Zimmer zurückzuziehen; Rita aber, die am entgegengesetzten Ende der großen Küche stand, war der Weg abgeschnitten. Sie versuchte, hinter dem Rücken der Eingetretenen durch die Küchentür ins Freie zu gelangen. Doch der Mulatte, der schon zuvor Streit gesucht hatte, ergriff sie am Arm und schrie: »Hierbleiben!« Sie riß sich los.

Der erzürnte Amerikaner trat vor sie hin, holte aus und nahm Ritas Hals in seinen gekrümmten Arm wie in eine Zange.

»Sie werden ihr doch nichts tun?« schrie Frau Ohlmann.

»Helft mir doch!« rief Rita, doch keiner der Anwesenden wagte es, sich dem Soldaten entgegenzustellen.

Ich hatte, während dieses in der Küche geschah, hinter der geschlossenen Schwingtür gestanden. Maria war in Richtung zur Flurtür, die zum Garten führte, gelaufen; Lilia glitt wie ein Schatten an mir vorbei ins Schreibzimmer.

Was in der Küche gesprochen wurde, konnte ich nicht verstehen; ich hörte jedoch plötzlich Angst in Ritas Stimme. Raschen Schrittes, aber äußerlich völlig ruhig stieg ich die Stufen zur Küche hinunter. Ob der Boxer durch das unerwartete Eintreten einer fremden Person für einen Moment abgelenkt wurde oder ob er nur den Arm, mit dem er Rita festhielt, wechseln wollte, weiß ich nicht; jedenfalls war Rita im nächsten Augenblick frei. Ich sprach kein Wort, sah nicht einmal zu Rita hin, als sie an mir vorbeikam, schob sie aber unbemerkt mit der rechten Hand zur Tür. Ohne mich umzudrehen, hörte ich erleichtert das leise Schwingen der Tür hinter meinem Rücken. Nun war der Weg zur weiteren Flucht für sie offen.

Ein baumlanger, dunkelhäutiger Mensch trat auf mich zu und fragte mich etwas in englischer Sprache. In der Annahme, er erkundige sich nach meinen Personalien, sagte ich auf gut Glück:

»Je suis la mère.«

»La mère de cette demoiselle?« fragte er interessiert.

Ich tat, als wüßte ich nicht, von welcher Demoiselle er spreche. In der von einer Petroleumlampe trübe erhellten Küche ging ich zwischen den Männern auf und ab und erkannte in einiger Entfernung die Silhouetten Juns und Alberts. Angezogen von der Wärme des Herdes, blieb ich mit dem Rücken gegen die Messingstange gelehnt einen Augenblick stehen. Plötzlich bemerkte ich, daß der alte Herr Ohlmann auf der obersten Stufe zum Schlafzimmer mit dem Rücken an der Schwingtür Posten gefaßt hatte, sah, daß der Boxer vor ihm stehend auf ihn einredete und daß ein jugendlicher Soldat mit einem Gesicht, das mit einem Zug von Verderbtheit gezeichnet war, sich zu ihnen stellte.

Es war mir natürlich klar, daß wir durch Gewalt nicht das Geringste erreichen könnten. Unauffällig, wie Herr Ohlmann vor der Tür Wache hielt, stellte auch ich mich eine Stufe tiefer neben ihn. Der alte Herr war großartig. Solange die beiden Männer in englischer oder französischer Sprache, die er beide nicht verstand, auf ihn einredeten, antwortete er ihnen mit liebenswürdigem Lächeln: »Ja, ja!« – sobald sie jedoch nach der Tür hinter ihm fassen wollten, sprach er beschwichtigend und mit der Überlegenheit eines Erwachsenen Kindern gegenüber ruhig und bestimmt: »Nein, nein – dorthin nicht.«

Wo mochten Rita und Lilia jetzt sein? Wo waren sie wirklich in Sicherheit? Solange die betrunkene Bande da war – nirgends. Ich war gerade dabei, das ungeduldige Vorwärtsdrängen des Amerikaners mit den Worten »demain vous serez très content de ne pas avoir fait du mal« zu dämpfen, da hörte ich plötzlich laute Schritte im Innern des Hauses. Sie kamen näher. Nun waren sie in unserem Schlafzimmer. Und jetzt – wir traten alle einen Schritt zurück – flog die Schwingtür auf und ein mit einem Gewehr bewaffneter amerikanischer Soldat, dem zwei weitere folgten, betrat schnell und in dienstlicher Haltung die Küche.

Es war die von Jun inzwischen zu Pferd herbeigeholte Patrouille. Sie hielt sich nicht mit Fragen auf, sondern ging als militärisch zusammengefaßte Einheit der Ausgangstür zu und nahm den Mulatten und den Jüngeren mit dem verlebten Gesicht mit sich.

Der Dunkle kehrte nochmals in Begleitung eines Soldaten zurück, um sich von mir zu verabschieden. Dabei umarmte er mich, wohl um seinem Bewacher zu zeigen, daß er uns nichts Schlimmes angetan habe, und murmelte bittend: »Non fachez.« Dann fuhr die Patrouille, nachdem sie noch einen im Alkoholrausch im Garten liegenden Soldaten aufgelesen hatte, mit der ganzen Gesellschaft davon.

Trotz der späten Stunde dachte niemand an Schlafengehen. Wir saßen beieinander und besprachen das soeben Durchlebte. Und nun waren Jun und Albert, die sich während des ganzen Abends gegen ihre älteren Kameraden eingeschüchtert verhalten hatten, die Helden des Tages. –

Ein Monat war seither vergangen, ein Monat, der der Welt den Waffenstillstand brachte und den letzten Akt der Tragödie, in die die deutsche Regierung das deutsche Volk gestürzt hatte.

Jun und Albert waren nach Rheinberg versetzt worden. – Auf Hasselshof hatte sich inzwischen manches verändert. Der Schuttwall aus zerbrochenen Möbeln, Glasscherben und Schriftstücken aller Art war niedriger geworden. Der größere Teil der Felder war bestellt, der Gemüsegarten umgegraben und in Ordnung gebracht, wir hatten bereits Salat und Lauchgemüse auf unserem Tisch. Die großen Löcher, die der amerikanische Panzer am 8. März 1945 in das Haus geschossen hatte, waren zugemauert. Etliche der von den Amerikanern auf Hasselshof angelegten Bunker sowie ein

Bombentrichter, in dessen nächster Umgebung tote Kühe und Schweine die Luft verpestet hatten, waren zugeschüttet. Die aus den Angeln gehobenen, beim Bau der Bunker verwandten oder absichtlich auf den Feldern verstreuten Stalltüren waren wieder eingehängt worden. Meine Schreibmaschine hatten wir verdorben und unbrauchbar vorgefunden. Erst viele Monate später versetzte Heinz, der Geduld und große Geschicklichkeit besaß, sie wieder in einen solchen Zustand, daß ich auf ihr schreiben konnte.

Es waren schon Monate vergangen, seit wir uns vor Luftangriffen sicher fühlen durften. Anfangs reagierten wir noch aus Gewohnheit bei jedem Motorengeräusch in den Lüften mit Unlustgefühlen, und das Herz zog sich zusammen, wenn man das unheilschwangere, nicht enden wollende Rattern und Rauschen der vielen, von Jägern flankierten schweren Bomber vernahm, die über unseren Häuptern nach Osten zogen. Wollte Gott alle Menschen vor Tod, Grauen und Obdachlosigkeit schützen!

Seit dem Waffenstillstand war auch die Angst um diese Bedrohten von uns genommen.

Am 3. Mai war Lilias Mann heil aus dem Kriege zurückgekehrt. Ein tiefes, befreiendes Aufatmen. Ob Kolja noch lebte? Ob er und die Seinen die zuletzt an dreißig aufeinanderfolgenden Nächten und Tagen ununterbrochen erfolgten Terrorangriffe auf Berlin überstanden hatten? Auch das Schicksal meines Enkels Wolja und seiner kleinen Familie lag im dunkeln wie das Schicksal noch so mancher anderen mir teuren Menschen, so wie es in der Seelenfolter dieses Krieges gar nicht anders sein konnte.

Ebenso unangemeldet wie Heinz am 3. Mai traf im Juni sein jüngerer Bruder Joseph auf Hasselshof ein. Er war fast ein Jahr zuvor in unserer alten Heimat schwer verwundet worden. Elf Monate hatte er im Lazarett verbracht.

Anfang Juni, als die amerikanischen Besatzungstruppen am Niederrhein durch engliche ersetzt wurden, mußte jedermann auf das Amt der nächsten Stadt, um sich in den Besitz eines Ausweises mit Fingerabdruck zu setzen. Auf dem Wege nach Orsoy und zurück erblickte man noch zerschossene Häuser, doch die weitaus größte Zahl der Wohngebäude und Scheunen war bereits wieder instandgesetzt. Bei den oft nur von niedrigen grünen Hekken umgebenen Bauerngärten und Höfen sah alles so schmuck, schnurgerade in den Linien der wohlausgenutzten, auch kleineren und kleinsten Flächen und so gedeihlich aus, daß einem das Herz im Leibe lachte. Eine Fülle von Arbeit war hier in den letzten zwei Monaten geleistet worden.

In jener Zeit schrieb ich, ganz besonders im Gedanken an Heinz, diese Verse:

»Tiefe Urkraft ist die Kraft der Erde,
die in Brot verwandelt deiner Hände Fleiß
und der Fluren herbstlich Stirb und Werde
stets in Auferstehung zu verwandeln weiß.

Eine Menschenkraft ist die der Herzen,
die nur ewig ist, wo sie das Gute will;
ungehegt vergeht sie unter Schmerzen,
oder sie gesundet und wird stark und still.

Gottes Kraft, der auch die Kraft der Erde
durch der Tiefe Dunkel läßt zum Lichte gehn,
wird auch Deutschlands dunkles Stirb und Werde
noch verwandeln in ein lichtes Auferstehn.«

Je differenzierter, sensibler und innerlich reicher ein Mensch ist, desto schwerer ist es für ihn, nach einem durchlebten und durchlittenen Kriege nicht nur sich selbst wieder ins Gleichgewicht zu bringen, sondern mit Hand anzulegen bei der Aufrichtung eines so stark zerstörten Betriebes, wie dieser Bauernhof es war, der physischen Einsatz, aber auch überwindende seelische Kräfte erforderte.

Heinz mühte sich gegen alle Erschwernisse um den Wiederaufbau seines von ihm geliebten Fleckchens Erde. In einer Art stummer Verzweiflung – vielleicht auch über seine nicht ausreichenden Kräfte – hoffte er, daß der Hof wie der Vogel Phönix aus Schutt und Asche wieder erstehen würde. Für Rita und Lilia war jedwede Feldarbeit ungewohnt und neu. Sie gingen aber ohne Vorurteil an sie heran und wurden, wenn auch etwas langsamer als die auf einem Bauernhof Geborenen und Aufgewachsenen, mit ihren neuen Pflichten ganz gut fertig. Wenn Heinz auf dem Trecker oder auf der Mähmaschine voranfuhr, half Lilia an der Bindemaschine oder eggte das Feld mit einem Pferd im Vorspann. Stundenlang lag sie in den Ackerfurchen auf den Knien und vereinzelte Rüben, oder sie half auf dem Felde bei der Hafer- und Roggenernte.

Es ist gewiß nicht leicht, eine aus den Fugen geratene Welt wieder in Ordnung zu bringen, und zwar so in Ordnung, daß das Gerechtigkeitsgefühl weder von der einen noch von der anderen Seite vergewaltigt wird. Die richtigen Grenzen zu erfühlen, dazu gehören eine über die eigene nationale Enge hinausgehende Menschlichkeit und eine fast übermenschliche Weisheit. Die Deutschen haben diese Weisheit weder bei der Besetzung Polens noch bei der Besetzung Lettlands bewiesen. Es bleibt abzuwarten – denn ich schreibe diese Zeilen im Juli 1945 –, ob der Sieger von heute weiser sein wird als der Sieger von gestern oder ob er den gleichen Fehler begehen wird. Für einen Menschen, der in der Weltgeschichte die Bestätigung des Quinetschen Wortes: »L'histoire n'est qu'un itinéraire des peuples vers Dieu«, sucht, ist diese Frage von tiefer Bedeutung.

Für Menschen, die sich in der Enge konfessioneller Dogmen so wohl fühlen, daß sie niemals bis zu der alles und jedes umfassenden

Weite und Tiefe des Gottesgedankens durchstoßen können und auch nicht wollen, muß es hart sein zu erleben, wie ihre Kinder achtlos und haltlos aus der Kirche ehrwürdigem Schatten in das von religiösen und ethischen Bindungen unbeschwerte Niemandsland des Lebens treten. Der Zweifel ist für sie nicht die Tür zu einer anderen, innerlicheren und der individuellen Sehnsucht genauer entsprechenden Erkenntnis, sondern nur die zum Abgrund führende schiefe Ebene, die es ja unter Umständen auch sein kann. Denn wenn einem jungen Menschenkinde im Elternhaus und in der Schule das gute und richtige Handeln nicht als eine selbständige ethische Forderung, sondern als ein *nur* auf dem erstarrten Boden kirchlicher Dogmen gedeihendes und nur auf diesem zu erwartendes Gewächs gezeigt wird, dann zerbrechen mit den Überzeugungen des Kinderglaubens nur zu oft auch die Stützen seines ethischen Handelns. Was wirklichen Bestand hat und durch nichts zu vernichten ist, ist die Erkenntnis der Wahrheit der göttlichen Weltenordnung, die ohne Moralität nicht vorstellbar ist und die tiefsten Wurzeln des einzelnen Menschen, der Menschheit und allen Lebens umfaßt. »Wir scheinen nur getrennt, wir scheinen nur verlassen, die Wurzeln sind es doch, die ineinander fassen.«

Im August 1945 passierten einige Unfälle mit Pferden, von denen der erste so deutlich nur den Auftakt zu dem bald darauf folgenden und zu einem dritten bildete, als hätte in allen Fällen das gleiche, uns begriffsstutzigen Menschen immer noch unverständliche und daher vergeblich warnende Gesetz von Ursache, Wirkung und Schicksal gewaltet.

Hasselshof besaß ein junges Pferd, das kurzweg »der Schwarze« genannt wurde. Der bereits durch die Bomben und den Artilleriebeschuß sehr nervös gewordene »Schwarze« war erst einige Wochen nach unserer Rückkehr aus der Zwangsevakuierung wieder in Hasselshof aufgetaucht. Wer weiß, was er inzwischen alles erlebt hatte. Jedenfalls war er eines Tages dem bei Ohlmanns geschätzten Bongers, der ein guter Pferdekenner war, bei der Arbeit auf dem Felde durchgegangen und hatte dessen Hand leicht verletzt. Kurz darauf war Heinz durch rutschende Bretter vom fahrenden Wagen gestürzt und hatte sein Handgelenk angebrochen, und danach ereignete sich ein noch schwererer Unfall.

Als Rita, Lilia und Heinz am 18. August mit dem »Schwarzen« vor der Chaise sich frühmorgens auf den Weg zu dem fünf Kilometer entfernten Bahnhof von Eversael begaben, sah das feurige schwarze Tier im Gespann zwar schön aus, aber niemand dachte an das noch immer nicht ganz ausgeheilte Handgelenk von Heinz. Rita wollte von Eversael aus mit der Bahn eine alte russische Bekannte besuchen, Heinz hatte geschäftlich zu tun, und ich vereinbarte mit Lilia, daß wir nach ihrer Rückkehr miteinander frühstükken würden. Doch es wurde zehn Uhr, ohne daß das Rollen der Räder vor meinem Fenster zu vernehmen war. Ich suchte die leise in mir aufflackernde Unruhe dadurch zu dämpfen, daß ich mir sagte, Heinz und Lilia seien wohl noch weiter nach Orsoy oder nach Rheinberg gefahren.

Erst nachmittags um drei Uhr klopfte es an meine Tür. Heinz trat ein.

»Endlich!« rief ich ihm entgegen. »Ist Lilia auch zurück?«

»Nein«, antwortete er nach einem Augenblick des Zögerns und trat, sichtbar starke Schmerzen verbeißend und hinkend an das Sofa, auf dem ich saß.

»Habt ihr ein Unglück mit dem Pferd gehabt?«

»Ja. Rita und Lilia liegen im Rheinberger Krankenhaus. Es ist bei beiden nichts Lebensgefährliches, auch keine inneren Verletzungen. Lilias Fußgelenk ist gebrochen, und Rita hat eine Fleischwunde am Bein.«

Nun da ich wußte, daß beide Kinder am Leben waren, wollte ich auch die Einzelheiten erfahren. Schon auf dem Wege nach Eversael war das junge schwarze Pferd beim Anblick von kleinen

Wasserpfützen, die den Himmel widerspiegelten, von spielenden Kindern und friedlich dahertrottenden Schafen sehr unruhig gewesen; es mochte die Schwäche in Heinz' gebrochenem Handgelenk fühlen, das nicht mehr fähig war, dem aufgeregten Tier seinen Willen aufzuzwingen. Als zwischen dem Dorf Eversael und dem Bahnhof gleichen Namens plötzlich ein mit Gras beladener Karren aus einem Seitenweg entgegenkam, war es mit der Fassung des Tieres zu Ende. Es brach mit einer solchen gewaltsamen Vehemenz aus, daß das während der Kriegsjahre morsch gewordene Pferdegeschirr riß und die zweirädrige Chaise, deren Sitze sich nur durch die Verbindung mit diesem so hoch oben im Gleichgewicht hielten, nach vorne schlug. Heinz hatte instinktiv eine Kniebeugestellung eingenommen und sprang oder flog als erster aus dem Wagen. Rita wurde als nächste seitwärts herausgeschleudert, Lilia, die zwischen ihrem Mann und ihrer Schwester gesessen hatte, stürzte, sich überschlagend, als letzte und fiel zwischen dem Wagen und dem durchgehenden Pferd zu Boden.

Als belgische Soldaten die Verletzten ins Rheinberger Krankenhaus brachten, herrschte dort großer Betrieb. Es war wieder einmal, wie schon so häufig seit dem Ende des Krieges, eine der überall auf den Feldern herumliegenden Tellerminen, Handgranaten oder Panzerfäuste infolge leichtsinniger Spielerei explodiert, und soeben waren etliche Schwerverletzte eingeliefert worden. Die Ärzte hatten alle Hände voll zu tun. Als Lilia untersucht werden konnte, fanden die Ärzte das rechte Fußgelenk verrenkt und gebrochen und zwei große, bis auf die Knochen gehende, stark mit Straßenschmutz verunreinigte Wunden. Das Bein wurde unter Narkose eingerenkt, von dem durch das schwere Rad tief eingedrungenen Schmutz gereinigt und geschient. Ritas Gesichtsverletzungen waren oberflächlicher Natur und hinterließen, nachdem sie verheilt waren, keinerlei Narben; eine große Fleischwunde am Bein mußte genäht werden.

Heinz war bei dem Unfall am glimpflichsten davongekommen. Wohl hatte er beim Gehen starke Schmerzen, bedurfte aber keiner ärztlichen Behandlung. Er legte sich auf das Sofa in meinem Zimmer, und ich hörte ihn plötzlich bedrückt sagen: »Und ich bin schuld daran!« Ich erwiderte nachdenklich mehr zu mir selbst als zu ihm: »Schuld? Ach, Schuld verteilt sich meist auf mehrere Menschen.«

Die nächsten zehn Tage hatten für mich ein etwas ungewohntes Gesicht. Meine beiden Töchter fehlten mir überall. Bei Rita verlief die Heilung glatt. Nach zehn Tagen war sie wieder in Hasselshof. Bei Lilia begann eine Leidensperiode weiterer Schmerzen. Es gab kein Penicillin, das Fieber schnellte hoch, der äußerlich verheilte Fuß mußte an zwei Stellen neu aufgeschnitten werden. Wie schlimm es um ihren Fuß stand, daß eine Amputation gerade eben noch vermieden werden konnte, erfuhren wir erst sehr viel später, als sie nach fast einem Vierteljahr aus dem Krankenhaus entlassen wurde. Nach ihrer Rückkehr war sie noch sechs Wochen ans Bett gefesselt. Ein rechter Trost war Rita mir in dieser Zeit. Jeden zweiten Tag, anfangs selbst noch am Stock humpelnd, legte sie den insgesamt 14 Kilometer weiten Weg ins Krankenhaus zurück.

Inzwischen hatte ich nach acht Monaten Ungewißheit ein Lebenszeichen von Kolja und seiner Familie erhalten. Sie waren unversehrt, obwohl sie die letzten Kriegsereignisse in Berlin durchgemacht hatten.

Weihnachten nahte. Dies war nun das zweite Weihnachtsfest, das wir auf Hasselshof verbrachten. Doch während das Jahr zuvor dieses Fest der Liebe aus Trauer um den vor drei Jahren verstorbenen jüngsten Sohn des Hauses im Familienkreis ignoriert worden war, so daß es weder einen Tannenbaum noch auch nur einen mündlichen Weihnachtsgruß gegeben hatte, war nun, da die beiden anderen Söhne aus dem Felde heimgekehrt waren, manches geändert. Aus weißem, hellblauem und gelbem Briefpapier wurden Ketten geklebt und feinmaschige Netze geschnitten, aus einem Bogen Silberpapier Lilien und Rosen als Christbaumschmuck angefertigt. Das Schönste aber waren die flachen kleinen »Hindenburglichtchen«, die Heinz an Schnüren wie kleine Ampeln zwischen den Zweigen des Weihnachtsbaumes befestigt hatte, und eine hinter dem Baum in der Zimmerecke angebrachte Lampe, die wie das Lämpchen einer Ikone durch die grünen Zweige schimmerte. Dieser Eindruck war, als ich das Zimmer betrat, so stark, daß ich mich für einen Augenblick in unsere Wohnung in Riga zurückversetzt fühlte und ganz im Banne dieses traumhaften Erlebens stand. – Auch die Arbeiter des Hofes nahmen teil an der Weihnachtsfeier und erhielten Geschenke.

Ich hatte, da ich in meiner Familie, wie meine alte Tante Anna Wislenjew das bezeichnete, als »Gramotnaja« – des Lesens und Schreibens Kundige – galt und deswegen bei derartigen Gelegenheiten meist die Verseschmiedin sein mußte, Rätsel verfaßt, die den Charakter und die Eigenart jedes Anwesenden schilderten. Beim Lesen und Raten hob sich die Stimmung, in Verbindung mit dem Kaffee waren die so angeregten Gemüter trotz vorgerückter Stunde wach und gutgelaunt. Ich mochte meine Altweibleinstimme nicht in den aufklingenden Gesang eines Weihnachtsliedes mischen, summte aber innerlich die lieben alten Weisen mit. »O du fröhliche, o du selige, gnadenbringende Weihnachtszeit.« – Erst spät in der Nacht legte sich jeder zur Ruhe.

Wie weit, durch sonniges Gelände und über Schattenhalden, wandern die Erinnerungen in die Vergangenheit zurück. Wenn rückblickend die vielen Jahre wieder erstehen und an den Meilensteinen der Weihnachtsabende gemessen werden, dann ist auch der Heimatlose beschenkt. An empfangener Güte reich fühlte ich mich auch an jenem Weihnachtsabend des Jahres 1945. Saß ich nicht im Zimmer meiner Tochter Lilia, die endlich ohne Krücken sich wieder freier bewegen durfte? Saß nicht Rita neben mir? Duftete es nicht überall nach Tannennadeln? Ja, selbst das von uns liebevoll gehegte, letzte Weihnachtslicht zur Erinnerung an Mitja fehlte nicht, wenn es auch nur ein »Hindenburglicht« war.

Ja, ich war reich. Aber die anderen, die ich liebte? Kolja, dem seine Kunst mehr als sein Leben bedeutete, der es erreicht hatte, Anerkennung in Paris, Los Angeles und Moskau zu finden, und der vielleicht nie mehr mit der alten Meisterschaft den Stichel an seinen Holzschnitten gebrauchen würde? – Und konnte Heinz die Kraft finden, das beste seiner vielschichtigen Individualität, die idealistischen, aber noch keimhaften Anlagen gegen alte Verhältnisse und Bindungen zu festigen und weiterzuentwickeln? Würde er den Aufbau innerhalb des landwirtschaftlichen Bereiches unter so erschwerten Umständen durchstehen?

Ich dachte an das mit meiner Wesensart so stark verbundene deutsche Volk, dessen verbrecherische Regierung so viel Unglück heraufbeschworen hatte, und an das mir so nahestehende russische, das immer noch gefesselt in seiner Sehnsucht nach ureigener geistiger Entwicklung und Entfaltung war; dachte an die Juden, an denen nie Gutzumachendes geschehen war.

Wie viele Lebensläufe waren zu durchleiden, um seelische Abstürze in mutvolles Aufschwingen, Schwäche in Kraft zu verwandeln? Sind die regenerierenden Kräfte des Individuums, des Volkes, der Menschheit stark genug, um Haß in Liebe zu verwandeln, Böses in Gutes? Ja, sagte ich mir voll tiefer Gewißheit, die Kraft, die dem heutigen Tag vor bald zweitausend Jahren zugrunde lag, sie vermag es, wenn der Mensch sie in sich sucht und sich mit ihr verbindet.

Bildnachweis

Abbildung Bruno Wille: Bildarchiv Preußischer Kulturbesitz, Berlin; alle anderen Abbildungen aus Privatbesitz.

Stockholm
Krett
Polangen
Libau
Kopenhagen
Berlin
Wars
Moers
Tabarz
Stuttgart
München
Zürich
Marseille